公務員試験

最初でつまずかない民法Ⅰ

改訂版

総則　物権　担保物権

鶴田秀樹 著

実務教育出版

はじめに

本書は，これから公務員試験にチャレンジしようと思っている方々の中で，法律の学習がまったくの初心者という方を主な対象として，法律系科目の中でもボリュームが半端でない民法について，挫折することなく学習を進めていただくこと，そして，民法をより身近なものとして理解していただくことを目標として書いた入門書です。

公務員試験の民法では，現在，基本書・テキストを読まずに，いきなり過去問集から入って，問題演習を繰り返して知識と解き方を同時に身に付けるという学習法が主流になっています。それは，自然発生的に生み出されてきたもの，すなわち合格者が自ら編み出して，後輩に伝え，合理的な方法として広く普及していったものです。確かに，それ自体はとても理にかなったものですが，一方で，難関科目については，初期の段階で挫折してしまう人が多く見受けられるのも事実です。

ただ，民法は法律系科目の中でも中核的な存在で，出題数も多いため，挫折したままでは公務員試験の合格が難しくなってしまいます。

初学者はここでつまずいている！

では，どうすれば民法を無理なくマスターできるでしょうか。

それは，公務員試験の民法の学習方法として，テキストをパスして過去問集から入ることの合理性と，そのリスクについて最初に考えてもらうことが，大きな解決のヒントになるはずです。

●なぜ合格者は，テキストを読まず，いきなり過去問集から入るのか

理由は，テキストをじっくり読んで学習している時間がないからです。

公務員試験は，あくまで就職試験です。そして，受験する方の多くは，就活の時期になって就職先を民間企業にするか公務員にするかを考え始め，公務員をめざすと決めてから学習を開始します。ということは，トータルの学習期間はせいぜい半年から１年，その間に教養分野と専門分野の半端ではない数の科目を合格レベルに持っていかなければなりません。つまり，１科目に割ける時間はごくわずか。その中で，民法は量が多いため，とても悠長にテキストなど読んではいられないのです。

「ならば，過去問集から入ろう！」

そうやって始まったのが，この学習方法でした。民法では，同じ箇所から同じようなパターンで出題されることが多いので，法律の意味がわからなくても，問題を何度も繰り返していけば，次第に問題が解けるようになっていきます。

●意味のわからない文章を読み続けるのはつらい

ただ，いきなり過去問集から入るには，かなりの忍耐力が必要です。

まず，意味のわからない言葉や文章があっても，「繰り返していればそのうちわかるだろう」という気軽な気持ちで学習を進める必要がありますが，問題を解く以上は，それなりに意味を考えなければなりません。

でも，「考える」という作業を始めると，今度は意味を理解する必要が出てきますから，だんだん「そのうちわかるだろう」とは思えなくなってきます。
たとえば，「代理という言葉はわかるけど，復代理って言葉が出てきた，これはなんだろう」「今度は表見代理って言葉が出てきた！　これもよくわからない……」こういうことが延々と続いていくわけです。何もわからないままでは，ただ忍耐が続くばかりですし，わかるときが本当に来るんだろうかと不安に駆られるのも事実です。

民法を少しでも楽に学んでほしい

では，どうやれば，限られた時間を効率的に使いながら，少しでも楽に民法の学習が進められるでしょうか。
重要なポイントは，民法では，同じ箇所から同じようなパターンで出題されることが多いという点です。これが「いきなり過去問集から入る」という学習法を合理的にしている最大の理由ですが，このことは，反面からいえば，民法を詳細に理解する必要はないということを意味します。つまり，ポイントを要領よく学んでいければ，それで公務員試験の民法の問題は解けてしまうのです。
そして，当然といえば当然なのですが，公務員試験の民法の問題は，基本原理や基礎の部分に結び付いたものがほとんどで，その理念や考え方は，私たちが日常生活の中で自然に身に付けているものなのです。つまり，考え方自体は何も新しく仕入れる必要はありません。私たちの日頃の考え方がそのまま表れているだけですから。
ということは，出題箇所である民法のポイントの部分に絞り込んで，その制度の役割や，そこで使われている言葉の意味をちょっと補えれば，楽に過去問集に取り組むことができるはずです。
これをまとめてみると，次のようにいえるでしょう。

●出題されている箇所だけ理解できればいい

出題されている箇所とは，民法のポイント部分のことです。そして，この部分がわかれば問題は解けます。つまり，何も民法の全体を網羅的に理解する必要はありません。ということは，専門の基本書やテキストを読んで詳細を理解する必要はありませんし，また，試験対策上，そんな時間は取れないはずです。

●出題箇所の「制度の役割と用語の意味」がわかれば過去問集を楽に進められる

そうなると，後は，出題箇所に的を絞って，制度の役割と用語の意味の説明があればいいだけです。それも，ほんの数日程度の時間で終えられること，そして，過去問演習で迷路にはまった場合に，フィードバックしてちょっと調べられるようなものであること，そんなものがあれば，とても重宝するはずです。
本書は，それをめざして書いています。
民法の学習を，少しでも楽にしたい。それで時間の効率化が図られて，最終的な合格に結び付けていただければ，これ以上の喜びはありません。
本書が，少しでも読者の方々の役に立てばと願うばかりです。

鶴田 秀樹

民法の学習のしかた

公務員試験を制するのに民法は避けて通れない重要科目

公務員試験の法律系の主要科目には，**憲法**，**行政法**，**民法**の三つがあります。

この中で，出題数が最も多く，また得意・不得意がはっきり分かれるのが民法です。

憲法は意外に構成がシンプルで，問題も解きやすいため，受験者の間であまり差がつきません。また，行政法は，なじみのなさと制度の難しさで，ほぼ全員が不得意という科目ですから，これもあまり差がつきにくい科目です。

一方，民法は，出題数が多く，日常生活上の感覚をうまく使うかどうかで得意・不得意がはっきりと分かれてきます。つまり，法律系科目の中で，一番差がつきやすいのが民法です。そう，民法は公務員試験を制するカギを握る重要科目なのです。だとすれば，これはもう得意科目にするほかはありません！

民法という科目の特性を知ろう

まず，民法の特性ですが，みなさんは「民法という言葉は耳にするけど，どんなものかはさっぱりわからない」と思っているかもしれません。

でも，そんな心配は無用です。

そもそも，民法というのは私たちの生活のルールを定めた法律です。ということは，私たちは民法のルールに従って日々の生活を送っているわけで，民法の感覚は自然と身に付いているのです。これは，学習を進めるうえでとても有利なことで，感覚がわかっているのなら，後は法律の難しい表現を，私たちが日常的に使っている言葉に焼き直せば，それで判断ができるということです。

たとえば，問題文でとても難しいことが書かれていても，「これはこういうことなんです」と説明すれば，「そりゃそうだね，なんとなくわかったよ」となるのが民法です。

一方，行政法のように日常生活になじみがないものだと，「許可と認可はこう違うんです」と説明しても，「…はあ，そうなんだぁ…」で終わってしまいます。

では，民法の学習で何が壁になるかというと，制度の数が多く，その内容も多岐にわたっていることが一番でしょう。いわゆる量の多さです。そして，この「量の多さ」は，民法が，私たちの生活のいろいろな場面をサポートしようとしてくれていることと関係しています。

人の生活は，誕生から死亡に至るまで，実に多様な出来事があって，それを網羅的にサポートしようとすると，どうしてもいろんな制度を準備しておく必要があるのです。

ただ，民法は，感覚として理解できる科目なので，量の多さについて，気持ちのうえで壁を作る必要はありません。単に，「日常の用語に焼き直して判断すればいい」，それだけを考えておけばいいのです。

公務員試験の民法の特性を知ろう

公務員試験の民法の出題については，「はじめに」のところで少し触れたことですが，同じ箇所から類似の出題が繰り返されているという傾向が顕著です。

なぜかというと，そこに民法の基本的な考え方のエッセンスが凝縮されているからです。公務員試験は，あくまで公務員としての資質，すなわち業務遂行能力の有無を判断することが目的であって，学問的な理解を深めてもらうことが目的ではありません。つまり，基礎となる考え方がわかっていればそれでいいということで，そのためにこのような出題傾向になるわけです。

では，その基礎の部分はどのくらいの数があるかというと，これが意外に限られています。また，一つの箇所で考え方の基礎がわかると，それをほかの箇所に応用できるなど，実際に取り組んでみると，思ったほど覚える量が多くないことも実感できるようになります。

だったら，「量が多い」とか「難しい」という先入観を持たずに気軽に学習に取り組むことが何よりも重要になってきます。そして，いったん学習を始めて，考え方がわかってくると，後は加速度的に理解が進んでいくのが民法の特徴です。

そして，これが進んでいくと，たとえ新しい問題が出てきても，既存の知識を応用して正答を見つけることもできます。そういう意味でも，民法は高得点がねらえる有利な科目なのです。

多くの受験生が，量の多さに圧倒されて民法が不得意

↓

自分には民法を得意にできる方法がある

↓

その方法を実践する

↓

他の受験生に圧倒的に差をつけることができる

「量の多さは学習方法の工夫で乗り越えられる」ならば，民法は得意科目にまで持っていけるんだということを，忘れないでほしいのです。

効率的な民法の学習法

さて，効率的な民法の学習法です。

まず大切なのは，「民法は日常感覚で解ける，だから問題文を日常の用語に焼き直す」というスタンスを維持することです。

本書は，民法上のいろんな制度が何のためにあるのか，また，どんな機能を持っているのかをわかりやすく説明していますから，最初に，あまり時間をかけずに本書をサッ

と読んでみてください。そして，民法の概要がつかめたら，早めに『新スーパー過去問ゼミ 民法Ⅰ・Ⅱ』や『集中講義！ 民法Ⅰ・Ⅱ』に移るようにします。民法のどんな箇所が問われているのか，そして，どんな問われ方をされているのかを把握するには，過去問が素材としてはベストです。

そこで，過去問演習の進め方のポイントです。

目標設定 ―― 何度も繰り返しながら少しずつ理解を深めていく

要するに，時間が限られているからといって一気に理解しようとしない！ということです。これはとても重要で，これを実践できるかどうかで民法のマスターの度合いが大きく違ってきます。

一気に理解しようとするのは，早く仕上げなければという焦りが原因でしょう。でも，たとえ過去問集を１巡回すのに１か月かかっても，２巡目はその半分以下，３巡目は１週間程度などと，繰り返すごとに１巡を回す時間は極端に短くなっていきます。そして，そのたびに，前回わからなかったことが理解できるようになり，また，民法の各制度の相互関連も思い描けるようになってきます。

ですから，決して急がないこと。

それから，もう一つ重要なポイントがあります。

わからないことがあっても，本書の知識以外の部分はいったんスルーする

過去問のわからない部分で，本書に説明の該当箇所があれば，フィードバックして本書を読み返してみてください。

それ以外の部分は，いったんスルーしてかまいません。「本書の知識＋過去問のほかの箇所の知識」の応用で，２巡目や３巡目の際に必ず理解できるようになります。

なぜなら，過去問はかなりよく練られていて（その意味でレベルが高く），基礎部分の理解が進むと全体が理解できるように作られているからです。

このように，「本書の知識以外の部分はスルーする」ことは，過去問演習を効率化させるうえで大きなポイントになります。１巡を回すのに必要以上に時間を費やすのではなく，とにかく最後まで行き着くこと。そして，何度も繰り返すことで少しずつ理解を深め，また知識を正確なものにすることができます。

「過去問演習中に引っ掛かる部分があったら本書にフィードバックする。それ以外は次巡目に回す」を徹底すれば，時間を大幅に節約できますし，集中を切らさずに最後まで行き着くことができます。

本書の構成と使い方

本書は，『新スーパー過去問ゼミ 民法Ⅰ・Ⅱ』や『集中講義！ 民法Ⅰ・Ⅱ』にスムーズに取りかかれるように，これらと合わせた構成にしています。

具体的に説明しますと，民法は，財産に関するルールを定めた部分と，家族関係のルールを定めた部分の二つで構成されていますが，このうち，条文の数が多いのは財産に関するルールを定めた部分で，これが全体の約９割を占めていて，家族関係に関するルールの部分は，全体の１割程度にとどまります。

そのため，**公務員試験の出題も，これに比例する形で，財産法が全体の８～９割になっていて，民法の学習は財産法に重点を置いて進める必要があります。**

図を見てもらうとわかるのですが，「民法Ⅰ」と「民法Ⅱ」が区切りの悪そうなところで分かれています。これは，条文数が半分に近いところで，また切りのよいところという意味でこんな中途半端な区分になっているのです。

民法の構成

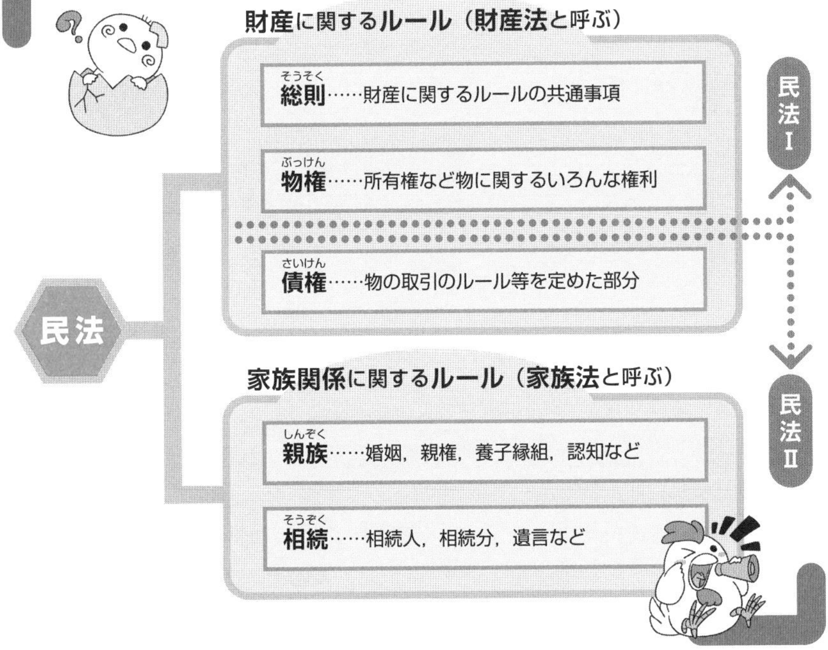

問題練習や知識のまとめも活用しながら，理解を深めていきましょう。

本書を読み終えたら，できるだけ早く『新スーパー過去問ゼミ』等に移り，過去問演習でつまずいたときのフィードバック用として大いに活用してください。

ザセツせずにひとりで学べる親切設計！

「用語や言い回しが難しくて文章の意味がわからない！」「内容が複雑すぎて頭に入ってこない！」という受験生の声にお応えして，視覚に訴える図版を随所に入れ込み，具体的な例を挙げて，極力優しく易しく解説しています。また，本文中の記述で引っかかりそうなところは，側注で積極的にフォロー！　つまずかない工夫が満載です！

▶試験別の頻出度

タイトル上部に，国家総合職，国家一般職［大卒］，地方上級全国型，市役所上級C日程の4つの試験における頻出度を「★」で示しています。

★★★ ：最頻出のテーマ
★★ ：よく出るテーマ
★ ：過去15年間に出題実績あり
－ ：過去15年間出題なし

▶本文部分

教科書のように，そのテーマの制度について，具体例を挙げながら詳しく解説しています。

▶図・表

可能な限り図や表中にも説明を書き加えて，その図で何を理解すべきかがわかるようにしています。

1-2　国総 ★★★　国般 ★★　地上 ★★★　市役所 ★★★

制限行為能力者②

～自分で契約の有利不利が判断ができない人をサポート～

自分で契約の有利不利が判断できないような人たちの法律行為をサポートして保護しよう！というのが制限行為能力者制度です。具体的な援助方法としては，

①判断能力が不十分な人に保護機関（援助者）を付ける。
②保護機関のサポートのない法律行為は，取り消すことを認める（原則）。

それでは話を先に進めます。

どんな人が制限行為能力者とされている？

では，どんな人が**制限行為能力者**（せいげんこういのうりょくしゃ）に分類されているのでしょうか。これについて，民法は次のように規定しています。

まず，成年者と未成年者では類型化のしかたが違います。

未成年者（みせいねんしゃ）は，単に未成年というだけで，原則として全員が制限行為能力者とされます。

一方，**成年者**（せいねんしゃ）の場合は，家庭裁判所に申し立てて，その審判によって制限行為能力者と認定されることが必要です。これを別の角度から表現すれば，成年者については，たとえ意思能力がない人でも家庭裁判所の審判を経なければ制限行為能力者とならないということです。

制限行為能力者の類型化の違い

- 未成年者 → すべて制限行為能力者
- 成年者 → 家庭裁判所の審判 → ① 成年被後見人　② 被保佐人　③ 被補助人

このように，未成年と成年とで扱いが違うのは，未成年者は判断能力がゼロの状態，つまり乳児の頃から始まって，少しずつ判断能力が備わってくる人たちです。したがって，十

30

制限行為能力者②の重要度

制限行為能力者は，民法における頻出箇所の一つで，意思表示や代理，時効と並ぶ総則の重要テーマです。内容がやや複雑ですが，細かな部分まで問われることが多いので，しっかり理解するようにしましょう。特に，市役所をめざす人には，すぐに仕事で役立つ分野です。

制限行為能力者

行為能力を制限されている人，すなわち，単独で有効に法律行為を行うことを制限されている人のことです。

未成年者はすべて制限行為能力者！

判断能力があるかどうかは関係ありません。1歳の幼児も，成年に近い年齢の人も同じように制限行為能力者として扱われます。

成年年齢

2022年３月までは「満20歳」が成年に達する年齢で，2022年４月以降は「**満18歳**」が成年に達する年齢です。
2018年（平成30年）に成立した改正民法が2022年４月１日に施行されたため，こんな感じになっています。

素朴な疑問

初学者が抱きそうな疑問や，ほかのテキストなどには載っていないような初歩的な知識を中心に解説しています。

解き方・考え方

具体例や，さらに突っ込んだ細かい説明，別の視点などを解説しています。

▶例題
ポイントとなる知識の理解度をチェックできるような良問を選んで掲載しています。

▶側注部分
本文には載せられなかった詳しい説明や、関連知識、ポイントの復習、疑問点のフォローなど、さまざまな要素が詰まっています。

例題 2

売買契約の当事者の一方が、次のような状態にある場合の当該契約の効力に関する記述として、妥当なのはどれか。

(市役所 改題)

1 その者が未成年者である場合には、当該契約は無効になる。

2 その者が高齢者であるというだけでは、当該契約の効力には影響はない。

3 その者が責任無能力者である場合には、当該契約は無効になる。

4 その者が財産管理能力が著しく低い場合には、家庭裁判所から保佐開始の審判を受けているか否かにかかわらず、当該契約を取り消すことができる。

5 その者が事理弁識能力を欠く常況にあり、家庭裁判所から後見開始の審判を受けている場合には、当該契約は無効になる。

本問のポイント！

意思能力と行為能力の違いを理解しているかどうかがポイントです。

すなわち、意思能力（判断する力）がない～　　　　　のことしいので、意思能力が疑わしい人　　　　　る第三者」と表現し、法律行為を事後的に　　　　　います。

というのが　　　　　（最判平8・10・29）。

　　　　　占拠者に対しては、登記がなくても権利を主張できます。

本問の正答は **4** になります。　　　　　**正答　4**

欠缺
欠けていることをいいます。
「けんけつ」と読みます。

「2-4　不動産物権変動③」のまとめ

▶入会権は権利の内容が土地の慣習によって定まるため、登記できない権利である。

▶通行地役権の主張には　原則として登記が必要。ただし、それが客観的に認識できる場合には、第三　が登記がされていないことを理由として通行地役権を否定することは、信義　して許されない。

▶賃貸不動産の譲渡を受け　　が賃貸人の地位を主張するには登記が必要。

▶登記なくして不動産に関　　物権の得喪変更 を対抗することができない第三者とは権利取得を主張す　　な利益を有している者のこと。背信的悪意者はこれに含まれない。

193

重要ポイント

全員が知っておくべき、覚えておくべき知識を中心にまとめています。ポイントの復習も兼ねています。

補足知識・関連知識

補足の説明や豆知識などを中心に解説しています。

アドバイス・コメント

公務員試験の傾向や、勉強のしかた、著者からのアドバイスなどを載せています。

条文・判例

民法の条文や重要な判例などを紹介しています。

▶要点のまとめ
そのテーマで絶対に覚えておきたい知識をテーマの最後に簡潔にまとめています。

ウォーミングアップ

民法の学び方を知ろう

～民法は「常識のカタマリ」だ～

　法律というと，民法を含めて「とにかく理屈っぽくて難しい」という印象がありますよね。

　そこで，そんな先入観を解消するために，また民法の学習にスムーズに入れるように，民法というものがどんなものか，その学習に役立つような関連の知識を含めて，科目の特徴などを把握しておきましょう。

民法ってなんだろう？

　民法は，国の基本的なルールを定めた法律の一つです。

「**六法**」という言葉を耳にすることがあると思います。六法とは，憲法，民法，刑法，商法，そして民事訴訟法，刑事訴訟法のことです。これらは，国家として最低限そろえておかなければならないという法規範です。民法もその一つで，この法律がないと，国民の日常生活は混乱に陥ります。

　では，**民法は何を定めているかというと，私たちの日常生活上のルールを定めているのです。**

　具体的には，日々の生活を維持するために欠かせない経済活動に関するルールと，結婚や相続といった家族関係に関するルールの二つです。

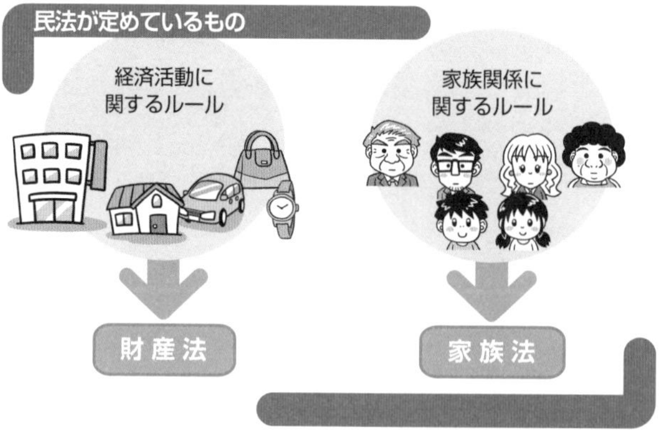

弁護士になるわけじゃない！

「法律を学ぶ」といっても，別に法律家をめざしているわけではありませんよね？要は「公務員試験の問題が解けるだけの最低限の知識」があればよいのです。まずはザックリと民法の全体像がつかめればOKくらいの気持ちで気楽に取り組んでください！

法令集の名称に「六法」

『六法全書』など法令集には「六法」という名前がついていますが，これは法令の数を表したものではありません。「**主要な法令を集めたもの**」という意味で「六法」という言葉が使われているのです。

ちなみに，公務員試験の民法を学ぶために『六法全書』などをそろえる必要はありませんので念のため。

規範

ルールのことです。ただ，ルールにはいろんな種類がありますから，憲法や法律などは法律のルールという意味で「**法規範**」という言葉を使います。

財産法・家族法

そういった名称の法律があるわけではありません。便宜的にこのような名称で呼

「民法Ⅰ」では ヒトとモノについて学ぶ

本書は，民法を「Ⅰ」と「Ⅱ」に分けたうちの「Ⅰ」のほうです。「民法の構成」で説明したように，「民法Ⅰ」では**総則**と**物権**の分野を扱います。この分野は，ごくシンプルにいえば「ヒト＋モノ」に関する分野です。

簡単に説明しておくと，総則と物権法はいずれも財産法の分野ですから，その内容は財産取引に関するものです。

まず総則は，①財産の主体である「人」の権利，そして，②人の意思によって生じる権利変動，③人の意思にかかわらない権利変動の三つを扱います。

また，担保物権を含む物権分野（物権法）では，「物」の所有権がどのように利用されているかを扱います。

「え！　物権法って本当にそれだけなの？」

そう，それだけです。もちろん，そこには，所有権をさまざまな形で利用するための複雑なルールが定められていますが，扱っている内容は意外に単純なものなのだとわかっているだけでも，民法の世界に入っていきやすいと思います。

総則で扱う内容

では，総則でどんなことを扱っているのかを，もう少し詳しく見てみましょう。

【総則で学ぶこと】

①制限行為能力者，失踪宣告，法人

➡誰が権利主体で，どんな権利を持っているのか

②意思表示，代理，無効・取消し，条件・期限

➡人がどういう行動をしたら財産権の変動が生じるのか

③時効

➡意思表示以外で財産権の変動が生じる場合

総則とは，財産法の共通事項をまとめて，それを最初に持ってきたものです。なんでそういうことをするかというと，たとえば総則には「時効」という項目がありますが，この時効は物権でも債権でもあちこちで登場します。なのに時効が出てくるたびに「そもそも時効とはこういう制度で，ココで説明する例ではこんなふうになります」として，「そもそも時効とはこうだ」ということをあちこちで繰り返すのはわず

んでいるだけです。
⇒p.9

民法の構成

「本書の構成と使い方」を参照してください。
⇒p.9

物権

物権とは「**物に対する直接的な支配権**」などという言い方をされますが，ごく簡単にいえば所有権のことです。

物権法

これも，そのような名称の法律があるわけではなく，便宜的に，民法中の物権分野をそう呼んでいるだけです。

総則とパンデクテン方式

全体に共通する事項を個々の説明の部分で繰り返すのを避けて，最初に「総則」とか「総論」としてまとめてしまうという方式を「**パンデクテン方式**」といいます。民法もこの方式をとっています。
確かに，個々の箇所での繰り返しは避けられるのですが，個々の説明部分と分離してしまうので，構成的にはわかりにくいとされています。
ただ，民法の総則については，本文のように理解しておけばいいですし，本書では側注で繰り返し用語などを説明していますので，特にわかりにくいということはないと思います。
パンデクテンについては，あまり意識しなくてけっこうです。

らわしいんです。それで，時効のような共通事項を「総則」として最初にまとめて説明しているわけです。

そこで，上記の①～③ですが，まず，①の中の「**制限行為能力者**」と「**失踪宣告**」の二つは，「人」の権利に関する事柄を内容とするものです。

このタイトルだけを見ると，何か脈絡がないように感じるかもしれません。

「誰が権利主体で，どんな権利を持っているのか整理したいなら，そのとおりに，権利主体と権利の内容の順にテーマ立てをすればいいんじゃないの？」

そう思われるかもしれません。

でも，民法は，「何か問題が起こりそうな部分」にスポットを当てて，そこをクローズアップするような規定の置き方をしています。いわば，**「原則はあっさり示す。でも，問題となりそうな部分は詳細に」**という規定のしかたです。そのため，この部分でも，経済取引の判断力が十分でない人のサポートの問題を詳しく扱い（**制限行為能力者**），また死亡している確率が高いと思われる人の権利をどうするかの問題を扱います（**失踪宣告**）。つまり，もめ事が起きそうな部分をクローズアップする形でテーマ立てをしているので，「初めて学ぶ人には不思議な感じがする」というわけです。

①の最後の「**法人**」は，人が作った組織に人と同じような権利が認められるか，また認められるとすれば，その要件はどんなものかなどを扱うものです。

以上が①の内容です。

②は，①で扱った権利主体がどうすれば財産の変動が生じるのかを内容としています。

ここでも，「原則はあっさり示す。でも，問題となりそうな部分は詳細に」が貫かれていて，たとえば「**意思表示**」では，意思表示それ自体のことではなく，そこに欠陥があった場合のトラブルの解決法がメインテーマになっています。

③の「**時効**」は，表にもあるように意思表示以外で権利変動が生じる場合についてです。

物権・担保物権で扱う内容

次に，物権・担保物権で扱う内容を見ていきましょう。

時効はあちこちで登場

たとえば物権では283条，担保物権では396条，債権総論では445条，債権各論では600条などで登場します。これらはほんの一例ですから，そのたびに時効の説明からいちいち始めていたら収拾がつかなくなってしまいます。

ルール設定

問題が起こりそうもないところに詳しいルール設定をしても意味がありません。問題が起こりそうな部分だからこそ，より詳細に解決基準を示して，**紛争の未然防止**を図る必要があるのです。

代理

自分に代わってほかの人に法律行為をやってもらう場合についての話です。
1-8，1-9で説明します。
⇒p.96，108

無効・取消し 条件・期限

法律上ちょっと注意を要する言葉の定義や関係性についての話です。
無効・取消しは1-10，条件・期限は1-11で説明します。
無効・取消し⇒p.122
条件・期限⇒p.130

【物権・担保物権で学ぶこと】

①不動産物権変動，即時取得

➡不動産と動産について権利が移る場合（取引等）のルールを定める

②占有権

➡所有者だという証明が容易でない場合もあるので，その場合の社会の財産秩序をどう守るか

③所有権，共有

➡所有権の帰属や変則的な所有形態の問題の処理

④用益物権

➡所有権の内容である使用・収益・処分権のうち，使用・収益権を所有者から使わせてもらう

⑤担保物権

➡所有権の内容である処分権を利用する

物権・担保物権では，「物」の所有権が取引社会でどのように活用されているかを扱います。

では，なぜ「所有権とは何か」から始まっていないのかというと，そこから始めて「所有権とは物を自由に活用（使用・収益・処分）できる権利です」と言ったところで，それ以上何も説明することがないからです。

ですから，ここでも同じように，「何か問題が起こりそうな部分にスポットを当てて」という方法で，所有権を移す場合によく紛争が生じるので，紛争の未然防止という観点から所有権移転のルールを詳細に定めておこうということになるわけです。

そして，まずは土地・建物といった生活するうえで重要な財産である不動産の権利移転について規定してから（**不動産物権変動**），次に，家電製品や日用雑貨など不動産以外の物，つまり動産の権利移転についての規定（**即時取得**）を設けてあります。これが①です。

②は，所有権の証明が難しく「私のものだ」「いやこれは私のものだ」としてあちこちで奪い合いが起こって社会の財産秩序が乱れるのを防止するために**「占有」**という制度があります。それについての説明です。

③は，所有権の残された課題である近所付き合いの問題とか（塀の高さをどうするなど），変則的な所有形態である**「共有」**の問題が扱われています。

不動産と動産

これら以外に何があるかと思われるかもしれませんが，債権も売買の対象となるので，やはり取引の安全を確保するために一定のルールが必要です。債権については「民法Ⅱ」で扱います。

即時取得

動産物権変動の中で最も重要なテーマが即時取得です。そして，タイトルは「動産物権変動」ではなく，その項目で一番重要なテーマである「即時取得」になっているということです。

占有

誰かがその時点で持っているという状態を，暫定的に適法な所有状態として認めて，私人どうしの**実力による奪い合いを防止**するのが目的です。

④と⑤は表に記載したとおりです。

つまり，どれも所有権にかかわる問題で，それが物権・担保物権のテーマです。ですから，何も難しく考える必要はありません。物権については，意外にわかりやすい構成になっているはずです。

民法という科目にどう向き合えばいい？（判例を例に）

本書の「はじめに」や「民法の学習のしかた」のところで，何回か「民法の感覚は生活の中で自然と身に付いているものだ」という説明をしました。

民法に向き合う姿勢はこれでよいのです。具体例を挙げて説明しましょう。

例

息子Ａが金策に困って，親Ｂの家から土地の権利証と実印を勝手に持ち出して，親の代理人だと称して土地を売ってしまったとしましょう。その後に次のような事態が生じました。

①Ａが死亡して，親ＢがＡを相続した
②Ｂが死亡して，親ＡがＢを相続した
③Ａに兄弟がいて共同相続があった

これ以外にもありますが，とにかくいろんなケースが実際に起こってきました。

それで，判例は，あるケースでは，相続を「死亡したＢと相続したＡの地位が相続人Ａの中で混ざってしまって区別できないものとして一体化することだ」（**地位融合説**（ちいゆうごうせつ））といい，別のケースでは，「死亡したＢと相続したＡの地位は相続人Ａの中で混ざらずに二つが併存している」（**地位並存説**（ちいへいぞんせつ））としています。

ここでは詳しい理屈はわからなくてかまいません。ただ，一体化しているか並存しているかというのは「大きく違っている」ことはわかると思います。そして，この二つの判例の考え方はいまだに統一されていません。なぜかというと，それぞれ結論は妥当だからです。

つまり，できるだけ考え方は統一したほうがいいに決まってますが，それよりも大事なことがあるのです。それは「出した判断が社会の感覚に合致していて，社会から支持されるようなものでなくてはならない」ということです。

無権代理と相続

この例にあるような問題は「無権代理と相続」の問題として，「1-9代理②」で説明します。
⇒p.111

判例

具体的な紛争や事件に関して裁判所が裁判で示した法律的判断のことです。
同種の紛争や事件を裁判する際の先例となるものなので，重要視されます。

地位融合説・地位併存説

これも詳しくは「1-9代理②」で説明します。
⇒p.115

法律の理論は，妥当な結論を導くための手段にすぎません。そして，「手段」が大事なのではなく，「結論」こそが最も大切。上記の判例の態度が，それを如実に物語っています。

ということは，極端にいえば，公務員試験では，法律の難しい理論に首を突っ込む必要はまったくないということです。問題を解いているときも「この選択肢の内容は感覚に合うから妥当で，こっちはおかしいから誤りだ」と判断できれば，それでいいのです。

民法は，みなさんがイメージしているほど難解なものではありません。常識で考えれば，問題も必ず正解にたどり着くことができます。

民法の学習の際に注意すべきこと

民法を学習するうえで，いくつか注意すべきことを列挙しておきます。

① 民法独特の用語に慣れよう

民法では，法律独特の用語が随所に出てきます。

たとえば「**善意・悪意**」「**瑕疵**」「**欠缺**」などがその例です。これらは，過去問を繰り返す中で慣れていくという方法でもよいのですが，用語のわかりにくさが学習をつまずかせる原因になることもあるようです。

ですから，まず本書の説明を参考にして，徐々に法律用語に慣れるようにしてください。

② 判例集は必要？

初学者が判例を読むとわからなくなることがあります。

裁判所は，紛争を法律に照らして解決するための機関ですから，あくまで法律に基づいて紛争の解決を図ろうとします。ところが，法律が時代の変化の中で十分な解決の基準を示せていない場合もあり，そんなときに，裁判所は，たとえ無理な解釈と思っても，合理的な結論のためにこじつけ的な解釈を行うことがあるのです。

ただ，これはあくまで妥当な結論を導くためのものですから，無理に理解しようと思う必要はありません。そして，法理論が試験で問われることはほとんどないので，通常は法理

善意・悪意

関係する事情を知っていることが**悪意**（あくい），知らないことが**善意**（ぜんい）です。つまり，知・不知が区別の基準です。ただし，知らなくても疑いを持っている場合を悪意にしていることがあります。この概念はこうだと決めつけるのではなく，その状況に合わせて判断するという柔軟性が必要です。

瑕疵

瑕疵（かし）とは**欠陥のこと**です。民法が適用されるのは一般の市民ですから，その人たちがわかる言葉で表現してもらえればよいのですが，いまだにこういった難しい言葉が残っています。これについては，少しずつ慣れていくしかありません。

論まで立ち入って学習する必要はありません。

つまり，よほど興味や疑問がある場合でなければ，民法の判例集を読む必要はありません。

③ 柔軟に考える癖を付けよう

これまで何度か触れて来ましたが，民法で大切なことは，「結論の妥当性」です。

その観点から考えた場合，民法の学習のポイントは，登場する言葉を杓子定規にとらえないことです。

たとえば，民法では「無効」という言葉があちこちで登場しますが，同じ無効でもいろんな無効があって，その効果は一律ではありません。麻薬取引契約のように，その存在自体が認められない「絶対的な無効」もあれば，代理権のない者がやったので無効だが本人がOKすれば最初から有効になるという「宙ぶらりんの無効」というものもあります。

なぜそうなるかといえば，「どう解釈すればいい結論が得られるか」という観点から考えるからです。

ですから，そういった柔軟性を持って，民法の用語についても考えていくようにしてください。

④ 民法で覚えておきたいその他の事項

民法の過去問に，ときどき「**任意規定（任意法規）**」と「**強行規定（強行法規）**」という言葉が出てくることがあります。前者は民法の定めとは別の定めをすることが許されるもの，後者はそれが許されないものです。

民法には，これが任意規定ですなどといちいち書かれているわけではありません。両者を区別する明確な基準はないので，過去問を解くときにこれらの言葉が出てきたら，その都度これは強行規定だなどとチェックしておくようにしましょう。

条文の呼び方・判例の読み方

公務員試験においては，あまり細かい条文の知識や判例の知識が問われることはないのですが，本書では解説の参照先として条文や判例を示していますので，ここでちょっとだけ解説しておきます。まずは条文の呼び方です。

法理論の出題

内容的には，「Ａ説ではこうなる，Ｂ説ではこうなる」などといったものですが，ポイントとなる部分はごくわずかで（例：時効学説，占有改定と即時取得，譲渡担保の法的構成など），出題もめったにありません。ですから，過去問で問われている知識をひととおり仕入れておけば，それ以上に法理論に深入りする必要はありません。

六法全書もいらない！

条文については，疑問に感じたときに確認しておけばよいでしょう。
いちいち「六法」をめくるよりも，政府が提供している「**e-Gov法令検索**」のほうが便利です。ネット上にはほかにも条文検索のサイトがありますが，最新の改正に対応していないことがあるので，信頼性という点ではe-Govが一番です。

任意規定・強行規定

任意規定について，民法は「法律行為の当事者が法令中の**公の秩序**に関しない規定と異なる意思を表示したときは，その意思に従う」という規定を設けています（91条）。ただ，ここでいう「公の秩序に関しない規定」の意味も，それほど明確というわけではありません。
ただ，民法はその多くが任意規定されているので，強行規定のほうが数が少ないです。ですから，「これは強行規定です」という説明が出てきたときに，それをチェックしておけば，それで十分に対処できます。

項，号，柱書

第330条 ア）同一の動産について特別の先取特権が互いに競合する場合には，その優先権の順位は，次に掲げる順序に従う。イ）この場合において，第二号に掲げる動産の保存の先取特権について数人の保存者があるときは，後の保存者が前の保存者に優先する。
一　不動産の賃貸，旅館の宿泊及び運輸……
二　動産の保存の先取特権
三　動産の売買，種苗又は肥料の供給，……
2　前項の場合において，第一順位の先取特権者は，……
3　果実に関しては，第一の順位は農業の労務に従事……

ア＝**前段**
イ＝**後段**
「号」以外＝**柱書**
一・二・三＝**号**
2・3＝**項**

算用数字の「２」や「３」のところを「**項**」と呼びます。そして，「330条２項」などと表します。

通常，条文の表記では「１」は書いてありませんが，本書では，条文を紹介する場合に，わかりやすいように「１」を表示しています。

漢数字の「一」「二」「三」というところを「**号**」と呼びます。

また，号を除いた本文の部分を「**柱書**」と呼びます。号は柱書に関する内容を記述した部分ですから，上記の１号であれば，「330条１項柱書１号」と表します。また，上記の柱書は前半と後半に分かれていますので，この場合は「**前段**」「**後段**」と呼んでいます。ア，イは説明の便宜上付けたものです。アが前段，イが後段です。

なお，ちょっとややこしいのですが，上記の条文の１号はもっぱら前段に関する事柄ですから，「330条１項柱書１号」をより正確に表せば，「330条１項柱書前段１号」となります。

一般法・特別法

広く一般に適用されるものを一般法，ある特定の分野を対象としているものを特別法といいます。民法は一般法ですが，その中の特定の箇所を別の法律で規定している場合（例：民法の利息の規定〔404条〕では十分でないので，別に利息制限法という法律を作るなど），その法律は民法の特別法になります。そして，わざわざ作っているので，一般法と特別法がバッティングした場合，**特別法の効力が優先**します。

本文とただし書き

第5条　未成年者が法律行為をするには，その法定代理人の同意を得なければならない。ただし，単に権利を得，又は義務を免れる法律行為については，この限りでない。
2　前項の規定に……

「ただし」以前の文＝**本文**
「ただし」以下の文＝**ただし書き**

１項で「ただし」という文が付け加えられている場合，その前の部分を「**本文**」，ただし以下の部分を「**ただし書き**」と呼びます。

上記の条文では，「１項本文」とか，「１項ただし書き」と表します。

準　用

> **第296条**　留置権者は，債権の全部の弁済を受けるまでは，留置物の全部についてその権利を行使することができる。
> **第305条**　第296条の規定は，先取特権について準用する。

準用規定

色アミの部分を準用規定といいます。

同じことを書くのはめんどくさいので，「**準用**」という言葉で代替しますという意味です。ですから，305条をまともに表すと「先取特権者は，債権の全部の弁済を受けるまでは，担保になっている物の全部についてその権利を行使することができる」ということになります。

判例の表記

次は**判例**についてです。解説などで判例が示されたときに，

（最判昭48・12・14）

などと表記されていることがあります。

この中の「**最**」は「最高裁判所」，「**判**」は判決，「**昭**」は「昭和」の意味で，後の数字は日付です。これに「**大**」が付いていると「大法廷」（特に重要な判断）の意味（例：最大判昭40・11・24），また，「判」の代わりに「**決**」になっていると「決定」の意味です。旧憲法下の判例は，「最高裁判所→大審院」，「大法廷→連合部」ですから，（大連判大13・12・24）は，「大審院連合部大正13年12月24日判決」ということになります。

民法の大改正について

最後に，民法の改正について付言しておきます。

民法は2017年（平成29年）に，およそ120年ぶりとなる大改正が国会で成立し，2020年４月１日から施行されました。本書は，この改正法（新民法）に基づいて民法の説明を行っています。

法改正のポイントの一つは，判例が積み上げてきた「日常感覚に合った合理的な結論」を条文に反映させることです。

判断に迷ったら，この点を思い出してください。**「法律の複雑な理屈よりも，結果が日常感覚と合っていること，それが民法では何よりも大切なんだ！」**そう思って本書を読んでみてください。

判決と決定の違い

判決は，訴えを認めるかどうかの判断。決定は，訴訟の進め方などで「こうします」という判断です。たとえば，100万円の支払いを求める訴えに対して，「その訴えは正当だから100万円を支払え」というのが判決で，裁判の途中で，「これを証拠として認めてください」（原告：訴えた側），「いや，認めるべきじゃない」（被告：訴えられた側）という対立に，裁判所の「証拠として認める」（**証拠決定**）という判断が決定です。

それで，なんで最高裁の決定があるのか（例：最決平17・10・11）といいますと，訴訟の途中であっても，「その決定おかしいよ。ちょっとそこだけ上級の裁判所の判断を仰ぎたいので，裁判の進行を待ってください」などと裁判所の決定に対して上級の裁判所に判断を求めることができるからです。

第1章

総則

財産に関するルールの共通事項

これから，まず財産法について学んでいくことにします。財産法は，民法の大半を占める重要な部分で，公務員試験の出題の８割以上がこの部分に集中しています。

最初は総則からです。

総則は，財産法の共通事項をまとめたものですが，あちこちから共通事項を引っ張ってきているので，一見すると無造作に見えてしまいます。だから，なんとなくわかりにくいんですね。そのため，いきなりここでつまずいてしまう人が多いんですが，肩の力を抜いて「そんなもんだ」と思って軽く流すことが大切です。本当は，物権を済ませてから見直してみると，意外におもしろいんですけどね……。

ですから，まずは気楽に取り組んでみましょう。

さあ，民法総則のスタートです。

1-1　国総★★★　国般★★　地上★★★　市役所★★★

制限行為能力者①
～契約を結ぶために必要な資格や能力～

民法は「人」の話から始まります。人の経済活動をどうやってサポートしていくかが重要なテーマだからです。

では民法でいう「人」ってなんでしょう？　今から説明していきます。

所有や取引に必要な三つの能力ってなんだ？

私たちは，日々の生活を，財産を活用して営んでいます。

そして，この「財産を活用する」には，次の三つの能力が必要とされています。

三つの「能力」

権利能力（けんりのうりょく）	権利や義務の主体となることができる地位
意思能力（いしのうりょく）	経済的取引行為を行う場合に，その有利・不利を判断できる能力
行為能力（こういのうりょく）	単独で有効に法律行為を行うことができる能力

普段何気なく行っている買い物などの行為（**法律行為**といいます）は，この三つの要素が揃って始めて法的に有効なものになるんです。たとえば，デパートで10万円のバッグを買ったという例で説明しましょう。

まず，買うときは，そのバッグが自分にとって価値があるかどうか品定めをしますよね。そして，そのような**価値判断ができる**ということを，法的に「**意思能力**（判断能力）がある」といいます。そして，現金にせよカード払いにせよ，購入すれば，それは自分の所有物になりますよね。つまり，「これは自分のものだ」と主張できるわけです。このように，**権利を主張したり，義務を負ったりすることのできる地位**，これが**権利能力**で，これは人にしか認められません。たとえば飼い主がドッグフードをペットのために買っても，それは，飼い主の所有物であって犬の所有物ではないのです。

制限行為能力者①の重要度

「人の能力」に関しての出題は多くありませんが，権利主体である人は財産分野の議論の出発点ですから，しっかりと理解しておくことが必要です。

「財産法」っていう法律があるの？

これは通称です。民法は，**財産に関するルール**を定めた部分と**家族関係に関するルール**を定めた部分の二つに分けることができます。前者を便宜的に**財産法**，後者を**家族法**と呼んでいます。ただ，そんな名前の法律があるわけではなく，あくまでもわかりやすいようにそう呼んでいるだけです。

財貨

財貨とは，金銭と品物をひっくるめたものです。

権利能力って「能力」なの？

一般には，権利能力（３条）は権利義務の主体となりうる「**地位**」と表現されます。ただ，財産を活用する力は人にしかありませんから，やはりこれは「**能力**」といってよいものです。

では，次に，物を買いたいと思ったのが小学生だったらどうでしょう。小学生が自分の判断でお店に行って「自分だけで」たとえば10万円のゲーム機を買えるかというと，「親の同意書が必要です」となるわけです。判断力がまだ十分ではないので，法は親のサポートがいるとしています。つまり，単独では有効に契約（法律行為）ができないのです。しかし，成人したら親の承諾なしにできますよね。このように，**単独で完全な契約をできる能力**を**行為効力**といいます。

権利能力は，人だけでなく法人にも認められる

ところで，よく「お店との間の売買契約っていうけど，お店って人なの？」と思われるかもしれません。この場合，個人商店なら，お店の主人が権利能力の主体となります。

「じゃあ，ドラッグストアなどの大きなお店の場合は？」

確かに，ドラッグストアの店員さんは人ですが，店員さんが自分の持ち物を売っているわけではありませんね。売主（うりぬし）はあくまでドラッグストアです。ただ，ドラッグストアは人ではありませんから，こういう場合，ドラッグストアにも売主としての地位，つまり権利能力を認める必要が出てきます。そこで，法は，**一定の要件のもとに，人が運営する団体にも権利能力を認めることにしました**。これを，法が認めた人という意味で**法人**（ほうじん）と呼びます。

法人の一番身近な例は株式会社などの会社です。ドラッグストアは，個人商店ではなく通常は会社ですから，権利能力の主体として認められます。したがって，前記のドッグフードの例の場合，ドッグフードの売主は会社であるドラッグス

民法が認める権利義務の主体

主体・客体

何かをする側が主体，される側が客体です。
人（主体）＝本を買う
本（客体）＝人に買われる
という感じです。

この例での義務と権利

ここで義務とは代金を支払う義務，権利とは商品を引き渡してもらう権利のことです。

自然人と法人

法によって特に権利主体性を認められたのが「法人」です。それと区別する意味で，人を「**自然人**」と呼んでいます。
法人については1-4で説明します。
⇒p.54

民法上の組合

学校で行われるバザーや学園祭の出店（でみせ）のように，複数の人が共同事業を営む契約を「民法上の組合」といいます。この場合，組合は単独では契約の主体となりえません。契約は，代表者が個人名で行うか，全員が連名で行うといった方法をとることになります。
民法上というからには，それ以外にも組合があるわけ？と思われることでしょう。そのとおりで，たとえば**農業協同組合**や**生活協同組合**も同様に組合です。ただ，それぞれ農業協同組合法などの特別法で**権利能力**が認められていますので，これらは「民法上の組合」ではありません。

第1章　総則

トア，買主は犬の飼い主である自然人となります。

胎児も人として認められる？

では，人っていつから民法上の人になるんでしょうか？胎児も権利を得たり義務を負ったりできるでしょうか。これは，**胎児にも権利能力が認められるか**という問題です。

まず，**原則**はこうです。すなわち，**胎児には権利能力は認められません**。なぜなら，生きて生まれてから権利能力を認めれば十分だからです。

ただ，それではどうしても不都合な場合が出てきます。

一例を挙げましょう。たとえば，お父さんが重い病気で命が消えそうなときに，お母さんの胎内に初めての子どもがいるとします。でも，子どもが生まれる前にお父さんが亡くなると，その子はお父さんの財産を相続する（受け継ぐ）ことができません。なぜなら，お父さんの財産は，お父さんが亡くなった時点ですぐに相続で両親や兄弟など胎児以外の相続人に移ってしまうからです。相続の時点で「人」でなければ，権利を受け継ぐ資格がないので，お父さんの財産を相続することができないのです。

でも，子どもは，お父さんから養育を受ける権利があるはずですよね。そして，養育にはお金がかかりますから，お父さんは，両親や兄弟とかではなく子どもに財産を残したいでしょう。それならば，いっそのこと生まれたものとみなして，胎児にも相続の資格を認めるのが合理的です。

つまり，このような場合には**例外的に胎児に権利能力を認める必要がある**のです。

そこで，民法は，この考え方に従って，**①相続（886条）**，

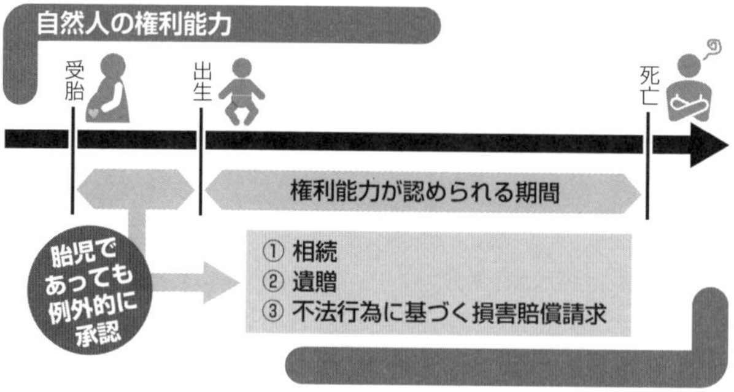

権利能力の始期と終期

権利能力の始期すなわち人の始まりは，胎児が母体から**全部露出**した時，そして終期は**死亡**した時です。

相続

自然人の権利義務（財産法上の地位）を，その者の死後に特定の者に受け継がせることをいいます。
「民法Ⅱ」で説明します。

「生まれたとみなす」とは？

考え方としては，①最初から胎児に権利能力を認めたうえで，死産の場合にはさかのぼって認めない（**解除条件説**），②生きて生まれた場合に，さかのぼって胎児にも権利能力を認める（**停止条件説**）という二つの考え方があります。**②で考えるのが通説・判例**（大判昭7・10・6）です。
①と②の違いは，具体的には，胎児である期間中に，母が法定代理人として胎児を代理ができるかという点にあります。①説の場合は最初から胎児に権利能力を認めるので，代理も可能ですが，②説の立場をとる判例・通説はこれを否定しています。

遺贈

遺贈（いぞう）とは，**遺言による贈与**，つまり，遺言に「自分が死んだら○○に△△を贈与する」と記載して，それに基づいて贈与が行われることです。

②遺贈（965条），③不法行為に基づく損害賠償請求（721条）の三つについて，胎児にも権利能力を認めています。

意思能力の有無は判断しにくい

次に，意思能力と行為能力の話です。この二つは，セットで考えたほうがわかりやすいので，一緒に説明します。

まず，**意思能力**ですが，これは，たとえばある取引をするときに，それが自分にとって有利かどうかを見極められる能力のことです。

もちろん，高価なものを買ってしまってから「しまった！」と後悔することは誰しもありますが，少なくとも購入する時点では，それが必要だ（つまり自分にとって有利だ）と思って買っているわけです。なので，それを判断する能力つまり意思能力はあるわけです。意思能力がないというのは，それがなんの役に立つのかとか，そもそも何を買っているのかさえわからずに契約しているような状態をいいます。

そして，意思能力がない人が経済社会の中で取引をすると，いいように「食いもの」にされるだけですから，民法は意思能力のない人が行った法律行為は無効としています（3条の2）。

これは，弱者保護としてはとても大切な条文ですが，一つ大きな問題があります。それは，意思能力は，それがないことの証明が難しいことです。

たとえば，認知症の症状が悪化し始めたAの親Bが，何を買うのか理解できないまま，100万円以上もする健康器具の購入契約を営業マンと結んだとしましょう。そもそもBにとって必要のないものですから，AがBに代わって「Bに意思能力はないから契約は無効だ」と主張したとします。ところが，相手から「いや，親御さんはよく理解されて，十分に納得して買われましたよ！」と言われた場合，どうやって相手の主張を覆せばよいのでしょうか。実は，これがけっこう厄介なのです。

そして，意思能力がないことの証明ができなければ，せっかくの民法の救済条文（3条の2）は絵に描いたモチになってしまいます。

不法行為に基づく損害賠償請求

お父さんから受けることができたはずの養育にかかる費用や，お父さんを奪われたことに対する精神的な苦しみ（**精神的損害の慰謝料**）などを加害者に償ってもらう必要があります。

意思無能力者

意思能力とは，自分の行為の法的な意味を理解することができる能力です。幼児や重度の認知症の人などはこれを欠くとされていて，このような意思能力のない人を「**意思無能力者**」といいます。

法律行為

意思に基づいて一定の法律効果を発生させる行為のことです。契約の申込み，取消し，解除，債務の免除などがそれに当ります。一方，意思に基づかない時効や相続などは法律行為ではありません。

意思無能力者の法律行為は無効

近代法においては，経済活動は他から押し付けられて行うのではなく，その個人が欲して行うというのが原則です。これを**意思自治の原則**，あるいは**私的自治の原則**といいます。ただ，そのためには，経済活動が自分にとって有利かどうかを判断する能力がなければなりません。そのため，意思能力がない人の法律行為は無効とされています。ちなみに，2020年までは対応条文がありませんでしたが，2020年の大改正において初めて条文として追加されたのが「3条の2」です。

グレーゾーンの人をひとまとめにして保護

そこで，民法は，さらにこの救済の理念を具体化させる制度を整備しました。それが「**行為能力**」という概念を前提にした**制限行為能力者**の制度です。

行為能力は，意思能力を裏から言い換えたようなものですが，行為能力が何かということに意味があるというよりも，**行為能力の制限**のほうに重要な意味があります。

それはこういうことです。

すなわち，**意思無能力の証明が難しいからといって，いいようにカモにされるような人を放っておくわけにはいきません**。では，どうやってその人たちを保護するかというと，意思能力があるかどうかは人によって違いがありますし，また認知症の人でも，時として本心に復している（つまり意思能力が戻っている）ことがあります。そうなると，保護の手段としては，**グレーゾーンの人をひとまとめにして（類型化），その中の人を保護する**という方法をとらざるをえません。

こういったやり方には保護手段として限界もありますが，少なくとも，この方法をとることで相当の人を保護できることになります。

画一化したグレーゾーンの人をどうやって援助する？

具体的な援助方法は次のようになっています。

①**判断能力が不十分な人に保護機関（援助者）を付ける。**

②**保護機関のサポートのない法律行為は，取り消すことを認める（原則）。**

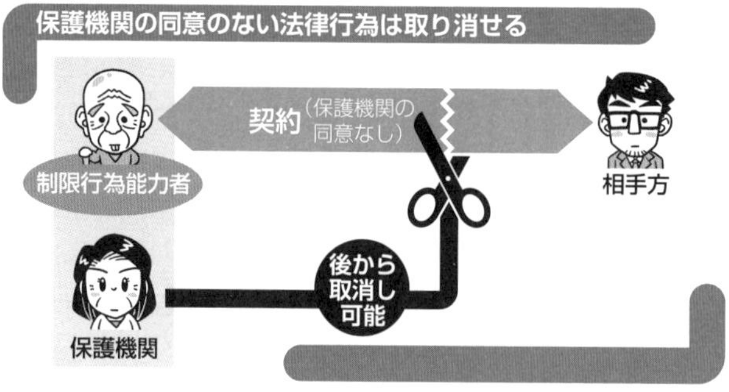

意思能力不存在の証明

認知症の人でも判断力が戻る（＝本心に復する）ことがあるので，認知症の証明（例：診断書）だけでは足りません。つまり，「法律行為の当時に**本心に復していなかった**」ことの証明が必要なのですが，それはきわめて困難です。

保護の限界とは？

成人の場合は，家庭裁判所に申請して制限行為能力者として認めてもらうことが必要です。この手続きを怠ると，たとえ認定の要件を満たしている人でも，完全な行為能力者として扱われて，**保護の対象から除外**されてしまいます。

保護機関

その法律行為が制限行為能力者にとって有利かどうかを判断してくれる人のことです。未成年の子（制限行為能力者）の親（**親権者**）はその典型例です。

取消し

簡単にいえば**キャンセル**のことです。取り消すまでは有効ですが，取り消したら最初からなかったもの（無効）として扱われます。

なぜ「無効」でなく「取消し」なの？

制限行為能力者の法律行為については，その有利・不利を保護機関が判断します。有利ならそのままでよいので，一律に無効とするのではなく，有効にするか無効にするか，その**選択の**

取消しは，「保護機関の同意がなかった」という理由だけで行うことができます。意思能力があったかどうかという証明の手間に比べると，はるかに保護が容易になります。

ただ，このように取消しが簡単にできるようになると，今度は別の問題が出てきます。それは，相手にとって取引のリスクが生じるという問題です。

たとえば，良心的な業者が，本人に役に立つ商品を勧めて，本人も特に変わった様子もなく無事に契約が成立したので，メーカーにその商品を発注したとします。ところが，突然「制限行為能力者だったので取り消す」とされたら，業者は思わぬ事態に陥ります。なので，制限行為能力者の範囲を画一化するということには，相手方に制限行為能力者かどうかを容易に識別させて，取引のリスク回避の手段を確保するという意味合いもあるのです。

ここで今までの知識を問題でおさらいしておきましょう。

機会を与えるために無効ではなく取消しとされています。

画一化

ケースによって違った対応をするのではなく，一律に決まった対応をするということです。

覚えやすいようにイメージを作る

「権利能力」という言葉は，なんともとっつきにくいですね。こういったわかりにくい，すぐ忘れてしまいそうな言葉は，覚えるためのコツがあります。それは，その言葉について思いつく典型的なものを何かイメージして強引に結びつけるんです。こじつけでも全然かまいません。要するに「**覚えやすいようにイメージを作る**」それが大事なんです。

例題 1

各種の能力に関する次の記述のうち，妥当なのはどれか。

（市役所　改題）

1　権利能力の始期は出生の時であり，終期は死亡または失踪宣告がなされた時である。

2　民法は，相続，生前贈与，不法行為に基づく損害賠償請求権の三つについては，胎児にも例外的に権利能力を認めている。

3　意思能力がない者が行った契約は，その法定代理人がこれを取り消すことができる。

4　取引を行うのに十分な判断能力を有している未成年者が法律行為を行う場合でも，原則として法定代理人の同意が必要である。

5　行為能力を制限される者を制限行為能力者といい，意思能力を制限される者を制限意思能力者という。

本問のポイント！

さて，いよいよ問題練習です。最初の問題ですから，知識の整理の意味で，少し詳しく説明しましょう。

1．まず，本肢の前半は妥当な記述です。すなわち，権利能力の始期は出生の時です。

それで「**権利能力**」というのは，「権利義務の主体となれる地位」というのが定義でしたね。

権利義務の中心に位置するのはお金ですから，ここでは，「お金」で考えてみましょう。少々強引ですが，権利義務の主体というのはお金を持てるかどうかだと考えればいいんです。いってみれば**「お金を所有できる」ということが「権利能力がある」ということなのです。**

反面からいうと，残念ながら犬のポチは，財布も持てませんし，ポチ名義での預金口座も作れません。これが，「権利能力がない」ということです。

では本肢の後半を見てみましょう。「終期は死亡または失踪宣告がなされた時である」となっています。**失踪宣告**（しっそうせんこく）については後ほどテーマ1－3で扱いますが，失踪という言葉はわかりますよね。いなくなったということです。

それで，**いなくなったら，その人はお金を持てなくなるかというと，その人が亡くなっていれば持てませんが，生きている限り，失踪したとしてもお金は所有できます。**自給自足でお金はいらないという人もいるかもしれませんが，そんな人でもお金を持つことはできるはずです。だったら，後半は誤りだと推測できると思います。実際，人は生存している限り，権利能力はなくなりません。ですから，後半は誤りです。

2．本文で，相続（886条），遺贈（965条），不法行為に基づく損害賠償請求（721条）の三つについて，**胎児にも権利能力が認められる**ことを説明しました。

一方，生前贈与というのは「自分が生きている間に子どもや孫などに財産を贈与する」ということで，遺贈つまり「自分が死んだら贈与する」のとは反対の意味です。ただ，それ自体は「これあげるよ！」というフツーの贈与のことです。そして，財産をあげるなら生まれてからすればよいので，贈与については「胎児が財産をもらってその財産の持ち主になる」という例外を認める必要はありません。

3．意思能力がない者が行った契約は，「取り消すことができる」ではなく，そもそも無効です（３条の２）。

4．妥当な記述です。詳しくは次のテーマ1－2で説明しますが，法は制限行為能力者の範囲を画一化することで，取引の相手に制限行為能力者かどうか，つまり契約を取り消されるリスクのある人かどうかを容易に判断させることで，取引の安全に一定の配慮をしています。ですから，十分な判断能力があっても，**未成年者が契約をするには，原則と**

権利義務とお金

財産ということで考えれば，権利義務とお金は切っても切れない関係にあります。権利という意味での財貨の中心はお金ですし，義務を果たさなければ損害賠償として，お金を請求されます。

失踪宣告

失踪（しっそう）宣告とは，生死が不明の人を死亡したものとみなして，その人にかかわる**法律関係をいったん整理**する制度です。

生前贈与

持っている資産が大きい場合，相続税よりも贈与税のほうが税率が低いので，節税対策としてよくこの言葉を耳にします。ただ，本問では，税金がどうなるかではなく，**胎児に贈与できるか**が問題なので，税金の問題と切り離して考えれば，生前贈与は単なる贈与，つまり無償で財産をあげること（549条），単にそれだけのことです。
贈与については「民法Ⅱ」で説明します。

法定代理人

本人の依頼によってではなく，**法律によって代理権を与えられた人**のことです。たとえば，法によって与えられた子どもの親権には代理権が含まれていて（824条本文），子どもに代わって体操教室に通う契約をするなどはその例です。

して法定代理人の同意が必要です（5条1項本文）。

5．意思能力はその存否が問題となるだけで，それを法的に制限されることはありえません。

よって，この問題の正答は**4**です。

正答　4

成年の制限行為能力者

審判で決定されると，家庭裁判所から法務局に登記の嘱託が行われ，登記簿に成年被後見人などという記載がなされます。これを**成年後見登記制度**といいます。

「1-1　制限行為能力者①」のまとめ

権利能力・意思能力・行為能力

- ▶権利能力とは，権利義務の主体となることができる地位のことである。
- ▶権利能力は，人だけでなく法人にも認められる。
- ▶民法上の組合には，権利能力は認められない。
- ▶胎児も生きて生まれることを条件に，相続，遺贈，不法行為に基づく損害賠償請求の三つについて，権利能力が認められる。
- ▶意思能力とは，経済的取引行為を行う場合に，その有利・不利を判断できる能力のことである。
- ▶行為能力とは，単独で有効に法律行為を行うことができる能力のことである。

制限行為能力者制度

- ▶行為能力が十分でない人について，保護機関をつけてその財産保護を図るのが制限行為能力者の制度である。
- ▶制限行為能力者の範囲は，法で画一的に決められている。
- ▶十分な判断能力があっても，未成年者は制限行為能力者である。また，成年で判断能力が不十分であっても，法の定める手続き（家庭裁判所の審判）で制限行為能力者とされなければ，完全な行為能力者として扱われる。
- ▶このような画一化は，取引の安全を図ることを目的とする。

1-2　国総★★★　国般★★　地上★★★　市役所★★★

制限行為能力者②

～自分で契約の有利不利が判断ができない人をサポート～

自分で契約の有利不利が判断できないような人たちの法律行為をサポートして保護しよう！というのが制限行為能力者制度です。具体的な援助方法としては，

①**判断能力が不十分な人に保護機関（援助者）を付ける。**

②**保護機関のサポートのない法律行為は，取り消すことを認める（原則）。**

それでは話を先に進めます。

どんな人が制限行為能力者とされている？

では，どんな人が**制限行為能力者**に分類されているのでしょうか。これについて，民法は次のように規定しています。

まず，成年者と未成年者では類型化のしかたが違います。

未成年者は，**単に未成年というだけで，原則として全員が制限行為能力者とされます。**

一方，**成年者**の場合は，**家庭裁判所に申し立てて，その審判によって制限行為能力者と認定されることが必要です。**これを別の角度から表現すれば，成年者については，たとえ意思能力がない人でも家庭裁判所の審判を経なければ制限行為能力者とならないということです。

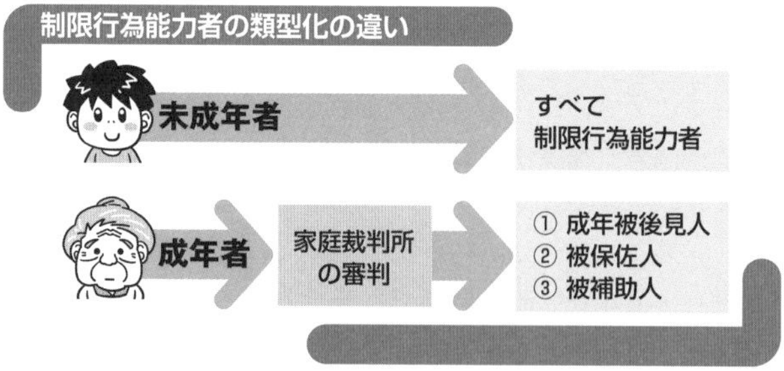

このように，未成年と成年とで扱いが違うのは，未成年者は判断能力がゼロの状態，つまり乳児の頃から始まって，少しずつ判断能力が備わってくる人たちです。したがって，十

制限行為能力者②の重要度

制限行為能力者は，民法における頻出箇所の一つで，意思表示や代理，時効と並ぶ総則の重要テーマです。内容がやや複雑ですが，細かな部分まで問われることが多いので，しっかり理解するようにしましょう。特に，市役所をめざす人には，すぐに仕事で役立つ分野です。

制限行為能力者

行為能力を制限されている人，すなわち，単独で有効に法律行為を行うことを制限されている人のことです。

未成年者はすべて制限行為能力者！

判断能力があるかどうかは関係ありません。１歳の幼児も，成年に近い年齢の人も同じように制限行為能力者として扱われます。

成年年齢

「**満18歳**」が成年に達する年齢です。

分な判断能力は「備わっていない」が原則になっています。そのため，まずは一律に制限行為能力者として扱おうというわけです。

一方，成年者は十分な判断能力が「備わった」人たちです。そのため，完全な行為能力者として扱うのが原則で，その例外が家庭裁判所の審判を受けた人たちとなるわけです。

ところで，一口に「例外」といっても，成年者の場合は援助を必要とする程度に個人差があります。そこで，法は，これを以下の三段階に分けました。

制限行為能力者の三分類

① 成年被後見人（せいねんひこうけんにん）	事理弁識能力を**欠く常況**
② 被保佐人（ひほさにん）	事理弁識能力が**著しく不十分**
③ 被補助人（ひほじょにん）	事理弁識能力が**不十分**

個々人の判断の力の違いを考えると，もっと細かく分けるべきという考え方もあるでしょうが，あまり細かすぎると，逆に制度が使いにくいものになります。そこで，経験則に照らして使いやすい分類方法として，三つに分けているのです。

これら**三つの分類は，簡単にいえば，判断能力の衰えの程度によって分かれています。そして，衰えが大きければ援助の範囲や程度も大きくする必要があります。他方，それが小さければ，サポートの程度も小さな範囲にとどめられることになります。**

そこで，前述した①～③を簡単に図示してみましょう。だいたいこんなイメージです。

取引上必要とされる判断能力の水準

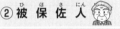

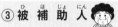

成年後見と未成年後見の違い

後見制度は未成年の場合にもありますが，成年者とは趣旨が違います。未成年者は親権者が保護機関になるので，未成年後見は親権者がいない場合の**親代わりの制度**です。ですから，親に代わって子どもを「育てる」，つまり親と同様の権能（身上監護権と財産管理権の双方）が認められています。一方，成年後見の場合は，主たる任務は**財産管理**です（療養看護権もありますが，それはあくまでも財産管理をスムーズに行うためのものです）。この点で，両者は大きく違っています。

事理弁識能力

取引上の有利・不利などを判断できる能力のことです。ちなみに「じりべんしきのうりょく」と読みます。

欠く「常況」って何？

これは，常日頃は事理弁識能力がないのですが，時として正常な判断力がある状態に戻る（**本心に復する**）ことがあるという状態をいいます。

どれに当てはまるか迷いそう！

申立てのときにどの分類になるのか，判断に迷うこともあるでしょう。でも，裁判所の鑑定で「別の分類だ」という結果が出れば，**申立ての趣旨の変更**という手続きをすればよいので，特に不都合は生じません。

保護機関ごとに その権限には違いがある

では，法は具体的にどうやって援助しているのでしょうか。未成年者を含めて説明していきましょう。

制限行為能力者には，その法律行為を援助するための**保護機関**が付されます。そして保護機関には，それぞれの制限行為能力者の性質に合わせて，援助に必要な法的権限が与えられています。

ただし，判断能力の有無は，それぞれの分類ごとにかなり差がありますから，援助の方法は分類に合わせたきめ細かいものになり，その分，複雑になっています。

以下にまとめておきましょう。

保護機関

その法律行為が制限行為能力者にとって有利かどうかを判断してくれる人のことです。未成年の子（制限行為能力者）の親（親権者）はその典型例です。

制限行為能力者の保護機関と権限

	未成年者	成年被後見人	被保佐人	被補助人
主体	成年年齢に達しない者	事理弁識能力を欠く常況の者	事理弁識能力が著しく不十分な者	事理弁識能力が不十分な者
法律行為の制限	法定代理人の同意が必要	法定代理人が代理（原則）	特定の法律行為には保護機関の同意が必要	
保護機関	親権者・未成年後見人	成年後見人	保佐人	補助人
保護機関の権能	法定代理人	法定代理人	法定代理人ではない	
	代理権・取消権・同意権・追認権	代理権と取消権のみ	同意権・追認権・取消権（代理権付与審判により代理可）	

要は，**判断能力が足りない部分を補って本人の財産保護を図るにはどうすればよいかという観点から権限が付与されている**ということです。

では，これらの分類を個別に見ていくことにします。

代理

代理については，1-8と1-9で詳しく説明します。
⇒p.96，108

未成年者には法定代理人が付される

一口に**未成年者**といっても，生まれたばかりの赤ちゃんから，17歳のように成年に近い人など，年齢の幅は広く，また判断能力にも大きな差があります。それでも，原則はあくまで画一処理です。すなわち，**どの年齢層であろうとも，単独で有効に法律行為はできず，法律行為には法定代理人の同意**

法定代理人

本人の依頼によってではなく，法律で代理権を与えられた人のことです。たとえば，親には，その中に代理権が含まれる**親権**（しんけん）が法によって与えられています（824条本文）。

が必要です。

未成年者の法定代理人（保護機関）は，通常は親権者がなります。なお，法定代理人は法律が当然のこととして代理権を付与した人のことですから，特別な就任手続などは不要です。

その権限を表にまとめると次の表のようになります。

代理権・同意権・追認権・取消権……などと並べるとややこしそうですが，理由を考えると与えられた権限の意味がわかると思います。

未成年者の法定代理人

法定代理人は，まずは親権者がなります。次に，親権者がいない場合や親権をはく奪された場合などでは(834条)，家庭裁判所が選任する後見人が法定代理人となります(838条１号，840条１項)。これを**未成年後見人**と呼びます。

未成年者の保護機関の権限

権　限	内　容	具体例
代理権	未成年者に代わって法律行為をする権限	子どもが水泳教室に通う契約を，親が子どもに代わって結ぶ
同意権	未成年者の法律行為に同意を与える権限	子どもの「教材を買いたい」との提案に，「いいよ」と同意を与える
追認権	同意を得ずに行った未成年者の法律行為に事後的に同意を与える権限	子どもが単独で結んだ学習塾への通塾契約に，事後に同意を与える
取消権	同意を得ずに行った未成年者の法律行為を取り消す権限	親の同意なしに子どもが単独で結んだ車の購入契約を取り消す

まず，４～５歳の小さな子どもが習い事をするとしましょう。子どもには契約を結ぶ方法などはわかりませんから，**契約は親が代わって行います**。その際に必要なのが**代理権**です。

次に，子どもが中学生になって，親に「この学習教材を買いたいんだけどいいかな？」と相談してきたとき，親が「この内容なら役に立ちそうだから，買ってもいいよ！」と言うのが**同意権**です。

一方，子どもがその場で契約してしまったということもありますよね。そんな場合に親が判断して不利でないと思えばその契約を追認し（**追認権**），不利だと思えば取り消すことになります（**取消権**）。

要するに未成年者の財産を保護するにはどうすればよいかを考えた場合，このような権限が必要になるというわけです。

なお，**取消権は法定代理人だけでなく本人にも認められています**。そして，**未成年者が取り消す場合，法定代理人の同意は必要とされていません**。

その理由は，①取消しは，未成年者の財産状態を元に戻すだけで，未成年者にとって不利にはならないこと，②取消しに法定代理人の同意が必要とすると，未成年者の取消しは

○○権

いろいろあってややこしいですが，「○○する権限」「○○できる権利」と考えてください。

追認とは事後の同意のこと

同意権と追認権は，それがどの時点で行われるかが違うだけで，内容は同じものです。法律行為の前に行うのが**同意**で，後に行うのが**追認**です。

「取り消すことができる取消し」というわけのわからないものになって，いたずらに法律関係を混乱させてしまうからです。

同様の理由で，**他の制限行為能力者の場合でも，取消しに保護機関の同意は不要とされています。**

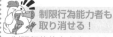

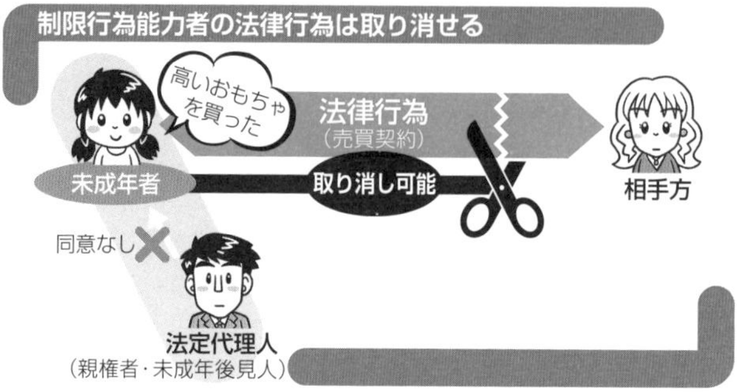

制限行為能力者も取り消せる！

制限行為能力者本人も契約を取り消す権利を持っています。そして，原則として制限行為能力者本人による取消しには，保護機関の同意は必要ありません！

未成年者が単独でできる行為がある

民法が**制限行為能力者という制度を設けた趣旨**は，**判断力が不十分な人の財産が不当に減少することを防止しようとする点にあります。**したがって，そのようなおそれがない行為については，保護機関のサポートは不要です。

未成年者の場合，民法は，以下のような行為をそのようなものとして規定しています。

制限行為能力者の制度趣旨

「財産の不当な減少の防止」という点は，しっかり意識するようにしましょう。保護の対象は，判断能力が不十分な人たちですから，かなりしっかりした保護が与えられています。取引の相手が，そのことを知らなくても，相手は保護されません。その代わりに類型化という方法をとって，**相手の保護にも配慮**しているわけです。

未成年者が単独でできる法律行為

内　容	具体例
①単に権利を得，または義務を免れる行為	○：負担のない贈与を受ける ×：債務の弁済（∵債務を失うから） （財産保護に支障がない）
②法定代理人が処分を許した財産の処分行為	仕送りのお金，小遣いなどを使う （法定代理人がOKした）
③法定代理人から営業を許された未成年者が，その営業に関してなす行為	親の商店を手伝っている子どもが，取引先から商品を仕入れる （法定代理人がOKした）

①は未成年者に利益にこそなれ，なんの不利益もありませんので，そのような行為については，いちいち親に相談する必要はありません。②は「お年玉」などを考えるとわかりやすいでしょう。③は，学園祭のバザーに出店するなど，親が「この営業なら子どもの財産保護に心配はない」と判断した場合は，その範囲で取引に親の同意は不要です。

営業の許可

営業を許可する場合，法定代理人は，**営業の種類を特定**しなければなりません。たとえば一切の営業を許すとか，ある営業の一部のみ

成年被後見人の法律行為は法定代理人が代理して行う

成年被後見人は，事理弁識能力を欠く常況にあって，家庭裁判所の審判を受けた人です。本心に復することもあるとされていますが，いつ本心に復したかわからないので，成年被後見人のための法律行為は，原則としてすべて法定代理人（成年後見人）が代理して行います。

また，成年被後見人は事理弁識能力を欠く常況にあることから，そもそも法律行為の意味を理解できているかどうか不明です。そのため，未成年者の法定代理人の場合とは異なり，本人が法律行為の意味を理解していることを前提にした保護機関の承認の意味である同意権はありません。同意は，そもそも本人が意味を理解できない以上，それを認めても意味がないのです。

成年被後見人の法律行為は法定代理人が行う

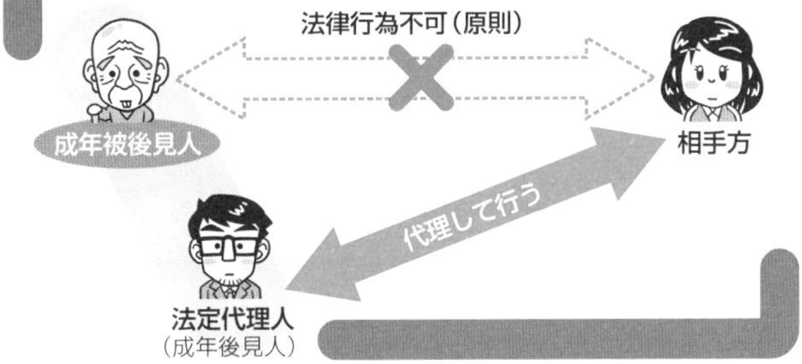

ただ，成年被後見人がコンビニなどで菓子やせっけんを買うようなことまでいちいち取り消していたらきりがありませんし，取り消さないと成年被後見人の財産保護が危うくなるわけでもありません。そこで，法は「日用品の購入その他日常生活に関する行為」については，例外的に法定代理人の同意がなくても取り消せないとしています（９条ただし書き）。

被保佐人と被補助人のサポートは本人の意思を尊重しつつ

被保佐人と**被補助人**は，程度の差はあるものの，法律行為に関する判断力が不十分で，家庭裁判所の審判によって制限行為能力者と認定された人です。

ここで「不十分」というのは，一定の判断力はあるという

を許す（これは特定とはいえません）ようなことは認められません。

成年被後見人

後見される側＝サポートされる側の人です。未成年ではなく成年者であって，**判断能力がほぼない**ので後見人のサポートがついているわけです。

成年後見人

後見する側＝実際にサポートする人です。一定範囲の親族等の申立てにより，家庭裁判所が選任します。配偶者など家族がなることが多いのですが，法律や福祉の専門家が選任されることもあります。

法定代理人

法律の規定によって代理権が付与された人をいいます。これに対して，本人の委任によって代理権を与えられた人を**任意代理人**といいます。

本心に復する

正常な判断力のある状態に戻ることをこういいます。

被保佐人
被補助人

保佐される側，補助される側＝サポートされる側の人です。
「保佐」は「補佐」ではなくて「保護して助ける」というちょっと重めのサポートのイメージで，「補助」は「ちょっとした手助け」という軽めのサポートのイメージです。

ことですから，その援助には一つ重要なポイントがあります。それは，**被保佐人や被補助人への援助は，本人の意思を尊重しつつ行われなければならない**ということです。

これ，けっこう大切で，そのため，被保佐人と被補助人には未成年者や成年被後見人とは異なるサポート体制が用意されています。

その一番の特徴は，**保護機関が法定代理人ではない**という点です。仮に法定代理人であれば，本人の意思とは無関係に，法定代理人の判断で法律行為ができます。保護機関が法定代理人ではないということは，本人の意思を無視して保護機関が本人に代わって法律行為をすることができないということを意味します。

つまり，被保佐人と被補助人の**保護機関の役割は，「本人に代わって法律行為をする」ことではなく，本人に助言を与えて見守ること，これを法的にいえば「本人の法律行為に同意を与える，単独でした行為を後から認める，不利と思えば取り消す」ということです。**

さらに，保佐と補助では，本人の判断力の不十分さの程度に差があります。補助のほうがかなり軽いんです。そのため，補助では保佐と比べて本人の意思をより強く尊重する必要から，補助開始の審判を申し立てるには，本人の同意が必要とされています。

次に，保佐と補助の効果について説明しましょう。

家庭裁判所で保佐開始あるいは補助開始の審判がなされると，次のような効果が生じます。

【保佐と補助の効果】

①**保佐の場合**……被保佐人は，法が規定する重要な財産上の行為（13条1項）について，保佐人の同意が必要となる。

②**補助の場合**……被補助人は，法が規定する重要な財産上の行為（13条1項）のうちから，家庭裁判所の審判で同意権の対象とすることが認められた行為について，補助人の同意が必要となる（17条1項）。

③同意のない行為は，制限行為能力者の側から取り消すことができる。

なお，**13条1項にある行為以外の行為については，保佐人や補助人の同意は必要ではありませんから，同意がなくても取り消すことはできません。**

代理

代理については，1-8と1-9で詳しく説明します。
⇒p.96，108

**保佐人
補助人**

親族等の申立てにより，家庭裁判所が選任します。配偶者などの家族のほか，法律や福祉の専門家が選任されることもあります。

補助の申立て

補助人が同意を与える対象として申立てができるのは，**保佐の対象事項**として法が規定する事項（13条1項）のうちの**一部**に限られます（17条1項ただし書き）。

13条1項にある行為

主なものは以下のとおりです。

①元本の領収または利用
②借財または保証
③不動産その他重要な財産に関する権利の得喪を目的とする行為
④相続の承認・放棄・遺産分割
⑤新築・改築・増築，大修繕

取消権者

保護機関だけなく，制限行為能力者本人も取り消すことができます（120条1項）。

ところで，前にも説明しましたが，保佐人や補助人には代理権はありません。ただ，たとえば介護施設との契約のように，内容が細かくて本人にはちょっと手に負えないという事態が生じた場合，保佐人や補助人は，どうやって本人を援助すればよいのでしょうか。

代理の契約ができないので，そのままではどうにもなりません。なので法はこのような場合に備えて，「○○に関する行為」という限定を加えたうえで，「本人ではとても無理なので，代理して契約したい」という保佐人や補助人側の要請を認めることにしました。すなわち，**保佐・補助の双方で，一定範囲の親族等の請求に基づいて，家庭裁判所に代理権付与の審判を申し立てることを認めています。**

ただし，代理権を与えることは「代理人が本人の意思とかかわりなく本人に代わって法律行為をする」ことを意味しますから，**代理権を認めるには，保佐・補助ともに本人の同意を要件としています**（保佐について876条の４第２項，補助について876条の９第２項）。

本人の同意が必要な行為

①申立ては補助の場合に必要。保佐の場合は不要。
②代理権付与の審判は，保佐・補助ともに必要
混乱しやすいので注意してください！

申立て権者

後見と保佐，補助のどれを申し立てるかによって申し立てる権利を持つ人も異なりますが，本人，配偶者，４親等内の親族などが申立て権者とされています。知識として細かいので，いちいち覚える必要はありません。

制限行為能力者制度のポイント

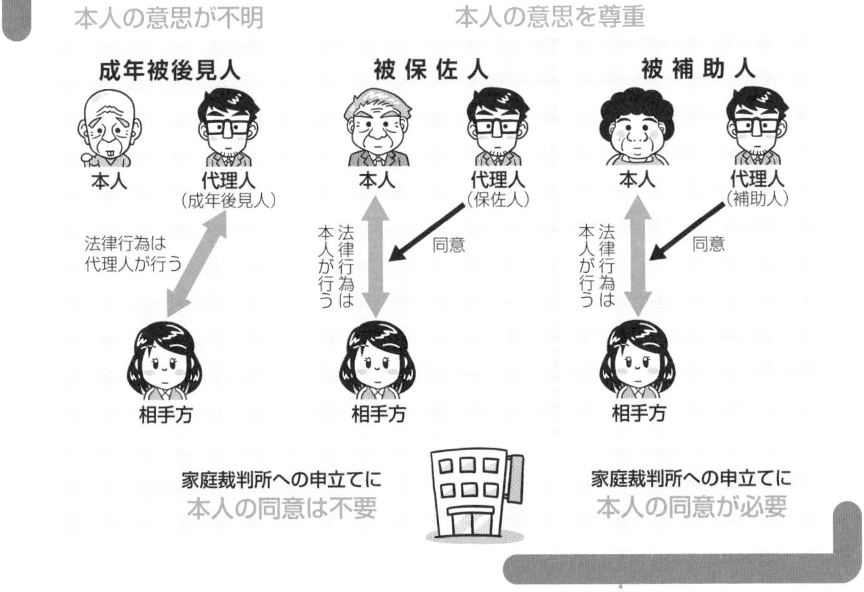

では，問題を通じて今までの知識を簡単に整理しておきましょう。

例題 2

売買契約の当事者の一方が，次のような状態にある場合の当該契約の効力に関する記述として，妥当なのはどれか。

（市役所　改題）

1　その者が未成年者である場合には，当該契約は無効になる。

2　その者が高齢者であるというだけでは，当該契約の効力には影響はない。

3　その者が責任無能力者である場合には，当該契約は無効になる。

4　その者が財産管理能力が著しく低い場合には，家庭裁判所から保佐開始の審判を受けているか否かにかかわらず，当該契約を取り消すことができる。

5　その者が事理弁識能力を欠く常況にあり，家庭裁判所から後見開始の審判を受けている場合には，当該契約は無効になる。

本問のポイント！

意思能力と行為能力の違いを理解しているかどうかがポイントです。

すなわち，意思能力（判断する力）がないことの証明が難しいので，**意思能力が疑わしい人を類型化して保護機関を付し，法律行為を事後的な「取消し」という方法で判断しよう**というのが**制限行為能力者の制度**です。

類型化の方法は，未成年者と成年者で異なっていて，未成年者は単に未成年というだけで制限行為能力者とされます。一方，成年者は，申立て権者からの申立てに基づいて，**家庭裁判所の審判**を経て決定されます。

これを前提に本問を考えてみましょう。

1．**未成年者に意思能力があれば無効にはなりません**。未成年者の法律行為は「取り消せる」法律行為です。

2．妥当な記述です。

3．**責任無能力**という用語は「民法Ⅱ」の不法行為のテーマで登場します。これは，自分の行為が不法行為として違法とされ，**自分に損害賠償責任がかかってくるかどうかを判断できる能力のこと**です。法律行為である制限行為能力者制度とは別次元の問題で，有効・無効の問題は生じません。

4．**保佐開始の審判**を受けていなければ，制限行為能力者（被保佐人）にはならないので取消しはできません。

5．成年被後見人による法律行為なので，「無効になる」ではなく「取消しができる」が正しい答えです。

よって，本問の正答は**2**です。　　**正答　2**

無効・取消し

「**無効**」は，最初からなんの効果も生じないもので，「**取消し**」は，取り消すまでは有効で，取り消せば当初から無効になるものです。無効・取消しについては，1-10で詳しく説明します。⇒p.122

不法行為

不法行為は，わざと（**故意**）またはうっかりしていたなどの不注意（**過失**）によって他人の権利や利益を侵害することをいいます。「民法Ⅱ」で詳しく説明します。

リスクのある制限行為能力者との取引の相手方の保護

ここまでは，「取引上の判断能力が不十分な人の保護」について説明してきました。ただ，その一方で，日常の財産取引において，**相手が制限行為能力者かどうかは必ずしも明確ではないので，取消しのリスクを負わされる相手方の保護**（p.27）**にも一定の配慮が必要**です。そこで，本項の最後に，この点について説明しておきます。

民法が用意した相手方保護の手段は二つですが，類型化も含めて三つを表にまとめておきます。

相手方の保護

①類型化と画一処理	相手方が制限行為能力者かどうかを，容易に判断できるようにする。	わかっていれば警戒できる
②取り消すかどうかの催告権	取り消すかどうかを明確にするように，相手方に回答を催促する権利を認める。	不安定な状態はイヤだ
③詐術を用いた場合の取消権の消滅	行為能力者であるようにだましていた場合は，取消しを認めない。	ルール違反者は保護しない

まず①については，相手方は，最初に「若すぎる（未成年者）」とか「なんとなく言動がおかしい（成年者）」などと，相手を観察することが必要になります。

若年者（じゃくねんしゃ）の場合は，マイナンバーカードや運転免許証等で年齢を確認すれば判断できます。**成年者の場合は，なんとなく言動がおかしいと思うような行為があれば，「制限行為能力者として登記されていないことの証明」を添付するよう求めることで，制限行為能力者かどうかを判断できます。**

次に，②については，制限行為能力者側がいつまでも契約を取り消さないでいると，相手方は取り消されるかどうかわからないという不安定な状況に置かれます。そこで，**相当期間を定めて，取り消すかどうかを明確にするように求める権利**が相手方に認められています。これが**催告権**（さいこくけん）です。

催告をしたのに，相手方が相当期間内に取り消すかどうかを確答しない場合には，次ページの表のような法的効果を生じます。

③については，行為能力者であると信じさせる行為，すなわち**詐術**（さじゅつ）を用いた場合には，制限行為能力者側の取消権は消滅します。**不正な行為をした場合，法はその者を保護しない**

登記されていない証明

家庭裁判所で制限行為能力者としての審判があると，裁判所から法務局に通知がなされ，成年後見登記簿に制限行為能力者である旨の記載が行われます。ですから，この登記簿に記載がなければ制限行為能力者でないと判断できます。登記されていない証明書は，本人や一定の要件を満たした親族が法務局に行けばすぐに発行してくれます。手数料は印紙代300円だけです。

詐術

詐術（さじゅつ）は，この場合，自分は行為能力者であると相手をだまして信じさせる行為です。詐術に当たるかどうかは，**取引上の社会通念**に従って判断されます。
法はズルをした人まで，誠実な人と同様に保護することはありません。

相当期間とは

取引社会の通念上，確答に必要な期間のことをいいます。有利・不利を簡単に判断できれば数日程度，法律行為がより複雑で調査が必要なら，もっと長期の期間が必要になります。

催告の相手と確答がない場合の効果

催告の相手方		確答がない場合の効果
制限行為能力者	未成年者 成年被後見人	そもそもこの人たちに対しては，催告が認められていない
	被保佐人 被補助人（同意権付与の審判を受けた場合）	確答がない＝**取消し**たものとみなされる （取り消すかどうかの的確な判断が必ずしも期待できないので，これらの者の保護のために取消しが擬制される）
保護機関		確答がない＝**追認**したものとみなされる （追認が擬制される） ただし，後見監督人の同意が必要（864条）などと，特別の方式を要する行為の場合には取消しが擬制される

ということの一つの表れといえます。

ところで，黙秘がこの不正な行為に当たるかがしばしば問題にされています。つまり，自分は制限行為能力者であると相手方に積極的に告げなかった（単に黙っていた）場合に，詐術に当たるとして取消権が消滅するかという問題です。

まず，相手から何も聞かれないのに，ただ単に制限行為能力者であることを告げなかった（つまり黙秘した）だけでは詐術にはなりません。しかし，たとえば，相手方の「まさか制限行為能力者ではないですよね？」という問いかけに何も答えずに，別の者との契約書を見せてその有効性を説明するなど，**他の言動と相まって相手方を誤信させ，または誤信を強めたという場合には，詐術に当たります。**

では，問題演習で知識を整理しておきましょう。

擬制

追認していなくとも追認したものとみなすなど，異なる事実を**法律的に同一**のものとみなして，同一の法律的効果を与えることを「擬制（ぎせい）」といいます。

例題 3

権利の主体等に関する次の記述のうち，妥当なのはどれか。

（国税専門官　改題）

1　単独で有効に契約などの法律行為をなし得る能力を権利能力といい，権利能力のない者が行った法律行為は取り消し得るものとなる。

2　制限行為能力者であることを黙秘していた場合は，それだけで詐術に当たる。

3　法定代理人の同意を得ない未成年者の契約は取り消すことができるが，この取消しは未成年者は単独で行うことができず，法定代理人の同意が必要となる。

4　後見開始の審判を受けた者に付される成年後見人は法定代理人として代理権を有するが，保佐開始の審判を受けた者に付される保佐人は当然には代理権を有しない。

5　未成年者がした契約の相手方は，その未成年者が成年となった後，期間を定めて，当該契約を追認するか否かについて確答すべき旨の催告をすることができる。この場合において，当該期間内に確答が発せられなかったときは，当該契約は取り消されたものとみなされる。

本問のポイント！

1．これは「権利能力」ではなく「行為能力」に関する記述です。

2．**単に黙秘していただけでは詐術には当たりません**（最判昭44・2・13）。

3．**制限行為能力者は，保護機関（法定代理人）の同意なしに単独で有効に取り消すことができます**（120条1項）。保護機関の同意が必要であるとすると，「取り消すことのできる取消し」という混乱した状況を招き，法律関係を無用に複雑にするからです。

4．妥当な記述です。

5．成年になって十分な判断能力が備わった後に催告を受けているので，保護機関に催告を行った場合と同様に，確答がないときは**追認が擬制**されます（20条1項）。

よって，本問の正答は**4**です。　　　　**正答　4**

取り消せる取消し

「取り消すことのできる取消し」は，たとえば，子どもが勝手に新作ゲームの購入を予約してきて，後日その子自身が「キャンセルします」と店に告げたものを，後になって親が「前にキャンセルしましたけど，あれは子どもが勝手にやったことなので，そのキャンセルはキャンセルします！」というものです。こんなのは常識的にも認められませんよね。

「1-2　制限行為能力者②」のまとめ

制限行為能力者

- ▶未成年者，成年被後見人，被保佐人，被補助人の四つ類型がある。
- ▶制限行為能力者の法律行為には，原則として保護機関の同意が必要であり，同意のない場合，取り消すことができる。
- ▶未成年者と成年被後見人の保護機関は法定代理人である。
- ▶成年被後見人は事理弁識能力を欠く常況，被保佐人はそれが著しく不十分，被補助人は不十分な者で，家庭裁判所の審判を経た者をいう。
- ▶相手方は，1か月以上の期間を定めて，その期間内に追認するかどうかを制限行為能力者側に催告できる。
- ▶制限行為能力者が詐術を用いた場合には，取消しができなくなる。

1-3　国総 ★★　国般 ★　地上 —　市役所 —

失踪宣告

～生死不明になった人の財産などを整理する制度～

前項で，人の財産取引の要件について説明しました。そして，人は生きている限り，財産取引の主体となることができます。その核となるのは**権利能力**でしたよね。では，天災事変や突然の失踪などで生死不明になった場合はどうなるでしょうか。生死不明のまま，何年も何十年も，残された失踪者の財産をそのままにしておくことはできません。そこで，本項では生死不明の場合の法律関係について学びます。

夫婦や親子でも財産を勝手に処分することはできない

まず，**財産**についてですが，**財産というものはそれぞれの個人が個別に所有するものですから，たとえ家族といえども，自分以外の人の財産を勝手に処分することはできません。**

このように家族であっても自分以外の財産を勝手に使えないというのは理解できるとしても，反対に何もしないで自分以外の家族の財産の状態をそのまま維持するというのも，実はけっこう大変なんです。

たとえば，行方知れずになったお父さんが所有していた車を考えてみましょう。税金の支払いはどうします？　車検は勝手にやっていいのでしょうか？

このように，財産というのは，単にそのまま放置しておけばいいというものではなく，常にいろんな問題が出てくるものなのです。

特に，これが長期間となると，問題は深刻です。

お父さんが，「もう何年も連絡が途絶えたままで，生きているかどうかさえわからないのに，土地や建物，自動車，預貯金等はお父さんの名義になっている」という状況がある場合，残された家族は失踪したお父さんの財産を，何も手をつけずにそのままずっと，場合によっては永久に管理し続けなければならないのでしょうか？

そんなの無理ですよね！

失踪宣告の重要度

前項の制限行為能力者ほどではありませんが，時々出題されています。出題箇所は特定の部分に限定されていますから，ポイントを要領よく押さえておくことが重要です。

失踪

「しっそう」と読みます。行方がわからなくなって，今生きているのか死んでいるのかがわからない状態になることです。

民法でいう処分とは？

一般に処分というと捨ててしまうことのように思いがちですが，民法では権利になんらかの変動があることを「処分」といいます。**売買**，**贈与**，**質権の設定**などはすべて処分です。

預貯金

郵便局にお金を預ける場合が貯金(郵便貯金)，銀行や信用金庫などにお金を預ける場合が預金です(銀行預金)。

残していった財産は，いつか整理しなくちゃいけない

そこで，民法は，残された人たちにドカッとのしかかる負担をどうにかしようということで，二つの制度を設けました。

まず，短期間ならば誰かに財産を管理してもらう方法があります。これを**不在者の財産管理**の制度といいます。

ただ，行方知れずになる人が，後のことを考えて管理人を置いておくということは，通常はしませんよね。そういうこともないとはいえませんが，一般的なケース，つまり本人が管理人を置かずに行方知れずになった場合には，法律的にかかわりのある人（利害関係人といいます）が家庭裁判所に請求して財産管理人を選任することができます。

この場合には，公益を代表する者として，**検察官**にも家庭裁判所への請求権が認められています。

ただ，家庭裁判所に請求して……ということになると，手続的に「めんどくさい」ということで，この制度はあまり使われていません。通常は，どちらかというと「ほったらかし」という感じでしょうか。

しかし，本人が管理できない状態が短期間ならそれでもなんとかなるかもしれませんが，長期間になるとそうはいきません。やはり，いつかは財産の整理が必要になってきます。

そこで民法は，おそらくもう帰る見込みがないという場合に財産を整理する制度を用意しています。それが**失踪宣告**と呼ばれる制度です。

不在者の財産管理制度と失踪宣告

失踪
短期間なら
財産管理人を置く
長期に及ぶなら
失踪宣告によって整理する

この制度はポピュラーなので，少し詳しく説明しましょう。

失踪宣告は，「もう失踪者本人が帰ってくるのは望み薄いかな」という場合に，本人を死亡したものと扱って法律関係

不在者の財産管理人

管理人の権限ですが，本人ならば，たぶんこのように管理してほしいだろうという意思を推測して，その意思の範囲で管理を行うのが原則です。そのため法は，管理人の権限は，物または権利の性質を変えない範囲内での**利用・改良行為**に限られるとしています（28条）。

利害関係人とは

たとえば，行方知れずの人にお金を貸していて，返してもらいたい人や，その人にお金を返すために本人の財産を処分したい家族など，本人の**法的な問題を解決**する必要がある人のことをいいます。残された家族を友人として心配しているなど，単に**事実上の利害関係**を有する場合は，ここにいう利害関係人には含まれません。

検察官

検察官は犯罪の有無を調べて，起訴・不起訴を決定する権限を持つ（刑事訴訟法247条）公務員です。請求権者に検察官が含まれているのはなぜかといえば，空き家など，**治安の問題**があるからです。一方，失踪宣告では，財産をすべて整理してしまうので，このような治安の問題は生じません。ですから，検察官が含まれるのは**不在者の財産管理の場合だけ**です。

を整理することを認めようというものです。相続という制度を便宜的に使って，本人が残しっぱなしにしていった法律関係（財産の管理や家族の扶助義務など）の負担から残された人たちを解放する目的で行われます。

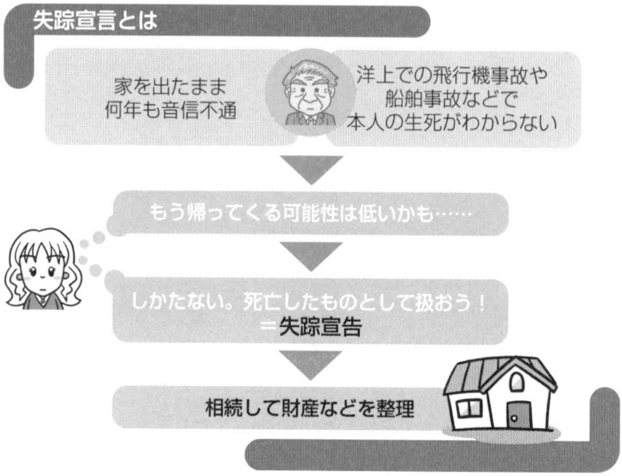

失踪宣言とは
家を出たまま
何年も音信不通
洋上での飛行機事故や
船舶事故などで
本人の生死がわからない
もう帰ってくる可能性は低いかも……
しかたない。死亡したものとして扱おう！
＝失踪宣告
相続して財産などを整理

失踪宣告は「残していった法律関係」を整理するだけ

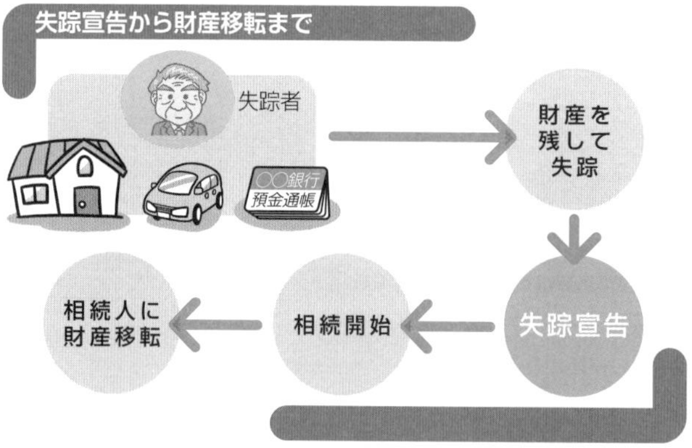

ところで，民法にはいろんな制度がありますが，それぞれが効果を発揮する場合，ある射程範囲というものがあって，それを越えたエリアにまでは効果を及ぼさないのが原則です。

どういうことかというと，たとえばこの**失踪宣告**ですが，**目的は「本人が残していった法律関係がもたらす負担から残された人たちを解放する」こと**ですよね。だったら，その**制**

行方知れずの期間

ある人が行方知れずになった場合は，とりあえず**不在者の財産管理**で対応して，その期間が長期にわたるようであれば，**失踪宣告**に移行するという方法がとられることが多いようです。「短期の行方知れず＝不在者の財産管理，長期の行方知れず＝失踪宣告」と理解しておけばよいでしょう。

相続

自然人の権利義務（**財産法上の地位**）を，その者の死後に特定の者に受け継がせることをいいます。
「民法Ⅱ」で詳しく説明します。

相続開始の原因

相続開始の原因は，一つしかなくて，**被相続人の死亡**のみです（882条）。これを動かすことはできませんから，失踪宣告では本人の死亡を**擬制**するわけです（31条）。ただ，それはあくまで「擬制」（＝同じものとみなすこと）であって，本人（被宣告者）の「死亡認定」とは異なります。したがって，本人が生存していた場合に失踪宣告の取消しが行われると，相続はなかったものとして扱われます。

擬制

失踪宣告を受けた人を死亡したものとみなすなど，異なる事実を**法律的に同一**のものとみなして，同一の法律的効果を与えることを「擬制（ぎせい）」といいます。

度目的を達成できる範囲で効果を認めればよいわけで，わざわざそれ以上の部分まで効果を広げる必要はないわけです。

そして，失踪宣告の場合，失踪者が「亡くなった」ことにするといっても，法律関係を整理する必要がある範囲で「亡くなった」ことにすれば，目的は達せられるわけですよね。

失踪宣告の効果が及ぶ範囲

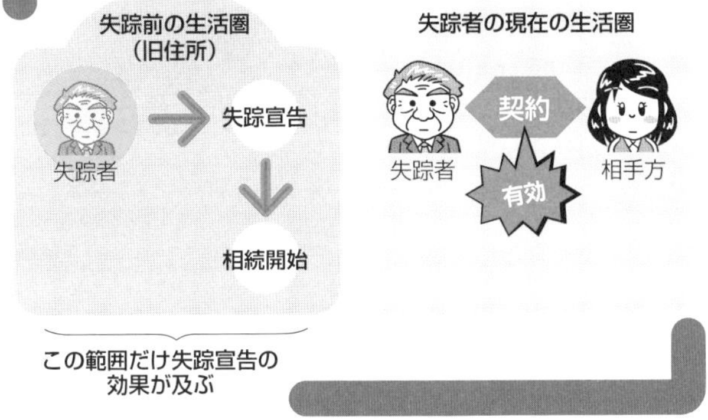

「え？でも，相続という制度を使うわけでしょ？　相続って，本人の死亡を原因として始まるんじゃないんですか？」それに「以前の生活圏では死んだものとして扱って，別の場所で生きていたら，そこでは生きてる人として扱いますなんてテキトーすぎますよ！」と思われるかもしれません。

でしたら，逆の面から考えてみてください。

本人の生死が不明で，実際に亡くなっているかもしれないけれど，その確認のしようがない。そんなときに，相続という方法でも使わなければ，残された人たちは，いつまでも，極端にいえば200年でも300年でも行方不明の人の法律関係に縛られ続けることになります。それはどう考えても不合理ですよね。やはり，生きて帰ってくる見込みが薄ければ，どこかの段階で相続という制度を使わないとしかたがないんです。

でも，仮に本人がどこかで生存していたら，その人の現在の生活を無視して「あんたは死んだことになってるから売買契約も賃貸借も無効だ！」ってするのはおかしいでしょう？

だったら「必要な範囲で効果を及ぼす」ということにするのが一番合理的だと思いませんか？

そう考えると，「それぞれの制度には射程範囲があって，その範囲内で効果を認めれば十分」というのも納得できると思います。

別の場所での生存

失踪宣告は，本人が生存していた場合に，その人の**権利能力**や**行為能力**を奪う制度ではありません。そこまで効果を広げる必要がないのです。

制度の射程範囲

同じような考え方は，これからいろんなところで出てきます。考え方として疑問を持ちやすい（引っかかりやすい）ので，ここでしっかり「基本的な考え方」を理解しておいてください。
後の項では，たとえばＡさんに対する関係では無効だけれど，Ｂさんに対する関係では有効などという「ホントかよ！」と思いたくなるような場面（例：94条２項）も出てきます。くれぐれも戸惑わないようにしてください。

失踪宣告の射程範囲

失踪宣告の目的は，あくまで失踪者の**旧生活圏における法律関係の整理**です。現在の生活圏にまで影響を及ぼすものではありません。

普通失踪と特別失踪

失踪宣告には，**普通失踪と特別失踪の二種類があります。**

なぜ種類が違うものがあるかというと，簡単にいえば生存の可能性が違う二つの場合があるからです。

一つは，家を出たまま長期間行方不明になっている場合で，これを**普通失踪**といいます。普通失踪の場合は，気長に待っていれば，本人が戻ってくる可能性がありますよね。

もう一つは，事故や災害に遭って遺体が見つからない場合で，これを**特別失踪**または**危難失踪**といいます。特別失踪の場合，たとえば乗っていた飛行機が海に墜落したとか，山岳地域の取材中に火山が突然噴火して記者が巻き込まれたなどといったときには，安否がわからなければ，亡くなっている可能性が普通失踪に比べて格段に高くなっているわけです。

こんな違いがあるので，**普通失踪では，失踪宣告の申立てはある程度の期間待ってからにしましょう。特別失踪ならば，「しばらく捜索を続けてもらったけど，どうやら遺体の発見は無理かな」ということになったら早目に申立てを認めましょう，ということになっているわけです。**

違いを表にしてみますね。

危難

危難というのは，**生命にかかわるような災難**のことです。事故に遭ったり，災害に遭ったり，戦乱に巻き込まれたり，遭難したりして行方がわからなくなることです。

擬制と推定

失踪宣告の効果は死亡の推定ではなく，死亡の擬制（みなす）です。両者は法律用語として意味が異なります。「推定」だと，推測に近いので**反証**があれば覆ります。そのため，本人が現れると宣告の効果はなくなることになってしまいます。これに対して，「擬制（みなす）」だと，決めつけてしまうという意味に近いので，画一的な取扱いになり，本人が現れても，裁判所で**宣告の取消し**があるまでは死亡の扱いが続くことになります。

普通失踪と特別失踪

	普通失踪（フラーっといなくなった）	特別失踪（災害に遭って見つからない）
宣告主体	**家庭裁判所**（利害関係人の申立てが必要）	
要　件	不在者について，最後の音信等，失踪者の**生存を確認しうる最後の時から７年間**	危難に遭遇した者が，**危難が去った後１年間生死不明**であること
効　果	**死亡が擬制される**（従来の住所・居所を中心とする法律関係について，死亡したものとして扱われ，相続開始・婚姻の死亡解消などの効果が生じる）	
死亡認定時期	**失踪期間満了時**	**危難が去った時**

これを図で示しておきます。

この「亡くなったとみなされる時点」について，法がきちっと定めているのにはわけがあります。死亡認定時が違え

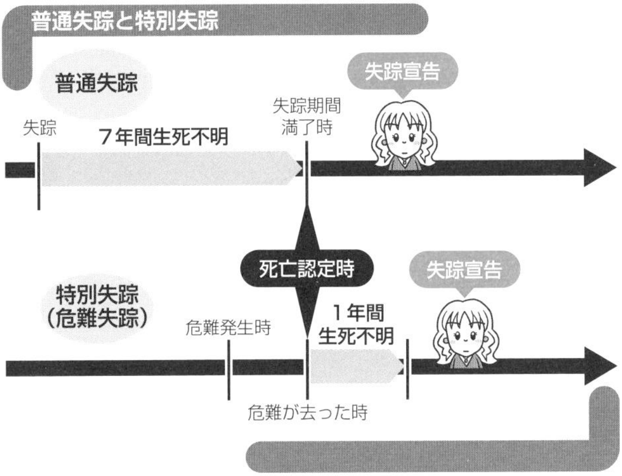

ば，相続人とその相続分が違ってくるからです。

たとえば，AとBの夫婦に子どもCがいて，Aには弟Dがいるとします（ほかに親族はいないものとして考えます）。Aが病気で3月10日に亡くなったとして，子どもCが事故で3月9日（つまり父Aの死亡の前日）に亡くなっていた場合，Aの財産は妻Bと弟Dが相続します。一方，Cが3月11日（父Aの死亡の翌日）に亡くなった場合は，Dは相続せずにBとCが相続し，その後Cの相続した財産はBがすべて相続することになります。つまり，たった2日の違いで，こんなに大きな差が生じてくるわけです。

同時に事故死したら互いに相続しない

相続という制度は，亡くなった人の「財産上の地位」を生きている人に引き継いでもらおうというものです。

となると，**引き継いでもらう人が亡くなった時に，引き継ぐ人が生きていなければなりません**。そうでないと，財産上の地位を「引き継ぐ」ことはできないからです。

では，同じ飛行機に親子で搭乗して事故に遭い，二人がともに死亡した場合はどうでしょう。

このような事故の場合，**どちらが先に亡くなったかを特定することは，一般的にいって困難**です。そこで法は，このようなケースでは，両者は**同時に死亡したものと推定**しています（32条の2）。

相続開始時

左の図で，**死亡認定時**が相続が始まる時点になります。この時から，失踪宣告があった人の財産（財産上の地位）が相続人にすべて移転します。

危難が去った時

亡くなったとみなされる時点として考えられるのは，
①危難が始まった時
②危難の途中
③危難が去った（終了した）時
ですが，①と②はまだ生存している可能性が③に比べて高いので，死亡が確実な時点ということで③とされています。

詳しくは民法Ⅱで

こういった相続の問題は「民法Ⅱ」で扱います。ちょっとややこしいので，ここでは「亡くなった時点が違ったら，相続についての法律関係がいろいろ違ってくる」ということだけを理解しておいてください。

財産上の地位って何？

亡くなったお父さんが誰かの保証人となっていた場合には，相続では，お父さんの資産だけでなく，「**保証人の地位**」も受け継がなければなりません。また，お父さんが土地の売買契約を結んでいた場合には，土地の移転登記に協力するなど，**売主としての義務**も引き継ぎます。こういったものをまとめて「**財産上の地位**」と呼んでいます。

どんな意味があるかというと，親が（あるいは子が）死亡したときに，相続人である子（あるいは親）が生存していないわけです。ということは，受け継ぐことができないので相続できない，つまり，**互いに相続人とならない**ということです。

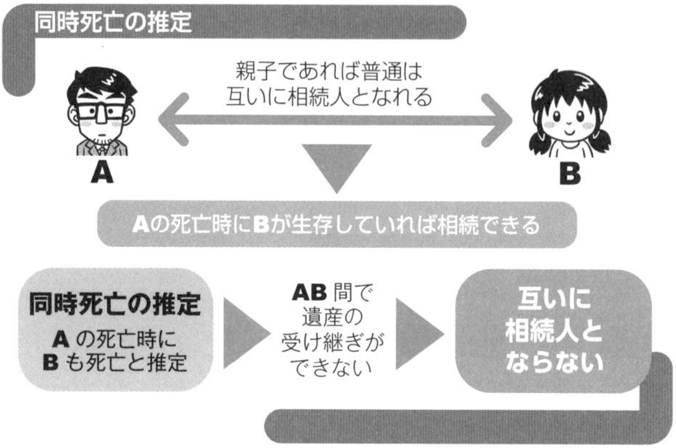

同時死亡の推定
親子であれば普通は
互いに相続人となれる
A
B
Aの死亡時にBが生存していれば相続できる
同時死亡の推定
A の死亡時に
B も死亡と推定
AB 間で
遺産の
受け継ぎが
できない
互いに
相続人と
ならない

本人の生存が確認されても失踪宣告の効果は消滅しない

話を戻しましょう。

失踪宣告があると，宣告を受けた人は死亡したものとみなされます。これは普通失踪・特別失踪の別を問いません。両者は，死亡の時期でいえば，いつ亡くなったとされるかの違いがあるだけです。

そして，裁判所が「死亡したものとして扱ってよい」とお墨付きを与えたわけですから，**通常の「人の死」と同様の効果が発生します。すなわち，相続が開始し，結婚していた人は，死別と同じになるので，再婚できるようになります。**

では，失踪宣告があった後で本人が生きていることがわかったらどうなるのでしょうか。

その本人が生きていた場合には，失踪宣告の取消しを裁判所に請求しなければなりません。そうでないと（裁判所の失踪宣告の取消しがないと），いつまでも亡くなったという扱いが続くことになります。

また，**失踪宣告によって死亡したとみなされた時点とは異なる時点で死亡したことが証明された場合にも，取消しを請求することができます。**これは，前に説明したように，本人の死亡の日時によって相続などの法律関係が変わってくるこ

推定とは

たぶんこうだろうという**経験則**に基づいて，いちおうそのように扱っておこうというのが推定です。あくまでも経験則に基づくものですから，違うという証拠（**反証**といいます）を示せば，推定は覆ります。

同時死亡の推定

ここで覚えてほしいのは，「同時死亡が推定される場合＝互いに相続人となれない」ということです。

わかりにくい「同時死亡」

ちょっと詳しく説明します。同時死亡とは，左図の例でいえば，Aが死亡したときにBも一緒に死亡した，つまりAの死亡時にBが生きていないということです。**相続**は，亡くなった人から生きてる人に財産を受け継がせる制度ですから，生きていない人へは財産の承継はできません。「同時に亡くなる」って，なんとなくイメージしにくいのですが，「一緒に死亡した」というよりも，むしろ「Aが死亡した時点でBは生きていない」と考えるほうがイメージしやすいと思います。

画一的処理

ケースによって違った対応をするのではなく，一律に決まった対応をするということです。

法律関係の画一的処理

失踪宣告の効果として相続

とが理由です。

このように，失踪宣告の取消しについて，単に本人が生きていたというだけでは足りずに，裁判所に請求して失踪宣告を取り消してもらうという手間のかかる手続きを要求するのは，いったん失踪宣告があると，いろんな人の権利関係が大きく変動することになるので，それを元に戻すには，**裁判所による失踪宣告の取消しという公的なお墨付きに基づいて画一的に扱うべきだ**という配慮からです。

失踪宣告の取消し ➡宣告はされなかったことになる

失踪宣告は，失踪者本人を「すでに亡くなっている」とみなす制度ですから，生きていたことが判明した場合や別の日時に死亡していたことが明らかになった場合には，本人または利害関係人は宣告の取消しを家庭裁判所に請求することができます。この場合，裁判所は，失踪宣告が事実に反していたわけですから，宣告を取り消さなければなりません。

そして，**失踪宣告が取り消されると，宣告はなされなかったものとして扱われます。**

「宣告はなかったことになる？　でも実際に宣告は行われているし，もう相続とか済ませちゃったんじゃないの？」

そう，事実はそうです。でも，失踪宣告をしたのは，本人が生存している可能性が薄いということで，残しっぱなしにしていった法律関係を整理する必要があったからですよね。でも，本人が生存していることがわかって，法律関係を整理する必要がなくなった場合には，失踪宣告そのものをなかったことにするのが一番合理的なんです。

ひょっとしたら，この点に違和感があるかもしれません。「実際に宣告はあったんだから，なんでその事実を消そうとするの？」「その宣告は間違いだから，後は『相続で受け取ったものを返そう！』でいいんじゃないの？」という考えもあるでしょう。

でも，そうすると，最初に「亡くなっている」とした宣告がどういう形にせよ残る可能性があります。それって，何かゴチャゴチャしてませんか。やはり，**法律関係をすっきりさせるためにも，「宣告はなかった」としたほうが法律関係を簡明に処理**できるんです。

が行われると，財産が移転し，多数の利害関係人が生じます。ところが，本人が生きていることがわかったという場合，その後の処理は，画一的にしないと混乱が生じます。たとえば，Mさんには「本人が帰ってきたので（相続して売却した）土地を返してください」と求める一方で，Nさんには，同じように売ったものを「返してください」などとは言わないとして，相手によって対応が異なる，「なんでオレだけ？おかしいよ」となって混乱しますよね。やはり，本人が生きて帰ってきた場合には，誰に対する関係でも相続はなかったものとして扱うのが合理的なんです。

別の日時の死亡の判明

たとえば，Aに配偶者Bと親Cがいて，失踪宣告によるAの死亡認定日が3月1日（①）で，その後親Cが3月10日に死亡したというケースで，その後Aの死亡日が3月30日（②）であると判明した場合，①ならばCは相続しますが，②ならば相続できません。Aの死亡時にCは生存していないからです。このように，相続関係が変わってくるので，①での宣告の取消しと②での宣告の申立てが必要になるわけです。

宣告の取消し

宣告はなかったことになるので，失踪宣告を前提とした相続もなかったことになります。相続財産を処分した場合，その処分は**権限のない者による処分**になり，複雑な問題を生じます。次の項目で詳しく説明します。

「宣告の取消し＝宣告はなかった」の二つの例外

失踪宣告が取り消されると，宣告はなかったことになるので，次のような効果が生じます。

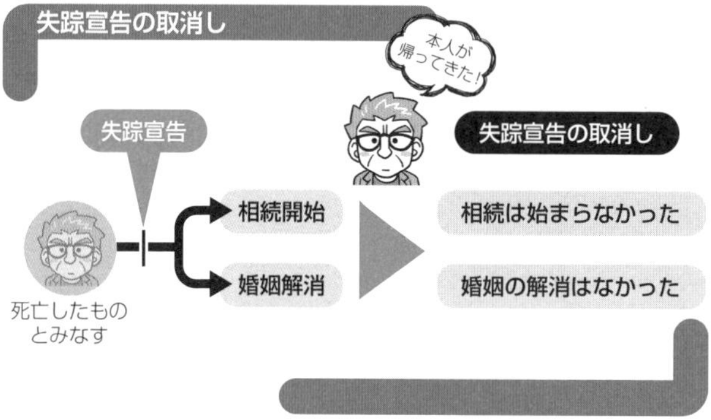

結果としてどうなるかというと，**相続は始まらなかったわけですから，相続によって財産を得た人はそれを本人に戻さなければなりません。また，婚姻の解消はなかったわけですから，元の夫婦関係が復活することになります。**

では，お父さんが失踪宣告を受けたとしてその子どもがお父さんから土地を相続して，その土地をＡさんに売却し，Ａさんがその土地に念願のマイホームを建てたとしましょう。その後，お父さんが戻ってきて失踪宣告が取消しになった場合，Ａさんはマイホームを撤去してお父さんに土地を返さなければならないのでしょうか。

また，お母さんがお父さんの失踪から10年後に別の人と再婚した場合，元の婚姻を復活させるのが合理的でしょうか。

第一の問題では，「マイホームの撤去や土地の返還」をさせるのはあんまりだと思うでしょう。第二の問題でも，10年間も行方不明になっていて，戻ってきたからといって元の結婚生活がすんなりうまくいくとは思えません。

そこで，法は，まず第一の問題点については次ページの表のような解決策を示しています。

ここで，「直接財産を得た者」とは，相続によって財産を引き継いだ人や，失踪者が失踪前に遺言を書いていた場合にその遺言によって財産を得た人，生命保険金を受け取った人などをいいます。これらの人は，すべて得た財産を戻さなければなりません（32条２項本文）。

場当たり的？

失踪宣告の取消し＝宣告はなかったことにするが，例外は認める……。「なにそれ？」と思うかもしれませんが，こういった民法の処理方法に慣れてください！「宣告はなかったことにする」というのは，**法律関係を簡潔（シンプル）なものにする**という意味で，とても大切です。一方，例外を認めるというのは「**実際の不都合を解消**する」というもので，この両者は一見すると場当たり的なのですが，処理方法としてはとても合理的なんです。「法律関係をシンプルに」というのは，前項で「取消しができる取消し」というややこしいものは認めないというところで経験済みです。こういった，一見矛盾するようなものを整合的に説明しようとするのが「法理論」と呼ばれるものですが，そこに深入りせず，「合理的な処理でいいんだ」に慣れていきましょう。

婚姻の解消

この場合は，いわゆる死別（**死亡解消**）になります。

再婚時期

普通失踪の場合ですと，失踪から**７年後に死亡**したものとみなされますから，10年後の再婚は「死別から３年後の再婚」になります。

失踪宣告の取消しの効果

悪意は悪者というイメージとは違うよ！

	善　意 （本人の生存を知らなかった）	悪　意 （本人の生存を知っていた）
直接財産を得た者の返還範囲	**現に利益を受ける限度で返還** （生活費は現存利益に含める）	**「全利益＋利息」を返還**
取消前に善意でした行為	**有効**（返還は不要） ※判例は当事者双方の善意を必要とする	**無効**（返還が必要）

ただ，**本人が亡くなっているものと思って**（**善意**），**相続した財産を浪費してしまっていた場合**，自分のものとして使っているので，今さらそれを戻せというのもなかなか難しい話です。そこで，法は，**その時点で利益として残っている分**（**現存利益**といいます）**を返せばよい**としています。

一方，**本人の生存を知っていた場合**（**悪意**）には，本来使ってはならない財産なのに使ってしまうのは悪質だとして，**その人が得たすべての利益に利息（法定利率＝利率年３％，404条２項）を付けて返さなければならない**としています。

次に，先ほどのＡさんのマイホームのように，相続人から財産を購入したような場合には，判例は相続人とＡさんの双方が善意であればＡさんは土地を返さなくていいですが，どちらか一方でも悪意なら土地を返さなければならないとしています（大判昭13・2・7）。

でも，判例のように考えると，相続人が本人の生存を知っていてＡさんはそれを知らなかった場合，ちょっとＡさんがかわいそうですね。そこで，学説では，Ａさんが善意なら土地を返す必要はないとする見解が有力です。

先ほどの第二の問題について，法は規定を置いていません。やはり結婚というのは，双方の信頼と愛情に支えられているという心の問題が絡むので，法律で画一的に処理するという方法で有無を言わさずに解決するのは難しいのです。

ただ，実際に問題が生じた場合にどうするかは考えておかなければなりません。

これについては，判例はなく，学説も錯綜しています。学説には，善意か悪意かで区別するものもありますが，前述した例のように，10年も失踪状態にあって，夫婦としての責任を果たさずにおいて，「生還したので元の鞘に収まれ」というのも，残された配偶者としては気持ちの問題として納得できないかもしれません。

善意・悪意

民法では，善意・悪意という言葉が頻繁に登場します。これは，事実を知っていたかどうかによる区別で，知らなかった場合が**善意**，知っていた場合が**悪意**です。一般的な用語の使い方とは違っていますから，ここで覚えておきましょう。

現存利益

「現に存在している利益」という意味ですが，実際の区別はややこしいです。試験で問題になるのは，①**浪費**に充てた分，②**生活費**に充てた分の二つです。考え始めると混乱するので，①は現存利益なし，②は現存利益あり（形を変えた利益が残っている）と覚えておいてください。

法定利率

契約の当事者間で金利を定めていない場合に適用される利率です。2017年（平成29年）の民法改正によって変更されたところなので，2020年４月までの法定利率は「５％」です。

判例の理由

相続人が，失踪宣告をよいことに，財産を勝手に処分

第1章 総則

結局，この点については，いまだに定説や通説といったものがありません。やはり，それだけ心の問題が絡むと解決が難しいということでしょう。

では，問題演習で失踪宣告の知識を整理しておきましょう。

してしまったといわれてもしかたがない。このようなことで失踪者が財産を失うことは，失踪者の財産の侵奪行為を容認する結果になるというのが理由です。

例題 4

失踪制度に関する次の記述のうち，妥当なものはどれか。

（国家一般職）

1　失踪宣告は家庭裁判所が行うが，その請求は不在者の財産管理の場合と同様に，利害関係人のみならず検察官も行うことができる。

2　船の沈没事故によって生死不明となった者が失踪宣告によって死亡したとみなされるのは，その危難が去ったときである。

3　失踪宣告の効果は身分関係に及ばないので，失踪宣告を受けた者の配偶者は再婚することができない。

4　失踪宣告は失踪者本人の権利能力や行為能力を奪う制度であるので，失踪宣告を受けた者が失踪宣告後も生存していた場合であっても，同人が失踪宣告取消し前になした売買は無効である。

5　失踪宣告が取り消された場合は，失踪宣告によって財産を得た者は，その受けた利益を全部返還する義務を負う。

本問のポイント！

まず，請求者については表で確認しておいてください。

	請求権者
失踪宣告	利害関係人（30条1項）
失踪宣告の取消し	本人・利害関係人（32条1項前段）
不在者の財産管理	利害関係人・検察官（25条1項）

1．失踪宣告を家庭裁判所に請求する権利があるのは，**利害関係人**だけです。

2．妥当な記述です。

3．失踪宣告の効果は身分関係にも及びます。身分関係というのは，民法が規定する財産関係と家族関係のうち，後者のことをいいます。そして，失踪宣告の効果は「本人が死亡したものとみなす」ですから，**身分関係における宣告の効果**として，婚姻の死亡解消（死別）が生じ，**配偶者は再婚することができます**。

宣告の取消しの問題

宣告の取消しの効果が肢問の一部で問われることがあります。この中で，再婚が扱われている場合は，「学説は～で一致してる」などという問い方がなされます。この点については，学説が対立していることを覚えておけば十分です。

身分関係

この言葉は，次第に「家族関係」という言葉に入れ替わってきています。夫婦や親子の関係，相続や遺言などがその対象です。以前は，この領域を「身分法」と呼んでいましたが，現在では「**家族法**」と呼ぶようにな

4．失踪宣告は失踪者本人の権利能力や行為能力を奪う制度ではありませんから，この点が誤りです。

5．一番引っかかりそうなのは**5**ですが，これは善意と悪意で区別されていますから，その点を思い出せば，誤りであることがわかると思います。

よって，本問の正答は**2**です。

正答　2

ってきました。ただ，時々「身分」関係という言葉が使われていますので，「家族」関係と同じ意味だととらえておいてください。

「1-3 失踪宣告」のまとめ

失踪宣告の制度趣旨

▶不在者の死亡を擬制して，失踪者が失踪前に生活していた場所（旧来の住所）における法律関係を整理しようとするもの。

失踪宣告の要件と効果

▶失踪宣告には利害関係人の請求が必要である。

▶失踪宣告を請求できる利害関係人は法律上の利害関係人でなければならず，単なる事実上の利害関係人では足りない。

▶普通失踪は，生死不明の期間が７年間，特別失踪（危難失踪）は１年間継続したことが必要である。

▶失踪宣告があると，失踪者は死亡したものとみなされる。これによって相続が開始し，配偶者は再婚ができるようになる（宣告の効果は財産関係のみならず身分関係にも及ぶ）。

▶普通失踪では，７年の失踪期間満了時に死亡したものとみなされるが，特別失踪（危難失踪）では危難が去ったときに死亡したものとみなされる。

▶宣告の効力を覆すためには，宣告の取消しを家庭裁判所に請求することが必要である。

▶失踪者が生存していた場合，その者の権利能力や行為能力まで宣告によって奪われるわけではない。したがって，その者が現在いる場所で行った契約は有効である。

▶失踪宣告が取り消された場合，宣告は初めから行われなかったものとして扱われる。

▶失踪宣告が取り消された場合，善意の相続人は現存利益の範囲で返還義務を負い，悪意の相続人は，得た利益のすべてに利息を付して返還する義務を負う。

法　人
～団体と契約する場合，いったい誰が相手になるの？～

　権利能力は，人について認められます。そして，最初に，「人」には，人間（自然人）に加えて，**法人**が含まれることを説明しました。そこで，本項では法人として認められるための要件等について考えてみましょう。

法人はそこにかかわっている「人」とは別の存在

　法人とは，独立して取引の主体性を認められた団体をいいます。具体的に説明します。

　今，Aさんが法人であるBデパートで服を買ったとしましょう。この場合，Aさんは，誰から服を買ったことになるのでしょうか。

　Aさんは，応対してくれた店員さん個人から，その店員さんが持っている服を買ったわけではありませんよね。Aさんが買った服はBデパートの商品ですから，Bデパートから買っているはずです。

　では，Bデパートとはいったいどんな存在なのでしょうか。Bデパートとは会社の所有者をさすのでしょうか？　それとも社長のこと？　あるいはそこで働く人たち全員のこと？

　いいえ，全部違います。なぜなら，Bデパートの所有者が代わっても，また社長や従業員の人たちが代わっても，お客

法人とその関係者

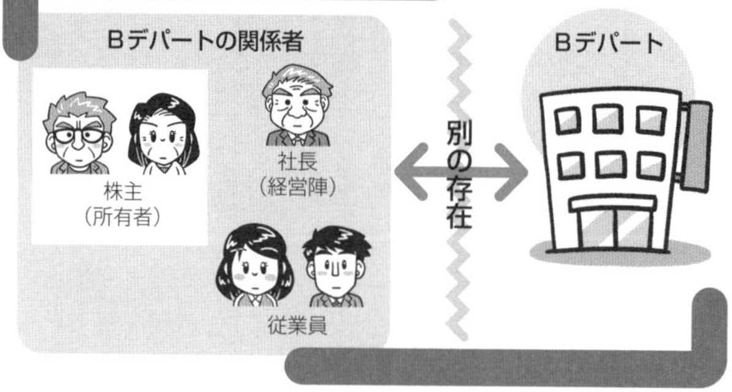

法人の重要度

法人の基本法である一般法人法が，民法の法人の章（第一編第三章）から独立する形で，平成18年（2006年）に制定されました（施行は平成20年）。それ以降，民法の法人に関する問題は，**権利能力なき社団**をテーマとするものがほとんどを占めています。なので，権利能力なき社団以外の部分はさらっと押さえておく程度で十分です。

法人の種類

「法人」という名称がついているものだけでなく，各種の会社や生協，独立行政法人である国の研究所など，法律で法人として認められたものはたくさんあります。

会社の所有者とは？

法律上は，資金を出して会社が活動できるようにしている人（出資者）のことをいいます。株式会社であれば**株主**が会社の所有者です。

としては関係ありませんよね。

Bデパートは Bデパート，つまり**株主とか，社長などの経営陣，従業員の人たちとはまったく別の存在**なんです。特に，単なる**所有者の所有物ではない**という点は重要です。だから，そこにかかわる人たちが入れ代わっても，Bデパートは影響を受けずにいつもどおり営業を続けられるわけです。

ということは，Bデパートは，そこにかかわる人たちが動かしてはいるんですが，その人たちとは**別個の主体として存在**しているわけです。人とは異なる人ではない主体，何か不思議な感じですが，それこそが，「経済活動を盛んにして社会を豊かにする」という法の仕組みなんです。

単なる団体と法人は何が違う？

では，法人という仕組みを作ることで，どうして社会を豊かにできるのでしょうか。

人は，一人で活動するよりも，大勢が集まって結束することでより大きな活動ができるようになります。

たとえばモノ作り。技術者が一人で製造から営業や販売まで行うよりも，技術者が数人集まり，宣伝や営業が得意な人，経理に習熟した人などが加わって，みんなで団体を作れば，より大きな事業を営むことができるようになります。

ただ，その場合に問題となるのは，材料を仕入れたり，製品を販売したり，工場の建設用地を買ったりする際の契約を誰の名前でするのかという点です。

契約というのは，そこからいろんな**権利を得たり，義務を果たしたりする約束のこと**です。そのような契約を結べる地位をなんていいましたっけ。そう，**権利能力**ですね。

つまり，権利能力がなければ，法律行為である契約はできません。となると，何人かが集まって事業を起こすための集団（団体）を作った場合，その集団と取引をしようとする人は誰と契約を結べばよいのでしょうか。

このような場合は，通常は代表者と契約を結ぶことになりますが，その代表者って，実は全員の代理人なんです。なぜかというと，契約を結ぶことができるのは「権利能力の主体」つまり人でなければなりません。ところが，「人の集団」は「人」ではありませんから，集団自体は単独で契約の主体

主体

何かをする側が主体，される側が客体です。

団体と組合と法人

人が集まれば**団体**になります。極端にいえば，職場の慰安旅行だって団体です。では，組合や法人とは何が違うかというと，これらも団体であることに変わりはありませんが，**組合**と**法人**は事業を営むこと（共同で仕事をすること）が要件になっています。つまり，同じ団体でも「仕事をする」のが組合や法人です。そして組合と法人の違いは，簡単に言えば「契約する場合，組合は全員の連名でする。法人は法人単独名でする」という点です。要するに権利能力（法人格）の有無です。

民法上の組合と組合との違いですが，民法上の組合が上記にいう組合のことなんです。なぜ「民法上の」と付けているかというと，たとえば農業協同組合は組合なんですが，農業協同組合法という特別の法律で権利能力（法人格）が認められているんです（同法４条）。これは生活協同組合なども同じです（消費生活協同組合法4条）。ということは，上記にいう組合とは法人格の有無という点で性格が違っていますから区別の必要がでてきます。そこで，基本形の組合ないし一般の（＝民法上の）組合ということで「民法上の組合」という呼称を使っているわけです。

権利能力

権利義務の主体となることができる地位のことです。

にはなれないんです。

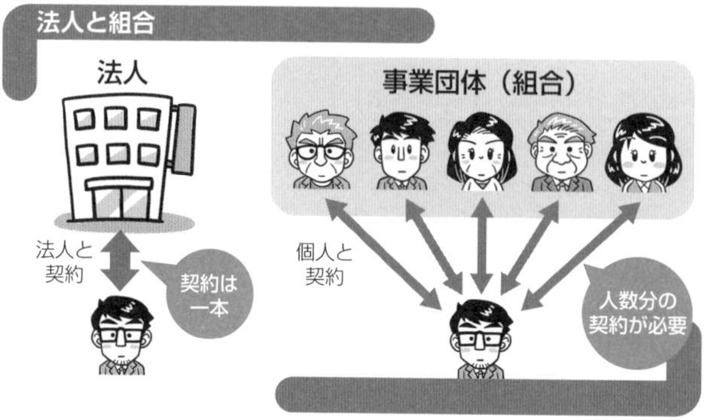

　そうなると，ちょっと面倒な事態が出てきます。

　たとえば，集団の内部で一部の人がその契約に反対しているとか，実際に契約した人がその集団から抜けてしまった場合はどうなるんでしょう……なんか，ややこしそうですね。

　相手方としては，そんなのちのち面倒なことになりそうな状況なら契約は結ばない，つまり取引はしないってことになりかねません。

　やはり，ここは契約を一本化して，「内部のゴタゴタは自分たちの問題でしょ？　そんなものに左右されずに，責任を持って契約の義務を果たしてよ！」としておくべきですよね。

　ということで，**「人」以外に，「人の集団」にも，その構成員の人たちとは別に，契約当事者としての地位，すなわち権利義務の主体としての地位である権利能力を認めよう**としたのが**法人の制度**なんです。

法人になるって，どんな手続きが必要？

　では，どうすれば法人になれるのでしょうか。

　これ，法人によって手続きが違うんです。

　法人という仕組みはとても便利なので，法人にも多種多様なものがあります。そこで，まず法人にはどんな種類があるかを見てみましょう。

　まず，人が主体なのか，それとも財産が主体なのかで二つに分けることができます。**複数の人の集まりを「一個の権利主体」として認める**のか，それとも，**ある財産をもとにして構成された団体を「一個の権利主体」として認める**のかとい

代理

代理については，1-8と1-9で詳しく説明します。
⇒p.96，108

ややこしそう…

一部の人が契約に反対している場合は，誰と契約を結べばいいのかとか，せっかく契約を結んだのに，その人が抜けてしまったら，再契約の必要があるのかなど，いろんな問題が出てきます。

法人

法律で，**権利能力**つまり権利義務の主体となることが認められた団体をいいます。簡単にいえば，法人になれば「団体が契約の当事者になれる」ということです。

自然人

人つまり生身の人間のことを，法人と区別するために**自然人**（しぜんじん）と呼んでいます。

会社は会社法が担当

会社は法人の中でも特別なルール設定が必要なので，**会社法**という民法とは別の法律で規律されています。そのため，民法の学習では会社については扱いません。

うことです。前者を**社団法人**，後者を**財団法人**といいます。

人の集まりを権利主体とする社団法人は，イメージしやすいですよね。でも，財団法人はちょっとわかりにくいかもしれません。たとえばある人が，この財産を社会のために役立ててほしいといって財産を拠出したような場合に，その財産をもとに作った組織を「一個の権利主体」（簡単にいえば取引の相手方）として認めようというわけです。

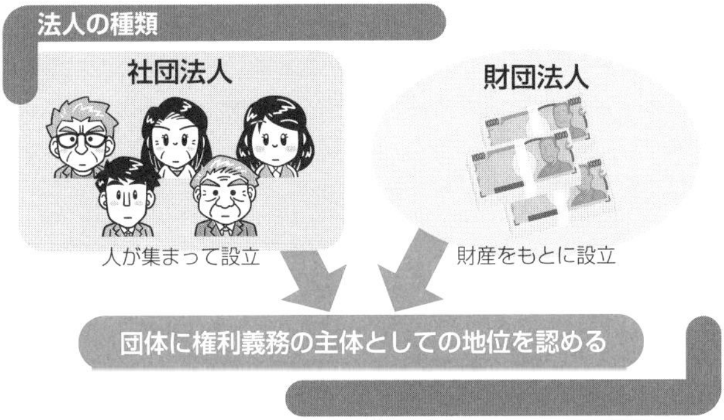

ところで，このようないわば実体に着目した区別とは別に，法人の分類として，**営利目的**かそれとも営利は目的でないか（**非営利**）かという区別があります。**前者の典型は株式会社などのいわゆる会社**ですが，これについては**民法とは別の「会社法」という法律でルールが定められています**。これは商法という別の分野ですから，ここでは扱いません。

本項では，一般的な法人である**非営利の社団法人および財団法人**について説明します。

そこで最初の問題，つまり「どうすれば法人になれるの？」に対する答えですが，**一般的な法人の場合，法の定める要件を備えていれば，それで設立することができます**。認可など行政庁に事前にお伺いを立てるような行為は必要ありません。これを**準則主義**といいます。

法人の設立には規則を定めて登記することが必要

では，法律は法人の設立にどんな要件を定めているのでしょうか。これを次に見ていくことにします。

設立に行政庁のチェックが入らないとすると，法人として活動するのに必要不可欠な行為については，自分たちできち

財団法人の例

たとえば，経済的に就学が困難な子どもの進学等に役立ててほしいとして拠出された財産をもとに設立された団体とか，美術品のコレクションをもとに設立された団体などがこれに該当します。前者の例としては，震災遺児に修学資金を支援している「みちのく未来基金」，後者の例としては倉敷市の「大原美術館」などが有名です。なお，財団法人として世界的に最も有名なのはノーベルの遺産をもとにノーベル賞を運営している「**ノーベル財団**」でしょう。

般法人の種別

一般法人は，人を構成要素とする**一般社団法人**と，財産を構成要素とする**一般財団法人**に区別できます。

一般法人の設立

「法律の定める要件を備えていれば設立を認める」という設立のルールを**準則主義**といいます。

準則主義

あらかじめ法律で要件を定めておいて，その要件を備えた団体を作った場合には，法人として認めるという主義をいいます。

んと決めてもらわなければなりません。

まず，どんなことをやりたいから法人を設立するのか（目的），法人の名称は何か，どのように運営していくかなど，**法人として活動するのにどうしても必要な事項については，法が必ず定めることを求めています**（**必要的記載事項**，一般法人法11条1項，153条1項）。これらを記載したものを**定款**と呼びます。

この定款は，記載漏れがないかとか，法の要求に合致しているかなどを，公的な機関である公証役場で**公証人と呼ばれる法律の専門家（公務員）にチェックしてもらわなければなりません**。このチェックを**認証**といい，**これがないと定款つまり法人のルールとしての効力が生じません**（一般法人法13条，155条）。

この認証が済めば，**社団法人**では**設立の登記をすることで**，また**財団法人**では**財産を拠出して設立の登記をすることで，法人として成立します**（一般法人法22条，163条）。

これが**法人設立の概要**です。

公証役場

公証役場は，法務省や法務局が所管する公的機関で，遺言などの**公正証書の作成**や会社等の**定款の認証**など，高い信用性が求められる文書の作成等を行います（各地にあります）。**公証人**は，公証役場で公証事務を担当する人たちです。

設立の登記

法人の概要（主たる事務所はどこで，何を目的としているかなど）を容易に知る方法として，法人には登記が必要とされています。これを**法人登記**といいます。法人登記は，各地の法務局で誰でも見ることができます。

では，問題を通じて今までの知識を簡単に整理しましょう。

例題 5

法人に関するア～カの記述のうち，妥当なもののみをすべて挙げているのはどれか。

（国家一般職　改題）

ア：一般社団法人および一般財団法人は，公益社団法人および公益財団法人とは異なり，営利法人である。

イ：一般社団法人または一般財団法人を設立するためには，行政庁の認可を得なければならない。

ウ：一般社団法人または一般財団法人の設立に際しては，定款を作成しなければならない。

エ：一般財団法人においては，必ず理事会を置かなければならない。

オ：一般社団法人または一般財団法人の理事は，その任務を怠ったときは，これによって法人に生じた損害を賠償する責任を負う。

カ：一般社団法人または一般財団法人の代表者がその職務を行うについて第三者に損害を与えた場合には，その代表者自身に不法行為責任が生じないときであっても，法人はその損害を賠償する責任を負う。

1　ア，イ　　**2**　ウ，カ　　**3**　ア，ウ，オ

4　ウ，エ，オ　　**5**　エ，オ，カ

本問のポイント!

ア．誤りです。一般社団法人および一般財団法人は非営利法人です。

イ．誤りです。一般社団法人・一般財団法人の設立には行政庁の認可は必要ありません。法の要件を満たしていれば設立が認められます（準則主義）。

ウ．妥当な記述です（一般法人法10条，152条）。

以上までで，**ア**と**イ**が×，**ウ**が○で，選択肢は**2**と**4**に絞られます。つまり，**エ**，**オ**，**カ**のうち一つでも正誤判断ができれば，それで正答を導き出せます。

エ～**カ**は知識としては細かいので，あえて覚える必要はありません。これらの中で，一番判断がしやすいのは**オ**の肢でしょう。

オ．理事が任務を怠って法人に損害を与えた場合，理事はきちんと責任を取るべきですから，法律がどうこうという前に，常識判断で妥当な記述だとわかります。

これで**4**が正答と判断できます。

ただ，疑問を残さないように，念のため，**エ**と**カ**についても説明しておきます。

エ．**理事**とは法人の業務を執行する人のことをいいます。社団法人の場合は構成員（社員）がみんなで（つまり社員総会で）理事の業務執行が適切かどうかを監視しているのですが，**財団法人**は人ではなく財産をベースに設立されていますから，構成員という人たちがいません。なので，理事同士での監視によって業務執行が適切に行わるようにしようということで，必ず**理事会を設けて，それによって業務執行の健全性を確保しようとされている**わけです（一般法人法170条１項）。

カ．代表者の職務で第三者に損害が生じても，代表者自身に不法行為責任が生じない，つまり代表者の行為が不法行為とならないというのなら，法人は**不法行為責任**（損害賠償責任）は負いません。

結局，妥当なものは**ウ**，**エ**，**オ**の三つですから，本問の正答は**4**です。

正答 4

公益法人

一般法人（つまり非営利の法人）のうち，**公益法人認定法**（正式名称は「公益社団法人及び公益財団法人の認定等に関する法律」）によって公益性の認定を受けて設立された法人をいいます。なんか難しそうな感じですが，たとえばシルバー人材センターとか，ＮＨＫ交響楽団など，意外に身近な存在です。監督官庁の監督を受ける必要があるなど，いろいろ制約もあるのですが，税制上の優遇措置を受けられるとか，「公益」法人を名乗れることで社会的な信用性が増すなどのメリットがあるため，多く利用されています。

社団法人の「社員」

この場合は社団法人を作った人たちです。そこに雇われている人（従業員）のことではありません。社員という言葉よりも「社団のメンバー」と表現したほうがイメージしやすいかもしれません。

中身は社団法人なのに法人にならない団体がある

法人の作り方，なんとなくわかりましたよね。

せっかくですから，社団法人の定款に必ず書いておかなければならない事項を並べてみましょう。法律では次のようになっています（一般法人法11条１項）。

【社団法人の定款の必要的記載事項】

①目的
②名称
③主たる事務所の所在地
④設立時社員の氏名または名称および住所
⑤社員の資格の得喪に関する規定
⑥公告方法
⑦事業年度

どれも，基本的な事柄ばかりです。通常，ちゃんとした団体であれば，このくらいのことはきちんと決めています。ならば，後は公証人さんの認証と法務局での法人登記をすれば，それで立派に法人になれる！……はずなんです。

ただ，これがメンドクサイんです！

特に登記手続きはシロウトでは難しいので，通常は司法書士事務所に依頼することになります。つまり，**公証役場での認証にかかる費用，司法書士事務所への手数料，法務局に支払う登記費用，交通費など**がかかってきます。

それに，何度もいろんな場所（公証役場，司法書士事務所など）に足を運んで書類をそろえて時間を費やして，そのうえ，決して安いとはいえない費用を払って……。

やはりメンドクサイんです。

それで，学校の同窓会などのゆるやかな団体であれば，**「別にわざわざ法人にならなくてもいい」として，あえて法人になっていない団体がけっこうある**んです。

問題は，そこと取引をする場合です。

同窓会でしたら，事務所の確保，名簿の印刷，同窓会開催の際に会場となるホテルとの契約など，団体として活動するには，どうしてもいろんな人たちとの契約が不可欠です。

ところが，法人になっていないということは，契約の相手としては，団体の中で誰を相手にすればいいのかっていう最

公告方法

①官報，②時事に関する事項を掲載する日刊新聞紙，③電子公告，④主たる事務所の公衆の見やすい場所に掲示する方法のいずれかを，**定款**で定める必要があります（一般法人法331条１項，同施行規則88条１項）。③が認められたことにより，インターネットでの公告が可能となりました。

司法書士

裁判所や法務局に提出する書類などの作成を行う法律専門の国家資格です。**法人登記**や**不動産登記**などの手続きを本人を代理して行ったりしています。

法務局

法務省が管轄する地方支分部局で，各地で不動産登記や法人登記などを担当しています。

登記

あるものの権利関係などを社会に公示するための制度です。**不動産登記**は，不動産の所在地や面積などの状況と所有権などの権利関係を登記簿に記載して公表することによって，不動産取引の安全と円滑化を図っています。
なお，不動産登記の登記簿の記載例は以下に掲載しています。よかったら参考までに見てみてください。
⇒p.287

初の問題が出てきます。法人になっていれば何も問題がないのに，やはり，ちょっと困るなあということになるわけです。

ただ，法人になっていないこんな団体が社会の中ではけっこう多く活動しているので，その存在は無視できません。実際に活動しているならば，それはそれでしょうがないとして，取引の安全というものを考える必要が出てきます。

このように，ちゃんと**社団としての内容（実体）を備えているのに，法人になっていない団体**のことを**権利能力なき社団**と呼んでいます。

権利能力なき社団には可能な限り社団法人の規定を類推

権利能力なき社団の内容（以下，実体と表現します）は社団法人と同じですから，それならば，できるだけ社団法人と同じ扱いをすれば，権利能力なき社団と取引をする相手方は安心して取引ができます。

そのため，判例も通説も，**可能な限り，権利能力なき社団については社団法人に関する法の規定を類推適用**（るいすいてきよう）することにしています。

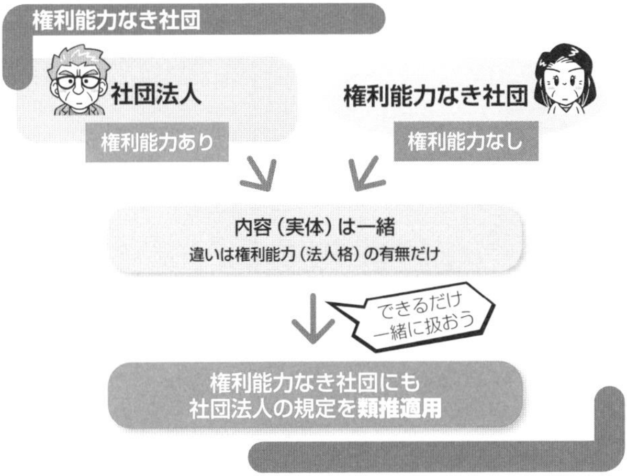

ただし，それには前提があります。

社団法人に関する法の規定を類推適用するためには，法人になっていない団体が，実体として社団法人と同じようになっていなければなりません。実体が同じで，ただ単に**権利能力（法人格）**を取得するための手続きをサボっているだけの

権利能力なき社団

用語が理屈っぽいので，単純に「法人の要件を備えているのに法人になってない団体」のことだと思っておいてください。
権利能力とは「権利や義務の主体となることができる地位」なので，これがない団体ということです。

類推適用

ある事案に関するルールを直接に定めている規定がない場合に，似たような別の規定を**借用**する形で，その事案に間接的に適用して法的な解決を図ろうとする解釈の方法をいいます。
「1-6 意思表示①」で出てくるのですが，意思表示の規定を事実行為である登記の場合に類推する94条2項類推適用が典型例です。
⇒p.82

違い，つまり**「本質は同じだ」といえるからこそ，社団法人の規定を類推できるわけです。**

内容的にも社団法人とは全然違うというのであれば，社団法人の規定を類推適用することはできません。

では，どんな要件が備わっていれば，「本質は同じだ」といえるでしょうか。

この点については，基準を明確に示した最高裁判所の判例があります（最判昭39・10・15）。これは，権利能力なき社団への法規定の類推適用の出発点になるものです。

判例が示した権利能力なき社団として認められるための要件は次のようなものです。

【権利能力なき社団の要件】

権利能力なき社団といえるためには，

①団体としての組織を備え，
②多数決の原則が行われ，
③構成員の変更にもかかわらず団体そのものが存続し，
④組織によって代表の方法，総会の運営，財産の管理その他団体としての主要な点が確定

していなければならない。

要件の具体例

左の①～④の要件を具体的にいえば，代表・副代表とか経理担当とかの組織が整えられていて（①），何かを決定するときは民主的に多数決が行われていて（②），組織と構成員がしっかり区別されているので構成員が入れ代わっても組織は影響を受けずに存続ができて（③），代表の選出や総会の運営，財産の管理など，きちんとした団体ならば必ず決めている事項が整っている（④），といったところです。

権利能力なき社団にはどんな規定が類推される？

わかりやすいように，一覧表にしてみましょう。

権利能力なき社団と社団法人の違い

	社団法人	権利能力なき社団
財産の所有形態	法人の単独所有	**総有**（そうゆう） （社団法人の単独所有と実質同じ）
脱退者の財産分割請求	不可	不可
構成員の弁済責任	なし	なし
訴訟の当事者能力	あり	あり （民事訴訟法29条）
団体名義の登記	可	**不可**

民事訴訟法29条

法人でない社団又は財団で代表者又は管理人の定めがあるものは，その名において訴え，又は訴えられることができる。

両者はほとんど同じですね。

違っているのは，団体が不動産つまり土地や建物を所有していた場合に，団体名義で登記ができるかどうかという点だけです。

権利能力（法人格）がなければ，団体名義での不動産登記はできませんし，「○○会代表 山田一郎」などという肩書付きの登記も認められていません。

不動産に関する登記は，生活の基礎になる重要な財産である土地や建物についての権利関係を明らかにしているものです。土地・建物というのはとても重要な財産ですから，国が管理する登記簿には，その権利関係がわかりやすく，かつ明確に表示されていなければなりません。

権利能力なき社団の場合は，そもそも**法人登記**がなされていないわけですから，どんな団体なのかを法人登記簿で確認することができません。また，「○○会代表」などと肩書が書かれても，その不動産が誰の権利なのかは明らかではありません。不動産はとても重要な財産ですから，こんな不明確な状態で登記することは認められていないんです。

ところで，表には**総有**（そうゆう）という言葉がありますが，これは次のような意味です。

総有の例

野球部がない学校で，学生がサークル活動としてみんなで野球をすることにしました。全員でお金を出し合って，バットやボールを購入したとします。

この場合，学生がサークルに所属して野球をしている間は，そのバットやボールを使って野球することができますが，勉強が忙しくなってサークルを抜けたという場合には，バットやボールについて，「自分の分を返せ」という分割請求をすることはできません。

このように，「その集団に所属していれば使える，でも，抜けた場合には使えない」という場合の所有形態を**総有**と呼んでいます。

権利能力なき社団の財産を総有ととらえておけば，結果として社団法人の財産と同じ扱いになります。

もう一つ，**構成員の弁済責任**（べんさいせきにん）ですが，これは，たとえば社団法人が銀行から融資を受けたとして，その融資金を返済する責任は社団法人にあって，構成員にはありません。どういうことかというと，銀行は，社団法人の返済が滞った場合で

権利能力なき社団の不動産登記

構成員全員の共有登記で処理するという方法がありますが，脱退者が出た場合にそのつど変更の登記をすることのわずらわしさを考えると，結局，代表者が個人名義で登記するという方法が現実的といえます。

総有

所有者が共同で作った団体に所有権が実質的に帰属しているような所有の形態をいいます。特徴は，各共同所有者の権利が「**単なる収益権**」にとどまることです。

権利能力なき社団の財産関係

総有というのは，あくまで法的にどのように説明するかという理論づけ（理屈）の問題です。その説明がわかりにくいならば，「権利能力なき社団の財産はその社団のもの！」と覚えておけば十分です。それで正解なんですから……。

も，構成員に対して「社団の代わりに払ってほしい」と請求することはできないということです。なぜかというと，社団法人と構成員とは別の存在ですから，社団法人の債務は社団法人だけが責任を負い，構成員は責任を負わない（構成員は自分がお金を借りたわけではない）ということです。

これは，権利能力なき社団の場合も同じで，**権利能力なき社団の債務は社団の財産で賄われ，社団の債権者は構成員に弁済を請求することはできません。**

以上，もう一度，知識をまとめておきましょう。

責任財産

簡単にいえば借金を払うための担保となる財産のことです。要するに，債権者が差押えをできる財産をいいます。不動産，貴金属など，「金銭的な価値のあるもの」で差押えが可能なもののことです。一方，生活保護費のように差押えが禁止された財産（生活保護法58条）は責任財産には含まれません。

例題 6

権利能力なき社団に関する次の記述のうち，誤っているものはどれか。

（市役所　改題）

1　権利能力なき社団の権利は，構成員に総有的に帰属する。

2　債権者に対しては社団の財産だけが責任財産となり，構成員は個人的に責任を負わない。

3　特別の定めがない限り，構成員は当然には共有持分権や脱退に際しての財産分割請求権を有しない。

4　権利能力なき社団は，代表者の定めがある限り，民事訴訟の当事者となりうる能力を有する。

5　権利能力なき社団が不動産を取得した場合は，権利能力なき社団の名義で登記することが認められる。

本問のポイント！

権利能力なき社団と認められた場合，**法的な扱いが違うのは登記だけで，それ以外は社団法人と同様の扱い**がなされています。

1．妥当な記述です（最判昭32・11・14）。総有の意味，先ほどの説明でなんとなくわかりましたか？

2．妥当な記述です（最判昭48・10・9）。

3．妥当な記述です（最判昭32・11・14）。権利能力なき社団の財産が総有とされることから導かれる結論です。ただし，社団の内部規則で分割を認めることは差支えありません。

4．妥当な記述です。**民事訴訟の当事者となりうる能力**というのは，**相手を訴えたり，または相手から訴えられた場合に社団として訴訟に対応できる地位**のことです。つまり，

共有持分権　財産分割請求権

財産分割請求権は，団体の財産を分割して，自分の取り分を支払うように求める権利をいいます。
共有持分権は，財産を複数の人が共同で所有しているときに「財産の10分の１はオレのものだ」などと言える権利です。
なお，総有の場合は原則としてどちらの権利も認められません。

社団の名で原告や被告になることができるという意味です。社団が取引社会の中で活動していることから，この実情を踏まえて，民事訴訟法はこのような地位を権利能力なき社団に認めています（民事訴訟法29条）。

5．権利能力なき社団名義の不動産登記は認められていません（最判昭47・6・2）。

ですから本問では**5**が誤りで，これが正答になります。

正答 5

被告

民事訴訟では「**被告**」です。「被告人」と呼ぶのは，刑事訴訟の場合です。

「1-4 法人」のまとめ

法人

▶法人は，構成員とは独立の存在として権利能力を認められる団体である。

▶法人は，その実体に応じて社団法人と財団法人に分けられる。

▶社団法人とは一定の公益目的の下に結合した人の団体をいい，財団法人とは一定の公益目的に捧げられた財産の集合体をいう。

権利能力なき社団

▶権利能力なき社団といえるためには，団体としての組織を備え，多数決の原則が行われ，構成員の変更にもかかわらず団体そのものが存続し，組織によって代表の方法，総会の運営，財産の管理その他団体としての主要な点が確定していなければならない。

▶権利能力なき社団は，社団としての実体を備えているものの権利能力を有していない団体であるから，その実体に即して，できるだけ社団法人の規定を類推適用すべきとされている（通説）。

▶社団の財産は構成員の総有に属する。特別の定めがない限り，構成員は当然には共有持分権や脱退に際しての財産分割請求権を有しない。

▶権利能力なき社団の債務は社団の財産だけで弁済され，構成員が社団に代わって弁済の責任を負うことはない。このことは，社団の代表者であっても同じである。

▶権利能力なき社団にも，民事訴訟の当事者能力は認められている。

▶権利能力なき社団には権利義務の主体となりうる地位がないので，社団の不動産について社団を権利者とする登記（社団名義の登記）はできない。また，当該代表者の肩書を付した個人名義での登記も認められていない。

1-5　国総 ―　国般 ★　地上 ★　市役所 ―

物
～民法に出てくる天然果実ってどんなもの？～

前回までは，取引の主体について説明してきました。そこで，本項では，取引の客体について説明することにします。

人が財産取引を行う場合，その大半は**物**がメインの客体になっています。これ以外に債権売買のように物以外の権利が取引の客体になる場合がありますが，日常的に行うのは，やはり物の取引が圧倒的です。そこで，本項で，「物」の種類や性質について説明することにします。

物の重要度

出題はほとんどありません。ときおり思い出したように１問出題される程度です。
ただ，「物」としての出題は少ないものの，ここは物権分野の学習の前提となる基本的な部分ですから，しっかり理解しておかないと物権の理解に支障をきたします。そういう意味で，とても重要なテーマといえます。

物権…物を利用する権利

民法で扱う大きなテーマに「**権利**」があります。その代表が「所有権」です。**所有権は「物」について成立する権利です**。ただ，**権利は**，たとえばライブのチケットの購入によって「音楽を聴く権利」を得られるように，**必ずしも物についてだけ成立するわけではありません**。

天然果実・法定果実

詳しくはp.71で説明します。

でも，物がやはり民法における権利の代表格であることは間違いありません。なので，まずは物の種類や性質を知っておくことが大事なんです！

民法では，物について成立する権利を**物権**と呼んでいます。物権については本書の第２章で詳しく説明します。ここでは，その物権が成立する対象である「物」について，予備知識を頭に入れておきましょう。

さて，クイズです。以下のうち，どこまでが民法でいう「物」でしょうか。

①固体　②液体　③気体　④電気　⑤音

固体と液体が物であることはわかりやすいと思います。それに，音が物でないことも明らかですね。でも，気体については迷うかもしれません。実は，気体も物なんです。

民法は，物について条文で定義していて，そこでは物を**有体物**であるとしています（85条）。**有体物とは，固体・液体・気体のことです**。

クイズの答え

①～③が物です。

85条

この法律において「物」とは，有体物をいう。

つまり，気体も物の一種で，それについて所有権が成立するんです。気体は，普通の状態では手で触れてわかるようなものではありませんが，どんどん冷やせば液体そして固体になっていきます。そんなものは，民法上の「物」だと思っておいてください。

そうではないもの，ちょっとテキトーな定義ですが，「冷やしても液体や固体にならないもの」，たとえば電気や熱，光といったエネルギーのようなものは民法上の物ではありません。これらは**無体物**といいます。

電気の所有権

電気には所有権はありません。工場や一般家庭などが電力会社と結ぶのは電気の**供給契約**であって，電気という「物」の売買契約ではありません。
なお，刑法では，電気が「物」ではないことを前提に，わざわざ特別規定を設けて「電気は財物とみなす」としています（刑法245条）。そのため，電気を盗んだら処罰の対象とされます。

物はどんな種類に分けられる？

先ほど説明した固体・液体・気体というのは，物の状態のことです。ここでいう「区別して性質を理解すべき種類」とは違います。

民法で，しっかりと理解しておく必要のある種類は次のようなものです。並べてみましょう。

①動産と不動産
②主物と従物
③元物と果実（天然果実と法定果実）

これらの用語は，これから頻繁に登場しますから，ここで慣れておきましょう。

土地にくっついてる物は「不動産の一部」

土地とそれにくっついているものを**不動産**といいます。それ以外，つまり土地にくっついていないものが**動産**です。

これ，言葉としては覚えやすいですよね。不動産は，読んで字のごとく動かない（あるいは容易に動かせない）財産，動産は動く財産です。

なぜ，不動産と動産を区別するかというと，生活上の価値が大きく違っているからです。

私たちは，土地に権利を得て，その上に建物を立ててそこで生活を営んでいます。住宅だけでなく，学校や職場などもそうですよね。つまり，**不動産は生活の基盤になっている重要な財産なので，扱いも動産に比べて厳重**なんです。それ

価値の違い

不動産と動産で価値の違いがあるというのは「値段の違い」という意味ではありません。もちろん，家電製品など日常生活で用いる動産と土地や家屋などの不動産を比べた場合には，不動産のほうが通常は値段が高いでしょう。ただ，ここでいう価値が高いとは，値段という意味の価値ではなく（値段であれば，不動産より価値が高いものもたくさんあります），**生活の基盤**になっているという意味での価値の高さです。

で，両者を区別する必要があるわけです。

ところで，次の図を見てください。このうち，どれが不動産でしょうか。

不動産

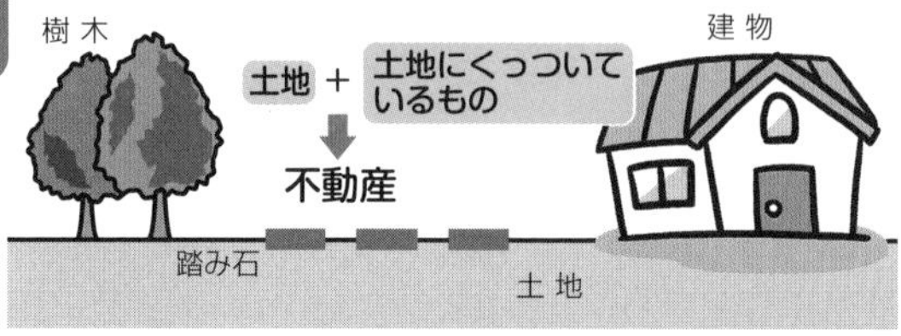

土地が不動産であることは明らかですが，建物も土地の上に建っていて簡単には動かせないので，やはり不動産です。そして，ここが重要なのですが，**土地と建物は，それぞれ別個の不動産として扱います。**

先ほど，扱いが厳重だといいましたが，具体的には，不動産は必ず国の役所（各地の法務局）で**登記**（とうき）することになっています。そして，登記には費用がかかります。なので，土地と建物をまとめて一つの不動産として扱うと，たとえば「土地を借りてオフィスビルを建てた」などというときに，土地のほうは広さとか所有者などが全然変わっていないのに，建物が変わったら土地も含めて登記し直す必要が出てきます。これって，無駄ですよね。それに，売買などの取引も，土地と建物は別々に行われることも多いんです。そういったことから，土地と建物を分けているんです。

ところで，**建物が新築される場合，どの時点から建物は土地とは別の不動産になるか**という問題があります。

基礎工事の時点では，その基礎の部分は土地の一部にすぎません。工事は，その上に柱を立てて，屋根をふいて……と進んでいくわけですが，判例は，少なくとも屋根と壁ができれば建物と認めていいとしています（大判昭10・10・1）。雨風がしのげるようになっていれば，「建物」と言ってよいでしょう。

建物以外では，土地に植わっている**樹木**は，簡単には動かせないので「土地の一部」という扱いになります。つまり不動産の一部です。

もちろん，木の場合は，**切ってしまえば容易に動かせますから動産に変わります。**

不動産

土地とそれにくっついているものをいいます。「土地にくっついているもの」の代表格は**建物**です。また，門から玄関の間に並べられた踏み石や，土地に植わっている樹木などは土地の一部として，不動産（の一部）となります。

86条

1 土地及びその定着物は，不動産とする。
2 不動産以外の物は，すべて動産とする。

法務局

法務省が管轄する地方支分部局で，各地で不動産登記や法人登記などを担当しています。

登記

あるものの権利関係などを社会に公示するための制度です。**不動産登記**は，不動産の所在地や面積などの状況と所有権などの権利関係を登記簿に記載して公表することによって，不動産取引の安全と円滑化を図っています。
なお，不動産登記の登記簿の記載例は以下に掲載しています。よかったら参考までに見てみてください。
⇒p.287

いつから不動産になるか

ここでは，判例がある一般の住宅について考えています（ビルなどとは判断が異なる可能性があります）。

他人の土地の一部を長年占有したら自分のものになる？

まず，前提として，不動産の数の数え方について覚えてください。つまり，単位はどうなっているかです。

建物は一棟，二棟などと数えますよね。では，土地はどうでしょうか。

土地はつながっていて境界がありませんから，どうやって区切るかというと，「この場所にあるここからここまでがAさんの土地」という形で登記され，それが土地の区切りになります（**境界標**といって地面に目印も打ち込みます）。そして，この**区切られた土地を「筆」という単位で数えます**。この単位の由来には諸説がありますが，昔は土地の所在地や広さ，所有者などを縦に一筆で紙に書いていたので，「筆」が単位になったといわれています。いずれにせよ，土地は一筆，二筆と数えるわけです。

そして，Aさんが隣の土地を買い取って二筆になったらどうなるかというと，そのままほったらかしでもかまいませんし，**まとめたいのであれば「合筆」という手続きをすれば一筆になります**。また，半分（ないし一部）を誰かに売ってしまいたいというのであれば，**譲渡前か譲渡後にその部分について「分筆」という手続きを行います**。

では，このように単位が「筆」で決まるとしたら，その一部を長年にわたって自分のものだと思って使っていた場合，自分のものになるのでしょうか。

他人のものであっても，何十年間も自分のものと思って使っていたら，それがノーマルな状態になっているので，そのままその人のものとして認めてしまおうという制度があります。これを「**取得時効**」の制度といいます。

問題は，一単位に満たない土地の一部についても，それが可能かどうかということです。下の図を見てください。

一筆の土地の一部の時効取得

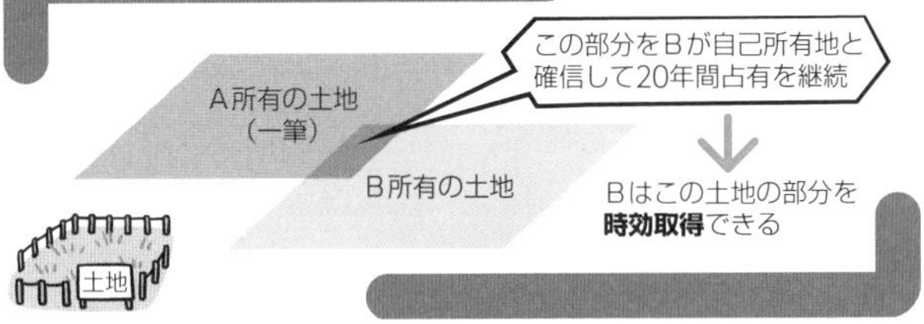
この部分をBが自己所有地と確信して20年間占有を継続
A所有の土地
(一筆)
B所有の土地
Bはこの土地の部分を時効取得できる
土地

登記費用

法務局に支払う費用（**登録免許税**）はそれほど高くないのですが，登記は複雑で専門的な知識がいるため，通常は司法書士事務所に依頼します。この手数料が高額です。一般の住宅で数十万円程度といったところでしょうか。ビルならば，かなりの高額になります。

建物の単位

マンションなど大型の建物を数える場合の単位は「棟（とう）」です。
一軒家・一戸建てを数える単位には「軒（けん）」「棟（むね）」「戸（こ）」があります。
ちなみに「軒・棟」は建物の数を表し，「戸」は世帯の数を表しています。

譲渡

権利・財産，法律上の地位などを他人に譲り渡すことです。有償・無償は問わないので，売ってもプレゼントしても「譲渡」です。

占有

土地や物を誰かがその時点で持っているという状態を，暫定的に適法な所有状態として認める制度です。所有権の有無などは抜きにして，その時点で現実に土地や物を**支配**している事実・状態をいいます。
詳しくは2-6で説明します。
⇒p.210

では，なぜこんなことが起きるかというと，登記簿は明治時代に作成されていますが，その頃は測量技術が未発達で，山林などは「あの木までが自分の土地」などと，テキトーな境界の定め方をして，それを登記簿に載せていました。ところが，後になって「あれ？　どの木だ？　たぶんこの木だろう」などと勝手に判断して，隣りの土地の一部を使い続けるなどということは，けっこうあちこちで見られたのです。

それで，後の代になって境界争いが生じたときに，裁判所はどう判断したかというと，**他人の土地の一部であっても，長年使っていたら自分のものにしてよい（時効取得できる）**としたんです（大判大13・10・7）。土地の境界は人が勝手に線引きして決めたものですから，「長年使っていたら権利を認めよう」という時効取得の趣旨を考慮すると，「筆」単位でないと時効を認めないとする必然性はないわけです。

この判決，けっこう重要ですから覚えておいてください。

刀身（主物）と鞘（従物）の関係

ところで，近年は，刀剣の価値が見直されて，日本刀がブームになっているようですが，では，刀身を買った場合，それをしまう鞘(さや)は一緒についてくるんでしょうか。

「あたりまえじゃん！」

それが常識的な判断ですね。では，それはなぜでしょう。

刀身は，入れ物がないと危なくて持ち運びに不便ですよね。え？家に置いとくだけで持ち運ばない？

いえいえ，錆がこないように手入れのために研ぎ師のところに持ち出したり，あるいは売却したりする場合，どうしても持ち運ぶでしょう。刀身は刃物ですから，専用の入れ物がないとけがをしたりして困ります。つまり，**刀身には鞘が付いてくるのが当たり前。そして，特に意識しなくても，それが通常の状態だから一緒についてくるわけです。**

こういう関係，つまり鞘が刀身の使い勝手をよくしているという関係にある場合，刀身を**主物**(しゅぶつ)，鞘を**従物**(じゅうぶつ)といいます。そして，**ある二つの物が主物と従物の関係にある場合は，その結合を解かないのが原則**とされています（87条1項）。

原則？　じゃあ，例外もある？　あるんです。

日本刀で言えば，刀身を作る刀鍛冶(かたなかじ)と，その刀身の反り具

取得時効

詳しくは1-12で扱います。
⇒p.140

土地の境界

土地の境界や形状などは，**公図**と呼ばれる国が作成した地図に記載されています。ただ，これがかなりいい加減なんです。公図が作成されたのは明治時代の地租改正の頃，そして明治政府ではなく，庶民の手で測量と図面の作成が行われました。現在法務局にある公図は，これをもとにしたものです。そして，「地租改正の頃」ということは課税目的の公図作成であったため，面積を少なめに申告することも多かったとされています。また，測量技術が未発達だったので，誤差もかなり大きかったようです。そのため，公図があまりアテにならないというのは，不動産業界ではほぼ常識になっていて，現在の土地取引では，かなり精密な再測量が行われています。

主物と従物

従物とは，家の中に敷かれた畳のように，それ自体も独立性を有するものの，主物である家の**経済的利用価値**を高めているようなものをいいます。家とエアコン，車とタイヤなどの関係です。

合に合わせて木を彫って鞘を作る鞘師は別の職人さんです。ですから，その鞘師が，たとえば螺鈿細工などで芸術的価値の高い鞘を作っていたなどという場合は，鞘だけが刀身とは別に取引きの対象とされることになるでしょう。

つまり，「主物だけで従物はいらない」とか「従物だけでいい」などと契約で決めた場合には，主物と従物の結合が解かれて，それぞれ別の運命をたどることになるわけです。

果実…元物から生み出される収益

上記の主物と従物は，別の物を一緒にして使おうという話です。一方，一つの物から別の物が生み出される場合もあります。ミカンの木がミカンの実を生み出したり，貸している家がお金（家賃）を生み出したりなどがその例です。

このように，ある物から別の物が収益として生み出される場合，生み出したものを**元物**，生み出されたものを**果実**といいます。

この果実は，さらに二つの種類に分けることができ，自然が生み出してくれたものを**天然果実**，人が作った制度を利用して人為的に生み出されたものを**法定果実**と呼んでいます。

先ほどのミカンの例は当たり前ですが天然果実です。一方，借家の借主が貸主に払う家賃や，銀行預金の利息，農業法人が借りている畑の持ち主に支払う小作料などは，いずれも人為的に作り出されたものですから法定果実です。

では，これらの果実は誰のものでしょうか。これも常識的な判断で，特に悩んだりする必要はありません。

たとえば，麦畑を持っている人が，自分で種をまいて耕しているという場合は，そこに実った麦は自分のものです。一方，麦作のために畑を農業法人に貸しているような場合は，収穫した麦は農業法人のものです。

ね？　当たり前でしょ。

ただ，これを民法の条文で表現すると「天然果実は，その元物から分離する時に，これを収取する権利を有する者に帰属する」となります（89条１項）。

法定果実も同じことで，借家の場合だと，家賃を得られるのは元物の所有者である家主です。ただ，銀行からお金を借りていて，その返済のためにビルのテナント料を受け取る権

螺鈿

貝殻の内側にある真珠色や七色に輝いている部分を薄く小さく切って，漆器などの表面にはめ込んで作った装飾のことです。

天然果実と法定果実

天然果実＝物の用法に従い収取する産出物です（88条１項）。
果樹園の果物，畑から取れる野菜，竹林から取れるタケノコ，ヒツジから取れる羊毛，ウシから取れる牛乳，母牛が生む仔牛，鉱山から取れる鉱物，採石場から取れる石など，その物を普通に使っていれば得られる収益という感じです。
法定果実＝物の使用の対価として受けるべき金銭その他の物です（88条２項）。
不動産の家賃や，貸金の利息，レンタル料などがその例です。なお，法定果実は，それを受け取る権利の存続期間の日割で計算されて権利者に分配されます（89条2項）。

条文の文章

実際の民法の条文を読むと「こんな難しい表現，スッと頭に入るわけがない！」と思うかもしれませんが，わからなくていいんです。結局は，常識で判断したことと同じことを書いてあるだけですから。

賃料債権の譲渡

賃料を受け取る権利とは，家賃を払ってもらう権利で，これを家賃請求権（**家賃債権**）といいます。このような債権も譲渡すること

利を銀行に譲渡したなどというときは，家賃を受け取ることができるのはその銀行だということになります。

以上が，物で覚えておいてほしい事柄です。

ができます。債権の譲渡については「民法Ⅱ」で詳しく説明します。

問題演習で知識を整理しておきましょう。

例題 7

民法上の私権の客体となる物に関する次の記述のうち，妥当なものはどれか。

（地方上級　改題）

1　物は有体物と無体物とに分けられるが，民法上の物は有体物に限られ，電気はこれに含まれないから，電気の供給契約は民法上の契約ではないとするのが通説・判例である。

2　土地は一筆をもって独立した物とされるため，一筆の土地の一部は分筆しない限り譲渡することはできず，また，一筆の土地の一部を占有していたとしても，当該一部を時効取得することはできない。

3　建築中の建物がどの程度に至れば独立の不動産となるかについて，住宅としては少なくとも屋根と周壁を有していることが必要とするのが判例である。

4　民法上の天然果実は，原則として元物の所有者の所有に属し，元物の賃借権者は，小作契約など特別に果実を取得することができる旨の契約のない限り，果実を取得することができない。

5　主物と従物はそれぞれ別個の物であるから，主物が譲渡された場合でも，特段の意思表示のない限り，主物に伴って従物の所有権が移転することはない。

本問のポイント！

1．権利は物についてだけ成立するわけではありません。電力会社と結ぶ電気の供給契約は，物を対象としたものではありませんが，これもちゃんとした**民法上の契約**です（大判昭12・6・29）。

2．判例は，一筆の土地の一部であっても，分筆せずに線引きするなどして分割部分を譲渡することは可能としています（大判大13・10・7）。理屈は，「ケーキ1個を切り分ける」などと一緒です。また，一筆の土地の一部の時効取得についても，時効が継続した事実状態を尊重する制度だという観点から，同判例はこれを肯定しています。

3．妥当な記述です（大判昭10・10・1）。

4．前半については89条1項。後半については，たとえば一軒家を借りている人が，庭に咲いた花を摘んで自分の部屋

民法上の契約

「民法上の契約」とか難しい表現を使っていますが「フツーの契約」のことです。

特段の意思表示

「特段の」という言葉は法律では頻繁に出てきます。これは「特にこのようにしたい」と言わない限りは，一般的な（ないしは原則的な）考え方に従って処理されるという意味です。ということは，「例外を認める余地はありますよ」ということを裏から表現したものといえます。

に飾る（自分のものにする）ような場合です。つまり，「元物の賃借権者は，特別に契約しなくても**果実**を取得できる」が正しいです。

5．特段の意思表示がなければ，主物に伴って従物の所有権が移転します（87条2項）。

よって、本問は**3**が正答です。

正答　3

「1-5 物」のまとめ

物の意義

▶物とは物権の客体である。
▶民法は物を有体物（固体・液体・気体）に限っている。

動産・不動産

▶土地およびその定着物を不動産という。建物も土地の定着物であるから不動産である。
▶建物が土地と別個の不動産と認められるためには，少なくとも屋根と壁を備えることが必要である。
▶一筆の土地の一部にも時効取得は成立する。
▶不動産以外の物はすべて動産である。

主物・従物

▶複数の独立性を有する物（動産・不動産を問わない）の一方が他方の経済的効用を補っていると認められる関係にある場合に，補われているほうを主物，補っているほうを従物という。
▶主物が譲渡された場合，従物の所有権は，特段の意思表示がない限り主物とともに移転する。

果実

▶果実には天然果実と法定果実の二つがある。
▶天然果実とは，物の経済的用途に従って産出される物であり，法定果実とは物の利用の対価として受ける金銭その他の物をいう。

1-6 国総★★★ 国般★★★ 地上★★★ 市役所★★

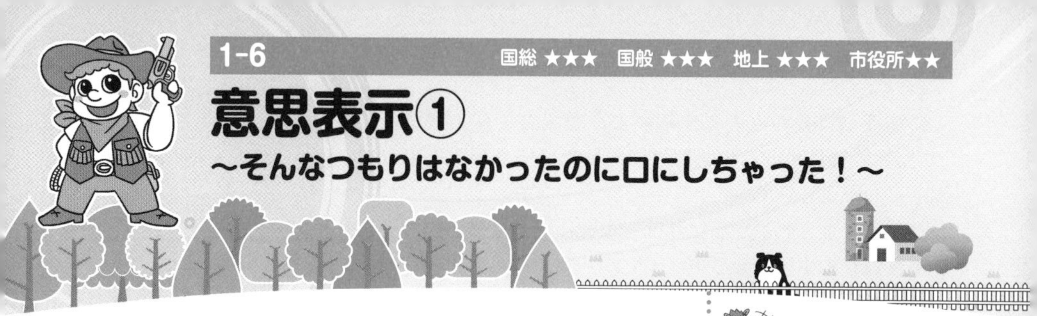

意思表示①
～そんなつもりはなかったのに口にしちゃった！～

前項までで，財産取引の主体（人）と，主な客体（物）について学んできました。さあ，そこでいよいよ財産取引です。日常の買い物など，通常はなんの問題なく行われているのですが，ときに勘違いなどトラブルが生じることがあります。その場合の対処はどうなるのでしょうか。

本項のタイトルの**「意思表示」とは，表示どおりの効果を法が認めるというもの**ですが，問題は，たとえば「騙されて意思表示した」など意思表示に欠陥があった場合も表示どおりの効果を認めてよいかということです。

意思表示をしたら，そのとおりの効果が出てくる

まず，意思表示をして「そのとおりの効果が発生する」とはどういうことか，契約の解除の例で考えてみましょう。

ネットオークションで品物を買う契約をして代金を支払ったのに，相手が品物を引き渡してくれない！　催促してもいっこうにラチがあかない！　こういう場合どうしますか？

一番ポピュラーな手段が契約の解除ですよね。つまり「もう契約はなかったことにするから，振り込んだ代金を返してほしい」という相手方への通知です。この**解除の通知が民法でいう意思表示**なんです。**解除の通知をすれば，契約はなかったことになります。つまり「解除」という意思を表示したとおりの効果が発生するわけです。**

このように，**一定の法的効果が発生してほしいと考え「そのようになるようにしたい」という意思を外部に示すこと**を**意思表示**と呼んでいるんです。

ですから，たとえば「いろいろ助けてもらったから，前に貸した1万円はもう返さなくていいよ」という債務の**免除**の通知も意思表示です。なぜなら，これによって，**相手の債務が消滅する**からです。

これに対して，先ほどの例で「代金は払ったんだから商品

意思表示①の重要度

「意思表示」は，次の「代理」とともに総則分野のヤマとなる重要な部分です。出題数も多いので，しっかり理解するようにしましょう。

意思表示

一定の私法（私人同士の関係について規律する法）上の効果を発生させようという意思を外部に示す行為をいいます。
たとえば「このバッグを買いたい！」という意思を店員さんに示す（＝意思表示をする）ことで，売買契約の申込みという法的な効果が発生するわけです。

解除

契約が締結された後に，当事者の意思表示に基づいてその契約が初めから結ばれなかったのと同じ状態に戻す効果を生じさせることをいいます。

債務

特定の人に金銭を支払ったり物を引き渡したりする法的な義務のことです。

免除

債権者が債務者に対する権利を**無償で放棄**することをいいます。

を引き渡してよ！」という催促（催告）は意思表示ではありません。この催促をしても，「相手が商品を引き渡してくれる」といった催促で意図した効果は発生しないからです。

そして，法律とは難しいもので，「意思表示と違うなら，これを別の分類にして，その名前を付けとかないとね」ということで，**意思（いし）の通知**という名前が付けられています。

これ以外にも，ある事実を認識して，「わかりました」と通知することで一定の効果が発生する場合があります。これを**観念（かんねん）の通知**と呼んでいます。

ただ，ここでは，「通知したとおりの効果が発生するものが意思表示で，それ以外の種類のものもある」ということを覚えておけば十分です。

意思表示を要素とする行為が法律行為だ！

法律は分類好き，そしてネーミング好きです。

その結果，意思表示を必要として，原則としてその内容どおりの法的な効果が認められる行為を**法律行為**と呼ぶことにしました。

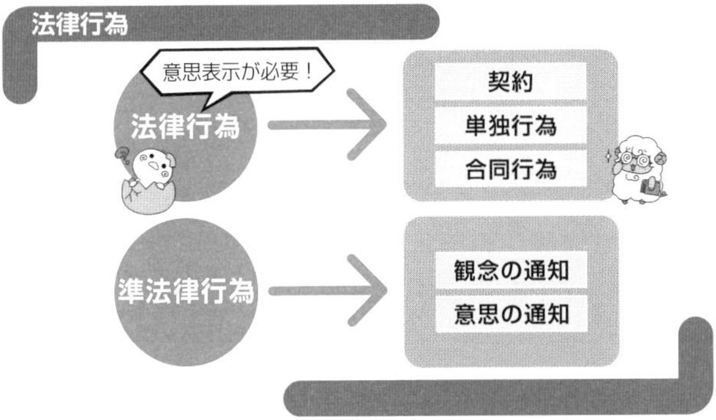

まず，意思表示というのは「そのとおりの効果が発生する」というものでしたね。

ただ，意思表示の中には，そのとおりの効果を発生させても，それだけでは中途半端な状態というものがあります。その典型が**契約（けいやく）**です。

たとえば，Aさんの買いたいという申し出，それに対するBさんの売りますという返事は，両者ともに意思表示です。両者がそろえば「売買契約の成立」という，相手に伝えたと

意思表示とそれ以外

定義がややこしいので，あまり定義にこだわらずに，効果がどうなるかを考えておけば十分です。

観念の通知

ある事実を認識して，そのことを通知することで，一定の効果が発生する場合をいいます。時効の更新という効果を生じさせる**債務の承認**（152条1項）はその例です。

法律行為

簡単に言うと，法律関係を変動させようとする意思に基づく行為のことです。……といってもわかりにくいですよね。とりあえずは「法律行為＝契約」と思っておいてもらえばOKです。

合同行為

数個の意思表示によって成立する法律行為のことです。**社団法人の設立**がその例ですが，これ以外に民法で問題になることはありませんから，「そんなものだ」という程度の理解で十分です。

事実行為

意思表示がなくても，それだけで一定の法律効果を発生させる行為のことです。例としては，**加工**（民法246条）があります。たとえば画家が他人の画用紙に絵を書いた場合は，画家が意思表示しなくても，その絵の所有権は画家が取得することになります。

おりの内容の効果が発生します（具体的には代金支払い債務の発生，商品引渡し義務の発生）。でも，**二つそろわなければあまり意味がありません。それが「契約」です。**

一方では，**「解除」のように，単独で効果を発生させるものもあります。**

このように，性質が違うものが，同じように意思表示という言葉で分類されると混乱するというので，それをまとめて表現する言葉を用意しました。それが，**法律行為**という言葉です。

意思表示は，解除や免除，相殺の意思表示のように単独で効果を発揮するものもありますが，なんといっても数が多いのは契約です。そのため，**「法律行為」と「意思表示」や「契約」をあまり厳密に区別しないで使うこともあります。**

心裡留保…冗談の意思表示

ここから，**民法で最も重要な「関係者の利益のバランス調整」の話が始まります。**

手始めは**心裡留保**，いわゆる冗談で意思表示をしてしまった場合です。

「冗談で意思表示？　冗談なんだから当然無効でしょう！」

いえ，必ずしもそうとばかりはいえなくて，状況によって変わってくるんです。

たとえば，100万円の腕時計を「10円で売ってやってもいいぞ」などと言われても，普通は冗談だと思ってスルーしますよね。でも，

「お前には特別に20万円で売ってやるよ！」

って言われたらどうでしょう？

意思表示をした本人は冗談のつもりでも，状況によっては相手が信じる可能性だって十分あるわけです。そして，**社会常識的に相手が信じるのがもっともだという状況，つまり大半の人がそう思うような状況にある場合，その意思表示を有効にするかどうかは，売ると言った側とそれを信じた側の利益調整の問題**になるんです。

まず，民法は，**相手が信じてもおかしくないような状況の下で，軽率に「20万円で売る」と言って，その結果，相手がそれを信じた場合（善意）には，軽率なほうを保護すべき**

「加工」について詳しくは2-7を見てください。
⇒p.228

単独で効果を発生させる

解除は，相手が約束を履行してくれないので「もう契約はナシにしよう」として一方的に契約がなかった状態にできる権利です。そこに相手の同意を必要としていたのでは，解除権を認めた意味がありません。なので，単独で効果が発生するのです。

相殺

「そうさい」と読みます。貸し借りを互いに打ち消し合って，同額で帳消しにすることです。

心裡留保

表意者が，自分の真意ではないことを知りながら行った意思表示（＝**冗談**の意思表示）のことをいいます（93条1項本文）。

表意者

その意思表示をした人のことを表意者（ひょういしゃ）と呼びます。

ではないとして，その**意思表示を有効**としています（93条１項本文)。これは一つの利益調整です。

では，「その結果，相手がそれを信じた」ではなく，冗談だと知っていた場合（悪意）はどうでしょう。

売るほうが冗談を言って，相手も冗談だと思っていたというのであれば，単に冗談で済ませればいいだけの話ですから，これを有効とする必要はありません。つまり，**悪意の場合には相手方を保護する必要はないので「意思表示は無効」**とされています。

では，話の流れやその場の雰囲気から，フツーに考えれば冗談だとわかるという場合はどうでしょう。相手がそれを勝手に信じた（**過失がある**）としたら……。

この場合も**冗談で済ませればいいだけの話で，やはり有効にする必要はありません**。民法ではこれを「相手方がその意思表示が表意者の真意でないこと……知ることができたときは，その意思表示は，無効とする」と規定しています（93条１項ただし書き)。

つまり，相手に過失がある場合は，たとえそれを信じたとしてもダメだということです。

では，もう一つ利益のバランス調整が必要なケースを考えてみましょう。

それは，「自分にくれるっていうのは冗談だとわかっていた（悪意)，もしくはフツーは冗談だとわかる（過失あり）のに，もう自分がもらったものとして別の人に売ってしまった」というような場合です。

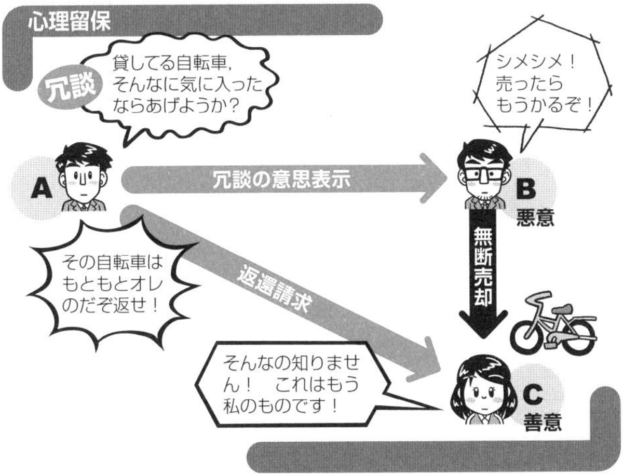

善意・悪意

「善意＝知らないこと」「悪意＝知っていること」です。ここでは，表意者が冗談で言っていることを知らないことが善意，知っていることが悪意です。

93条１項

意思表示は，表意者がその真意ではないことを知ってしたときであっても，そのためにその効力を妨げられない。ただし，相手方がその意思表示が表意者の真意ではないことを知り，又は知ることができたときは，その意思表示は，無効とする。

無効

最初から法的になんの効果も生じないということです。

過失

通常人を基準に，常識的に判断すればわかったなどという落ち度のある場合をいいます。
過失がある場合が**有過失**，ない場合が**無過失**です。

図の事例とは

ＡがＢに使わせていた自転車を，Ｂが気に入って譲ってほしいと持ち掛けます。Ａが冗談でＢにあげるという意思表示をしたので，シメタと思ったＢはＣに売却してしまいます。この場合，Ｂが所有者だと信じたＣは，返還を求めるＡに対して「これはＢから適正に売ってもらったものだから，返す必要はない。これは自分のものだ」と主張できるかということです。

相手が悪意または過失がある場合には（有過失），ＡはＢに意思表示の無効を主張できます。つまり，「そもそも冗談だからなんの効果も生じないよ」と言えるということです。

よい機会なので，少しずつ法律の言葉に慣れていきましょうか。先ほどの図のＢを**相手方**，Ｃを**第三者**と呼んでいます。

そこで問題なのは，Ｂが所有者だと信じてＢからその物を購入したＣは，物を返すように求めるＡに対して，自分が正当な所有者だと主張できるかということです。

民法は，主張できるとしました（93条２項）。

利益調整はこうです。

Ａは相手を見て冗談を言うべきだったのです。Ｂは不誠実（悪意）またはうかつな（有過失）人なわけですから。一方，第三者ＣはＢが所有者だと信じていたというだけで，特に責められるべき点はありません。Ｃに過失があるかどうかを問題にする余地もなくはないですが，**そもそもこんな結果を作り出した原因はＡにあるのです。それを考えた場合，Ｃがそれを信頼したのであれば，過失があるかどうかは問題にせずに，Ｃの利益を保護すべきです。**

ですから，Ｃは善意でさえあれば，過失があるかどうかは問題にされずに権利を取得できます。

以上を，表にまとめてみましょう。次のようになります。

善意の第三者

Cは事情を知らないわけですから，「**善意の第三者**」と呼んでいます。

AがCに返却を求める

Cが自分のものになったと喜んでいたら，突然Aが「自分のものだから返せ!」と言ってきたということです。

権利を取得

この場合，Cは自転車を自分の所有物にできるという意味です。

心裡留保の表

この表だけを見ても，どれがどれだかわかりにくいかと思います。少し理解が進んできたら，知識の整理に表を使ってみてください。

心裡留保のポイント

	善　意 （冗談だと知らなかった）	**悪　意** （冗談だと知っていた）	**過失あり** （常識的に判断すれば冗談だとわかる）
当事者間	意思表示は**有効** ○	意思表示は**無効** ×	意思表示は**無効** ×
対第三者	意思表示は**有効** ○	意思表示は**無効** ×	善意なら過失があっても 意思表示は**有効** ○

「保護に値すれば保護する」それ以上理論には深入りしない

さて，これまでの説明で何か疑問を感じませんでしたか。

まず，これまでの説明です。Ｂが**悪意または過失がある（有過失）**なら，**ＡＢの当事者間では，Ａの意思表示は無効**なわけですよね。でも，Ｃが**善意**なら，**Ｃの所有権取得は有効**になります。

そこで問題です。では，その場合，所有権はA→B→Cと有効に移ったということなのでしょうか。つまり，Cが善意であれば，AB間も有効になるんでしょうか。

いいえ，違うんです。AB間は依然として無効なんです。

心理留保と第三者の所有権 ❶

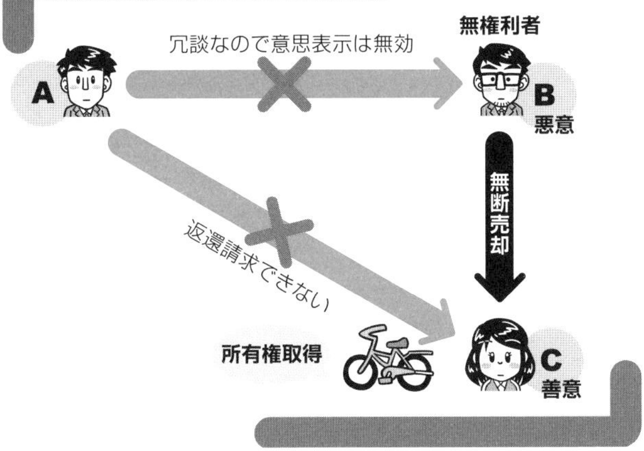

「え，でもなんで？　じゃあ，Cは所有者じゃないBから所有権を取得したということ？　それっておかしいでしょ！」

そう，理屈はそうです。

以前に，失踪宣告（しっそうせんこく）のところで，**民法の効果は「そうするのが合理的と思われる範囲で認めればいい」**という話をしましたよね？　覚えていますか？

ここでも同じことで，**Cが善意で正当に所有権を取得できたからといって，AB間の意思表示までが有効になるわけではない**んです。すなわち，民法は「必要な範囲で効果を認めればいい」としていて，ここでもAB間の関係とは切り離して，AとCとの関係でしか，効果を考えていません。そうでないと，つまりA→Bの意思表示まで有効にしてしまうと，とんでもないことになるんです。

AがBに対して行った冗談の意思表示を無効とするからこそ，AはBに「自転車を返せ！　返せないのなら損害を賠償しろ！」と言えるわけです。

ところが，A→Bが法的に有効なら，Aはこんなことは言えなくなってしまいます。AはBに損害の賠償すら請求できなくなるんです。そうなると，一番悪質なBが得をするという結果になります。でも，それは**法の正義**に反します。

だからこそ，「A→Bの意思表示は無効」を維持したうえ

心「裡」留保

「しんり」っていうと普通は「心理」だと思いますよね？
心裡留保の「**裡**」は「裏側・内側」という意味を持っています。ですから「心裡＝心の内側＝本心」ということです。それを「留保＝とどめおく」わけなので，心裡留保は，本心を表現せずに本心とは違うことを言っちゃう，冗談や軽口みたいなことをさしているわけです。

失踪宣告

記憶がおぼろげな方は，テーマ1-3を復習しましょう。
⇒p.42

損害賠償

意思表示が無効になった場合，不当利得の問題が生じ，そこから損害賠償請求という効果が発生します。
損害賠償請求をする場合には，心裡留保の制度と**不当利得**の制度を組み合わせて請求することになります。
心裡留保の効果は，あくまで意思表示の有効・無効の点に限られます。

で，「Cが善意ならCは適法に所有権を取得できる」とするわけです。

「でも，Bが所有権を持っているからこそ，Cはそれを買い取れるわけでしょう？　Cを所有者とするなら，所有権はA→B→Cと移ったとしないとおかしいですよね？」

いえ，**そんな細かいことはどうでもいいん**です。

Cが適法に所有権を取得できて，かつAB間の譲渡は無効ってことでOKなんです。なぜなら，この結論自体はみんなが納得できるからです。だったら，それでいいじゃない！ということです。

ついでに，もう一つの事例を考えておきましょう。

心理留保と第三者の所有権 ❷

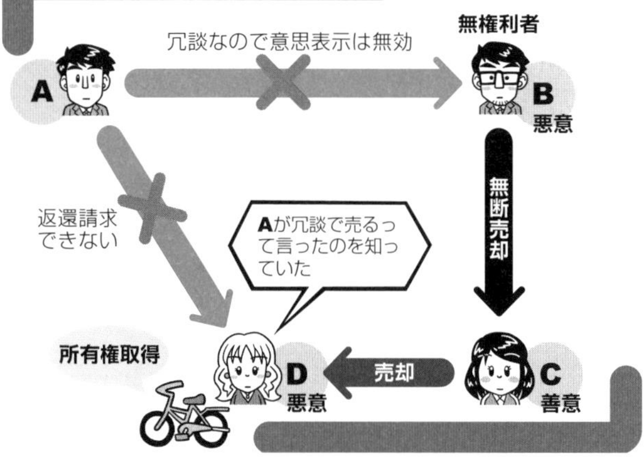

今度は，善意の第三者Cからさらにその物を譲ってもらったDが登場します。そのDがAとBの友人で，実はAの意思表示が冗談だったということを知っていた（悪意）としたらどうでしょう。あなたならDの所有権取得を認めますか？

「認めません！」

常識的にはそうですよね。Dは悪意者ですから，保護する必要はありません。でも，ここに一つ厄介な問題があるんです。それは，いったん保護した善意者Cの保護が消えてしまうという問題です。

Dが所有権を取得できない場合，CD間の売買は，Aの所有物をCが勝手に売ったということになるので，DはCに代金を返してほしいと請求できるようになるんです。

そうなると，Cはやっと買い手が見つかったと思っていたのに，代金をDに戻して，別の買い手を探す必要が出てきま

民法を考えるコツ

民法で最も大切なのは「結論が社会通念に照らして合理的かどうか」という**結論の妥当性**です。理論なんて，それを条文と結びつける作業にすぎません。
「結論が納得できて合理的なら細かいことは気にしない！」と考えるのが，民法を学習するときのコツの一つです。

転得者

第三者から転売等によってものを譲り受けた人のことを**転得者**（てんとくしゃ）といいます。
図でいうところのDのことです。

す。さらに，新たな買い手が見つかったとしても，その人が同じように悪意なら，また同じことが繰り返されます。でも，買い手がその事情を知っているかどうかを調査するのは困難ですし，また，そんな調査をしなければ買い手を見つけられないというのでは，せっかくCを保護したことが無駄になってしまいます。

そこで，確かにDは保護するに値しないかもしれませんが，それでCD間の売買がチャラになってしまうのは忍びないとして，「A→B→C→D……」の**中間に誰か一人でも善意の人がいた場合には，それ以降の人が悪意でも有効に所有権を取得できる**としています。

これは，悪意者を積極的に保護しようというのではなく，悪意者の権利取得を認めなければ，善意者の保護が台無しになってしまう，だから，**善意者を保護するために悪意者の権利取得を認めざるをえない**ということです。

通謀虚偽表示…示し合わせてニセの契約をしても無効

次の問題は，相手と示し合わせてするニセの契約です。なぜそんなことをするかというと，財産隠しが主な目的です。

図で説明しましょう。AはBに借金をしていますが，約束を守らずにお金を返そうとしません。その場合，債権者Bは財産を差し押さえる手続きを始めます。それを察知した債務者Aが，兄弟やいとこなど，自分が信用できる他人（C）と示し合わせて，自分の財産を贈与したというニセの合意をします。これを**通謀虚偽表示**（つうぼうきょぎひょうじ）（**虚偽表示**）といいます。

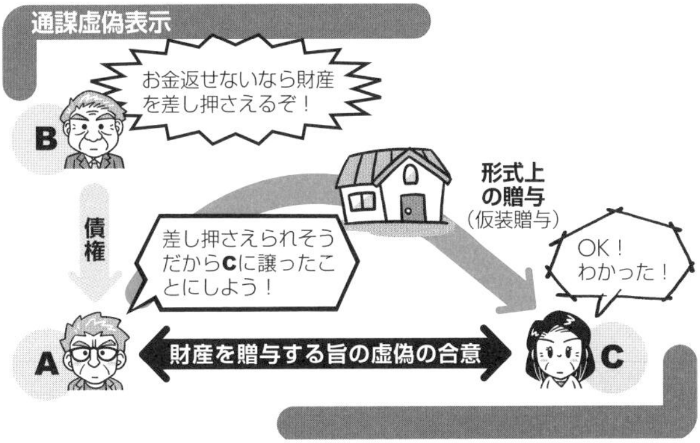
通謀虚偽表示
お金返せないなら財産を差し押さえるぞ！
B
債権
形式上の贈与
（仮装贈与）
差し押さえられそうだからCに譲ったことにしよう！
OK！わかった！
A
財産を贈与する旨の虚偽の合意
C

絶対的構成
善意の第三者が取得した後，その転得者はたとえ悪意であっても権利者として保護されるとする考え方を「**絶対的構成**」と呼んでいます。
「絶対」というのは「善意の第三者は絶対的に権利を取得する。後にどんなことが起きたか（例：転得者が悪意であった，など）で結果が左右されない」という意味です。

債権者・債務者
たとえば，お金を貸していて，返してもらう権利を持ってる人が「債権者」，借金しててお金を返す義務のある人が「債務者」です。

差押え
債務者が滞納している借金や税金などを回収するために，財産の処分を禁じたり，財産を強制的に押収したりすることをいいます。

通謀虚偽表示
相手方と示し合わせて行う真意でない意思表示をいいます。

94条（虚偽表示）
1 相手方と通じてした虚偽の意思表示は，無効とする。
2 前項の規定による意思表示の無効は，善意の第三者に対抗することができない。

債権者は債務者以外の人の財産については差押えができませんから，めぼしい財産をあらかた他人に移してしまえば，差押えをしても成果なく失敗に終わります。

そうやって，債権者があきらめた頃を見計らって，贈与したことにした財産を自分に戻してもらうわけです。

この事情，前の心裡留保で，相手が冗談であるとわかっていた場合（悪意）と似てますね。ですから，効果も「心裡留保で相手が悪意の場合」と同じです。つまり，**当事者間では相手に財産を移す気などサラサラないわけですから無効**（94条１項）。そして，第三者に対する関係も同じ（善意者には無効といえない）です。

ただ，第三者に対する関係をちょっと説明しておきます。

たとえば，AがCと示し合わせて財産を贈与することにしたとします。そして，ほとぼりが冷めた頃にCから返してもらうはずでしたが，そのCが金策に困って，ニセで贈与した財産を別の人（第三者）に売ってしまいました。こんな場合，**買った第三者が，その財産がCの所有だと信じていた（善意）としたら，過失があるかどうかは問題にしないで，その第三者は有効に権利を取得できます**（94条２項）。

そして，前ページの右欄で取り上げた「転売が続いて途中に善意者が一人でもいれば，その後の取得者が悪意でも権利を取得できる」（**絶対的構成**（ぜったいてきこうせい））というのも同じです。

通謀虚偽表示のポイント

	善　意 （契約が真意でないことを知らなかった）	**悪　意** （契約が真意でないことを知っていた）	**過失の有無** （常識的な判断で契約が真意でないことがわかった）
当事者間	意思表示は**無効** ✕ （通謀があるので善意や過失の有無は問題にならない）		
対第三者	意思表示は**有効** ○	意思表示は**無効** ✕	善意なら過失があっても意思表示は**有効** ○

「94条２項の類推適用」ってなんだ？

「94条２項の類推適用？　初めて聞いた！」

これから頻繁に聞くことになります。説明しますね。

相手と示し合わせてニセの意思表示（**通謀虚偽表示**）をす

善意であれば登記も不要

財産が不動産の場合，第三者は，通常であれば自分に登記を移す必要があります。ただ，仮に登記を移していなくても，表意者から「通謀虚偽表示なので無効だから不動産を返せ」と言われても，これを突っぱねることができます。つまり，第三者が善意であれば**移転登記**が済んでいなくても，表意者は第三者に返せとはいえません（最判昭44・5・27）。自分で「虚偽」表示をやっておいて，「登記がないから返せ」というのは，いかにもあつかましいというのがその理由です。

通謀虚偽表示の表

心裡留保で相手方が悪意の場合と同じだと考えてOKです。この表もパッと見ただけではわかりにくいと思います。少し理解が進んできたら、知識の整理に表を使ってみてください。

類推適用の例

権利能力なき社団について，できるだけ社団法人に近づけた法解釈がなされているのは類推適用の例です。⇒p.61

る場合，先ほど説明したとおり，①当事者間では無効，しかし，②善意の第三者との関係では無効主張できないとなります。民法の条文では，①を94条１項が，②を94条２項が規定しています（条文はp.81を参照してください）。

ただし，これらの規定は，ニセの「意思表示」に関するもので，意思表示以外についての規定ではありません。

繰り返しになりますが，**意思表示**というのは，自分の考えたとおりの意思を表示したら，法がそのとおりの効果を認めてくれるというものでしたよね。

では，「登記」というものはこれに当たるでしょうか？

当たりませんね。登記は単なる手続き，言ってみれば作業にすぎませんから意思表示ではありません。

では，差押えを免れるために，Ａが不動産の登記名義を勝手にいとこＣに移したらどうなるでしょう。

もちろん，そんな登記は実体がないニセモノ（虚偽）ですから無効です。ただ，問題は，それに気付いたＣが，登記簿上自分が所有者になっているのをよいことに第三者に売却したような場合です。

民法は，意思表示がどうだということについては規定していますが，単なる作業がどうだということについては規定していません。でも，Ｃがニセの登記を利用して売り払ってしまったとして，そもそもそんなニセの登記を作り出す原因を作ってしまったのは誰なんだ，その登記を信頼して買った人と，ニセの登記を作り出した人のどちらを保護すべきかといったら，やはり考える方向性は同じになるわけです。

確かに，94条２項は意思表示に関する条文です。でも，「虚偽の外形の作出者はその信頼者に虚偽といえない」というベースが同じだったら，意思表示ではない単なる作業であっても同じように考えていいよね，ってことになるわけです。

そこで，条文を直接当てはめること（**直接適用**）はできないとしても，考える根っこは同じだから，これを借用して合理的な結論を導こうというのが**類推適用**（るいすいてきよう）という法理なんです。判例（最判昭41・3・18）も学説も，この法理を採用しています。

これも，どちらを保護すべきかという「利益のバランス調整」の問題です。

問題演習で知識を整理しておきましょう。

ニセの「意思表示」

94条は，あくまで意思表示に関する規定ですから，簡単にいえば「契約」のみを対象とするものです。登記それ自体は単なる「手続き」であって契約ではありませんから，「意思表示」に関する規定の適用対象ではありません。なので，「適用」ではなく，「**類推適用**」になるわけです。

登記（不動産の登記）

不動産の場所や構造，所有者などの事項を，国が管理する**登記簿**に記載することで，不動産の取引の利便性を図ろうとする制度です。

登記を信頼して買った人

「善意の第三者」のことです。

最判昭41・3・18

未登記の建物の所有者が，他人に所有権を移転する意思がないのに，その他人の承諾を得た上，建物について他人名義の所有権の登記をしたときは，実質において，その他人と通謀して所有権を移転したかのような**虚偽仮装の行為**をし，これに基づいて虚偽仮装の所有権移転登記をした場合となんら異ならないから，民法94条２項を**類推適用**して，建物の所有者は善意の第三者に対抗できないと解するのが相当である。

例題 8

Ａは，債権者からの追及を逃れるために，Ｂと共謀して，自己所有の不動産をＢに売却したと偽って，所有権移転登記手続きを済ませた。

以上の事例に関する次の記述のうち，妥当なものはどれか。

（国家一般職　改題）

1　善意のＣがＢから当該不動産を購入したが，移転登記を経ていない場合には，ＡはＣに対して虚偽表示による無効を主張できる。

2　悪意のＣがＢから当該不動産を購入し，さらに，善意のＤがＣからこれを購入した場合には，ＡはＤに対して虚偽表示による無効を主張できない。

3　善意のＣがＢから当該不動産を購入し，さらに，悪意のＤがＣからこれを購入した場含には，ＡはＤに対して虚偽表示による無効を主張できる。

4　善意のＣがＢから当該不動産を購入した場合，ＡはＣに所有権取得の無効を主張できないので，ＡＢ間の譲渡もまた有効になる。

5　ＡがＢとの共謀なしに無断で登記名義をＢに移していた場合，それに気付いたＢが，当該不動産を善意のＣに譲渡しても，Ｃは有効に権利取得できない。

本問のポイント！

本問で，Ａが所有する不動産に関するＡＢ間の売買は，債権者からの追及を免れるための仮装譲渡（ニセの譲渡）で通謀虚偽表示（94条1項）に当たります。

1．不動産の場合，Ｃは仮装譲渡の事実を知らなければ（善意），それで保護される（つまり不動産の所有権を取得できる）のか，それとも移転登記を備えることが必要かという問題です。判例は，事実を知らなければ，登記がなくても保護されるとしています（最判昭44・5・27）。

2．妥当な記述です。転得者Ｄが善意の場合，Ａは，自分で「所有者はＣだ」というニセの登記を作り出しています。ですから，善意者Ｄが現われる前にそれをきちんと訂正して，誤解を生じないようにしておくべきでした。それをしないでいる間に，その**登記を信頼して取引をした者**がいる場合には，たとえその者が**直接の第三者でなくても，ＡはＤに対して，「ＡＢ間の所有権移転は無効だ」と主張できない**とされています（最判昭45・7・24）。

3．Ｃが善意であれば，ＡはＣに「あなたは無権利者だ」とはいえません（94条２項）。そして，Ｄはその地位を受け継ぐので，たとえ悪意でも，Ａから無効を主張されることはありません（大判大3・7・9，**絶対的構成**）。

4．ＡＢ間の譲渡は無効のままです。

ニセの登記

登記は，登記所に行けば見られるという意味で，当事者間の内部事情などとは違って，外から知ることができることから，これを「外形」と表現することがあります。そして，ニセの登記は「**虚偽の外形**」という表現を使います。

善意者の地位を受け継ぐ

そのようにしておかないと，結局は善意者を保護できないことになるからです。これは，積極的に悪意者を保護しようとするものではありません。

5．94条２項の類推適用により，Ｃは善意であれば有効に権利取得できます。

よって，本問の正答は**2**です。

正答　2

「1-6　意思表示①」のまとめ

心裡留保

▶真意でないことを知りながら，それを相手に告げずにする意思表示を心裡留保という。

▶心裡留保は原則として有効であるが，相手方が真意でないことを知っているか（悪意），または知ることができたときは（有過失）無効とされる。

通謀虚偽表示

▶当事者が通謀して行った虚偽の意思表示を通謀虚偽表示（虚偽表示）という。その効果は無効である。

▶虚偽表示を行った当事者は，それが無効であることを善意の第三者には対抗できない。

▶第三者が保護されるためには善意であればよく，過失がないことや，登記を備えていることなどは必要でない。

▶ＡＢ間の通謀虚偽表示によってＡ→Ｂ→Ｃ→Ｄと土地が譲渡された場合，Ｃが善意であれば，Ｄは悪意であってもＣの権利をそのまま承継する（絶対的構成）。

▶意思表示によらないで虚偽の外形を作り出した場合にも，通謀虚偽表示の規定を類推適用して第三者を保護することができる（94条２項類推適用）。

1-7　国総 ★★★　国般 ★★★　地上 ★★★　市役所★★

意思表示②
～勘違い，詐欺，脅されてした意思表示はどうなる？～

前項に引き続いて，意思表示になんらかの欠陥があった場合について説明します。

今回の欠陥は，勘違いで意思表示した場合（**錯誤**），だまされて意思表示した場合（**詐欺**），脅されて意思表示をした場合（**強迫**）の三つです。

錯誤…勘違いの意思表示

考え事をしていたりして，思わず勘違いして意思表示をしてしまうという場合があります。この場合の効果をどうするか，これも，結局は利益調整の問題になります。

たとえば，ノートを10冊注文するつもりで，注文書に100冊と（ゼロを１個多く）書いてしまいました。このように，意思表示をする人の本来の意図（意思）と，外に表れた表示がズレていること**錯誤**をといいます。単純に**「錯誤＝勘違いの意思表示」**と思っていただいてけっこうです。

では，こういったズレのある意思表示の効果は，どうなるんでしょうか。

通常は「あーこの100冊は間違いだったんですね。じゃあ，キャンセルしますんで，10冊分の注文書を新たに書いてください」などというふうになると思います。

つまり，**錯誤はキャンセル（取消し）ができるんです**（95条１項）。

ただし，そのためには要件があります。この要件は，**錯誤で意思表示をした人と，その意思表示によって影響を受ける人の間の利益調整**のためです。

少し細かくなりますが，大事なことなので，まず概略をまとめて，それぞれを順を追って説明します。

意思表示②の重要度

本項では，錯誤，詐欺，強迫の三つのテーマを扱います。その中では，詐欺が最も出題が多いのですが，どれも頻出事項であることに変わりはありません。総則の重要部分ですから，しっかりと理解するようにしましょう。

強迫と脅迫

民法では強迫，刑法では脅迫です。字を間違えないようにしてください。
刑法の脅迫は「相手またはその親族の生命，身体，自由，名誉，財産に害を加える」旨を告知することで成立します（刑法222条）。婚約者のように「相手またはその親族」でなければ，脅迫罪は成立しません。一方，**民法の強迫**は，相手に無理やりに意思表示をさせることです。婚約者に害を加えると脅して無理やり意思表示をさせたら，民法では強迫になります。

錯誤

錯誤とは，表意者が意思と表示が一致しないことを知らずに意思表示をすることをいいます。いわゆる「**勘違い**」で意思表示をしてしまうことです。

【錯誤の取消し要件】

①キャンセル(取消し)が認められるのは，**意思表示の重要な部分に錯誤があった場合**に限られる(**要素の錯誤**)。

②なぜそんな意思表示をしたのかという動機の部分に勘違いがあった場合(**動機の錯誤**)は「こういう理由で意思表示をする」ということを相手に伝えておかないと，ここでいう錯誤とはならない。

③意思表示した者(表意者)に，ほんのちょっと気を付ければわかるような不注意(**重過失**)があった場合には，取消しは認められない。

④表意者が錯誤に陥っていることを相手が知っていたか(悪意)，ほんのちょっと注意すればわかったという場合には(重過失)，表意者に重過失があっても取消しが認められる。

⑤表意者と相手が，**共に同じ勘違い**をしていた場合には，表意者に重過失があっても取消しが認められる。

⑥取消しが認められる場合でも，表意者は，勘違いの事実を知らず(善意)，また知らないことが不注意だとはいえない(無過失の)第三者に対しては，「キャンセルしたから自分(表意者)に返せ」とはいえない。

① 要素の錯誤じゃないと取り消せない

勘違いの意思表示を，錯誤を理由にキャンセルできるのは，それが法律行為の要素に勘違いがある場合に限られます(**要素の錯誤**)。

ただ，「要素」という言葉はわかりにくいので，民法はこれを「**錯誤が法律行為の目的及び取引上の社会通念に照らして重要なものであるとき**」と表現しています(95条1項)。

具体例で考えてみましょう。今，AとBが100万円で物を売買する契約を結んだとします。このうち，Aが200万円で売ると表示すべきところを100万円で売ると表示してしまったというのであれば，「法律行為の目的及び取引上の社会通念に照らして重要なもの」といえますから要素の錯誤に当たります。しかし，代金の支払方法を銀行振込みにしたとして，振込手数料の数百円をどちらが負担するかについて勘違いがあったというのであれば，これは要素の錯誤にはなりません。**契約そのものをキャンセルしなければならないほどの**

概略のまとめ

後で具体例を交えて詳しく説明しますので，ザッと見ておいてください。

無効から取消しに

平成29年(2017年)の改正によって，錯誤(さくご)の効果が「無効」から「取消し」に変更されました。
一見すると極端な変更があったように思えるかもしれませんが，実質はあまり変わっていません。
錯誤に関しては，以前から無効といっても取消しに近い運用をしていたので，法改正で実質に合わせて無効から取消しに変更されたわけです。
詳しくは「1-10無効・取消し」で説明しています。
⇒p.122

共に同じ勘違い

これを「**共通錯誤**」といいます。なお，民法は「**同一の錯誤**」と規定しています。(95条3項柱書2号)。

要素

「それがなかったら，この契約はしなかったよね」というのがここでいう「要素」です。
たとえば，「その値段だったら買わない」という場合の「その値段」は「要素」になります。一方「コーヒー券がおまけにつきます」という場合に，「別にいらない，それがついていなくても買った」という場合なら，コーヒー券は「要素」ではありません。

重要な錯誤には当たらないからです。

このどちらに当たるかについては，条文に書かれているとおり，**取引上の社会通念**（もっと言えば一般常識）で判断すべきことになります。

② 動機の錯誤は表示されないと取り消せない

動機の錯誤とは，**そんな意思表示をしたのはなぜかという自分の意思を決めるプロセスに勘違いがあること**です。

たとえば，Aが，新しい駅が建設されると思い込んで，その周辺の甲という土地をBから購入し，新駅建設後に値上がりした段階で高値で売ろうと思っていたなどという場合です。

この場合，Aは甲という土地を買うことについてはなんの勘違いもありません。ただ，将来確実に値上がりするから買うという購入動機の点に勘違いがあったにすぎません。ですから，AがBに「甲という土地を買いたい」，Bが「その土地を売りましょう」という契約内容にはなんらおかしなところはないのです。このような場合に，後になって「新駅が建設されると思っていたのに建設されないじゃないか！ならば契約はキャンセルだ！」というのは不当ですよね。

ですから，動機の錯誤はキャンセル可能な錯誤には当たりません。ただし，「新駅が建設される予定なのでこの土地を買いたい」ということがAからBに示されていれば，「ちょっと聞いていないんですが，なるほどそういう事情で買われるんですね」ということで，Bのほうとしても価格を釣り上げてくるでしょうし，その場合には，錯誤を理由にキャンセルが認められます（95条1項2号，同2項）。

つまり，**動機の錯誤**は，それが相手方に**表示されていることが，錯誤として認められるための要件になる**わけです。

③④ 表意者に重過失があれば原則取り消せない

まず，意思表示した者（表意者）に，**ほんのちょっと注意すればわかるような不注意（重過失）があったら取消しは認められません**。

キャンセルされるほうは，はっきり言って迷惑なんです。ですから，通常の不注意（過失）には目をつぶるとしても，不注意の度が過ぎているという場合は，やはり口にしたことには責任を取ってもらいたいんです。だから「重過失があれば責任を取るべきで，取消しを認めない」ということです。

取引上の社会通念

難しく考える必要はありません。私たちが日常生活で経験している感覚（買い物をしたり携帯電話などの契約をしたりするときの感覚）のことだと思っておけば十分です。

動機の錯誤

錯誤として取消しが認められるには，単に表示されているだけではなく，それが**法律行為の要素**となっていることが必要です。
前ページの右欄の例でいえば，なんらかの「表示された」動機の錯誤があったとして，その法律行為の中で，おまけのコーヒー券がついていなかった（＝要素の錯誤に当たらない）という場合にまで，わざわざ取消しを認める必要はありません。

過失

「重過失」と区別するために，「**軽過失**」と呼ぶことがあります。

重過失の例

近所の人が，うわさ話で「新駅が建設されるかもしれない」と言っているのを簡単に真に受けて土地を買う，などはその例です。あまりにも不確かな情報を，確認もせずにそのまま信じることは，**重過失**といえます。

では，なんで「重過失」かというと，勘違いというのはそれ自体が不注意（過失）なんですね。ですから，通常の過失の場合まで表意者に責任を取らせると，錯誤という制度自体が成り立たなくなってしまいます。そのために，要件を「重過失」としているわけです。

ただ，表意者に重過失があっても，相手が勘違いだということを知っているか，またはちょっと注意すればわかったという場合には，キャンセルを認めても不当とはいえません。ですから，その場合には，「重過失があってもキャンセルが認められる」ということになります。

⑤ 共に勘違いしていた場合（共通錯誤・同一の錯誤）

わかりやすいように，事例で考えましょう。

売主Aと買主Bが，ある絵画を10万円で売却する契約を結びました。契約の際，二人とも，この絵の価値はせいぜい10万円程度だろうと思っていました。ところが，その絵画は実は有名画家の作品で，実際は3,000万円の価値があったんです。つまり，二人とも勘違いしていたわけです。

この場合，Aは，10万円で売却したら大損ですから，当然キャンセルしようとしますよね。でも，Bとしては3,000万円の価値がある絵画を手に入れたいですよね。そこで，Aが錯誤を理由にキャンセルしようとするのに対して，Bは「Aには重過失があるからキャンセルできない」と主張しました。

皆さんはどう思いますか。利益のバランス調整の練習だと思って考えてみてください。

本来，絵画はAのものですよね。だったらAは3,000万円を手にする正当な権利があるはずです。

一方，Bは，買ったものが10万円だと思っていたところ，3,000万円という価値のものだったわけです。こういう場合，常識的には差額をAに返すべきなんじゃないでしょうか。

でしたら，共に勘違いをしていた場合には，Aに重過失があってもキャンセルを認めるべきでしょう。

そこで，民法は，「相手方が表意者と同一の錯誤に陥っていたとき」には，表意者に重過失があっても取消しを認めるとしています（95条3項柱書2号）。

⑥ 善意・無過失の第三者には取消しの効果を主張できない

考え方は，心裡留保や通謀虚偽表示で説明したことと同じ

重過失があっても

①表意者に重過失があればキャンセルできない，②でも相手がそれを知っていればキャンセルできる……なんかややこしいですよね。文面だけを読むと確かにそうなんです。でも，実際はすごく上手に利益調整してあるんです。ですから，最初はわからなくても，「利益調整はきちんとしてある」ということを認識しておけば，いずれじんわりとわかるようになります。

共に同じ勘違い

これを「共通錯誤」といいます。なお，民法は「同一の錯誤」と規定しています。（95条3項柱書2号）。

95条3項柱書2号

3　錯誤が表意者の重大な過失によるものであった場合には、次に掲げる場合を除き、第一項の規定による意思表示の取消しをすることができない。
一（省略）
二 相手方が表意者と同一の錯誤に陥っていたとき。

善意・無過失

善意とは，表意者の意思表示が勘違いだったことを第三者が知らなかった場合，無過失とは，注意すれば勘違いがわかったのに，不注意でそれがわからなかった場合です。ここで第三者とは，A（売主）→B（買主）の次に行われたB→Cの意思表示のCのことですから，通常はCがAの錯誤を知ることはありません。ただ，知っていた場合や知ること

です。ただ，心裡留保や通謀虚偽表示の場合と違って，第三者が権利主張できるための要件は，「単に善意であればいい」から「**善意でかつ無過失**」にレベルアップしています。このように要件が厳しくなっているのは，心裡留保や通謀虚偽表示が「わざと」であるのに対して，錯誤が「勘違い」であって悪質性が低く，それだけ勘違いした本人の保護の必要性が高いと判断されたためです。

錯誤における表意者と相手方の関係をまとめておきます。

がでた場合には保護しないということです。

表は総まとめに使う

表は知識が固まってきた段階の整理用です。面倒ならば，最初は読み飛ばしてください。

錯誤のポイント

表意者	重過失なし	重過失あり		
相手方	主観関係なし	悪意or重過失	共通の錯誤	善意・無重過失
取消しの可否	可			不可
第三者	第三者が悪意or有過失なら錯誤取消しを主張可			錯誤の影響なし

第三者との関係は，第三者が表意者の取消しに対抗して自分の権利を主張できるための要件が善意・無過失になっている点に注意してください。

詐欺…だまされて行った意思表示
強迫…脅されて行った意思表示

だまされたり脅されたりして意思表示をしてしまった場合には，不本意に意思表示をさせられたわけですから，キャンセル（取消し）ができます（96条1項）。これを，**詐欺（さぎ）または強迫（きょうはく）による意思表示**といいます。

このように取消しができるというところまではいいのですが，ここからちょっと細かい利益調整が始まります。

ややこしいので，最初に列挙しておきますね。

【詐欺と強迫と第三者との関係】

①第三者は，詐欺の場合は善意・無過失であれば保護される。しかし，強迫の場合は，善意・無過失でも保護されない。

②第三者が詐欺を働いた場合（例：CがAをだましてAの土地をBに売却させた）は，相手（B）が善意・無過失であれば取消しはできない。

これを順に説明します。

96条

1　詐欺又は強迫による意思表示は，取り消すことができる。

2　相手方に対する意思表示について第三者が詐欺を行った場合においては，相手方がその事実を知り，又は知ることができたときに限り，その意思表示を取り消すことができる。

3　前2項の規定による詐欺による意思表示の取消しは，善意でかつ過失がない第三者に対抗することができない。

① 強迫の場合，第三者は善意・無過失でも保護されない

たとえば，AがBから脅されて無理やり土地を売却させられ，さらに，その土地をCがBから買い取ったとします。

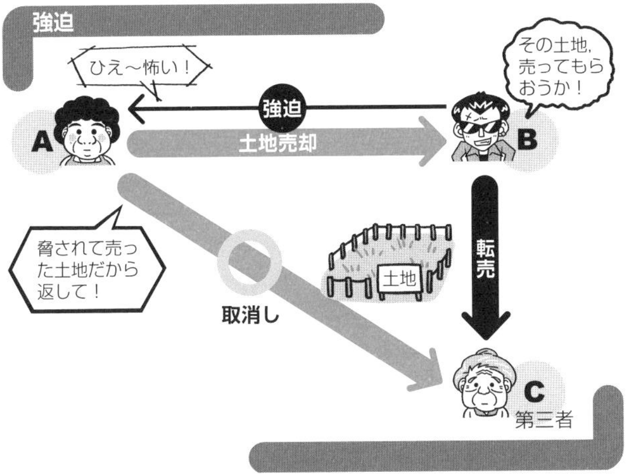

その後にAがBへの売却をキャンセルした場合，CはBから購入した時点でBがその土地を強迫によって取得したことを知らず（善意），また知らなかったことについてなんら不注意がなかった（無過失）としても，AはCに土地を返せと言えるということです。

強迫の場合は，**脅された人をしっかり保護する必要があります。そのため，民法は，第三者が善意・無過失でも取戻しを認めています。**

一方，**詐欺**の場合は，**だまされたほうにも「うっかりしていた」とか「もう少し注意すべきだった」ということがいえる**ので，これまでに登場した意思表示と同様に，第三者の利益とのバランス調整の問題になります。そして，錯誤と同じく**「わざと」ではない分，利益調整では，第三者の側に単なる善意ではなく「善意＋無過失」を要求しています。**

② 第三者の詐欺の場合

たとえば，「BがAをだまして土地を自分に売却させる」というのは，通常の詐欺の場合です。

そうではなく，「土地の売買の当事者以外の第三者CがAをだまして土地をBに売却させる」というのが，ここでいう**第三者の詐欺**といわれるものです。

では，この場合，AはBとの売買契約をキャンセルできる

強迫

刑法では「**脅迫**」です。
民法では「**強迫**」です。
強迫とは，人に恐怖心を生じさせてその人の自由な意思決定を妨げる行為です。
詐欺＝だまされた場合
強迫＝おどされた場合
と考えてください。

瑕疵ある意思表示

詐欺と強迫のことを「瑕疵（かし）ある意思表示」という言い方をする場合もあります。
「瑕疵」というのは「欠陥」のことです。

詐欺の場合

左の図で詐欺の場合はどうなるかを見てみましょう。AがBにだまされて不本意な形で土地を売却させられ，さらにその土地をCがBから買い取ったとします。その後にAがBへの売却をキャンセルした場合，CがBから購入した時点でBがAをだまして取得したことを知らず（善意），また知らなかったことについてなんら不注意がなかった（無過失）ときは，Cは土地の所有権を主張できる（Aに返さなくてもよい）ということです。

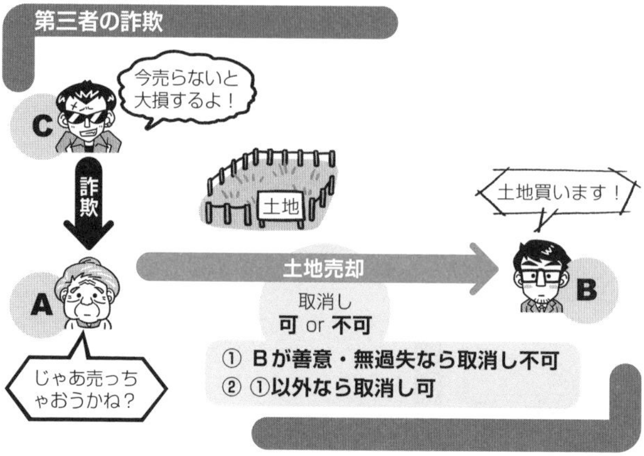
第三者の詐欺
今売らないと大損するよ！
C
詐欺
土地
土地買います！
土地売却
A
B
取消し
可 or 不可
① Bが善意・無過失なら取消し不可
② ①以外なら取消し可
じゃあ売っちゃおうかね？

でしょうか。仮に，BがCの詐欺について何も知らなかったとしたらどうでしょう。また，ちょっと注意すればだまされていることがわかったという場合ならどうでしょう。

ここで思い出してほしいのが，錯誤で説明した「心裡留保や通謀虚偽表示が『わざと』であるのに対して，錯誤は『勘違い』であって悪質性が低く，それだけ勘違いした本人の保護の必要性が高い」という部分です。

「だまされた」のは「わざと」ではありませんよね。だったら，**相手方Bが保護されるための要件は，錯誤の場合と同様に単なる善意ではなく，もっとハードルが高い善意・無過失が必要**になるはずです。民法もそのように規定しています(96条２項)。

これまでの説明で，第三者との関係について一つの基準ができたと思います。

【第三者との関係の判断基準】

①表意者が「わざと」意思表示したのなら，第三者は善意であれば保護される。でも，「わざと」でなければ，善意・無過失でなければ保護されない。

②強迫の場合は特別扱いで，第三者は善意・無過失であっても保護されない。

これで，ごちゃごちゃしていた基準をすっきりまとめられるはずです。

以上で，意思表示の欠陥についての説明は終了です。最後に意思表示のその他の問題について説明しておきます。

だまされた側の帰責性

だまされた側もうかつだった，その分は責任があるよね，ということを，**帰責性**という言葉でよく表現しています。これは，「○○の責任に帰せしめる」という意味です。詐欺の場合は，「もう少し注意していればよかったのに。だから，その分は強迫よりも保護の程度が低くてもしかたないですよね」ということです。

第三者の詐欺

買主とまったく関係なく，単に売主を困らせてやろうという意図で「今売らないと値下がりして大損するぞ」などとだまして売らせて損をさせるなどという場合もあります。

「わざと」した意思表示

わざと意思表示したといえるのは，**心裡留保**(冗談でする意思表示)と**通謀虚偽表示**(相手と示し合わせてする意思表示)の場合です。錯誤，詐欺，強迫の三者は，わざとした意思表示ではありません。
「わざと」というのを，問題などでは「故意に」という言い方をしたりします。

意思表示は，相手方に到達した時点から効力が発生

民法は，**意思表示が相手方に到達した時から効力を生じる**としています（**到達主義**，97条1項）。

これには，次のような意味があります。

まず，どうして「相手が知った時から」じゃないのかというと，たとえば契約の解除の意思表示が郵送されてきたような場合に，受け取りを拒否する人がいるんです。それで，普通郵便だからということでポストに入れたまま取り出さないとか，あるいは読まないといった，ちょっとずるい方法をとるわけです。そんな逃げの口実を与えないために，「知った時」ではなくて「到達した時」にしてるんです。

この**「到達した時」というのは，相手が知ろうと思えば簡単に知ることができるような状態**をいいます。法的に表現すると**相手方の支配領域内に入った時**をいうとされています。

一方，意思表示は**到達前であれば撤回ができます**。

これが，「到達した時から」の意味になります。

判断力のない人に意思表示をしても効力は生じない

たとえば「あるものをいくらで売ってほしい」という申込みをした場合，相手は承諾するか拒否するかを判断しますよね。

でも，そのためには，これが契約の申込みであるということがわかっていなければなりません。書面が郵送されてきたけど，ナンノコッチャわからないというのでは，意思表示は到達したとはいえません。つまり，**意思表示は，それが申込みであるということがわかる人に対してしなければならない**のです。これを**意思表示の受領能力**といいます（98条の2）。

民法は，申込みであることがわからないかもしれないという人をリストアップしています。具体的には，**意思無能力者，未成年者，成年被後見人**の三者です。

すなわち，申込みなどの**意思表示は，この三者を避けて，法定代理人などにする必要がある**ということです。

問題を通じて知識を簡単に整理しておきましょう。

97条

1　意思表示は，その通知が相手方に到達した時からその効力を生ずる。
2　相手方が正当な理由なく意思表示の通知が到達することを妨げたときは，その通知は，通常到達すべきであった時に到達したものとみなす。
3　（省略）

到達時説

意思表示が効果を生ずると，相手はそれをもとにして次の行動をとるなどの対応を迫られることがあります。解除であれば，契約で受け取ったものを返すなどがそれです。相手が認識できないのに，勝手に効力が生じるのでは困りますから，意思表示は**到達時**に効力を生じるとされています。

到達前の撤回

たとえば解除の通知が相手に届く前に連絡して，「解除の通知を送ったけど，やはり解除しないことにした」とすれば，解除はなかったことになります。

意思無能力者

意思能力とは，経済的取引行為を行う場合に，その有利・不利を判断できる能力をいいます。これがないのが「**意思無能力者**」とされるわけです。
具体例としては，幼児とか，泥酔者などが挙げられます。

例題 9

意思表示に関する次の記述のうち，妥当なのはどれか。

（予想問題）

1　意思表示は，要素に錯誤がある場合には取り消すことができるが，動機の錯誤は，たとえ動機が表示されていても，要素の錯誤とはなり得ないので，取消しが認められる余地はない。

2　相手方が表意者と同一の錯誤に陥っていた場合には，錯誤が表意者の重大な過失によるものであったとしても取消しが認められる。

3　第三者が詐欺を行なった場合には，意思表示の相手方が詐欺の事実につき善意・無過失であっても，当該意思表示を取り消すことができる。そして，この点は，第三者が強迫を行った場合も同様である。

4　強迫による意思表示は当然に無効であり，表意者はそのことを善意・無過失の第三者に対しても対抗することができる。

5　表意者が意思表示を発信した後は，到達前であっても，表意者はこれを任意に撤回することはできない。

本問のポイント！

1．**動機の錯誤**は，その動機が表示されていれば，**要素の錯誤**として取消しが認められる錯誤になる余地があります。

【動機の錯誤も要素の錯誤になれる】

右欄の条文を参照しながら説明します。

まず，**錯誤**とは，「自分の考えたことと，それを表示した内容が違う」ことをいいます（勘違い）。下線ア（1項1号）がそのことを表しています。ただ，ちょっとした勘違いならば，表意者も「もう少し注意してよね。それは自分の責任だよ」ということで，キャンセルが認められるのは，重要な錯誤に限られます。これが下線イ（1項柱書）の内容です。そして，本来，錯誤とはこういうものでした。

一方，**動機の錯誤**というのは，「自分の考えたことと，それを表示した内容」は違っていません。「なぜそう考えたのか」という点にミスがあるわけです。そこで，これは錯誤に当てはまるといえるのか，改正前の旧法で大議論になりました。新法では，それを立法的に解決しています。まず，動機の錯誤を下線ウ（1項2号）で定義して，これも錯誤に含めることにしました。ただし，本来の錯誤（ア，1項1号）と同様に，それが重要なもの（要素の錯誤）であることが条件です。そして，重要なものといえるためには，一つの関門があって，「その事情（動機）が表示されて」いなければなりません。これを下線エが規定しています（2項）。

これらの要件を満たせば，動機の錯誤も要素の錯誤としてキャン

95条

1　意思表示は，次に掲げる錯誤に基づくものであって，イ）その錯誤が法律行為の目的及び取引上の社会通念に照らして重要なものであるときは，オ）取り消すことができる。

一　ア）意思表示に対応する意思を欠く錯誤

二　ウ）表意者が法律行為の基礎とした事情についてのその認識が真実に反する錯誤

2　前項第二号の規定による意思表示の取消しは，エ）その事情が法律行為の基礎とされていることが表示されていたときに限り，することができる。

96条1項・2項対照

対照というのは，次のような意味です（96条全体は90ページ参照）。

すなわち，96条は，1項で「詐欺又は強迫による意思表示は，取り消すことがで

セルが認められることになります（オ，1項柱書）。

2．妥当な記述です。いわゆる**共通錯誤**で，取消しが認められます（95条３項柱書２号）。

3．**第三者の詐欺**の場合は，相手方が善意・無過失であれば取り消すことはできません（96条２項）。

一方，第三者の強迫の場合は，相手方が善意・無過失であっても取り消すことができます（96条１項・２項対照）。

4．**強迫による意思表示**は取り消すことのできる意思表示であって，無効な意思表示ではありません（96条１項）。

5．到達前であれば撤回は可能です。

よって，本問の正答は**2**です。

正答　2

きる」と規定しているのに，2項では「第三者が詐欺を行った場合においては，相手方がその事実を知り，又は知ることができたときに限り，その意思表示を取り消すことができる」と規定して，取消しができない場合があることを認めています。その一方で，第三者の強迫については何も規定していません。ということは，１項と２項を対比させてみると，法は第三者の強迫については，１項に従ってすべて取消しを認めると解釈できるわけです。これが対照の意味です。

「1-7　意思表示②」のまとめ

錯誤

▶錯誤とは意思と表示が一致しない意思表示であって，そのことを表意者が認識していないものをいう。

▶錯誤は，それが意思表示の要素に関するものであるときは，表意者がこれを取り消すことができる。

▶動機の錯誤は，その動機が表示され，またそれが法律行為の要素に関するものであれば取り消すことができる錯誤となる。

詐欺・強迫

▶詐欺や強迫による意思表示は取消すことができる。

▶第三者の詐欺によってなされた意思表示は，相手方が悪意でなければ取り消せない。

▶詐欺による意思表示の取消しは，善意・無過失の第三者に対抗できない。これに対して，強迫による意思表示は，善意・無過失の第三者にも対抗できる。

意思表示の到達

▶意思表示は，相手方に到達した時からその効力を生じる（到達主義）。

▶意思表示が到達するまでの間は，その意思表示を撤回できる。

1-8　国総 ★★★　国般 ★★★　地上 ★★　市役所 ★★

代理①
～ほかの人に代わって法律行為をやってもらう～

ここからは，人の取引行為をサポートする**代理**という制度のお話をします。なぜこんな制度があるかといいますと，一つは**取引をするのに十分な判断力が不足している人の暮らしを豊かにするため**。もう一つは，**自分の足りない部分を補うのに役に立てるため**です。

前者を**法定代理**といい，これはすでに「制限行為能力者」の項でその重要性を説明しました。そして，後者を**任意代理**といい，これは，たとえば保険代理店に自動車保険契約の締結を委任する（委任契約）などの場合です。このどちらの代理も，社会の中でとても重要な役割を果たしています。

代理人がした行為は，本人がした行為と同様に扱われる

まず，ちょっとしたクイズです。

どうして「代理」が「意思表示」の後に置かれていると思いますか？

これ，ちゃんとした理由があるんです。

なぜかというと，**代理**というのは，**本人に代わって他人（代理人）が「意思表示」をすること**なんです（99条１項）。

ですから，民法ではまず意思表示について規定して，それを前提に代理の話に移っているわけです。

で，代理人が本人に代わって意思表示をするんですから，その内容については，基本的に代理人にお任せということになります。なぜかというと，代理は人の取引行為をサポートする制度だと最初に言いましたが，仮にその都度本人にお伺いを立ててその指示どおり……というのであれば，本人にとっては「いちいち聞かないで！」という単にメンドクサイだけの制度になってしまいます。

代理の最大のメリットは，本人が細かい判断しなくてもいいというところにあるんですから。

特に，自分が判断できないような難しいことでも，十分な

代理①の重要度

「代理」は「意思表示」とともに，総則分野のヤマとなる重要な部分です。
いろんな制度があってごちゃごちゃした印象がありますが，出題数が多いので，頑張って理解するようにしましょう。

代理

本人以外の者の法律行為によって，本人にその行為の効果を帰属させる制度のことです。

代理人

その人（本人）に代わって法律行為をしてくれる人を「代理人」と呼びます。

99条１項

代理人がその権限内において本人のためにすることを示してした意思表示は、本人に対して直接にその効力を生ずる。

使者

本人が法律行為について意思決定をして，他人がその意思を単に相手方に伝えるだけの場合は，代理ではありません。このような場合を「**使者**（ししゃ）」といいます。

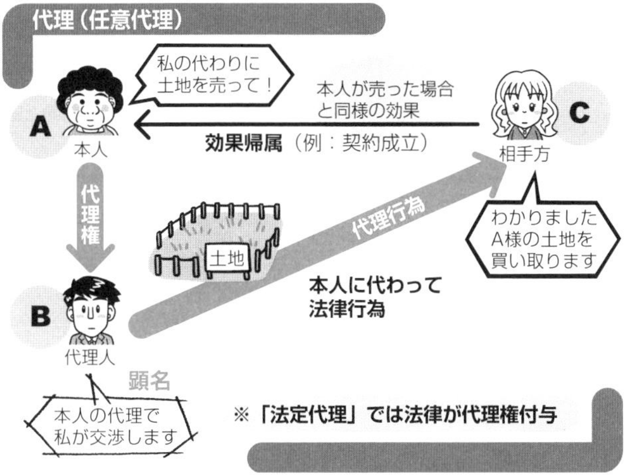

知識を持った人が代わってやってくれるというのなら，こんなに便利なことはありません。

たとえば，親（代理人）が子ども（本人）のために水泳教室の契約をするとか，A（本人）がある土地を購入したいというので，資格を持った専門家B（代理人）が相手と交渉してAの名で契約を結ぶなどといったことは，本人が簡単にはできないことを代わってやってもらえるということです。そして，ちょっとわかりにくいかもしれませんが，水泳教室に通う契約の主体は，費用を出した親ではなく，あくまで子ども自身なんです。

代理権はどうやって発生する？

ところで，代理権というのは，どうやって発生するんでしょうか。

まず，前述の「本人の依頼を受けて代理人が土地の購入交渉や契約を～」という場合はわかりやすいですよね。この場合は，**本人の依頼で代理権が発生します。**

一方，「親が子どもの水泳教室の契約をする」という場合はどうでしょう。

子育ての一環として，あまり乗り気でない子どもを水泳教室に通わせるということも考えられますよね。その場合，子どもが親に頼んで契約をしてもらっているわけではありません。でも，**親には子どもの代わりに契約をする権利があるん**

効果帰属

代理人に依頼した法律行為の結果は本人のところに帰ってくるということです。つまり，代理人が本人に代わって契約をしたとしても，本人自身が契約したのと同じになるということです。ちなみに，図中にはほかにも「任意代理」「法定代理」「顕名」など初見の用語が出てきていますが，後ほど説明しますので，とりあえず読み進めてみてください。

代理権

本人に代わって法律行為をする権限のことです。

代理権の範囲

代理権は，本人から依頼されて認められる場合と（**任意代理**といいます），たとえば子どもに対する親の親権（代理権が含まれます）のように法律で与えられる場合（**法定代理**といいます）があります。前者では，依頼の趣旨の範囲で，また後者では法律が認めた範囲でしか代理行為はできません。

です。なんでそんな権利があるのかというと，**親権**といって法律が認めているんです。つまり，本人ではなく，**法律が代理権を与えている**わけです。

となると，ここで二つの違う種類のものが出てきました。そうなると，例によって両者を区別する必要が出てきます。名前を覚えましょう。**法律が代理権を与える場合**を**法定代理**，**本人が与える場合**を**任意代理**と呼びます。

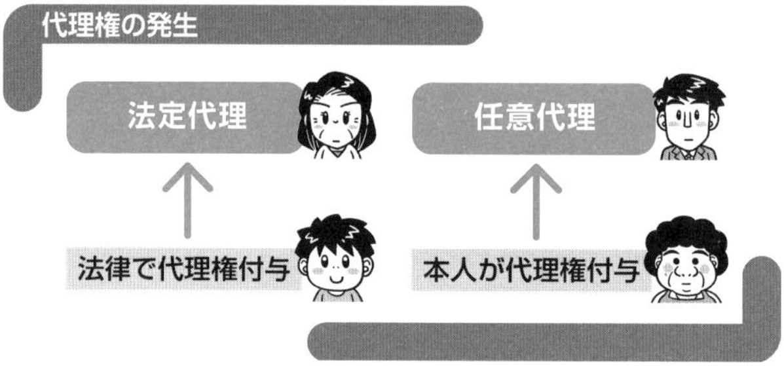

顕名…代理人は「本人のための行為」だと示す必要がある

代理人は，24時間を丸ごとただ代理のためだけに活動をしているわけではありません。本人と同様に，基本的には自分のために日々の生活を送っています。

では，代理人がある買い物をしたとして，それが自分のための買い物なのか，それとも代理人としての買い物かはどうやって区別するのでしょうか。

区別の基準は，**「私は代理人として契約している。だから，契約者は私ではなく本人だ」ということを代理人が相手方に示すこと**です。これを**顕名**といいます。

では，代理人が顕名をしなかった場合どうなるでしょう？「ちゃんと顕名をすればいいのに！」と思うかもしれませんが，意外にしないことも多いんです。

たとえば，宅建士の資格を取りたいという社会人の姉（25歳）が，「本屋でよさそうな参考書を探して買ってきて」とお金を渡して妹に購入を頼んだとします。この場合，妹はあくまで姉の代わりに参考書を買っているのですが，いちいち書店のカウンターで「私は姉の代わりに本を買っているんです！」とは言いませんよね。

本の購入のように契約が簡単に終了する場合は問題ないの

親権

親権には，子どもを見守って教育を施す権限（**身上監護権**といいます）と，子の財産を管理する権限（**財産管理権**）の二つがあります。代理権は，これらの権限を行使するために必要なものとして法が認めたものです（財産管理権の中に含まれます）。

本人が代理権を与える

本人が代理人に代理権を与えることを**授権行為**（代理権授与行為）といいます。特別な方式などは必要とされておらず，口約束でもかまいません。また委任状が必要とされているわけでもありません。ただ，どんな法律行為を代理人にしてもらうのか，大まかなことは本人が決めておかなければなりませんから，後々のトラブルを防ぐために，通常は委任状を作成して，その中で代理権の範囲などを明記しておくのが一般的です。

顕名

代理人が法律行為をする際に，それが，自分のための行為ではなく，「本人のための行為」であることを示す必要があり，これを顕名（けんめい）といいます。

ですが，土地の売買のように手続きが複雑で，「契約者が誰なのか」をきちんと確定させる必要があるときは，顕名がないと大きな問題になります。

そこで，民法は，顕名しなかった場合の処理基準を次のように定めています。

【顕名せずに代理行為を行った場合の処理基準】

①**原則**……代理人が本人のためにすることを示さないでした意思表示は，自己のためにしたものとみなす。
➡つまり，代理人が契約当事者となる。

②**例外**……相手方が，代理人が本人のためにすることを知っているか，または知ることができたときは，代理行為として扱う。

ここで例外の場合とは，本屋の主人が「またお姉ちゃんに頼まれたのかい。大変だね！」などと，お姉ちゃんが本人であることを知っている，ないしは知ることができるような場合のことです。

代理人がだまされた場合の扱いってどうなる？

ここからは，知識として細かいながらも重要なものがいくつか出てきますので，まとめて説明します。

① 代理行為の瑕疵は代理人を基準に判断する

まず，前項で，心裡留保や詐欺など，意思表示の瑕疵（欠陥）と呼ばれるものについて説明しました。そして本項で，代理とはどんな意思表示をするのかという内容について，「それは基本的に代理人にお任せです」という話をしました。

そうなると，冗談で意思表示をした（心理留保）とか，相手にだまされて意思表示をした（詐欺による意思表示）といったことは，本人ではなく代理人がどうだったかという話になります。つまり，原則として**意思表示の瑕疵は代理人を基準に判断される**わけです。

ただ，本人がその事情を知っていた場合はどうでしょう。

たとえば，本人Aが，相手方Cにだまされていることを承知のうえで，代理人Bに「あの土地をCに500万円で売ってほしい」と依頼したような場合です。代理人がその事情を知

顕名の方法

方法に特に制限はありません。とにかく，相手方にとって誰が法律行為（契約）の相手なのかがわかればそれでよいのです。
一番わかりやすいのは，「私は代理人で，○○さんのために契約をします」と最初に伝えてくれることです。ただ，代理人と名乗らなくても，社会通念上（常識的な判断から），契約主体が代理人でないことがわかる場合はけっこうありますから（例：不動産業者が賃貸物件を探していて，空室状況を大家さんに尋ねてきたなど），そんなときは，「②例外」の「知ることができた」に当たることになりやすいです。

意思表示の瑕疵

瑕疵（かし）とは欠陥のことです。そして，**意思表示の瑕疵**とは，意思表示になんらかの法的な欠陥があって，そのために表意者に無効や取消しの権利が与えられるという状態をいいます。意思表示の瑕疵には，①心裡留保，②通謀虚偽表示，③錯誤，④詐欺，⑤強迫の五つがあります。
なお，①～③は，そんな意思表示をしようという意思がそもそもないので，これを**意思の欠缺**（けんけつ，不存在のこと）といい，④と⑤を，そんな意思は曲がりなりにもあるけど，それは不当な干渉を受けたものだという意味で**瑕疵ある意思表示**と呼んで区別しています。そして，これらをまとめて意思表示の瑕疵といいます。こんな分類をあえて覚える必要はありません。分類好きの法律学の特徴がここでも現れていると思っていてください。

らなかったからといって，「詐欺だから取り消す」とする必要はありませんよね。

これは，本人がDから土地を買うという場合に，価値の高い土地だというDの言葉とは反対に，「ダマされているのはわかっているけど，いいや，買おう」と本人Aが考えたような場合も同じでしょう。

そこで，民法は，**特定の法律行為をすることを委託した場合**に，**本人が知っているか知ることができたときは，代理人が知らなかった（から無効あるいは取り消せる）と主張できない**としています（101条３項）。

② 代理人は行為能力者である必要はない

どういうことかというと，たとえば北海道旅行を計画している祖父母が，「高齢者にやさしいツアー」を17歳の孫（未成年者＝制限行為能力者）に探してもらって，旅行代理店で契約してもらったとします。これは代理行為です。では，この場合の祖父母は，「孫は未成年者だからツアー契約を取り消す」と言えるでしょうか。

言えませんよね。でも，制限行為能力者である未成年者の孫が契約を結んでいるんですが，その点はどうでしょう。

ここで，**制限行為能力者制度の趣旨**を思い出してください。それは，**「だまされやすく財産をねらわれやすい制限行為能力者の財産を保護する」**ことでした。では，上の例でお金を払う義務は誰にあるのかといえば，祖父母であって孫ではありません。つまり，未成年者である孫の財産はまったく危ない目に遭ってないんです。だったら，孫が未成年であることを理由に取消しを認める必要はないでしょう。民法の規定も「取消しは認めない」になっています（102条本文）。

ただ，未成年で出産した子が，未成年でいる間に，子どもに代わって契約をする（例：未婚のまま出産した15歳の母が子どものために契約をする）などという場合には，15歳の母の判断能力が十分なのかの疑問が出てきますし，そうなると，未成年の母に契約をさせた場合，子どもの保護が十分かという問題が出てきます。なので，その場合には例外的に取消しが認められています（同条ただし書き）。

③ 権限を定めなかった場合，代理人はどこまでできる？

たとえば，弟が「兄さん，後のことはお願いします」とい

101条３項

特定の法律行為をすることを委託された代理人がその行為をしたときは，本人は，自ら知っていた事情について代理人が知らなかったことを主張することができない。本人が過失によって知らなかった事情についても，同様とする。

行為能力者

単独で有効に法律行為を行うことができる能力を備えた者のことです。この能力を制限されている人が制限行為能力者です。**制限行為能力者**の種類には，未成年者，成年被後見人，被保佐人，被補助人の四つの区分があります。

代理人と行為能力

いくら代理人が行為能力者である必要はないといっても，それは本文のような事例を想定してのことです。つまり，重度の認知症の人で判断能力がないような人を代理人に選ぶことはないだろうということが前提になっています。ただ，そんな状態の人を代理人に選ぶこと自体は法的には問題はありません。でも，その人がわけもわからずに本人のために契約を結んだ場合は，本人に効果が帰属しますから，本人は「代理人は**意思無能力**状態だったので契約は無効」と主張するほかはありません。ですから，判断能力が疑がわしいような人を代理人に選ばないことが大切です。

う書置きを残していなくなったとしましょう。この場合，後の事を頼まれた兄は，代理権の範囲について何も指示されていないので，残された家族の世話などはともかくとして，財産のことに関しては**権限の定めのない代理人**になります。

その場合，兄ができるのは弟の財産を守っていくことですよね。それが本人の意思に一番かなうことで，弟が言っていた「後のことはお願いします」とはそういうことでしょう。

つまり，代理権の範囲が決まってないというのは，結局は「財産を維持管理する」ということなんです。民法が，「権限の定めのない代理人は，**保存行為と代理の目的である物又は権利の性質を変えない範囲内において，利用又は改良を目的とする行為**ができる」としているのは（103条），**本人の意思を思いやって，それに背かないような行為しかできない**という意味なんです。

復代理…代理人がまた別の人に代理を頼んだら

ところで，代理人の仕事を引き受けたものの代理の事務量が多すぎるとか，忙しくて代理の事務処理に十分な時間を割けないといった場合はどうすればいいんでしょうか。

「バイト募集などでスタッフを増やせばいいんじゃ？」

なるほど，では「Ｂ社との契約を任せるから頼むよ」という場合はどうでしょう。アルバイトには荷が重いですよね？

そこで，こんなときに助けになるように，**代理人が別の信頼できる人に代理行為を一部分担してもらう制度**を法は用意しています。これを**復代理**といいます。

これは，単なる代理人の助手ではなく，**代理人が持っている代理権の範囲で代理行為を託された人**のことです。

たとえば，ＡがＢに財産管理をお願いしている中で，さらにその所有する十数件の土地をすべて売ってしまいたいとして，代理人Ｂにその売却も依頼したとします。しかし，Ｂはすでに手一杯の状態だったので，Ｂが信頼するＤを復代理人に選任して，Ａの土地の一部または全部の売却交渉を行わせるといったような場合です。そうすれば，代理人Ｂは先に依頼を受けていた財産管理の事務処理にとりあえず専念できるでしょう。復代理とはそういうものです。

ただ，ちょっと注意してほしいことは，代理人Ｂが復代理

102条

制限行為能力者が代理人としてした行為は，行為能力の制限によっては取り消すことができない。ただし，制限行為能力者が他の制限行為能力者の法定代理人としてした行為については，この限りでない。

権限の定めのない代理人

1-3失踪宣告でちょっと触れた「**不在者の財産管理人**」も参照してください。
⇒p.43

保存行為

財産の価値を**現状のまま維持**する行為のことです。たとえば，雨漏りした屋根の修繕などのことをいいます。「保存行為」は「2-8共有」でも出てきますので，そちらも参照してみてください。
⇒p.240

代理の事務量が多い

契約の数が半端でないとか，契約手続きが複雑で，とても一人では期限までに処理できないなどといった場合がその例です。

復代理

代理人が自己の名でさらに代理人を選任して，代理人の有する代理権の全部または一部を代理させることをいいます。

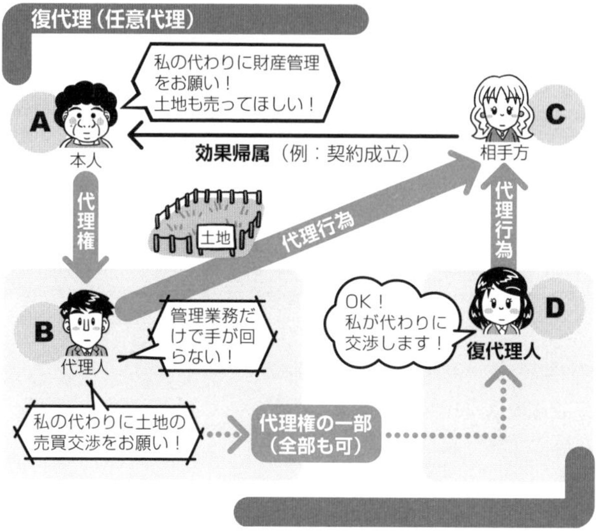
復代理（任意代理）
私の代わりに財産管理をお願い！土地も売ってほしい！
A
本人
C
相手方
効果帰属（例：契約成立）
代理権
土地
代理行為
代理行為
B
代理人
管理業務だけで手が回らない！
OK！私が代わりに交渉します！
D
復代理人
私の代わりに土地の売買交渉をお願い！
代理権の一部（全部も可）

人Dにの土地の売却交渉を任せたからといって，Bが自ら直接にAの土地の売却交渉を行うことができないわけではありません。たとえば，「Dが，どうやら何件かの土地の売却交渉に手間取っているらしい。だったら，事務処理が早く終わって，今時間が空いてるから，その分の交渉は直接自分がやろう」などということは，なんら問題ないのです。つまり，**復代理人を選任したからといって，代理人の代理権はその範囲で消滅するわけではありません。**

それともう一つ，**復代理人は代理人から選任されてはいますが，代理人の代理人ではなく，あくまで本人の代理人**です。どういうことかというと，復代理人Dが結んだ売却契約は，本人Aが契約主体となるのであって，Dを復代理人に選任したBが契約主体となるわけではありません。

「当たり前じゃん！」

そう。例を出せばわかりやすいのですが，試験問題の中で「復代理人は代理人の代理人である」とか，「代理人が復代理人を選任した場合，代理人の代理権はその範囲で消滅する」などと書かれていた場合，判断に迷うことがあるんです（いずれも×です）。法律の表現に直すと，けっこうわかりにくいんですね。

別の代理人に委任したら？

代理人が事務作業で手一杯というのなら「別の代理人に委任したら？」と思うかもしれません。でも，「あの代理人に頼んでおけば大丈夫！」と思えるような信頼できる人を探すのは大変です。また，別の人に代理を依頼して，その依頼内容が一部でも最初の代理人と重なるような場合には調整が面倒になります。代理人を一本化して，その代理人の監督のもとで**復代理人**に事務をしてもらうメリットは，けっこう大きいものがあるのです。

復代理人の選任者

復代理人は，代理人が選任するから「復」代理なのです。本人が複数の代理人を選任しても復代理とはいいません（「復」と「複」は違います）。

代理権は消滅しない

復代理人を選任しても，代理人の代理権は消滅しません。本文の例でも明らかなように，復代理人の選任は「代理権の譲渡」ではなく，代理事務を手伝ってもらうことです。その場合，「手伝ってもらう以上，一切手を出さない」ではなく，互いに**補い合う**ことは可能です。

復代理人を選任したら ちゃんと目を光らせようね！

代理人がどんな場合に復代理人を選任できるかについては，任意代理の場合と法定代理の場合で異なります。

代理人の責任も含めてまとめておきます。

復代理人を選任できる場合と代理人の責任

	復代理人を選任できる場合	代理人の責任
法定代理人	自己の責任で， いつでも復代理人を選任できる	• 全責任を負う • やむを得ない事由のために復代理人を選任したときは，選任・監督についてのみ責任を負う。
任意代理人	①本人の許諾（＝了承）を得たとき ②やむを得ない事由があるとき	復代理人が行ったこと全体について一般的な債務不履行責任を負う

法定代理では，法律が代理人の意思とは無関係に，いわば義務的に「ちゃんとやるんですよ！」として代理権を与えているわけですから，そこに本人からの希望（復代理人を選任していいよとか，この人を選んでよ，など）は入る余地がありません。ですから，代理人が自分でやらないとしょうがないわけです。そこで，**代理人として事務処理が手に余るようであれば，代理人自身の責任でいつでも復代理人を選任することができます。**

その代わり，信頼できる人を選んだかとか，ちゃんと代理行為を誠実にやってくれているかを監督するなどについては，きちんと見ていなければなりません。民法は，これを「代理人が全責任を負う」と表現しています。

ただし，たとえば「親権者（子どもの法定代理人）が重い病気で長期入院を余儀なくされた」など，**やむを得ない事由のために復代理人を選んだような場合**には（例：妹に頼むなど），**選任と監督に相当の注意を払っていれば責任を問われることはありません**（105条後段）。

一方，**任意代理**では，**本人はその人を信頼して代理行為を頼んでいるわけです。ですから，原則はあくまで代理人が自分で事務処理をすることです。**

そのため，復代理人を選任できるのは，本人の許諾を得たとき（表の①），やむを得ない事由があるとき（表の②）の場合に限られますし，たとえ**復代理人を選任できたとしても，や**

一般的な債務不履行責任

きちんと監督していれば生じなかったはずの損害については，債務不履行として**損害賠償責任**を負います。

105条

法定代理人は，自己の責任で復代理人を選任することができる。この場合において，やむを得ない事由があるときは，本人に対してその選任及び監督についての責任のみを負う。

その人を信頼

Ａが，不動産業者Ｂの実績とその人柄を信頼して土地の売却を依頼したという場合には，ＢはＡの信頼に応えて自ら売却交渉に当たるべきです。仕事がたまっているなどを理由に，なんの実績や経験もない他の不動産業者に，復代理人として安易に契約締結を任せるべきではありません。

はり復代理人が行ったこと全体について責任を負わなければなりません。

代理権はどんな場合に消滅する？

わかりやすいように一覧表にしてみますが，いちいち覚えなくても，理由がわかればその場で判断できるはずです。

代理権の消滅

	消滅事由
すべての代理に共通	・**本人の死亡**（111条1項1号） ➡代理は本人のためのものなので，代理する必要がなくなる。
	・**代理人の死亡**（111条1項2号） ➡そもそも代理人としての事務処理ができなくなる。 ・**代理人が破産手続開始の決定を受けた**（111条1項2号） ➡代理人として行為する能力に対する信頼がなくなる。 ・**代理人が後見開始の審判を受けた**（111条1項2号） ➡契約などの法律行為に必要とされる判断力がなくなった。
任意代理特有	・**委任の終了**（111条2項） ➡例：土地の購入契約を代理人に依頼し，滞りなく購入手続きが終了し，事務処理が完了した，など。
復代理特有	・**代理人の代理権の消滅** ➡代理事務が終了したので，復代理人として代理人を手伝う必要がなくなった。 ・**代理人・復代理人間の授権関係の消滅** ➡代理の事務量が減ってきて，代理人だけで事務処理ができるようになったなどの理由で復代理関係を解消した。

簡単に説明しておきます。

まず，本人が死亡したら，代理を必要とする人がいなくなるわけですから，代理権は消滅します。

「相続人のために代理を続けてもいいんじゃないの？」

そう思われるかもしれませんが，**代理は，本人の事情などと密接にかかわっていますから，やはり終了させるのが筋です**。つまり，代理関係は相続人には受け継がれません。

次に，代理人が死亡した場合にも，その相続人が自動的に代理人になるわけではありません。代理人の死亡も代理権の消滅事由になります。

代理人が破産手続開始の決定を受けた場合ですが，**破産手**

本人の事情

たとえば，本人が重度の認知症にかかって，家庭裁判所で成年被後見人の審判を受けた場合，その後見人（**成年後見人**）は法定代理人となりますが，その後に本人が死亡すれば，もう代理の必要はなくなります。

続開始の決定というのは，これからたびたび条文に登場します。ですから，簡単に説明しておきます。

これは，文字どおり，今から破産の手続きを始めますという裁判所の決定です。ごく簡単に言うと，**「この人はもう自分の財産を管理する権限は持っていません」ということを裁判所が認めた**ということです。では，誰が財産を管理するかというと，それは裁判所が選任する人になります。そして，決定を受けた人の財産は，決定の時点から裁判所が選任したその管理人の管理下に置かれます。

「もう少し，きちんと財産を管理すればよかったのに…」

確かにそうですね。結局，その結果が破産手続開始の決定につながっているのですが，これを反面からいうと，「財産を管理する能力に疑問がある」「契約などの法律行為をこの人（代理人）に任せるのは不安だ」ということになるわけです。そして，**代理人としての資質にクエスチョンマークがつく**ことになります。**そのために，代理権の消滅事由とされています。**

最後に，復代理特有の消滅原因の一つとして，代理人の代理権の消滅があります。

復代理は，代理人が自分の権限の一部または全部を代わってやってもらうことです。つまり，**復代理人の代理権は，代理人のそれを前提にして成立している**わけです。ですから，代理人の代理権が消滅すれば復代理人の代理権もまた消滅します。

ここまでの知識を問題演習で整理しておきましょう。

破産手続開始の決定

以前，「破産宣告」と呼ばれていたものがこれに当たります。

裁判所が選任した管理人

「破産管財人」と呼ばれています。

参考条文（破産法）

参考のために，破産法の条文を紹介しておきます。

34条1項　破産者が破産手続開始の時において有する一切の財産（日本国内にあるかどうかを問わない。）は，**破産財団**とする。

78条1項　破産手続開始の決定があった場合には，破産財団に属する財産の管理及び処分をする権利は，裁判所が選任した**破産管財人**に専属する。

第1章 総則

例題10

代理に関する次の記述のうち，妥当なものはどれか。

（国家一般職　改題）

1　任意代理における代理権は，本人の代理人に対する代理権授与の意思表示に基づいて発生するが，当該意思表示は書面で行わなければならず，単に口頭で代理権授与の意思表示をしたのみでは，代理権は発生しない。

2　代理人は行為能力者であることを必要とするから，代理人が当該代理行為を行った時に制限行為能力者であった場合には，本人は，代理人の行為能力の制限を理由に，当該代理行為を取り消すことができる。

3　権限を定めずに代理権が授与された場合に代理人が行いうる代理行為の範囲は，代理の目的たる財産を維持・保存する行為と当該財産の性質を変えない範囲内でこれを利用または改良する行為に限られる。

4　代理人が自己の権限内の代理行為を他人に行わせる復代理は，任意代理の場合には常に認められるが，法定代理の場合には，本人の許諾を得たときまたはやむを得ない事由があるときに限り認められる。

5　復代理人は，代理人の代理人ではなく本人の代理人であることから，代理人の有する代理権が消滅しても，復代理人は本人のために代理行為を行うことができる。

本問のポイント！

1．法律によって代理権が与えられる法定代理とは異なり，任意代理における代理権は，本人から代理権を与えるという意思表示によって発生します（いわゆる**授権行為**）。ですから前半は正しいです。

ただ，この授権行為について，特に書面に書いておくことは要求されていませんから，後半は誤りになります。

基本的に，右欄の条文（522条２項）に象徴されるように，**法が特に書面に作成しなさいと要求しているもの以外は，書面は要件ではありません**。

2．**代理人は行為能力者である必要はありません**。つまり，本人は，代理人の行為能力の制限を理由に，当該代理行為を取り消すことはできません（102条本文）。

3．妥当な記述です。法定代理では代理権の範囲は法によって定められますが，任意代理では本人からの依頼とか指定（授権行為）によって定められます。それで，本肢の「権限を定めずに代理権が授与された場合」というのは，「代理権の範囲を限定しなかった（＝無制限）」という意味ではなく「授権行為からでは代理権の範囲を明確に限定することが困難な場合」という意味です。そのため，法は**財産の維持管理**に主眼を置いて，**代理権の範囲を「財産の性質を変えない範囲」に限定**しています（103条）。

4．法定代理の場合と任意代理の場合の説明が逆になっています。

5．**復代理人の代理権は，代理人の代理権を基礎に成立**しているので，代理人の代理権が消滅すれば，復代理人の代理権もまた消滅します。

よって，この問題の正答は**3**です。

正答　3

522条２項

契約の成立には，法令に特別の定めがある場合を除き，書面の作成その他の方式を具備することを要しない。

書面性

書面に残しておくことは，「言った」「いいや言ってない」といったトラブルの防止に役立ちます。ですから，できるだけ書面に残しておいたほうがよいのですが，それを要件とするのはちょっと煩雑です。そのため，法は，特に本人の意思の確認が重要だと思われるような特別な場合（例：**遺言**，**保証人**となってよいかなど）に限って書面に表しておくことを要件としています。

復代理人の選任

法定代理人の場合には，その権限が広範なことや辞任が容易でないことなどから自己の責任で復代理人を選任できます(105条前段)。一方，任意代理人の場合には，本人が「その人の能力を見込んで代理人にした」という事情があることや，また辞任も容易なことから，復代理人を選任できるのは**本人の許諾**を得たときと**やむを得ない事由**があるときに限定されています（104条）。

「1-8 代理①」のまとめ

代理行為

▶代理権の範囲は，法定代理の場合は法律によって定められ，任意代理の場合は代理権授与行為（授権行為）によって定められる。

▶権限の定めのない代理人は，保存行為と代理の目的たる物または権利の性質を変更しない範囲内での利用・改良行為のみを行うことができる。

▶代理人が顕名しなかった場合には，相手方が本人のためにすることを知りまたは知ることができたときは本人に効果が帰属するが，そうでないときは代理人に効果が帰属する。

▶代理行為の瑕疵は，原則として代理人を基準に判断される。

▶特定の法律行為を代理人に委託した場合において，代理人が本人の指図に従ってその行為をなしたときは，本人は自ら知った事情または過失によって知らなかった事情について代理人の不知を主張することができない。

▶制限行為能力者が代理人として行った法律行為は，原則として制限行為能力を理由として取り消すことができない。

復代理

▶復代理人は代理人の代理人ではなく，本人の代理人であるから，復代理人の行った代理行為の効果は直接本人に帰属する。

▶任意代理人は，本人の許諾を得たとき，またはやむを得ない事由があるときでなければ復代理人を選任できない。法定代理人は，自己の責任でいつでも復代理人を選任できる。

▶復代理人を選任しても，代理人の代理権は消滅しない。反対に，代理人の代理権が消滅すれば，それを基礎として成立している復代理人の代理権は消滅する。

1-9　国総 ★★★　国般 ★★★　地上 ★★　市役所 ★★

代理②

～代理権がないのに代理したら，いろんなトラブルが出てくる～

前項の「代理①」では，正当な代理行為（有権代理）を見てきたのですが，ここでは，代理権がない人が代理行為をした場合（**無権代理**）について見ていきます。

無権代理…代理権がないのに代理行為をしたら？

代理権がないのに，勝手に代理人だと言って本人を当事者とする契約を結んだらどうなると思います？

「そんなの，無効に決まってるじゃん！」

もちろんそうですが，では，その「無効」ってどんな無効だと思いますか？

実はこれ，**まったくの無効というわけではなくて，いわば「宙ぶらりんの無効」**とされています。

どういうことかというと，もし**本人が後から「いいよ」と言ってくれたら，最初から有効な代理行為がなされたとして扱ってもかまわない**というものです。

これをまったくの無効にしてしまうと，本人が「別にそれ，やってもらってよかったんだけど！」と思っていた場合でも，最初からやり直さなければいけないということになります。それは無駄だということで，とりあえず宙ぶらりんの状態にしておいて，**本人に有効にするかどうかを判断させよう**というわけです。

もし，有効にしたい場合は，本人が**追認**を行います。

無効にしたい場合は，無権代理行為は放っておいても有効にはなりませんから，有効にする気がなければ，無視すればよいのです。ただ，中途半端は嫌だというのであれば「追認はしないよ」という追認拒絶の意思を相手に伝えれば，それで完全に「無効」に確定します。

そして，この無権代理には，まったく代理権がなくて行ったという場合のほかに，いくつか変則型があります。

まず，次の二つを説明します。

代理②の出題傾向

この分野は，論点が豊富で，それぞれの論理も複雑なため，格好の出題の素材となっています。ただ，絡まった糸をほぐしていくように丁寧に論理を追っていけば，それほど難しくはありません。重要な箇所ですから，しっかりと理解することが大切です。

有権代理

正当な代理権を有する者による代理行為のことです。

無権代理

代理権がないのに本人の代理人として法律行為をすることをいいます。

無効

「無効」については次項で詳しく説明します。

⇒p.122

無権代理の無効

「**効果不帰属無効**」という言葉で表現されています。

追認

不完全な法律行為を後から有効にするための意思表示をいいます。

この場合の**追認**は，本人が

① 相手方の代理人が本人のために代理行為をした場合など

代理人は，本人の利益を最優先にして代理行為をしなければなりません。でも，次のような場合には，それが疑わしくなります。そこで，民法は，このような行為を原則として無権代理としています。

「無権代理行為を有効にする」という意思表示です。追認は「1-2制限行為能力者②」でも出てきましたよ。⇒p.33

無権代理

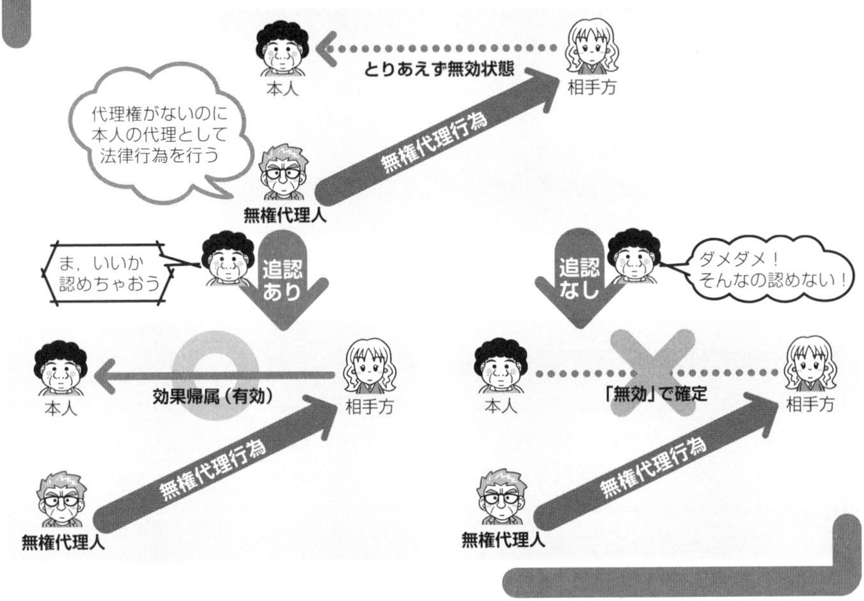

ただし，**本人の利益を害しないと判断される行為については，例外的に有権代理とされています。**

代理人の行為による無権代理

	内　容	効　果	例　外
自己契約（108条1項）	相手方の代理人として代理行為をした	無権代理	①債務の履行 ②本人があらかじめ許諾した行為
双方代理（108条1項）	双方の代理人として代理行為をした	無権代理	①債務の履行 ②本人があらかじめ許諾した行為
利益相反行為（108条2項）	代理人と本人の利益が相反する場合	無権代理	本人があらかじめ許諾した行為

自己契約は，契約当事者の一方が相手方の代理人として契約を結ぶことで，**双方代理**は，ある人（同一人）が契約当事者の双方を代理して契約を結ぶことをいいます。

利益相反行為は，たとえば，AがBからお金を借りる際に，AがCの代理人として，Cの土地に抵当権を設定するような場合です。これは自己契約にも双方代理にも当たりませんが，代理人（A）の利益と本人（C）の利益が対立（相反）することになるので，無権代理行為になるとされています。

②代理権の濫用

代理権の濫用とは，代理人がその権限の範囲で，本来の権限の趣旨に背いて権限を行使することです。たとえば，本人から仕入れの権限を与えられている代理人Bが，仕入れた商品を横流ししてその代金を自分の懐に入れる目的で，仕入れ先Cと契約をしたような場合です。

相手方Cが代理人Bの「商品の横流し，代金の着服」という目的を**知っているか，または知ることができたというときには無権代理となります**（107条）。

無権代理人って責任を負うの？

無権代理行為をしたら，もちろん責任を問われます。代理権がないのに，勝手に代理行為をしたんですから，その責任はけっこう重いんです。

まず，代理人が自分に代理権があることを証明できなくて，なおかつ本人が追認してくれなければ，**無権代理人の責任**が発生します。

自己契約

自己契約は，たとえば，Aから土地の売却を頼まれて代理人になったBが，自ら買主となって売買契約を結ぶような場合のことをいいます。

債務の履行

ただ履行する（約束どおりに実行する）だけなので，本人の利益を害するおそれがありません。そのため例外とされています。

無過失責任

民法で損害賠償などの法的な責任を問うためには，行為者に落ち度（過失）がなければなりません。なんの落ち度もないのに責任を問うのは酷にすぎるからです。ただ，行為者の落ち度を証明できなくても，相手になんら落ち度がなく，また相手を救済する必要性が高いという場合には，法は例外的に責任を問うことを認めています。これが無過失責任で，**無権代理人の責任**もその一つです。

無権代理人の責任

性　質	無過失責任
要　件	①代理人が代理権の存在を証明できず ②かつ，本人の追認を得なられなかったこと
効　果	• 相手方（無権代理人と法律行為をした相手方）の選択に従い ①履行（可能な場合） ②または損害賠償の責任を負う
責任を負わない場合	①代理人に代理権がないことを相手が知っていたとき（悪意，117条２項１号） ②代理人に代理権がないことを相手が不注意で知らなかった（有過失）とき（117条２項２号本文）。ただし，代理人が代理権なしに行為していることを自覚していた（知っていた）場合を除く（同号ただし書き）。 ③無権代理人が制限行為能力者のとき（117条２項３号）
表見代理が成立する場合	• この場合でも無権代理人としての責任を免れない。 ➡相手方は無権代理人の責任を追及することができる。

ここで「代理人が自分に代理権があることを証明できず」ということには大きな意味があります。

相手方は何もしなくていい，本人が「代理人に指名した覚えはない」と言えば，それだけで無権代理人の責任を問えるということです。

責任の内容については，複雑なので表にしておきます。ただし，全部を覚える必要はありません。問題が出てきたときに参照する程度でかまいません（試験にもあまり出ません）。

なお，相手方としては，代理人が無権代理人だとわかった場合，契約は不安定な状態になります。その場合にどうするか，判断に迷うでしょう。そこで，民法は，相手方に次のような対処方法を認めています。

表見代理

表見代理については，後ほど詳しく説明します。
⇒p.115

無権代理の相手方の対処方法

催告権（さいこくけん） （114条）	•相当期間を定めて，本人に「無権代理を追認するかどうか明確にしてほしい」と催促できる。 ➡返事がなかったら「追認は拒絶された」に確定する（114条後段）。 ➡追認があれば，当初から有効な代理行為として扱う（116条）。
取消権（とりけしけん） （115条）	•「無権代理のような怪しげな契約には付き合ってられない」として，契約を取り消す権利が相手方に認められている。 ➡無権代理であることを知らなかったこと（善意）が要件

無権代理人について相続の問題が起きたらどうなる？

この問題は次の例で考えましょう。

例

息子Bが父Aのタンスの引き出しから実印と不動産の権利証をこっそり持ち出して，Aの代理人と称してAの不動産をCに売却しました。

典型的な無権代理ですよね。このままだったら，無権代理として本人が追認するかどうかだけを考えれば足ります。では，ここで相続が起きた場合はどうなるでしょうか。

まず，**相続**というのは，**亡くなった人の財産法上の地位をそっくりそのまま受け継ぐこと**をいいます。

「財産法上の地位」って言葉はちょっと難しいですが，簡単にいえば，保証人の地位とか，あるいは売買契約を結んだ

実印

実印（じついん）は，市区町村で登録した印鑑のことです。重要な契約などで，このハンコを書類に押すことで，「確かに自分の意思で契約を結びました」ということがわかります。通常の契約ならば普通の安いハンコでかまわないのですが，それだと誰でも容易に調達できるので，本当に本人が押印したかどうかがわかりません。実印の場合は，それを証明する印影付きの証明書（**印鑑登録証明書**）を市区町村の窓口で交付してもらうことになります。その際には，本人確認のために運転免許証などの提示を求められます。したがって，

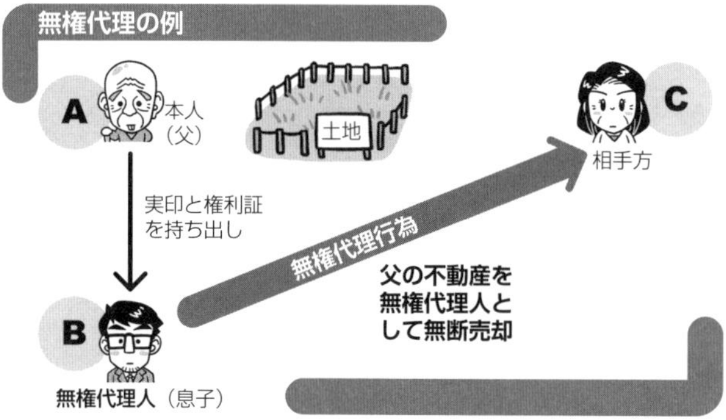

けど商品をまだ引き渡してないという場合にそれを引き渡す債務など，財産関係に関することはそのまま引き継ぐということです。これは，無権代理についても同様で，**無権代理人を相続した場合には，その責任も引き継ぐことになります。**

そこで問題です。無権代理と相続にはいろんなパターンがありますが，難しく考えずに，「こうすれば常識的にも納得できるよね」という解決策を探してみてください。難しい理屈よりも，まずは妥当な結論を考えましょう（理屈は後からなんとでも付けられます）。

ケース１

父Ａが死亡し，ただ一人の相続人である無権代理人Ｂが Ａを相続した。

息子Ｂが父Ａに無断で父の土地を売った後に父が亡くなり，その土地の所有者である父の立場を息子Ｂが引き継ぐことになった事例です。

もちろん，**Ｂが本人の立場を引き継いで土地を引き渡せるようになったのですから，Ｃに土地を引き渡すべき**ですね。判例も同じ見解で，引き渡すべきだと言っています（最判昭40・6・18）。

ケース２

父Ａが亡くなる前に追認を拒絶していた。

父Ａは死ぬ前に「先祖伝来の土地なのに売るなんてありえない！　**勝手な契約は認めない！**」などと言っていたわけです。この場合，**法律関係はそれ（無権代理なので無効）で確定してしまいます。**そして，いったん確定してしまうと，それを後になってひっくり返すことはできません。なぜなら，法律関係が無用に混乱するからです。

印鑑登録証明書を添付して実印で契約書に押印すると，確かに本人の意思で契約したことがわかります。そのため，住宅ローン契約など重要な契約の場合は，実印が要求されるわけです。そんな重要な実印ですから，簡単に人に預けると，代理権を与えたと受け取られかねません。実印の保管は慎重に！

相続

自然人の権利義務（**財産法上の地位**）を，その者の死後に特定の者に受け継がせることをいいます。「民法Ⅱ」で詳しく説明します。

財産法上の地位

まず，財産法とは経済生活に関係する事柄についてのルールを定めた法分野のことです。そんな名前の法律があるわけではありません。そこで「財産法上の地位」というわかりにくい言葉ですが，「経済生活にかかわる法的な立場」のことだと思っておいてください。たとえば，車を買ったら，その車の所有者になりますし，何か物を売ったら商品を引き渡さなければなりません。また，銀行からお金を借りているなら，期限にそれを返さなければなりません。それはすべて法律関係なんです。そういったものを一つの言葉にまとめると，「財産法上の地位」という言葉になるわけです。

たとえば，父Aが契約を有効にしないと明言したので，買主Cは別の土地を探して契約したとします。その後で，Aが前言を翻して，「急にお金が必要になったので，やっぱり売ることにした」と言ったとします。もし，この「ひっくり返し」が有効なら，契約も有効になるのでCはAの土地の引き渡しを受けて代金を支払わなければなりません。Cが別の土地の契約を済ませているとしたら，Cは二つとも土地の代金を支払う義務が出てきます。

そういったことを避けるために，「前言の翻し」はダメだというわけです。そうなると，**法律関係はすでに「追認拒絶」で確定していますから，Bは土地の引き渡しを拒否できます**（最判平10・7・17）。

ただし，Bが無権代理人の責任である損害賠償をCに払いたくないのであれば，土地の相続が終わってから，Cの意向を聞いて新たな契約を結ぶ（土地を引き渡すので損害賠償は勘弁してほしいなど）ということは可能です。

ケース３

無権代理人Bが死亡し，本人AがBを相続した。

ケース２の逆に，無権代理人である息子Bが父Aよりも先に死亡したという事例です。

この場合，父は先祖伝来の土地を売りたくないと思ったら，売らなくてもかまいません。その代わり，息子の**無権代理人としての責任，つまり損害賠償責任は果たさなければなりません。**判例も同じ見解です（最判昭37・4・20）。

ケース４

父Aが死亡し，Bが兄DとともにAを共同で相続した。

共同相続つまり相続人が複数いる場合について考えます。

仮に，兄Dが土地を引き渡してもかまわないと言ってくれれば特に問題はありません。Bは無権代理行為をした張本人ですから，引き渡しを拒めないことは**ケース１**で説明したとおりです。

問題は，兄Dが「土地は渡さない」と言っている場合です。兄Dは何も悪いことはしていませんから，土地を渡さないということに何も問題はありません。

では，Bは自分の相続分，つまり土地の半分だけを引き渡せばよいのでしょうか。

Bによる引き渡し拒否

Bは，お金の必要に迫られて無断で父の土地を売ったものの，先祖伝来の土地であることや，他の親族から父の意思を尊重するように諭されるなどして，できれば売りたくないと思ったとしましょう。その場合には，相続した「父の立場」を主張して「売らない」という選択をすることができます。ただし，その場合でも，Bは同時に無権代理人でもあるわけですから，Cへの損害賠償責任は免れません。

どちらが正しいか迷う事例

本文のケース１とケース２がなんで違うのかと疑問が出てくるかもしれません。「どちらも無権代理人が本人を相続してるから，土地を引き渡せるじゃないか！」「（ケース２で）Bが土地を引き渡さないっていえるなんて，法は悪いことをした者を保護する気か！」

そう考えてもおかしくないんです。実際，学説には，判例の考えでは無権代理人を保護することになるとして，ケース１と同じように引渡しを認めるべきだとする有力な主張があります。このように，ギリギリの判断を迫られて，どちらの主張でもおかしくないという場合を，**限界事例**と呼ぶことがあります。そんな事例の場合は，どちらにも一理あるので，最終的には「判例はこうなっている」と覚えて済ませるしかありません。

無権代理と共同相続 ❶

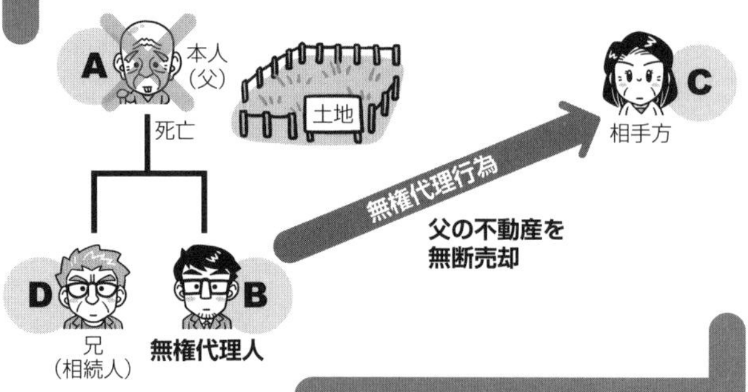

ただ，そうなると，今度は相手方Cが困ります。

ですからこの場合は，Bが無権代理人の責任である賠償責任を果たすしかありません（最判平5・1・21）。

ケース5

Bが死亡し，本人Eと子FがBを相続した。その後に本人Eが死亡し子Fが本人Eを相続した。

ちょっと事例がややこしくなってきましたね。でも，これまでの知識を重ねていけば結論はすぐに見えてきます。右欄の「ケース5の事案の説明」を参考にしながら説明しましょう。

まず，相続とは亡くなった人（被相続人）の財産法上の地位を受け継ぐことでしたよね。ということは，**Bの相続人であるEとFは，Bの死亡によって無権代理人の地位をBから受け継ぐ**ことになります。

その後にEが死亡していますから，ここではFを中心に考

無権代理と共同相続 ❷

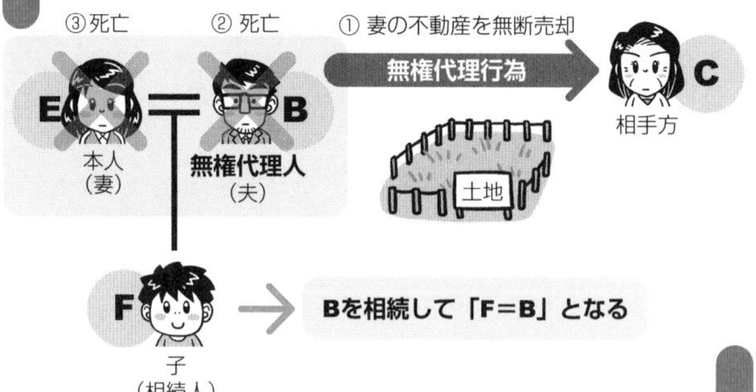

ケース4の事案の説明

左図の事案を簡単に説明しておきます。

①息子Bは，父Aの不動産を，父の代理人と称して勝手にCに売却した（無権代理行為）。

②父Aは追認を拒絶しないまま死亡し，二人の息子D（Bの兄）とB（無権代理人）が父を相続した。

③相続とは，相続人の「財産法上の地位」をそのまま引き継ぐことで，「財産法上の地位」の中には追認拒絶権も入っている。

④無権代理人Bは，この追認拒絶権を信義則上行使できない。一方，Dは無権代理人ではありませんから，追認拒絶権を行使できる。

以上を前提にケース4を考えてみてください。

追認権の不可分性

追認はするかしないかのどちらかです。そして，相続人が複数いる場合には，そのうちの一人でも**追認を拒否**すれば，全体として追認を拒絶したものとして扱われます。本文で説明したような不都合な事態が生じないようにするためです。

では，家ではなく融資したお金の返済のように分割が可能な場合はどうでしょうか。たとえば，Bが無権代理でCと100万円の保証契約を結んだなどという場合です。判例は，この場合も分割を認めません（最判平5・1・21）。つまり，無権代理人Bが，自分の相続分の50万円についてだけ保証が有効となるとはせずに，兄Dが追認しない限り，保証契約は**全体として追認拒絶**として扱われることになります。

えます。そして，ＦはＢの死亡によってＢの**無権代理人の地位を受け継ぎますから，その後に本人Ｅの死亡によって本人の地位も受け継ぐことになる**と，これはどうなりますか？

そう，**無権代理人が本人を相続したケース１の場合と同じになる**んです。

ということは，子Ｆは追認拒絶はできないことになります。子Ｆは，自分で無権代理行為をしているわけではないんですが，相続によって無権代理人の地位を引き継ぐ以上，このように考えるしかないんです。なんとなくしっくりこないかもしれませんが，相続の性質を考慮すると，このようにならざるを得ません。判例も，追認拒絶はできないとしています（最判昭63・3・1）。

以上が，無権代理と相続と呼ばれる問題です。

ところで，無権代理人を相続した場合に，自分（本人あるいは他の相続人）の財産法上の地位と無権代理人のそれとが混ざり合ってしまうのかという点については見解が分かれています。判例も，**ケース１**では混ざり合ってしまうと言いながら（**地位融合説**），**ケース２**以下では混ざり合わないで二本立てだ（**地位並存説**）という立場です。

なぜこんなことになるかというと，結論（社会一般が納得するような合理的な結論）が先にあって，後でもっともらしい理由をくっつけていることが原因です。

民法が，理屈っぽくてわかりにくいと言われるのは，ここらへんに原因があるようです。ただ，その点については試験で問われることもないので，深入りする必要はありません。

表見代理…代理権を与えていないのに本人が与えたと言ったら？

ここから，無権代理のもう一つのテーマです。

本当は代理権を与えていないのに，本人が「Ｂに代理でやってもらうことにしました」とＣに伝えたので，Ｃがてっきり Ｂを代理人だと思ってＢと取引をした……などという場合があります。この場合はどうなるでしょう。Ｂは代理権を与えられていませんから，権限がないのに代理行為をした，つまり無権代理です。では，本人Ａは，Ｃに「Ｂが勝手にやったのだから自分は責任を負わない」と言えるでしょうか。

言えないですよね。Ａは自分で「Ｂに代理してもらう」と

ケース5の事案の説明

前ページ下にある左図の事案を簡単に説明しておきます。

①夫Ｂが妻Ｅの不動産を無権代理行為で売却した。
②無権代理人Ｂ（本人の夫）が死亡し，本人Ｅと子ＦがＢを相続した（共同相続）。
Ｆは相続によって無権代理人の地位を引き継ぐ。
一方，妻Ｅについてはケース３と同じ扱い（本人の立場で追認を拒絶できる）になる。
③本人Ｅは追認拒絶権を持っているが，それを行使しないまま死亡した。
④ＦがＥを相続した。その中には追認拒絶権が含まれる。

地位融合説と地位並存説

113ページの側注の「Ｂによる引き渡し拒否」は地位並存説から導かれる結論です。つまり，無権代理人の中に①追認を拒絶した本人と，②無権代理人の責任を負うべき息子という**二人の人物が併存**しているという考え方です。なので，息子は，「自分は①つまり追認を拒絶した父だ，だから土地は渡さない」として父の立場を主張できるというわけです。ただ，息子は同時に②の立場も持っていますから，土地の引き渡しを拒絶すれば，②の責任は免れないことになります。これらを理屈っぽいと思わずに，このように考えるのが「一番妥当な結論を導ける」と思っておけば十分です。

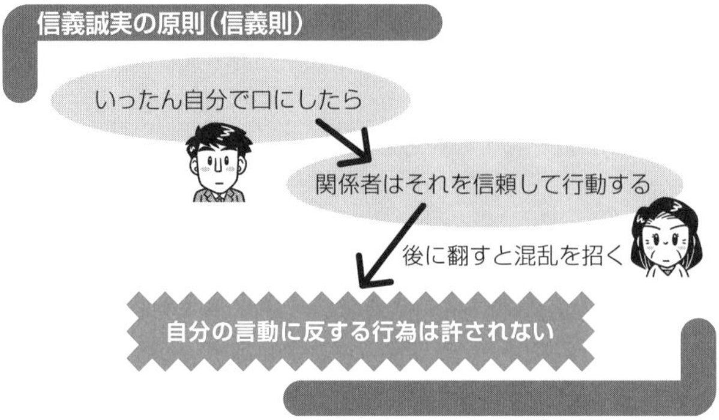
信義誠実の原則（信義則）
いったん自分で口にしたら
関係者はそれを信頼して行動する
後に翻すと混乱を招く
自分の言動に反する行為は許されない

言ってるのに，「勝手に代理行為をしたBが悪い，自分には責任がない」なんて主張するのはあまりにも無責任で，こういうことを法が認めることはありません。

こういった法の考え方は，すでに意思表示のところでも登場しています。たとえば，通謀虚偽表示（つうぼうきょぎひょうじ）（94条1項）は当事者間では無効だけど，善意の第三者には対抗できない（同2項）というのを覚えていますか。

これも，自分でウソの意思表示をしておいて，それを信じた人に「ウソだったからナシ」というのはルール違反だということです。こういった考え方はあちこちで出てくるので，民法の基本的な考え方だと理解しておいてください。

代理でもこれは同じことで，**相手が無権代理人に代理権があると信じるのがもっともだというような事情があって，その原因を本人が作っているような場合には，正当な代理行為として扱う**ことになっています。これを**表見代理**（ひょうけんだいり）といいます。

いくつかのパターンがあって類型化されていますが「本人が責任を負う」という点では一緒です。

一応，パターンを表にして並べておきます。

通謀虚偽表示

相手方と示し合わせて行う真意でない意思表示をいいます。
記憶がおぼろげな場合は，テーマ1-6を復習しましょう。
⇒p.81

信義則（1条2項）

「権利の行使及び義務の履行は，信義に従い誠実に行わなければならない」
信義誠実の原則（略して信義則と呼ばれます）は，明文化されている民法の基本原則です。

表見代理

無権代理において，正当な代理権があるかのように見えるなんらかの原因を本人自らが作っている場合に，本人に「無権代理だから責任を負わない」とは言わせないとする制度です。

表見代理とされるパターン

Ⅰ	**代理権授与表示** （109条）	代理権を与えてないのに与えたと表示した ➡相手方がそれを信じることに「正当な理由」があれば，相手方は保護される。この要件は②・③も同じ。
Ⅱ	**代理人の越権行為** （代理権踰越（ゆえつ），110条）	代理人が与えられた代理権を超えて代理行為をした ➡そんなことをする者を代理人に選んだ本人が悪い。
Ⅲ	**代理権消滅後の代理行為** （112条）	代理権が消滅した後に代理行為をした ➡取引先などには代理権が消滅したことを知らせておくべき。

表見代理について，試験で問題として取り上げられそうな

点をいくつか簡単に説明しておきます。

① 表のパターンが複数重なったらどうなる？

表は，あくまで典型的なパターンを示しただけです。肝心なのは，**正当な代理権があるかのように相手方が信じたことについて本人が原因を与えているかどうか**です。そんな状況があれば責任を負わなければなりません。

パターンが複数重なるというのは，たとえば代理権が消滅した後に（Ⅲ），代理人が与えられた代理権の範囲を越えて代理行為をした（Ⅱ）などという場合です。

代理権が消滅した段階で，取引先にそのことを連絡しておくとか，ウェブサイトなどネット上で告知するとか，考えらえる方法を講じておけば，ⅡプラスⅢの代理行為は起こらなかったはずですよね。だったら，やはり「無権代理行為だから自分（本人）には責任がない」とは言えないということです（大判昭19・12・22）。

② 所有権移転登記を頼んだら勝手に抵当権設定登記をされた

この場合に何が問題かというと，登記手続きには実印と権利証が必要ですが，実印を預けるというのは，よほど相手を信用してのこと。なのに本人からこれらを預かった者が無断で「不動産を担保（抵当権）にお金を貸してほしい」と言って抵当権を設定してしまったらどうかということなんです。

これ，当てはめるとしたらⅡのパターンに近いんですが，とにかく，本人が責任を負うかどうかが問題になりました。判例は，本人は責任を負わなければならないと言っています（最判昭46・6・3）。

もうだいたいわかりますよね。要するに，本人が原因を与えていて，相手が「代理権があるのがもっともだ」と信頼できるような状況があれば，本人は責任を負うということです。

③ 夫の入院費を工面するために夫の車を勝手に売ったら？

なぜ表見代理というテーマの中でこんな問題が出てくるかというと，夫婦には日々の生活（日常家事）を営むうえで相互に代理権が認められています（761条本文）。ところが，日常家事とはいいがたいような行為を一方がした場合に，表見代理の規定を使って相手を保護できないかということで問題になっているんです。

踰越

「ゆえつ」と読みます。言葉としては「乗り越える」という意味ですが，この場合は与えられている権限以外のことをすることです（いわゆる**越権行為**）。

不動産登記と抵当権

不動産登記簿には，不動産が存在する場所や，その広さ（土地），構造（建物）などの基礎的情報に加えて，権利関係についての詳しい情報が記載されます（⇒抵当権の項参照p.287）。後者のうち一番大事なのは誰が所有者かということです。そのため，売買などで所有権が移った場合には，**所有権移転登記**が必要になります。また，住宅ローンなどで銀行からお金を借りたような場合には，銀行が不動産に抵当権（これについては抵当権の項で説明します）という担保（返済を確実にする手段）を設定します。この場合も，不動産に抵当権が設定されていることを明示するために，**抵当権設定登記**が行われます。なお，これらの登記手続きには，あらかじめ市区町村で登録を済ませた実印と，不動産の権利証の双方が必要になります。

まず，**日常家事**ですが，たとえば妻が夫の承諾なしに水道の供給契約を結んだとします。この場合，妻が水道代を払わなかったとしても，夫は「妻が勝手に結んだ契約だから自分には責任はない」と主張することはできません。水道は結婚生活を営むために不可欠なので，**共同生活を営むための契約については，夫は責任を負わなくてはなりません。**

ただ，これはあくまでも結婚生活を営むために必要だから認められることで，たとえ夫婦でも，お互いの財産を自由に処分してよいわけではありません。それぞれの財産は，やはりそれぞれ「自分のもの」として持つことができるんです。

では，妻が夫の車を無断で売ることは，結婚生活を営むために必要なことでしょうか。

通常は違いますよね。ところが，夫が長期入院して意識も戻っていないような状態で，入院費や生活費に窮するようになったため，しかたなく入院費等を工面するために売ったという場合は，ちょっとニュアンスが変わってきますよね。なんとなく「結婚生活を営むために必要なこと」になりそうな気がしませんか。

問題は，**夫婦の財産的独立**という大原則とどうやって調和させるかなんです。

まず，車を勝手に処分することは「結婚生活を営むために必要なこと」とはいえないが，夫婦の日常家事債務に関するお互いの代理権をベースにして，その代理権を越えた行為を妻がやっているんだから，Ⅱのパターンの表見代理を認めたらいいんじゃないかという考えが出てきました。

ただ，これだと，入院費の工面じゃなくて，妻が自分のレジャー費用を賄うために夫の車を勝手に売ったような場合も同じ結果になってしまいます。

ですから，こういった，白か黒かという二者択一の理論ではなく，ケースバイケースで判断できるようにするにはどうすればいいかを考える必要があります。

そこで判例は，**「110条の趣旨を類推して第三者の保護を図るべき」**というなんともわかりにくい法理論を出してきました（最判昭44・12・18）。

要するに，入院費の工面に困っているなど，結婚生活に必要だという状況がみてとれるようなら本人は責任を負う，そうでなければ責任を負わない（車の売却は無権代理で無効）と考えておけばよいでしょう。「110条の趣旨を類推」とい

761条本文

夫婦の一方が**日常の家事**に関して第三者と法律行為をしたときは，他の一方は，これによって生じた債務について，連帯してその責任を負う。

762条1項

夫婦の一方が婚姻前から有する財産及び婚姻中自己の名で得た財産は、その**特有財産**（夫婦の一方が単独で有する財産をいう。）とする。

日常家事債務

電気・水道料金や，家族旅行の代金のように，夫婦が日常の生活を営む上で通常生じるのが自然だと思われるような債務のことです。

110条の趣旨
権利外観法理

110条は，たとえば甲土地の売却などと範囲を限定して代理権を与えたのに，その範囲を超えて代理人が行為をした場合には，「そんな人物に安易に必要書類等

う，理論はわかりにくいのですが，これならば合理的な結論が導けます。

④ 表見代理が成立したら無権代理人の責任はどうなる？

最後に一言です。表見代理が成立するからといって，無権代理人の責任がなくなるということはありません。

相手が怒って「契約はどうでもいい！無権代理人に損害を償ってもらう」と言ったら，相手に賠償しなければなりません。「表見代理が成立するんだから，本人に契約の履行を請求すればいいじゃないか！」として責任を逃れることはできません。当然といえば当然のことです。

以上が，代理に関する主要な問題点です。

ここで，問題を通じて今までの知識を簡単に整理しておきましょう。

を渡して，権限外の部分に代理権があるように思わせるような行為を許した本人に責任がある」として，本人に責任を取らせようという条文です。そこには，権限がないのに，それがあるようにみられるような原因を作り出した者は，それを信頼した者に対して責任を負わなければならないとする考え方があります（ちょっと難しい言い回しですが，**権利外観法理**といいます）。これが110条の趣旨です。

例題11

無権代理と相続に関する次の記述のうち，妥当なものはどれか。

（国家総合職　改題）

1　本人が無権代理人を相続した場合，本人に追認を拒絶する余地を認めるのは信義則に反するから，無権代理行為は相続とともに当然に有効になる。

2　本人が無権代理行為の追認を拒絶した後に無権代理人が本人を相続した場合には，無権代理人が本人の追認拒絶の効果を主張することは信義則に反し許されないから，無権代理行為は相続とともに当然に有効になる。

3　無権代理人が他の相続人とともに本人を共同相続した場合には，他の共同相続人全員の追認がないかぎり，無権代理行為は，無権代理人の相続分に相当する部分についても，当然に有効となるものではない。

4　無権代理人を本人とともに相続した者が，その後さらに本人を相続したとしても，その相続人は本人の資格で無権代理行為の追認を拒絶することができる。

5　本人が無権代理人を相続した場合において，本人が無権代理行為の追認を拒絶したとしても，本人は無権代理人としての責任を追及されることはない。

本問のポイント！

1．ここでいう**信義則**とは「自己の行為に矛盾した態度を取ることは許されない」という意味のものです。そして，本人は自分で無権代理行為を行っているわけではありませんから，**追認を拒絶しても自分の行為に矛盾した態度をとることにはなりません。**つまり信義則違反ではないわけです。したがって，本人は有効に追認を拒絶できます（最判昭37・4・20）。

2．**本人がいったん追認を拒絶すると，法律関係は追認拒絶ということで確定**してしまいます。つまり，無権代理行為は完全に無効になってしまうわけです。これを，その後の事情でひっくり返すと，無用な混乱を起こしかねません。そのため，判例は，その後に無権代理人が本人を相続した場合でも，無権代理人はすでに確定した追認拒絶の効果を主張することができるとしています（最判平10・7・17）。

3．妥当な記述です。無権代理人が他の相続人とともに本人を共同相続した場合について，判例は，無権代理行為を追認する権利は，相続人全員に**不可分**的なものとして相続されるから，**共同相続人が全員で追認しなければ，無権代理行為は有効とならない**としています（最判平5・1・21）。

4．**無権代理人を本人とともに相続**した者は，その相続によって無権代理人の地位を引き継ぐので「相続人＝無権代理人」となります。ですから，その後に，その「相続人＝無権代理人」が本人を相続すると，**無権代理人が本人を相続したのと同じ扱い**になります。そうなると，その相続人は本人の資格で追認を拒絶することはできません（最判昭63・3・1）。

5．本人が，本人としての立場で追認を拒絶することは，信義則に反する行為ではないので可能ですが，その場合でも，本人は**無権代理人の責任**（損害賠償責任）を相続しているので，これを免れることはできません（最判昭48・7・3）。

ただ，本人に無権代理人の責任を認めたとしても，本人に追認拒絶権を認めたことを無意味にするわけではありません。本人は「損害賠償で済むならそのほうがよい。先祖伝来の土地を人手に渡さずに済む」などの利点があるからです。

よって，この問題の正答は**3**です。

正答　3

本人が無権代理人を相続

「そんなことってある？」と思われるかもしれませんが，意外にこれが多いんです。無権代理人といっても，ただ代理人を名乗るだけでは相手は信用してくれません。土地の権利証を持っているとか，やはり何がしかの代理権を推測させるものが必要です。そうなると「実家で権利証のありかを知っているので盗み出した」といった，近親者が無権代理人になることがけっこうあるんです。ですから，本人が無権代理人を相続するというのは，それほどまれなことではないわけです（無権代理人が本人を相続するのも，単に相続＝死亡の順序が違うだけです）。

追認権の不可分性

共同相続で，土地や建物などでは，無権代理人の相続分だけをもらっても意味がないというはわかります。でも，お金の支払いを保証してもらう場合のように，「たとえ無権代理人の相続分だけでも保証してもらったほうがいい」ということもありえます。でも，判例は，その場合も分割を認めません。相続財産は共有なので，無権代理人の責任がのしかかると，共有財産に大きな変化が生じることになります。そんな変化（**共有物の変更**，251条１項）は，共有者（相続人）全員の同意がないとダメだというのがその理由です。

「1-9 代理②」のまとめ

無権代理の効果

- 本人の追認が得られない場合には，無権代理人は相手方の選択に従い，履行（可能な場合）または損害賠償の責任を負わなければならない。この責任は無過失責任とされている。
- 相手方は，相当の期間を定めて，本人に無権代理行為を追認するか否かを催告できる。期間内に確答がない場合には，追認を拒絶したものとみなされる。

無権代理と相続

- 本人が無権代理人を相続した場合，本人は本人としての立場で無権代理行為の追認を拒絶できる。ただし，その場合には無権代理人の責任としての損害賠償義務は免れない。
- 無権代理人が本人を単独相続した場合，無権代理人が本人の立場で追認を拒絶することは，信義則に反し許されない。この場合には，無権代理行為は当然有効になる。
- 本人がすでに追認を拒絶している場合，法律関係はその時点で「追認拒絶」に確定するので，その後に無権代理人が本人を単独相続しても，無権代理人は追認拒絶を主張できる。
- 無権代理人が他の相続人とともに本人を共同相続した場合，他の共同相続人全員が追認に同意した場合には，無権代理行為は当然有効になる。これに対して，一人でも追認を拒絶すれば，無権代理行為は追認が拒絶されたことになる。
- 本人とともに無権代理人を相続した者が，その後さらに本人を相続した場合には，その者は本人の立場で追認を拒絶することはできない。

表見代理

- 表見代理とは，代理権がないにもかかわらず，それがあるかのような外形が存在する場合に，相手方が代理権があると信ずるにつき正当な理由があれば，通常の代理と同様に本人への効果帰属を認めようとする制度である。
- 表見代理は，代理人の代理権に対する信頼を保護する制度であるから，表見代理が成立するのは代理人と直接に取引をした相手方に限られる。
- 夫が妻の不動産を無断で処分した場合には，相手方がその行為を夫婦の日常家事に関する行為と信じることに正当な理由がある場合に限り，表見代理に関する110条の規定の趣旨を類推して相手方を保護することができる。

1-10　国総 ★★　国般 ★★★　地上 —　市役所 ★

無効・取消し

～欠陥のある意思表示をした人を救済するための制度～

前項まで，人が契約等の法律行為（経済活動）をするための要件と，それについて欠陥がある場合の効果について説明してきました。その中で，無効や取消しという言葉が出てきました。これは，欠陥があった場合の後始末の制度です。

本項では，その後始末を担う制度である**無効**と**取消し**について，まとめて要件や効果について整理していきます。

まず大切なことは，**無効も取消しも，意思表示（法律行為）に欠陥があった場合に，意思表示をした人を救済するための道具だということ**です。ですから，無効と取消しの両方の要件を備える場合には（例：成年被後見人が意思無能力状態で契約をした，など），最初から無効を主張しても構いませんし，取り消すから無効になると主張しても構いません。両者とも救済の道具ですから，使いやすい方（救済しやすい方）を使って構わないんです。このように，無効も取消しも，あくまでも救済の道具にすぎないので，使い勝手のよい方を使えばいい。これを前提に話を進めていきましょう。

「無効」にもいろんな「無効」がある

一口に「無効」といっても，その性質はさまざまです。

たとえば麻薬取引契約ですが，これはどんなに取り繕っても無効のままです。有効になることは一切ありません。なぜなら，社会的にその存在が認められないからです。

では，そうでない場合にはどうかというと，**法の求める要件を備えていないから無効などという場合には，別の形式で有効とされることがあります。**

たとえば，要件がちょっと厳格な**秘密証書遺言**（「民法Ⅱ」で説明します）というものがあります。でも，その要件を満たしていなくても，より緩やかな**自筆証書遺言**（これも「民法Ⅱ」で説明します）としてなら有効と認めてかまわないといった具合です。

無効・取消しの重要度

無効と取消しは，契約などの法律行為に法的な欠陥があった場合に，その「救済」を図るための制度です。この「**救済**」という制度目的は，本項の重要なキーワードになります。これをしっかり意識してください。

無効と取消し

どちらもあくまでも目的は「トラブルの救済」なので，法はそれに適した「こんな無効，こんな取消し」を工夫しています（バラエティ豊か）。そうなると，両者の限界線が次第に近づいてくる領域が生じてきます。だから，錯誤のように「無効から取消しに言葉を変えても実質は変わっていない」ということも起きるんです。そういう意味でも，錯誤はちょうどいい出題の素材になりますから，注目点の一つといえます。

錯誤

「勘違い」で意思表示をしてしまうことです。
⇒p.86

公序良俗違反で無効

麻薬取引のほか，犯罪行為に報酬を支払うとか，愛人契約のように社会的に許されない行為を**公序良俗違反行為**（90条）といいます。このような行為は，修正のきかない絶対的な無効です。

こういったことを**無効行為の転換**と呼んでいますが，財産関係ではなく，身分関係でよく登場します。

その身分関係の例をいくつか挙げておきましょう。ときどき問題として問われることがあります。

遺言

一般的には「ゆいごん」ですが，法律では「いごん」と読みます。こちらも詳細は「民法Ⅱ」で説明します。

無効行為の転換の可否

内容	効果	転換の可否
非嫡出子を嫡出子として届け出た	嫡出子出生届けとしては無効	認知届としてなら効力を認めてよい（最判昭53・2・24）
他人の子を自分の嫡出子として届出た	嫡出子出生届けとして無効	養子縁組の効力も認められない（最判昭25・12・28）

これ以外にも，前項の無権代理で説明した「本人に効果が帰属しないから無効（**効果不帰属無効**）」というのもあります。この場合は，**本人が追認すれば最初から有効になります。**

つまり，同じ「無効」でもいろんな「無効」があるんです。

では，無権代理と同様に，本人が「有効にしていいよ」といえば，ほかの無効でも最初から有効になることはあるんでしょうか。……基本的にそれは無理です。

まず，麻薬取引契約のように，社会的にその存在が認められないものは，いくら本人が「いいよ」といっても有効にはなりません。また，法律で要件が定められているものを「いいよ」と言ったからといって，法の要件を満たしていないままで有効にできないのは同じです。

一方，当事者どうしが共謀して差押えを免れるためにウソの売買をしたという場合には（**通謀虚偽表示**），**「売買を有効にしてもいいよ」といえば，「その時点から」新たな売買契約の成立を認めることはできます**（119条ただし書き）。ウソという部分が取れて正当な売買になれば，それを無効とする必要はありません。ただし，**ウソであった時点にさかのぼって有効にすることはできません。あくまで，有効となるのはウソでなく本当になった時点からです。**

嫡出子・非嫡出子

婚姻夫婦の間に生まれた子が**嫡出子**（ちゃくしゅつし），婚姻していない男女の間に生まれた子どもが**非嫡出子**（ひちゃくしゅつし）です。

認知

父が非嫡出子を自分の子として認めることを**認知**（にんち）といいます。そして，市区町村に認知届けを出すと，戸籍に記載され，法律上も親子であると認められます。その最も大きな効果は**相続権**です。なお，母については，出産の事実によって母を特定できますから，認知の必要はありません（最判昭37・4・27）。

追認

不完全な法律行為を後から有効にするための意思表示をいいます。

「取消し」の要件ってどうなってる？

次に，取消しについて説明します。取消しは，それを法的に表現すると，**「取り消されるまでは有効だが，取り消され**

たら最初にさかのぼって無効になる」というものです。

「何それ？　混乱しそう！」

でも，難しく考える必要はありません。私たちが日常的に行っている「キャンセル」と同じことです。

たとえば，旅行を計画して旅館を予約したとします。ところが，旅行前に仕事の予定が入ったので２週間前に予約をキャンセルしたという場合はどうでしょう。キャンセルしないままなら予約は有効ですが，キャンセルすれば予約そのものが最初からなかったことになるでしょう？

「え？　でも途中まではあったんじゃないの？」

確かにそうですが，途中まで残しておいて何か意味があるんでしょうか。もちろん，違約金の問題とかは発生するでしょうが，それは契約時に「違約金を取る」という約束（特約）をしている場合の話です。そんな約束がなければ，特に残しておく意味はないでしょう。ですから，キャンセルされた場合，旅館はその予約はなかったものとして，次のお客さんを入れるわけです。これが「取消し」の意味です。

では，その取消しとはいったい誰ができるものなのでしょうか。

ちょっと複雑なので，表にしておきます。ポイントは，取消しできるのは本人やその法定代理人という点です。

取消し
「取消し＝キャンセル」と覚えてください。

違約金
債務不履行があった場合に，ペナルティーとして請求できる金銭をいいます。

特約
契約に**オプション**として付け加えられる契約です。たとえば，「当ホテルの宿泊に食事はついていませんが，朝食はどうされますか？」という場合に「朝食を付けてください」というのは特約になります。

取消権者
法が法律行為の取消しを，権利として認めた人です。

いろいろな取消しと取消権者

	取消権者
行為能力の制限で取り消す場合	•制限行為能力者本人（未成年者・成年被後見人・被保佐人・被補助人） •代理人（親権者・後見人・成年後見人などの法定代理人，保佐人・同意権付与の審判を受けた補助人など） •これらの者の承継人
意思表示に瑕疵がある場合（錯誤，詐欺，強迫）	•本人 •代理人 •これらの者の承継人

取り消したら，受け取ったものを返す必要がある

取消しとは，契約を最初からなかったことにすることです。ということは，契約が成立する時点の状態に戻す必要がありますから，品物や代金など，契約を結んだときに受け取

承継人
相続などによって，本人の権利や地位を受け継ぐことになった人のことです。「しょうけいにん」と読みます。

ったものがあった場合には，それを返さなければなりません。

では，たとえば小学生が親から買ってもらった自分の自転車を売って，その代金を使った後で親権者が売買を取り消したらどうなるでしょう。

この場合は，利益が残っている場合にその分を返せばよいとされています。未成年者などの制限行為能力者は，自分の財産を処分してよいかどうかについて，必ずしも十分な判断力があるとは限りません。そこで，**制限行為能力者を保護する趣旨から，利益が手元に残っている分だけを返せばよいとされています。**

何か釈然としないかもしれませんが，判断能力が不十分な人を保護するためにやむを得ない措置ですし，それだけ制限行為能力者との取引はリスクがあるということです。ですから，必ず保護機関の同意を得ることが重要になってきます。

このような，経済的弱者を保護すべき必要性は，制限行為能力者だけでなく意思無能力者についても同様とされています（121条の２第３項）。

意思無能力者

自分の行為の法的な意味を理解できない人のことです。なお，121条の２は，平成29年（2017年）の改正の際に新規に加えられた項目です。

121条の2第3項

……行為の時に意思能力を有しなかった者は，その行為によって現に利益を受けている限度において，返還の義務を負う。行為の時に制限行為能力者であった者についても，同様とする。

取消しの際の返還の範囲

		受け取ったすべての利益		利息
		現存する利益	浪費分	
①	贈与などの無償の給付を善意で受けた者	返還する（この範囲で返還すればよい）	返還しなくてよい	
②	制限行為能力者 意思無能力者	返還する（善意・悪意を問わずこの範囲に限定）	返還しなくてよい	
③	詐欺・強迫の場合	詐欺・強迫者は，得た全利益に利息を付して返還すべき		

なお，表の①は，たとえば「この掛け軸はいらないからあげるよ」と言われてもらったものが，実は有名作家の作品で，100万円以上の値がつく高価なものだったとしましょう。ところが，もらった人が部屋の模様替えの際に，特に価値はないと思って捨ててしまったなどというケースのことです。

掛け軸を無償であげた贈与者は，それが無価値だと思っているので，この贈与は錯誤に当たります。ところが，もらった人も同様に無価値だと思って捨てたので，その後に「実は高価なものだったんだから弁償して！」と言われると，予想外の損失を抱えてしまうことになりかねません。

無償行為の返還範囲

本文の例でいえば，もらった掛け軸を捨ててしまった場合なら，利益は残っていないので何も返還する必要はありません。
掛け軸を持っていた場合は当然返還することになりますが，たとえ粗雑に扱って汚れたり破れたりしていても，そのままの状態で返せばOKです。

そこで，**無効あるいは取消しができる無償行為であることを知らなかったときは，利益が残っている場合にだけ，それを返せばよい**とされています（121条の２第２項）。

取り消さずに確定的に有効にすることはできる？

取消しができる行為について，取消しの権利を放棄する，つまり，もう取消しをせずに有効に確定させてしまう，ということはできるでしょうか。

結論から言えば，イエスです。これを**追認**（ついにん）といいます。

ただし，**いったん追認したら，もう取り消すことはできません。追認があれば，法律行為は確定的に有効になります**（122条）。**追認が「取消権の放棄」といわれる理由です。**

ということは，追認ってけっこう重大な行為になりますね。そうなると，**追認には，同じ法律行為を最初から有効に行うのと同じ状況，つまり意思能力や行為能力がちゃんと備わっている，あるいは勘違いに気づく，ないしはだまされたり，強迫されたりもしていないという状況でこれを行うことが必要になってきます。**

たとえば，強迫されている人が，強迫された状態のまま追認しても追認にはならないということです。当然ですよね。

具体的には，次のような要件が必要とされています。

追認の要件

制限行為能力者	本　人	①行為能力を回復すること ②取消しができる行為であることを知ったこと ⬇ 保護機関の同意があれば①・②がなくても追認は可能
	保護機関	いつでも追認できる
錯誤・詐欺・強迫		①錯誤・詐欺・強迫の状態を脱すること ②取消しができる行為であることを知ったこと

追認

取消しが可能（つまりいつ取り消されるかもわからない）という不安定な状態で存在している法律行為を，**確定的に有効にする**という意思表示です。

追認の例

ある中学生が，自分で学習塾を探し出したら，あと少しで定員に達しそうだったので，その場で通塾契約を締結したとします。家に帰って親にそのことを話すと，「いいよ」といって，保護者の同意書を塾に届けてくれました。これは，未成年者の行った契約を，法定代理人が追認した例に当たります。

なお，追認については，すでに制限行為能力者のところでも（p.33），代理のところでも（p.108）出てきていますので，そちらも見てみてください。

成年後に未成年時の契約代金を請求したらどうなる？

たとえば，未成年者Ａが，成年に達する前に自分のバイクをＢに売って，成年に達した後でＢにバイクの代金を支払うように求めたとしましょう。ところが，後日Aは急にバイクが惜しくなりました。その場合，Aは「バイクの売買は未成年の時の契約だから取り消す」とBに主張できるでしょうか。

Bは，Aから代金の支払いを求められた時点で，「もう取り消すつもりはないんだな」と思うでしょう。そうなると，Bの信頼を保護し，法律関係を安定させる必要が出てきます。そのため，成年になって行為能力が備われば，たとえ「法定代理人の同意がない未成年者の契約は取消しができる」ということを知らなくても，もはや取消しはできないとされています（大判大12・6・11）。これを**法定追認**（ほうていついにん）といいます。

追認は，通常は，言葉でその意思を相手に伝える方法がとられます。ただ，追認の意思が言葉ではなく，行動に現れることがあります。その場合，言葉ではなかったから追認として認めないというのは，あまりにも杓子定規な考え方です。

言葉であっても，また行動であっても，社会通念（常識的な判断）に照らして，本人の追認の意思が現れていると認められれば，相手方はそれを追認として受け取るはずです。そんな本人の意思を推認し，また，相手の信頼を保護するという観点から，そのような行動については追認したものとして扱ってよい，それが法定追認です。

法定追認事由には，全部または一部の履行，履行の請求，担保の供与など，契約の有効性を前提としなければ行えない事項がこれに該当します。

いちいち覚える必要はありません。「これって契約をOKしたということだよね」と思うようなことが並んでいると思って，それぞれの項目を見てください。

ただし，一点だけ，相手方が代金を支払うなど，契約を履行した場合に，それを受領することも含まれるという点には注意してください（大判昭8・4・28）。

問題でこれまでの知識を確認しておきましょう。

成年年齢

現在は満18歳が成年に達する年齢です。

黙示の追認

法律で，「黙示」という言葉が使われることがあります。明確に意思表示をしていないけど，「その行動を見ると，そのような意思表示をしているのと同じことだ」という場合に，それを**黙示**という言葉で表します。

履行

契約に定められた義務を実行することです。商品の売買契約の場合なら，その商品の引渡しや（売主），代金の支払い（買主）が履行に当たります。

担保

債権の回収を確実にするための手段です。頻繁に用いられている担保として，「保証人を立てる」，「抵当権を設定する」などがあります。

例題12

法律行為の無効および取消しに関する次の記述のうち，妥当なものはどれか。

（国税専門官　改題）

1　制限行為能力者が法律行為をした際に同時に意思無能力者でもあった場合には，制限行為能力を理由に取り消すこともできるし，意思無能力を理由に無効を主張することもできる。

2　制限行為能力者および瑕疵ある意思表示をした者は，その取り消すことができる行為について，いつでも追認することができる。

3　制限行為能力者が，取り消すことができる法律行為であることを知らずに履行の請求等，追認と同様の効果を持つ行為をなし，その後に取り消しうることを知ったとしても当該法律行為を取り消すことはできない。

4　虚偽表示による無効の法律行為においては，当事者が意図した法律効果は初めから当然に発生しないが，善意の第三者の権利保護の必要があるときは虚偽表示による法律行為の当事者間でも有効とされる場合がある。

5　AがBに詐欺されて自己の土地をBに売り，Bがそれを C に転売した場合には，Aは，詐欺に基づく売買契約の取消しを，BまたはCのいずれに対してもすることができる。

本問のポイント!

1．妥当な記述です。「制限行為能力者が法律行為をした際に同時に意思無能力者でもあった」とは，たとえば，成年被後見人が自分の行為の法的な意味を理解できない状態で契約をしたような場合です。**無効も取消しも，ともに欠陥のある法律行為を行った人を保護するためのもの**なので，どちらか主張しやすい方法を主張すればよく，必ずこちらを主張しなければならないというものではありません。

【民事訴訟で見るとよくわかる】

無効と取消しのどちらの要件も満たすとき，どちらを主張してもかまわないというのは，民事訴訟で見るとよくわかります。

民事訴訟では，裁判所は，当事者が主張しないことについては判断しません。ということは，原告が「法律行為の当時成年被後見人だったから取り消します。証拠はこれです」といって成年後見登記事項証明書を出してきた場合，裁判所は，「本人は重度の認知症だから意思無能力者として法律行為は無効じゃないの？　そっちも主張したら」などと野暮なことはいいません。成年後見登記事項証明書を見て，「なるほど，取消しができますね」で終わりです。

結局，救済しやすい方法で保護すればよいわけです。

2・3．**取り消すことができる行為の追認**は，**取消しの原因となっていた状況が消滅し，かつ，取消権を有することを知った後**にしなければ効力は生じません（124条1項）。

4．虚偽表示（**通謀虚偽表示**）とは，相手と示し合わせてウソの意思表示をすることです。その意思表示をもとにし

救済しやすい方法をとる

無効も取消しも，その目的は欠陥のある法律行為をした人を**救済**するという点にあります。つまり，救済という目的が達成されれば，それでいいわけです。ということは，救済しやすい方法をとればそれでいい，何も難しい方法を選択する必要はありません。
たとえば意思無能力と制限行為能力を比較した場合は，後者のほうが簡単に救済を図れます（例：未成年の証明なら健康保険証で，成年被後見人・被保佐人・被補助人の証明なら，法務局でその旨の登記〔**成年後見登記制度**〕がされている証明書を請求すれば足ります）。ですから，意思無能力の効果は無効，制限行為能力の効果は取消しだから，「より効果の強い無効のほうを選択すべき」などと形式ばって考える必要はありません。欠陥のある法律行為を取り消せば救済の目的は達成できるのですから，救済の方法としてはこれで十分です。
つまり，民法は，あくまで「生活を豊かにするための道具」としてとらえるべきなのです。

て，そこから善意の第三者が現れても，なお虚偽表示の当事者間では法律行為は無効です（94条１項）。

5．取消しは「その」法律行為の効力を消滅させるものですから，通知は法律行為の当事者である相手方にしなければなりません。第三者に取消しの意思表示をしても，取消しの効力は認められません（大判昭6・6・22）。

本問の正答は**1**です。

正答　1

「1-10 無効・取消し」のまとめ

無効

▶無効な行為を追認した場合には，そのときから新たな行為を行ったものとして扱われる。

▶無権代理行為の追認と異なり，無効行為の追認の効果は遡及しない。

取消し

▶法律行為は，制限行為能力，錯誤・詐欺・強迫を理由に取り消すことができる。

▶取消しの意思表示は，法律行為の直接の相手方にしなければならない。

▶取消しがなされると，法律行為はそもそも行われなかったものとして扱われる。すなわち，当初から無効であったとされる（遡及的無効）。

▶契約の履行として受領していた物など，法律行為によって得た利益がある場合には返還しなければならない。

▶浪費した場合は現存利益は存在しないが，生活費や借金の返済など必要な費用に充てた場合は現存利益ありと認定され，その分については返還義務が生じる。

追認

▶取消権を有する者によって有効に追認がなされると，取消権が消滅する。追認は取消権の放棄である。

▶追認は，取消しの原因となった状況が消滅し，かつ取消権を有することを知った後にしなければならない。

▶取消権を有する者が履行を請求した場合には，追認したものとみなされる。いわゆる法定追認である。

1-11　国総 —　国般 ★★　地上 ★　市役所 —

条件・期限

～契約をいつから始めたいとか，こうなったらやめたいとか～

契約などで意思表示をする場合に，「もし～になったら」とか「～の時期から」などと，意思表示の本体に別の要件をくっつけることがあります。たとえば「腕時計をあげる」という契約に「もし〇〇大学に合格したらね」という要件を付ける場合がそれです。

このように，**「現在はまだ決まってない」ことを本体にくっつけて，それに法律行為のスタートやストップを委ねる**場合，これを**条件**といいます。

一方，「借りた本を1週間後に返す」などという場合は，その「1週間後」というのは**将来確実にやってくる日**ですから，条件のように来るか来ないかわからないというのとは違います。

このように，**法律行為のスタートやストップ，または債務の履行を「到来することが確実」な事実に委ねる**場合を**期限**といいます。

条件と期限は，契約などの本体にくっつける要件（付款）という点では同じですが，将来的に確実かどうかで分けられるものです。

では，順に見ていきましょう。

条件では，まず基本の二種類を覚えよう！

条件の基本形として，次の二つがあります。

条件・期限の重要度

出題は条件のほうが多いのですが，全体的に出題はまれです。出題箇所も限られていて，同じ箇所から似たような問題が繰り返し出題されています。

意思表示

一定の私法上の効果を発生させようという意思を外部に示す行為をいいます。

条件

法律行為の効力の発生または消滅を，**将来の不確実な事実**の成否にかからせる付款を条件といいます。

期限

法律行為の効力の発生・消滅または債務の履行を，**将来到来することが確実な事実**の発生にかからせる付款を条件といいます。

付款

法律行為の効果を**制限**するために表意者が特に付加する定めのことです。
「ふかん」と読みます。

停止条件（ていしじょうけん）というのは，「もし～になったら」の「なったら」について，それが実現するかどうかがわかるまで契約がストップ（停止）した状態にあることをいいます。もし**実現しなければ効力は発生しませんが，実現すれば，その時から効力が発生します。**

たとえば，「試験に合格したら時計をあげる」という場合，試験の結果がわかるまでは，贈与契約は停止したままです。そして，合格したその時から「あげる」と約束した人は契約に従って時計を引き渡さなければならなくなります。

一方，**解除条件**（かいじょじょうけん）というのは，**条件を満たした場合には，契約がそこで終了してしまう，つまりその時点で契約を打ち切ったのと同じ結果になる条件のこと**をいいます。

たとえば，「留年したら奨学金の支給を打ち切る」などという場合，留年しなければ契約が終わることはありませんが，もしも留年すれば，契約はそこで終わりです。

以上が，条件の基本二類型です。

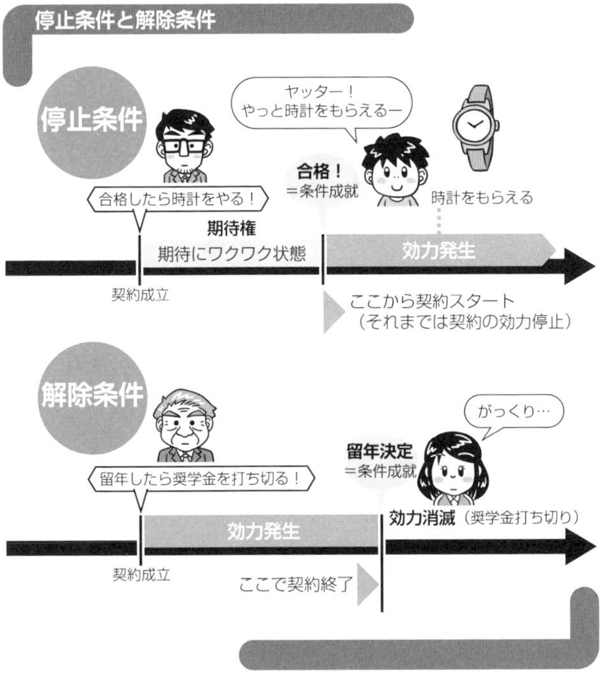

停止条件・解除条件

法律行為の効力の「発生」に関する条件が停止条件，効力の「消滅」に関する条件が解除条件です。

条件成就

条件が満たされることを**条件成就**（じょうけんじょうじゅ）といいます。

過去の事実（既成条件）

条件とは，現在はまだ決まっていないことを法律行為のスタートやストップの要件とすることをいいます。過去の事実を条件とすることはできません。ですから，「昨日のサッカーの試合で日本代表が勝ってたら，このバンダナをあげる」などという約束は，ここでいう条件ではありません。

期待権

ある事実の発生によって一定の法的な利益が得られるという期待がある場合，そのうちで，法律によって保護されている権利のことを**期待権**といいます。
……後ほど説明します。

ちょっと特殊な条件

停止条件と解除条件はノーマルな条件のパターンですが，これ以外にちょっと変わった条件があります。

まず，一覧表にしてみます。

一覧表

下の表ですが，最初からじっくり見る必要はありません。説明を読んだ後のチェック用として活用してください。

不法条件・不能条件・純粋随意条件

	内容	効力
不法条件	不法な内容の条件 （例：密輸できたら報酬を払う）	いずれも無効
	不法行為をしないことを条件 （例：名誉毀損をやめたら金銭を払う）	
不能条件	不能の停止条件 （例：地球の自転が止まったら払う）	無効（効力が発生することがない）
	不能の解除条件 （例：地球の自転が止まったら返せ）	無条件（効力が消滅することがない）
純粋随意条件（じゅんすいずいいじょうけん）	（例：その気になったら渡す）	無　効

いちいち覚える必要はありません。具体例で考えれば，どういう結論になるかわかるかと思います。

① 不法な内容の条件 ➡ 無効

まず，**不法な内容の条件**とは，たとえば他人の家の合鍵を渡されて，「この家から金を盗んでこい！　うまく盗めたら報酬を渡すぞ」と言われたような場合です。

こんな約束（契約）は無効です。「うまく盗んできたのに，報酬をくれないのは契約違反だ！」などと裁判所に訴えることはできないでしょう。それは，**こんな条件を付けた契約がそもそも無効**だからです（132条前段）。

不法な内容の条件

不法かどうかの判断がつかなかったら，裁判所に救済を求められるかどうかを考えてみるのも一つの方法です。本文の例でいえば，報酬を請求する訴えを提起して，裁判所が「報酬を支払え」という判決を出し，その判決に基づいて強制執行ができる……などということになると，裁判所が盗む契約を助長することになりませんか？
「そんなのおかしいよね」と思えば，それは**不法な内容の条件**のはずです。

② 不法行為をしないことを条件とすること ➡ 無効

次に，**不法行為をしないことを条件とすること**も無効です（132条後段）。たとえば，「お金を渡すからストーカー行為をやめて！」といって金銭を提供したら，それに味を占めてまたストーカーを繰り返すかもしれません。

そもそも，**社会のルールを守って不法行為をしないことは市民の義務として当然のことで，それになんらかの利益を与えること自体が間違った行為**なのです。

③ 不能の停止条件 ➡ 無効

まず，停止条件とは，「もし～になったら」この契約を履行するという場合でしたね。そして，この「もし～になったら」がおよそ起こりえないという場合，たとえば「亡くなった兄が生き返ったら」などという条件を付けた場合，それは契約の履行が永久に不可能ということです。これが**不能の停止条件**です（133条1項）。

こんな契約は，**最初から履行する気がないのと同じなので，存続させておく意味がありません。つまり無効**です。

④ 不能の解除条件 ➡ 無条件

解除条件というのは，条件を満たした場合には，契約がそこで終わってしまうというものでしたよね。だったら，それに上記の「亡くなった兄が生き返ったら」という条件を付け加えてみてください。これが**不能の解除条件**です。

およそ起こりえないことですから，条件を付けた意味がありません。つまり，**条件がないのと同じで，これは無条件となります**（133条2項）。

⑤ 純粋随意条件（じゅんすいずいいじょうけん） ➡ 無効

これは，「気が向いたら払う」などのように，将来において条件が満たされるかどうかが，債務者の意思だけに委ねられている場合をいいます。履行するかしないかは，自分の気分次第だというわけです。

しかし，これでは契約とはいえません。そのため，**純粋随意条件が付けられた契約は無効**とされています（134条）。

条件が満たされることを妨害したらどうなる？

これもいくつかのパターンがあります。ややこしいので，無理に覚えようとするのではなく，具体的な例で考えて，どういう結論になるかを，その場で導き出せるようにしておきましょう。

① 条件成就で不利益を受ける者が条件成就を妨害した

たとえば，「今度のマラソンで完走できたら，ランナー用の本格的なシューズをプレゼントする」という約束（契約）

不能

将来起こることがおよそありえないという場合です。

無条件と同じ扱い

条件を満たすことがありえないということは，「契約が解除になるための条件」を付けなかった，つまり「条件はなかった」のと同じことです。解除がありえないのでしたら，「解除のための**条件は無意味**＝条件が存在する必要はない」ということで「**無条件**」となります（その結果，契約はずっと存続することになります）。

随意

「やりたくなったらやる」という感じで，その人の気分で勝手にやっていいということです。

純粋随意条件の「純粋」って何？

これは，かつての時代に使われていた分類の名残りです。かつては，一方の当事者の意思でその成否が決まるものを随意条件といい，これを，さらに一方の当事者が望めば成就させられるものと，他の事情が加わらなければ成就させられないものに分け，前者を純粋随意条件，後者を単純随意条件と呼んで区別していました。ただ，後者は特に「意味ないんじゃない？」ということで消滅してしまい，結局，純粋随意条件だけがその名前のまま残ったというわけです。
この時代には，ほかにも偶成条件とか，混成条件という区別もありましたが，今ではどれも「絶滅種」です。

をBとの間で行ったAが，シューズ代が払えなくなって，スタート前に，腹痛を起こす飲み物をBに飲ませて完走できなくしたなどという場合です。

妨害行為がなければ，Bは完走できたかもしれません。そのため，この場合，Bは条件が成就したものとみなすことができます（130条1項)。つまり，Bは約束したシューズをAに請求することができます。

② 条件成就で利益を受ける者が故意に条件を成就させた

たとえば，「仮にこの実験に成功したら，本格的に研究費を出す」という契約の場合に，故意に成果が出たように見せかけ，実験が成功したように装うなどという場合です。

この場合も，やはり不正な手段で利益を得ようとしているわけですから，それを許すことはできません。

研究費を出すと約束した者は，その条件が成就しなかったものとみなすことができます（130条2項)。

期待権…条件付権利はそれ自体に価値があるとして保護される

停止条件，つまり「もし～したら～する」という条件が付けられた権利は，その「もし～したら」が現実のものとなるまでは，契約を履行する必要はありません。それに加えて，「もし～したら」が「実現できない」に確定した場合には，契約自体が失効してしまいます。

何か不安定な状態のようにも見えますが，いったん条件が成就すれば，契約の履行という大きな価値を生み出します。したがって，それには財産的な価値が認められます。これを**期待権**（きたいけん）といいます。

財産的な価値が認められるということは，通常の財産と同じように法的な保護が与えられるということです。ですから，**期待権のままで譲渡もできますし，相続することも可能です**（129条)。ただ，条件が「実現できない」に確定した場合に契約が失効するというリスクがあるので，譲渡する場合にはそのリスクを考慮した価値の算定が行われるというだけのことです。

そして，期待権が法的に認められた権利だとすると，契約の当事者だけでなく，第三者もこれを侵害することは許され

条件成就
条件が満たされることをいいます。

故意
「わざと」とか「意図的に」という意味です。

停止条件
「大学に受かったら腕時計をあげる」などが停止条件の例です。

条件付権利
停止条件などの条件がついている権利を**条件付権利**（じょうけんつきけんり）といいます。

期待権
ある事実の発生によって一定の法的な利益が得られるという期待がある場合，そのうちで，法律によって保護されている権利のことを**期待権**といいます。
条件付権利や期限付権利，相続権などがその代表例です。

ません。期待権の侵害は不法行為として損害賠償責任を発生させることになります。

期限の利益…期限までは債務を履行しなくてよいというメリット

次に，期限について説明します。**期限**とは，法律行為の効力が発生したり消滅したり，あるいは債務を履行したりすることを，ある時期から行うというものです。

ここで，ある時期とは，××年○月△日などと確定している場合（**確定期限**）のほかに，たとえば「社長を退任したら」などと，将来確実にその日は来るものの，その日時がいまだ確定していない場合（**不確定期限**）もあります。

この「期限」で特に重要なのは，「返済は半年後に行う」などという場合，半年間は返済を求められないというメリットです。これを**期限の利益**といいます。

これはとても重要で，いつ返済を求められるかわからないような状況なら，借り手は，常に手元に返済資金を準備しておかなければなりません。

通常，企業などの事業者は，お金を借りて，それを元手に利益を上げ，一定の期限後に利益とともに返済資金を確保するように努めます。ところが，「いつ返済を求められるかわからない」という場合だと，安心して事業などはできません。ですから，期限まで返済を求められないというメリットはすごく重要なのです。

このような期限の利益は，通常は債務者の側のメリットなので，債務者は資金が準備できれば，期限が来る前でも返済することは可能です（136条２項本文）。

ただ，金融機関からお金を借りるような場合には，金融機関のほうにも金利が得られるというメリットがありますから，期限前に返済するのであれば，期限までの利息を加えて返済しなければなりません（136条２項ただし書き）。

なお，借り手に信用不安が生じたような場合には，お金を貸しているほうは，すぐに回収しないと回収が危うくなることも考えられます。そこで，民法は，①債務者が破産手続開始の決定を受けたときや，②債務者が差し入れている担保の価値が危うくなったとき，③債務者が担保を提供しなければならないのに，これを提供しないときの三つの場合には，す

期待権の譲渡

たとえば，契約に「Aの実験費用をBが援助する代わりに，実験が成功したらBが独占的に製品化の権利を取得する」といった条項がある場合，実用化されれば一定の利益を生む可能性があるので，実験の成否がわかる前でも，譲渡（取引）の対象とされることがあります。

期待権の法的な保護

とにかく，期待権は**財産的な価値**がある権利だということです。

出世払い

「将来出世したら返すよ」といういわゆる出世払いについては「出世しなかったので払わない」という言い逃れを許さないという意味もあってか，判例の多くは出世払いを「**不確定期限**」と解しています。

債務者

金銭の貸し借りであれば，借りているほうが債務者です（お金を貸しているほうは債権者です）。

136条

1　期限は，債務者の利益のために定めたものと推定する。
2　期限の利益は，放棄することができる。ただし，これによって相手方の利益を害することはできない。

ぐに返済を求めることができるとしています（137条）。これを**期限の利益の喪失**といいます。

問題でこれまでの知識を確認しておきましょう。

担保価値が危うい

具体的には，債務者が担保を**滅失**させ，**損傷**させ，または**減少**させたときなどのことをいいます。

例題13

条件に関する次の記述のうち，妥当なものはどれか。

（国税専門官　改題）

1　条件付法律行為の当事者は，条件成否未定の間であれば条件成就によって生ずる相手方の利益を侵害しても不法行為となることはない。

2　不法な内容の条件を付した法律行為は無効であるが，不法行為をしないことを条件とする法律行為は有効である。

3　停止条件付法律行為は条件成就の時からその効力が生じ，解除条件付法律行為は条件成就の時からその効力が消滅する。

4　条件の成就によって不利益を受ける当事者が故意にその条件の成就を妨害した場合であっても，相手方はその条件が成就したものとみなすことはできない。

5　いかなる条件を付すかは当事者の意思に委ねられているから，単に債務者の意思のみにかかる停止条件を付した法律行為も有効である。

本問のポイント！

1．これは**期待権**のことです。そして，相手にはその期待を侵害してはならないという義務があります（128条）。これは法的に保護された権利ですから，条件成就によって生じる相手方の利益を侵害すれば，不法行為となってその損害を賠償しなければなりません。

2．いずれの場合も法律行為は無効です（132条）。

3．妥当な記述です（127条１項，２項）。

4．この場合，相手方はその条件が成就したものとみなすことができます（130条１項）。

5．このような条件を**純粋随意条件**といい，このような条件の付いた法律行為には**当事者に法的な拘束力を生じさせようとする意思が認められないために，無効**とされています（134条）。

本問の正答は**3**です。

正答　3

不法行為

不法行為は，わざと（故意）またはうっかりしていたなどの不注意（過失）によって他人の権利や利益を侵害して損害を与えることをいいます。

「民法Ⅱ」で詳しく説明します。

「1-11　条件・期限」のまとめ

条件

▶法律行為の発生や消滅を，将来の不確実な事実にかからせる意思表示を条件という。

▶条件の成就によって契約の効力が生じるものを停止条件といい，その反対に効力が失われるものを解除条件という。

▶停止条件が成就すれば，その時点から法律行為の効力が生じ，解除条件が成就すれば，その時点から法律行為の効力が消滅する。

条件付権利の保護

▶条件が付けられた権利において，条件成就によって利益を受ける者は，それまでの間期待権を有する。これは法的な権利であるから相続の対象となり，また期待権の侵害は不法行為を構成して損害賠償請求権を発生させる。

▶条件の成就によって不利益を受ける当事者が故意に条件の成就を妨げたときは，相手方は条件が成就したものとみなすことができる。

▶条件の成就により利益を受ける者が故意に条件を成就させた場合には，相手方は条件不成就とみなすことができる。

特殊な条件

▶不法の条件を付けたり不法行為を行わないことを条件とした場合，その法律行為は無効となる。

▶債務者の意思だけにかかる条件を純粋随意条件という。これが停止条件であるときは，法律行為は無効となる。

期限

▶法律行為の発生や消滅を，将来の確実な事実にかからせる意思表示を期限という。

▶将来発生することが確実であるが，その時期が決まっていない場合を不確定期限といい，時期が決まっている場合を確定期限という。

▶期限まで債務の弁済を強制されないなど，期限が到来しないことによって当事者が受ける利益を期限の利益という。

▶期限の利益は，債務者に信用を失わせる事由が生じたときには失われる。

1-12　国総 ★★★　国般 ★★★　地上 ★★　市役所 ★★

時効①

～本当でなくても長く続いていればその事実を権利として認めよう～

前項まで，意思表示（法律行為）のことについてお話しをしてきました。これまで長々とお話ししてきたのは，売買など社会で起きる権利変動の大半が意思表示を要素としているので，それが重要だからです。では，権利変動を生じるのは意思表示だけかというと，そうではありません。まれに**時効**という制度によって権利変動が生じることがあります。

そこで，総則の最後にこの時効の説明をしておきます。

何もしないのに，なぜ権利関係が変わるの？

特に何もしないのに，権利関係の変化が起きるというのが**時効**の特徴です。ただ，それには時間の流れという要素が必要になります。

では，なぜ時間がたつと権利関係の変化が起きるのか，次の例で考えてみましょう。

〔例１〕

Ａは，Ｂの土地を自分のものだと誤信して，20年以上資材置き場などに利用してきました。その間，Ｂから所有者は自分だと主張されたり，立ち退きを要求されることもありませんでした。Ａは，土地を使っている間，真の所有者Ｂに使用料を払うなどなんの行為もしていません。ただ勝手に他人の土地を使い続けているだけです。

この例を見て「そもそも他人の土地を勝手に使ってるなんて悪いヤツだ！」と思われるかもしれません。でも，たとえば二代・三代前の相続があった際に，先代がその土地をもらったと思い込んで，自分はそれを受け継いで使っているなど，悪気がなくて占有しているという例は多いのです。

じゃあ，なぜ真の所有者Ｂが土地の所有権を主張したりしないかというと，「物」の項でもちょっと説明しましたが，たとえば，明治の頃に山林の境界線を決める際にかなりいい

時効①の重要度

時効は，意思表示や代理などと並ぶ総則分野のヤマの一つです。その中で，本項の部分では，特に「**援用**」がよく出題されます。

時効

占有や権利の不行使といった事実状態が一定期間継続した場合に，その**事実状態に従った権利関係**を認めようとする制度です。

民法上の時効

時効というと，刑事手続での時効のほうがなじみ深いのですが，ここでいう時効はあくまでも民事上のもの，つまり，時間の経過によって権利を得るとか失うとかいった話のことです。刑事のように，時間の経過とともに，もう処罰できなくなる（制度趣旨は，証人の記憶が曖昧になるとか証拠が散逸するなどで公正な裁判ができなくなる，社会が「もういいんじゃない？昔のことだし」と思うようになる）という話ではありません。

占有

自分のために使う意思で物を所持することを占有といいます。
⇒p.210

加減な決め方をしていて，Ｂも「現にＡが使ってるんだからＡの土地なんだろうな」と思い込んでいるとか（実際測量してみたら自分の土地だった），現代の例では，別荘地を買ったものの，放置している間に他人が勝手に家を建て，それに気付かず，もうずいぶん長い間現地を見にも行っていないなど，いろんなケースがあります。

ところが，Ａが何十年もその土地を自分のものとして使っていれば，周りの人はその土地がＡのものだと信じて疑わないでしょう。仮にその土地が一等地なら，Ａに十分な財産があると思って気軽にお金を貸す人がいるかもしれません。後で違ったというのでは，無用な混乱を招きかねません。

〔例２〕

Ｘは，半年後に返済してもらう約束で，Ｙに100万円を貸しました。ところが，期限が来たら取りに来ると言ったまま，Ｘは取りに来ません。権利はあるのに，その行使がされない状態（一見すると「権利なんてないんじゃないの？」という状態）が続いているのです。そのうち，ＸもＹも忙しさに紛れて貸金のことを忘れたまま返済期限から10年が過ぎてしまいました。

貸金

貸金（かしきん）は，文字どおり貸したお金のことです。ちなみに，借りたお金は借金（しゃっきん）です。

〔例２〕では，支払方法は，「取りに来る」ですから，Ｙとしてはが来るのを待っていればよいのですが，Ｘは10年もの間，貸金を取りに来ない状態が続いています。では，Ｙはその間ずっと100万円を手元に準備し続ける必要があるのでしょうか。それって，いつまで？　場合によっては20年，それとも100年……どこかの時点で，「もういいよ」って言ってくれないものでしょうか？

安定した現在の状態を尊重するのが時効の制度

先に述べた〔例１〕と〔例２〕のように，ある事実状態が存在していて，それが実は**「権利として本来あるべき姿ではなかった」**としましょう。そんな状態を，**そのまま社会にずっと残しておくのは好ましくありません。いろんな誤解を生じたり混乱を招いたりするおそれがあるからです。**

そうであれば，**法が一定の予告期間を定めて，その間に権利者が権利を行使しなければ，その状態をそのまま法的な権**

権利を行使しない

たとえば，お金を返す約束の期限はとっくに過ぎているのに，それから何年たっても取りに来ない，また返してほしいという催促もしないといった状態をいいます。

利関係として認めてしまおうというのが**時効の制度**です。

権利を行使しないという形態には次の二つがあります。

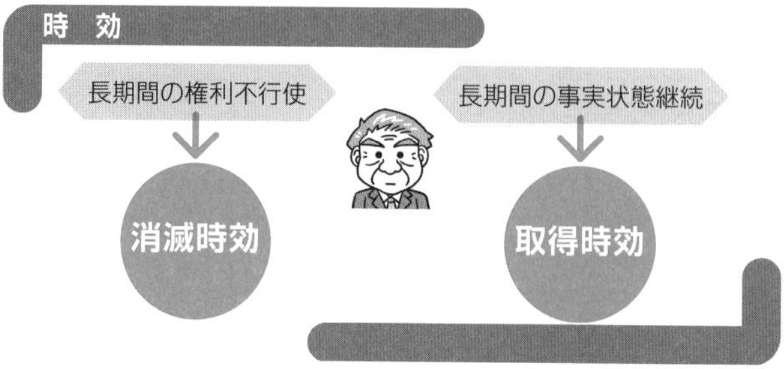

前記の〔例１〕では，真の所有者Ｂは，Ａが勝手に自分の土地を使っているんですから，止めようと思えば止められたはずです。「ここは自分の土地だから使わないでほしい」とＡに申し入れをして，Ａが聞き入れなければ法的な手段をとることもできたのです。そうすれば，土地をめぐる権利関係を法的に正しい状態に回復できますよね。それを，何もしないでいれば，「所有者はＡだ」という本当の権利とは違う事実が固定化されてしまいます。

そうなると，いっそのこと，その固定化された事実状態，すなわち**「占有者が権利者かも」という状態を法的な権利関係（つまり「かも」を取っ払って「占有者が権利者」）として認めよう**ということになってきます。これが**取得時効**（しゅとくじこう）の制度です。

一方，前記の〔例２〕では，貸主Ｘは一向に支払いを求めに来ません。Ｙとしても，いつ来るかわからないＸのために，手元に資金を準備し続けるというのも大変です。

そうなると，これも同様に，**「債権を行使しない」という固定化された状態をそのまま法的な権利関係として認めよう**ということになってきます。**つまり，債権の消滅です**。そして，これが**消滅時効**（しょうめつじこう）の制度です。

このように，民法上の時効の形態には二種類あることから，時効制度がなぜ認められるのかについても，それぞれに応じた説明がなされています。

【時効制度の存在理由】

①法的安定性を確保するため

一定の事実状態が続いていくと，それを前提に新たな法律関係が築かれていきます。そして，時間がたてばたつほ

法的な手段

妨害排除請求という手段が可能です。
⇒p.313

取得時効

権利者であるかのような事実状態が一定期間続いた場合に，その事実状態に則した**権利の取得**を認めるものです。

消滅時効

権利を行使しない（例：貸金の返済請求をしない）という状態が一定期間続いた場合に，**権利の消滅**を認めるものです。

法的安定性

法的安定性は，民法が重視するとても重要なテーマです。たとえば，ＡがＢの山林の一部を自分のものだと思って占有していて，そこに樹齢百年以上の銘木が植わっていたとします。その

ど，次々と新たな法律関係が積み重ねられて，権利関係はより複雑なものになっていきます。そうであれば，今の**事実状態をそのまま法的な権利関係として認めるほうが，法的安定性の確保に役立ちます。**

②証明の困難性を補うため

これは特に不動産の取得時効についていえることですが，二世代前(祖父母の世代)，三世代前(曾祖父母の世代)にどんな遺産分割がなされたのかを証明するのは難しい場合があります。でも，今の状態がずっと続いているということは，それが真の権利関係に合致している可能性が高いといえるでしょう。そうであれば，**自分の権利を証明することが困難な場合の手段として，取得時効で補うというのも一つの方法です。**

③権利行使を怠っている者は保護しない

これは特に消滅時効について当てはまります。**債権を持っている者はそれをきちんと行使すべきで，それを怠っている場合には，「行使の意思がない」と判断されてもやむを得ない**というわけです。

以上が，時効の考え方の概要です。

では，これらの考え方に沿って，どのような要件が整えば時効が認められるのかを具体的に見ていきましょう。

援用…時効制度のメリットを得たければ主張が必要

時効が成立するために必要な期間がどのくらいの長さかということについては後で説明します。ただ，**時効という制度は，その期間が過ぎれば，それだけで権利の取得（取得時効の場合）や消滅（消滅時効の場合）の効果が生じるというものではありません。**

なぜなら，時効が完成しても，それを使いたくないという人もいるので，そのような人の意思を尊重する必要があるからです。たとえば債権の消滅時効期間が過ぎても「あっ，そうだ！借りていたことを忘れてた。でも，貸主は恩のある人だからきちんと払いたい」などという場合もあるでしょう。

ですから，**時効を活用するには，権利者が権利行使してきた場合に，「すでに時効が完成しているので，もう権利行使はできません」という意思を表示しなければなりません。**こ

銘木も当然自分の所有だと思ってAが伐採したので，その木をCが購入し，加工・製品化した後で真の所有者Bから返せといわれた場合，どうなるのでしょう。もちろん，民法は次なる手当の手段として，後で物権の章で説明する即時取得という制度を用意していて，Cは返さなくてよいようになっています。でも，もし「所有者のもとに返すべきだ」というままだったら，その銘木で作ったテーブルを買った人とか，銘木で家を建てた人など，多くの人が大混乱に陥ります。そんな人たちは「後で主張するくらいなら，最初から自分の土地だとして，きちんと管理しておけよ！」と思うでしょう。

物というのは常に動いていて，次々と**新たな権利関係**を築いているものです。だから，それをひっくり返すとなると，そこにリスクが生まれて経済が低迷する原因になりかねません。**経済を活性化**させるためにも，無用な混乱を引き起こさない(**法的安定性**)ということは，とても大切なことなんです。

自己所有物の時効取得

「自分の物を時効取得するっておかしくない？」って思うかもしれません。でも判例は，境界線争いで「自分のものだと証明する手段がほかにないんだったら，時効取得で証明すればいいんじゃない？」と言うんです。「使えるものは使おうよ。民法上の制度はあくまで道具なんだし，別に違法じゃないんだから……」判例は意外に柔軟です(最判昭42・7・21)。

時効の援用

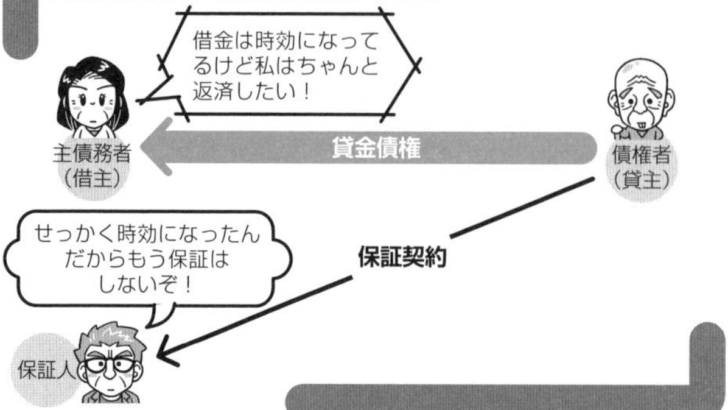
借金は時効になってるけど私はちゃんと返済したい！
主債務者（借主）
貸金債権
債権者（貸主）
せっかく時効になったんだからもう保証はしないぞ！
保証契約
保証人

れを**時効の援用**（えんよう）といいます。

では，援用ができる人とはどのような人でしょうか。次の例で考えてみましょう。

図にもあるように，債務者は「自分は貸主に恩があるから，時効になったとはいえちゃんと払いたい」と言ったとしましょう。一方，保証人は「借主に頼まれて保証人になったけど，特に貸主に恩義があるわけではないので，自分は時効を使いたい」と考えている場合，これは可能でしょうか。

答えはイエスです。

なぜなら，時効による権利の取得や消滅という利益を得るかどうかは，その人が決めればよいことだからです。

仮に，債権者が，「債務者は借金を払ってくれるかどうか怪しいが，保証人は信用が高く，確実に払ってくれる」と思っていたのなら，時効にかかる前にちゃんと保証人に支払い請求をすればよかったのです。時効前にきちんと請求しておかないで，「債務者が時効を使わないと言ってるから，保証人も使うな！」というのは，身勝手だといわざるをえません。

ということは，債務者は「自分は払いたい」と言って時効を使わなくても，保証人は「もう保証などという面倒な責任から逃れたい」として，「自分は時効を使う。保証人の責任はもうおしまい！」としてもかまわないわけです。

つまり，**①時効は債務者だけでなく保証人も使える，また，②債務者が時効を利用しないといっても，保証人は債務者の意向にかかわらず自分で時効を利用することができる，**としてもよいわけです。

このような理屈は，保証人だけでなく，時効によって直接に利益を得られる人には同じように当てはまります。これを

債権・債務

債権とは，特定の人に財産に関する一定の請求をすることができる権利です。
一方，**債務**とは，特定の人に財産に関する一定の行為をする義務のことです。

援用

時効の完成によって権利の取得または消滅という状態が生じているので，自分は時効を使うということを，時効によって不利益を受ける相手（真の権利者）に伝えることをいいます。

保証人

主たる債務者が債務を履行しない場合に，主たる債務者に代わって債務を履行することを債権者に約束した人のことです。

保証の場合の債務者

主たる債務者（主債務者）と呼んでいます。

145条（時効の援用）

時効は，当事者（消滅時効にあっては，保証人，物上保証人，第三取得者その他権利の消滅について正当な利益を有する者を含む。）が援用しなければ，裁判所がこれによって裁判をすることができない。

時効の援用権者

145条カッコ書きの「正当な利益を有する者」とは「時効によって直接に権利を得られ，ないしは直接に義務を免れる者」のことです。

時効の援用権者といい，民法は，保証人，物上保証人，第三取得者など，権利の消滅について正当な利益を有する者について時効の援用権を認めています（145条カッコ書き，消滅時効について）。

「時効の利益を放棄する」とは？（時効完成後の債務の承認）

まず，自分で時効を使うかどうか決められるのと同様に，使わないと決めることも自由です。たとえば，先ほどの図のように借主が，「時効は完成しているけど，私は使わずにちゃんと払います」と貸主に伝えるような場合です。これを**時効利益の放棄**といいます。

ただし，時効の利益を放棄するには，時効が完成（成立）した後でなければなりません。

時効というのは永続した事実状態をそのまま法的な権利関係と認めようとする制度ですが，たとえば大量に件数を扱う貸金業者などが，うっかりミスで一部の債権が時効にかかるのを避けたいと考えて，時効期間が過ぎても時効を主張しないことを貸付けの要件とするようなことがあります。でも，それでは「事実状態をそのまま法的な権利関係と認める」という時効の趣旨に反することになります。そのため，時効期間が経過する前の時効の利益の放棄は無効とされています（146条）。

問題になるのは，時効期間が経過して時効が完成した後に，そのことを知らずに，債権者が請求してきたので「払います」と言ってしまった場合（**債務の承認**），後から，「あれはうっかりミスだった！時効が成立しているから払う必要はない」として覆すことができるかどうかです。

結論からいうと，それは許されません。

債権者（貸した人）は，債務者（借りた人）が債務の承認をした場合，時効利益の放棄を前提にした動きを始めます。それを，「あれはうっかりミスだった」として，後から覆されるのではたまったものではありません。

「自分の言動には責任を負う！」

これは，取引社会では重要なことで，口にしたことを覆すことは信義に反する行為として許されない，つまり時効完成を知らずに債務の承認をしても，もはや時効を援用すること

物上保証人

債務者に代わって自己の所有物を担保にすることを認めた人のことです。たとえば債務者Bが借金を返さない場合，債権者Aは，物上保証人Cが担保にすることを認めた物（担保物）を競売にかけて，その売却代金の中から，優先してBへの貸金を回収できます。
詳しくは3-4で説明します。⇒p.289

第三取得者

抵当権が設定されている不動産を譲り受けた人を第三取得者（X）といいます。その不動産がXに譲渡されたとしても，抵当権はくっついたままで，消滅はしません。そして，抵当権によって支払いが担保されている債権の消滅時効が完成すると，Xは抵当不動産を競売にかけられるリスクがなくなります。そのため，Xは時効を援用して抵当権の時効消滅を主張できます（145条カッコ書き）。
詳しくは3-4で説明します。⇒p.288

時効完成前の放棄

貸す側がうっかりミスで「あれ？この債権，時効になってる！しまった！」などとならないように，お金を貸す際に，借り手に「時効は使わせないよ，時効期間が過ぎてもちゃんと払ってもらうからね。だから『時効は使いません』って書いてハンコ押しといて！そうじゃないとお金は貸さない」などという場合が「**時効完成前の放棄**」です。こんな行為は無効です。

は許されないとするのが判例です（最判昭41・4・20）。

ただ，一度口にしたら，もう永遠に時効は主張できないかというと，そういうわけではありません。

債務承認後の再度の時効進行

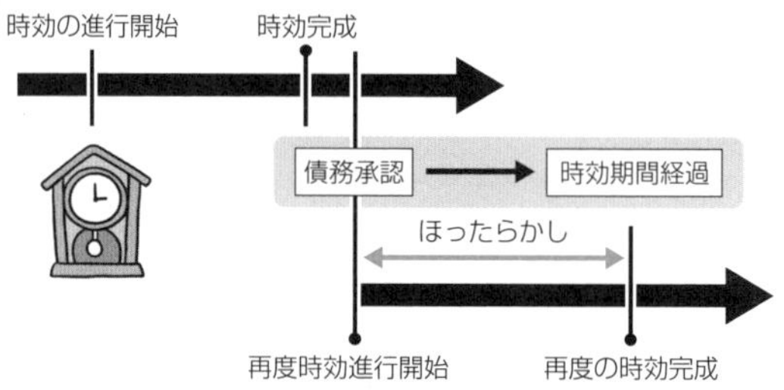

時効完成を知らずに時効利益を放棄したら，その段階では時効の援用はできません。しかし，**それからさらに時効期間が経過すれば，その際には時効を援用することができます。**

債権者の側からすると，せっかく債務者が時効利益の放棄に当たる行為をしてくれたのです。つまり，時効を使われると，もう請求はできなかったのに，それがセーフになって請求ができるようになったわけです。だったら，さっさと権利を行使すればいいのです。

それを，またほったらかしにする……。そうするとどうなるかというと，**また「権利行使がないまま放置される」という事実状態が一定期間続く**ことになります。そして，これは**固定化された事実状態，すなわち「権利は行使されないのかも」という状態を法的な権利関係（つまり「かも」を取っぱらって「権利は行使されない」）として認めようという時効制度の趣旨にそのまま当てはまる**んです。

そのため，再度の時効進行が認められるわけです。

何年ほったらかしたら時効が完成するか（時効期間は何年？）

時効期間は，取得時効と消滅時効で違います。

まず，**取得時効の時効期間**は次のようになっています。

「所有の意思」や「自己のためにする意思」が要件とされるのは，たとえば賃借人が20年間同じ借家に住んでいても，その借家の所有権を時効取得することはできないという意味です。

「払います」

借金が残っていることを知っていて「払う」と言っているので，法的には「債務の承認」となります。

債務の承認については次の1-13で説明します。

⇒p.154

放棄を前提にした動き

ＡがＢから100万円を借りたとしましょう。そして，Ｂからの催促に，Ａが「払います」と言った場合，Ｂは，自分がなかなか返せないでいたＣからの100万円の借金を，現金で返す代わりに，「Ａに対する貸金債権を譲るから，それで借金を返済したい」と申し出るなどということがあります。こういったことが「放棄を前提にした動き」というわけです。ですから，これを後から「時効を使う」としてひっくり返されると，大きな混乱を招きます。それはダメだということです。

信義

誠意を尽くして約束を守ることをいいます。民法の世界ではしっかりと生きていて，大事な基本原則になっています。

取得時効の時効期間

権　利	時効期間	要　件
所有権	20年または 10年	•所有の意思で平穏・公然に占有すること •占有開始時に善意・無過失なら10年
所有権以外の財産権	20年または 10年	•自己のためにする意思で平穏・公然に占有すること •占有開始時に善意・無過失なら10年

時効期間は，所有権もそれ以外の権利も原則は20年ですが，占有を始めた時点で善意・無過失ならば10年に短縮されます。

ここで**善意**・**無過失**とは，自分が正当な権利者と思っていて，そう思うことについて落ち度がないことをいいます。

また，善意・無過失は「占有を始めた時点」の要件だという点に注意してください。つまり，占有を続けている間，この要件をずっと続けている必要はありません。

たとえば，善意とは自分が正当な権利者と思っていることですが，最初はそう信じていたのに，後から「いやそうじゃなくて，別に正当な権利者がいる」と教えられたら，もうその時点から簡単に悪意になってしまいます。

反対からいえば，別に正当な権利者がいる場合，その権利者は，占有者が10年の時効を完成させてしまいそうなときは，時効②で説明する「時効の完成猶予」の方法をとらずに，単にちょっと教えてあげるだけで時効期間を10年から20年に延ばすことができます。でも，それはおかしいんです。

10年もの時間があれば，途中で「自分は権利者じゃない」ということを知る機会はいくらでもあるわけで，そうなると，10年という期間を定めた意味がほとんどなくなってしまいます。ですから，善意・無過失の要件は，占有を始めた時点で備わっていればよいとされています。

では，**消滅時効の時効期間**の説明に移ります。これは次ページの表のようになっています。

表の中の「主・客の別」とは，**主観的起算点**と**客観的起算点**の別という意味です。

表を見てなんとなく気付かれたと思いますが，主観的起算点というのは，権利行使ができることを権利者が「知った」時点のことで，客観的起算点というのは，権利者が知ったかどうかにかかわらず，権利行使しようと思えばいつでもでき

所有権以外の財産権

地上権や永小作権，質権などがその例です。

平穏・公然の占有

「私の土地だ」「いや私のだ！」「すぐに立ち退け」などという争いなども一切なく（平穏），誰もが「あの人は自分のために所持している」（占有）ことがわかる（公然）状態のことをいいます。

善意・無過失

「Bが，長年世話をしていた伯父Aから土地をもらった」などがその例です。Aが同じ土地をCに売っていたという場合，Bは10年間その土地を占有していれば，時効取得を（Cに自分が所有者だと）主張できます。

消滅時効の時効期間

債権の種類	主・客	要件
一般の債権（166条1項）	客観	権利を行使できる時から**10年**
	主観	債権者が権利を行使できることを知った時から**5年**
定期金債権（168条1項）	客観	各債権を行使できる時から**20年**
	主観	各債権を行使できることを知った時から**10年**
一般の不法行為の賠償請求権（724条）	客観	不法行為の時から**20年**
	主観	被害者またはその法定代理人が損害および加害者を知った時から**3年**
生命・身体侵害の不法行為（724条の2）	客観	不法行為の時から**20年**
	主観	被害者またはその法定代理人が損害及び加害者を知った時から**5年**

る時点のことです。

なぜ，こんなに二つに分けるのかというと，まず，客観的起算点の消滅時効期間が原則形です。たとえば，一般の債権ならば10年で時効消滅します。

それで，**途中で権利行使していないことに気付いた場合には，できるだけパパッと権利行使してくださいというのが主観的起算点です。**

つまり，時効の進行中というのは，「今の状態は真の権利状態ではない」ということですよね。ということは，権利者自身がそれに気付いたんだったら，ほったらかしにしないで「真の権利状態を実現するように努力しましょうよ」ということを法は求めているわけです。曖昧な状態がずっと続くのは決して好ましくない。やはり，本当の権利関係が存在していることを認識させるべきだと法は思っているわけです。

そうなると，ある程度予測がつくと思いますが，**客観的起算点の期間中に主観的起算点の時効期間が過ぎてしまった場合には，客観的起算点の期間満了を待つことなく，債権は時効消滅してしまうことになります。**

では，たとえば「長年苦しんできた身体の不調の原因が，子どもの頃の出来事にあった。それが最新の科学で解明された。でも，もう19年がたっている」などという場合（**生命・身体侵害の不法行為の賠償請求権**）はどうなるでしょうか。主観的起算点は損害と加害者を知った時から５年ですが，客

表中の債権の種類

①**一般の債権**…売買の代金債権や貸金債権など
②**定期金債権**…定期に支払いを受けられる債権。年金や家賃などがその例
③**一般の不法行為債権**…違法な行為で他人の法的な利益を侵害した（例：名誉毀損など）場合に発生する損害賠償請求権
④**生命・身体侵害の不法行為債権**…③のうち，侵害された法的利益が生命・身体である場合

例外規定を廃止

平成29年（2017年）の改正に伴って，債権の消滅するまでの期間は統一され，職業別に１～３年の短期の時効を設けていた例外規定は廃止となりました。

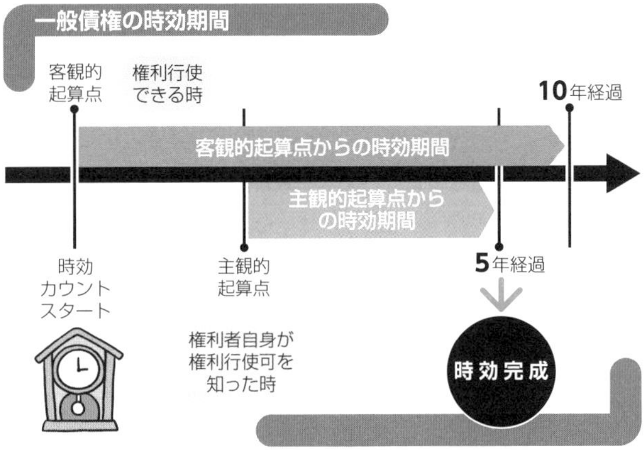

観的起算点の時効完成が１年後に迫っています。

時効期間がちょっと短いのではと思われるかもしれませんが，客観的起算点の20年という期間はあくまで「時効期間」であるわけです。ということは，ちょっと窮屈かもしれませんが，時効完成までの残りの１年で証拠を集めて訴えを提起すれば，そこで時効の完成猶予（p.150）が起こります（147条１項柱書１号）。そうすれば，裁判で勝訴判決が出た時点が20年を過ぎていても，特に不都合は生じません。

時効の効力がさかのぼるってどういう意味？

時効の効力（じこう の こうりょく）は，その起算日にさかのぼるとされています（144条）。

ここでいう時効の効力とは，時効の完成によって生じる効果ということで，それまでずっと続いていた事実状態が法的に承認されたということを意味します。

つまり，長年の状態は適法なものだったと認めるという意味です。

たとえば，ＡがＢの土地を自分のものだと思って，そこをミカン畑にして20年間農業を続けてきたとします。そして，時効が完成すると，20年前の時点からその土地はＡのものだったということになります。

ということは，20年間出荷を続けてきたミカンは，Ａが収穫する権利者であり，その利益をＢに渡す必要はないということです。

権利者が７年目に知ったとき

この場合は，あと３年で客観的起算点からの時効が完成します。そうなると，その時点（客観的起算点から10年経過時）で時効が完成します。つまり，主観・客観のどちらか先に時効期間が過ぎてしまえば，時効が完成することになります。

権利者が知らないまま過ごしたら

この場合は主観的起算点がないので，**客観的起算点**だけが時効期間になります。ですから，10年経過時点で時効が完成します。

権利の存続期間ではない

20年の期間は，権利の存続期間ではないので，訴えの提起によって時効の完成猶予や時効の更新が生じます。

147条１項

１　次に掲げる事由がある場合には，その事由が終了する（確定判決又は確定判決と同一の効力を有するものによって権利が確定することなくその事由が終了した場合にあっては，その終了の時から６箇月を経過する）までの間は，時効は，完成しない。

一 裁判上の請求

時効の効力は起算日にさかのぼる

法的に表現すると難しく聞こえるのですが，具体例で考えるとそんなにわかりにくいことではないはずです。

問題を通じて今までの知識を簡単に整理しておきましょう。

例題14

時効に関する次の記述のうち，妥当なものはどれか。

（国家一般職　改題）

1　時効の利益はあらかじめ放棄できないのが原則であるが，本人の自由な意思によることが証明された場合には，事前の放棄も有効である。

2　民法上，時効完成前にあらかじめ時効の利益を放棄することは許されないが，時効完成を知らずに債務を承認した場合には，信義則上，その完成した時効の援用は許されず，その後に再び時効が進行することもないとするのが判例である。

3　他人の不動産を所有の意思をもって平穏かつ公然に占有した者が，占有の始めに善意無過失であった。この場合に，当該占有者が後に悪意となっても，当該不動産の取得時効の時効期間は10年である。

4　取得時効においては，時効完成前に生じた果実については，もとの権利者がそれを収取する権限を有し，時効完成以後に生じた果実についてのみ時効による権利取得者が収取権限を得る。

5　保証人は時効の援用権者であるが，その援用は主たる債務者の援用を待って初めて行うことができるので，主たる債務者が債務を承認した場合には，もはや保証人は時効を援用することができなくなる。

本問のポイント！

1．時効の利益は，あらかじめ放棄することはできません（146条）。自由な意思で放棄したければ，時効完成後に行えばよいのです。事前の放棄は認められていません。

2．時効完成を知らずに債務を承認した場合には，**信義則**上，その完成した時効の援用は許されません（最大判昭41・4・20）。しかしこの場合に援用が認められないのは，債務の承認という自分の行為に反する行動をとることを許さないとする趣旨ですから，**信義則によって援用が否定されるのはあくまでも「その完成した時効」に限られます**。したがって，承認後には再び時効の進行が認められます（最判昭45・5・21）。

3．妥当な記述です。10年の短期取得時効の要件として要求されているのは**「占有の始め」の善意・無過失**であり（162条２項），たとえその後に占有者が悪意になったとしても，それによって要件が20年の長期取得時効（同条１項）に変ずることになるわけではありません。

162条（所有権の取得時効）

1　20年間，所有の意思を然と他人の物を占有した者は，その所有権を取得する。

2　10年間，所有の意思をもって，平穏に，かつ，公然と他人の物を占有した者は，その占有の開始の時に，善意であり，かつ，過失がなかったときは，その所有権を取得する。

善意・悪意は単なる事実の知・不知であり，10年の**占有継続期間うちに事実を知ることは必ずしもまれではない**ので，そのような者を当初から善意・有過失であった者と同一に扱うことは妥当ではないからです。

4．時効の効力は起算日にさかのぼるので（144条），時効完成前に生じた果実についても，もとの権利者ではなく時効による権利取得者がその収取権限を有することになります。

5．保証人は，主たる債務者が時効を援用したかどうかにかかわらず，自らの判断で時効を援用することができます。

本問の正答は**3**です。

正答　3

果実

元物から生じる収益のことです。

「1-12　時効①」のまとめ

時効の援用・放棄

▶時効の効果が生じるには，時効の援用が必要である。

▶消滅時効を援用しうる者は，権利の消滅により直接利益を受ける者に限定される。

▶主債務者が時効を援用し，または時効の利益を放棄しても，保証人や連帯保証人などは，独自に時効を援用し，または時効の利益を放棄することができる。

▶時効完成前には時効の利益の放棄はできない。

▶時効完成後の債務の承認は，時効利益の放棄にあたる。

▶時効の利益が放棄されても，その時点から新たに消滅時効が進行を開始する。

取得時効・消滅時効

▶所有権の取得時効の期間は，悪意または有過失者の場合は20年，善意・無過失者の場合は10年である。この場合の善意・無過失は占有の開始時点の要件であり，その後に悪意になってもかまわない。

▶自分の所有物についても，所有権取得の立証の困難性を補うという意味で，時効を援用することができる。

▶時効の効果はその起算日にさかのぼる。

1-13　国総★★★　国般★★★　地上★★　市役所★★

時効②
～時効の完成を食い止める方法とは？～

権利行使を忘れてた！時効をストップさせる方法はある？

権利者が「うっかりして権利を使うのを忘れてたことに気付いたけど，もうすぐ時効が成立しそうだ」という場合に，時効の完成をストップさせることはできるんでしょうか。

実はこれは認められているんです。そして，この，ストップさせる方法を，**時効の完成猶予**（かんせいゆうよ）といいます。

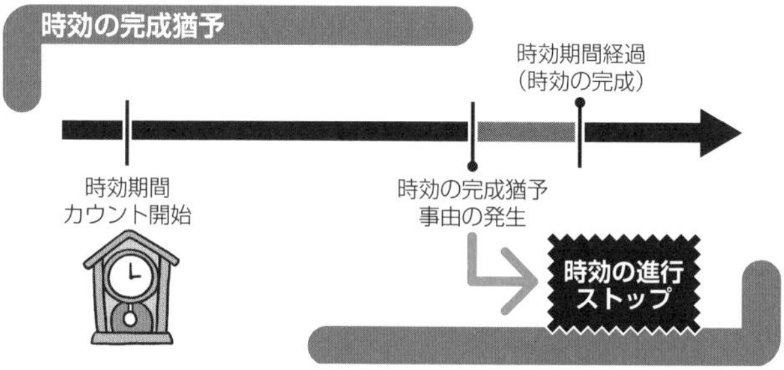

では，具体的にどんな方法をとれば時効が完成せずにストップするのでしょうか。

時効が進行している間というのは，本来の権利関係と違う状態が存在しているわけですよね。そして，それを関係者は本当だろうと思っているわけです。

ところが，時効をストップさせるというのは「それは違う，真実の法律関係じゃない！」として，その事実状態をひっくり返すわけです。

たとえば，債権ならば，債務者は「すでに支払いは済んでいる」というのを，「いや，支払いは済んでないよ！債権は存在するよ！」と主張するわけです。そうなると，やはりそれなりの証明が必要で，単に「違う！」と叫んでみたところで何も始まりません。やはり，**きちんと資料をそろえて，関係者を説得するのでなければ，その状態をひっくり返す，つまり時効の完成を阻止することは認められない**んです。

この観点から，時効の完成猶予の事由を個別に見ていきま

時効②の出題傾向

本項は，時効のうちの**時効の完成猶予**という点を主に扱います。内容が複雑で，出題の格好の素材となっていますから，しっかり理解するようにしてください。

完成猶予

時効が完成するまでの期間を一時的に延ばすことです。期間が延長された場合，その間は時効は完成しません。

猶予

「ゆうよ」と読みます。実現の日時を延ばすことです。

支払いは済んでいる？

支払いの件数が多いと，こういうことが起こります。たとえば，何十もの取引先に商品を卸しているのに，経理は一人で担当しているなどという場合，請求漏れとか二重請求などということが起こるんです。そして，たとえば２年前の帳簿を調べていたら「これ請求してないんじゃないの？」というのが出てきたりして……。そこで相手に請求したら，相手はちゃんと支払いを済ませて領収書も取っていたとか……。もし，それならいいんですが，領収書が見つからず，払ったかどうかの記憶も曖昧という場合は問題が起きてきます。

しょう。

①裁判上の請求等

時効の完成を阻止する一番確実な手段が裁判手続きです(147条)。これにはいろんな種類があります。

右欄に裁判上の請求や支払督促など，条文で記載されたややこしい法律用語を並べていますが，これらをまとめて一言でいえば「**各種の裁判手続き**」となります。

これらは，どれも裁判所に請求しようというのですから，関係者も，「今の状態は真の権利状態ではないかも」と推測し始めるので，時効の完成がそこでいったん猶予されます。

そして，たとえば**判決でそのことが確かめられたとか，裁判所で調停が成立したなどの場合**は（147条の条文にいう「確定判決と同一の効力を有するものによる確定」のこと)，それまでの状態は真の権利状態ではないことが明らかにされたのですから，それまでの状態をひっくり返すことができます。つまり，**それまでの時効期間はノーカウントになる**わけです。

その場合，**時効はこれらの事由が終了した時から新たに進行を始めます**（147条２項)。これを**時効の更新**といいます。そして，**債権の場合，新たな時効期間は10年となり**（169条１項)，債権者は10年という時間の余裕を与えられることになります。ですから，その間にきちんと債権を行使することが必要ですね。

一方，**手続きの取り下げなどで確定しないで終わった場合は，その翌日から６か月間だけ時効は完成猶予となります**(147条１項柱書カッコ書き)。

この場合は，「今の状態は真の権利状態ではない」ということが確かめられなかったわけですから，猶予された6か月の期間を利用して，確かな証明資料を探し出し，もう一度訴えの提起などの完成猶予の手段をとることが必要になります。

【裁判上の請求等のポイント】

- 裁判上の請求等の事由が終了するまで**時効の完成が猶予**される。
- 確定判決またはそれと同一の効力を有するもの（例：調停の成立）による確定があれば**時効は更新**となる。
- 確定せずに終わった場合は，翌日から６か月間の完成猶予となる。

法的安定性

ひっくり返すと混乱を招きます。ですからむやみにひっくり返してもらっても困るので，やはりそれなりの証明を伴って「違う」という主張を展開してもらわないといけないということです。

裁判上の請求等（147条）

①裁判上の請求
②支払督促
③民事訴訟法275条1項の和解，民事調停法・家事事件手続法による調停
④破産手続参加，再生手続参加，更生手続参加

確定判決

第一審で判断が示されても，上級審でその判断が覆されることがあるので，最終的に判決が確定することが，**時効が更新**となるための要件です。

時効の更新

それまでの時効期間がノーカウントになるわけですから，時効は新たに一から再スタートを切ります。時効期間が５年として，４年半で更新になった場合，前の時効期間（４年半）はもうなんの意味もなくなります。でも，新たに時効が再スタートするので，時効が**更新**となった時から所定の時効期間が過ぎれば時効が成立（完成）します。では，なぜ再スタートを認めるかというと，「せっかく時効がチャラになったのだからさっさと権利行使すればいいのに，それにあぐらをかいて，さらに長期間ほったらかしにするなら，また時効を完成させてしまうよ」ということです。

② 強制執行等

扱いは，①裁判上の請求等とだいたい同じです。

強制執行は，「債権は確かに存在する」という裁判所が発行するお墨付き（**債務名義**といいます）を執行官のもとに持っていって強制執行を申請するというものです。**債務名義という確実なものがあるので，「今の状態は真の権利状態ではない」という推測が働くため，時効の完成猶予事由とされています。**

【強制執行等のポイント】

- 強制執行等の事由が終了するまで**時効の完成が猶予**される。
- 強制執行等の事由が終了した時点から**時効は更新**となる。ただし，申立ての取下げ等による場合を除く。
- 申立ての取下げ等による終了の場合には，翌日から6か月間の完成猶予となる。

③ 仮差押え・仮処分

ここから，ちょっと扱いが違ってきます。その理由は，**「今の状態は真の権利状態ではないかも」についての信頼性の証明が必ずしも万全とはいえない手段を使う**からです。

仮差押え・仮処分は，その文字から推測されるとおり，仮の手段として認めようというものです。別の言い方をするならば，緊急措置として認めようというものです。

これは，「債権者の動きを察知した債務者が，財産隠しを始めた」などという場合に，裁判所に請求して，「銀行は払い戻しをしてはならない」といった命令を出してもらうようなことをいいます。強制執行に備えるための準備手続きとして行われます。

急ぐ必要があるので，裁判のように時間のかかる厳格な手続きをしていては間に合いません。**とりあえず強制執行を妨害するような行為を防いでおくということが目的なので，「今の状態は真の権利状態ではない」が明確になるというわけではありません。**

なので，これらを申し立てても，その効果は時効の完成をストップさせる（時効の完成猶予）にとどまり，時効の更新とはなりません。

強制執行

債務不履行の債務者に対して，裁判所などの公的機関を通して強制的に取り立てる手続きのことです。

強制執行等（148条）

①強制執行
②担保権の実行
③民事執行法に基づく競売
④民事執行法に基づく財産開示手続（同法196条）

強制執行等の「等」については，上に条文の記載事項を並べています。とにかく，**厳格な手続き**が必要になるものだと思ってください。いちいち，細かく覚える必要はありません。

債務名義

強制執行を行う際に請求権が存在することや，その範囲，債権者，債務者について表した公文書です。**確定判決書**や**裁判所の調停調書**などがこれに当たります。

執行官

執行を担当する裁判所の職員（公務員）です。各地の地方裁判所の中に執行官室があります。そこで強制執行の手続きをします。

差押え

債務者が滞納している借金や税金などを回収するために，財産の処分を禁じたり，財産を強制的に押収したりすることをいいます。

仮処分

判決による解決または強制

【仮差押え・仮処分のポイント】

- 仮差押え・仮処分の終了時から６か月間は時効の完成が猶予される。
- 時効の更新の効果はない。

④ 催告

催告（さいこく）とは，「貸したお金を返してほしい」など，相手方に履行を請求することをいいます。相手に伝わればよく，口頭や郵便など，特に方法に制限はありません。

単に請求するだけですから，「今の状態は真の権利状態ではない」ことが明らかになるわけではありません。ですから，効果は③仮差押え・仮処分と同じです。

催告では，６か月の猶予を与えようというのが目的ですから，その間に訴訟などで「今の状態は真の権利状態ではない」ということを明らかにすることが必要です。そのため，６か月の期間内に再度催告をしても，完成猶予の期間の延長は生じません。

【催告のポイント】

- 催告から６か月間は時効の完成が猶予される（猶予は１回限りで期間内に再度催告してもダメ）。
- 時効の更新の効果はない。

⑤ 協議を行う旨の合意

当事者間で，債務が残っているかどうかや，その残高はいくらか，返済方法はどうするかなどを話し合っている最中に時効期間が過ぎてしまっては元も子もありません。

そこで，時効の完成を気にせずに協議ができるように，一定の期間は時効を完成させないでおこうという趣旨で，時効の完成猶予が認められています。

ただし，協議は単なる話し合いでは足りず，「協議を行う旨の合意が書面でされる」ことが要件です（151条１項柱書）。時効をストップさせる以上，きちんと証拠となる書面を残しておくことが求められるわけです。

時効の完成がストップする期間は，次ページの右欄に列挙しています。

執行が可能となるまで権利などを保全するために，裁判所によって行われる暫定的な措置をいいます。金銭債権の以外の権利の現状維持を命じるものです（金銭債権の保全のための措置が「**仮差押え**」です）。

債権者・債務者

債権者とは，特定の人に財産に関する一定の請求をすることができる権利を持っている人です。
債務者とは，特定の人に財産に関する一定の行為をする義務を有している人のことです。

催告

催促とか督促とかと同じ意味です。

催告の効果は一度限り

時効完成に対する催告の効果は次のようなものです。
権利者「もうすぐ時効にかかりそうです」
法「じゃあ，すぐに裁判所に訴えなきゃ！」
権利者「でももうほとんど時間が残ってないんです」
法「ならば，まずは電話でもいいから払うように言いましょう。そうすれば，６か月間時効の完成をストップできますから」
権利者「電話で催促して，払ってくれなかったらどうします？」
法「払ってくれなかったら時効が完成しますよ。それを阻止したいんでしょ？ 相手はたぶん時効を期待してますよ。催促しなさいって言った意味，わかってますか？ **裁判の準備**をする６か月の時間の猶予をもらえるっていうことですよ」

【協議を行う旨の合意のポイント】

- 法が定める一定の期間は**時効の完成が猶予**される。
- **時効の更新**の効果はない。

⑥ その他の完成猶予事由

①〜⑤が主な時効の完成猶予事由ですが，これ以外にもいくつかあります。

試験対策としてはそれほど重要ではないので，まとめて列挙しておきます。

◎**未成年者または成年被後見人**……行為能力者となった時または法定代理人が就職した時から６か月を経過するまで（158条）

◎**夫婦の一方が他の一方に対して有する権利**……婚姻解消の時から６か月を経過するまで（159条）

◎**相続財産**……相続人が確定した時，相続財産管理人が選任された時または破産手続開始の決定があった時から６か月を経過するまで（160条）

◎**天災その他避けることのできない事変**……その障害が消滅した時から３か月を経過するまで（161条）

債務者が債務を承認したら時効の更新がある！

債務者が**債務の承認**をしたら，**時効は更新となります**（152条１項）。一方，**時効の完成猶予の効果は生じません。**

債務者が債務を承認するということは，不利益を負う者がその不利益を自ら肯定したということです。ということは，私たちの生活上の経験からいって（「経験則上」という言葉を使います），その債務が存在することは確実だということになります。

そのため，「債務が請求されない状態が継続＝債務はない」という事実状態は覆され，それまでの時効期間はノーカウントになります。

そして，その場合には時効の完成を「猶予」する必要はありません。**猶予というのは，「今の状態は真の権利状態ではない」ことを明らかにするために，裁判等の準備時間を確保**

権利者「訴訟の準備が間に合わなかったら，もう一度電話とかで催促すればいいですか？」
法「それはダメ！　訴訟準備には６か月あれば十分でしょ。さあ，急いで始めましょう。Go！」

協議を行う旨の合意での時効の完成猶予期間

①合意から１年が経過する時まで
②合意による協議期間（一年未満に限る）が経過する時まで
③書面による協議続行拒絶通知があったときは，その通知の時から６か月が経過する時まで

行為能力者

単独で有効に法律行為ができる人のことです。

法定代理人の就職

これは法定代理人が就任してその仕事を始めたという意味です。同じ法定代理人でも，親権者は子どもが生まれたときからその子の法定代理人ですが，成年被後見人の法定代理人（**成年後見人**）や，親権者が死亡等でいなくなった場合に選任される法定代理人（**未成年後見人**）は，裁判所の選任によって就任します。それが「就職」の意味です。

相続財産管理人

遺産の分配が完了するまで，相続財産を管理する人のことです。弁護士などの専門家が選任されることが多いようです。

しようというものですから，債務が承認された場合に完成を猶予しても意味がないのです。

一方，債務者が債務の承認をしたことにあぐらをかいて，そのまま放置するようなことがあれば，その承認の時点から新たに時効が進行を始めます。すなわち，時効の更新は生じるということです。

ここで，問題を通じて今までの知識を簡単に整理しておきましょう。

債務の承認

「確かにその額をお借りしています」とか，「まだこの代金の支払いは済んでいません」など，債務が残っていることを債務者自身が認めることをいいます。

例題15

時効に関する次の記述のうち，妥当なものはどれか。

（予想問題）

1　裁判上の請求があったとしても，その訴えが取り下げられた場合には，時効の完成猶予の効果は一切生じない。

2　債権は，債権者が権利を行使することができることを知った時から５年間これを行使しないときは，時効によって消滅する。

3　催告があった場合は６か月間は時効が完成せず，その間に再度の催告があると，時効の完成までの期間は再度の催告からさらに６か月間延長される。

4　権利についての協議を行う旨の合意があると，一定期間，時効は完成しないがその場合の合意は口頭によるものでもよい。

5　債務者が債務を承認すると，その承認の時から６か月間は時効は完成しない。

本問のポイント！

1．**裁判上の請求**があった場合，訴えが取り下げられたとしても，６か月間は時効の完成が猶予されます（147条１項柱書カッコ書き）。訴訟のやり方がマズかったなどという場合，もう一度対策を練って出直しです。

2．妥当な記述です（166条１項柱書１号）。

3．再度の催告を行っても時効期間は延長されません（150条２項）。

4．合意は**書面**でなされる必要があります（151条１項柱書）。

5．承認は，時効の完成猶予の事由ではありません（152条１項）。完成猶予ではなく，それまでの時効期間がリセットされる時効の更新事由です。

本問の正答は**2**です。

正答　2

前提なしの時効の更新

これまで本文で説明した事由は，まず前提として時効の完成猶予というものがあって，その次に時効期間がチャラになるという，いわば二段階方式でした。一方，債務の承認は，完成猶予という前提なしに時効期間がチャラになるというダイレクト方式です。つまり，最終目的地まで一気に行ってしまうということです。前ページの本文に「完成猶予の効果は生じません」と書いていますが，この完成猶予の効果は最終目的地にたどり着くまでの「前提」ですから，一気に行けるなら，そのような前提はいらない，そこをパスするので「完成猶予の効果は生じません」ということです。

「1-13　時効②」のまとめ

時効の完成猶予と更新

▶時効の完成猶予とは，法の定める猶予期間は時効が完成しないということであり，時効の更新とは，それまでの時効期間がいったんリセットされ，時効がイチから新たに進行を始めることをいう。

▶各種の裁判手続きには，その事由が終了するまでの間，時効の完成が猶予される効果がある。また，確定判決またはそれと同一の効力を有するものによる確定があれば時効は更新となる。

▶強制執行等があると，その事由が終了するまで時効の完成が猶予される。また，強制執行等の事由が終了した時点から時効は更新となる。

▶仮差押え・仮処分については，その終了時から６か月間は時効の完成が猶予されるが，時効の更新の効果はない。

▶催告があると，その時から６か月間は時効の完成が猶予される。その期間内に再度催告をしても，時効の完成がさらに猶予されることはない。また，催告には時効の更新の効果はない。

▶協議を行う旨の合意が書面でなされると，法が定める一定の期間は時効の完成が猶予される。協議には時効の更新の効果はない。

▶債務者が債務を承認したら，時効の更新が生じる。

▶天災その他避けることのできない事変があった場合には，その障害が消滅した時から３か月を経過するまでは時効の完成が猶予される。

第2章

物　権

所有権など物に関するいろんな権利

いよいよ，具体的な財産権である物権の章に入ります。

まずは，物権の性質や効力についての基礎知識を学んで，そのうえで物権最大のヤマである物権変動に取り組んでいきます。

「いきなり物権最大のヤマ？」

そう。でもとても興味深い分野なんです。その中の不動産物権変動では，似たような事例がたくさん出てきますから，上手に知識を整理することが求められます。

そのときに大切なのが，覚え込むことではなくて納得すること。実際に取り組んでみると，意外に常識判断が通用するんです。これが，民法を学ぶうえでの訓練にもつながります。ですから，興味深さに期待しながら取り組んでみましょう。

さあ，物権のスタートです。

物権の性質と効力
～「物」を直接支配できる権利～

ここから，「物」を直接支配できる権利である**物権**について説明していきます。

物権の性質と効力の出題傾向

出題数は多くありませんが，物権を学ぶ基礎となる部分ですから，しっかりと理解しておくことが必要です。

物権…物に対する直接的な支配権

物権とは，**物に対する直接的な支配権**であるなどという言い方をされますが，**ごく簡単にいえば所有権のこと**です。

「え？物権にはいろんな種類があると聞いたんですけど？」

そうなんですが，それらはすべて，所有権の一部を抜き出したものなんです。言ってみれば，**所有権の一部，つまりパートの部分が所有権以外の物権です。**

下に，物権の種類を図示しておきます。

物権＝直接支配権

誰の手も介することなく，自分で物を自由にできること，つまり，誰の干渉も受けずに，自分の判断で，物に対して権利を行使できることをいいます。
これに対して，債権は，た

物権の種類

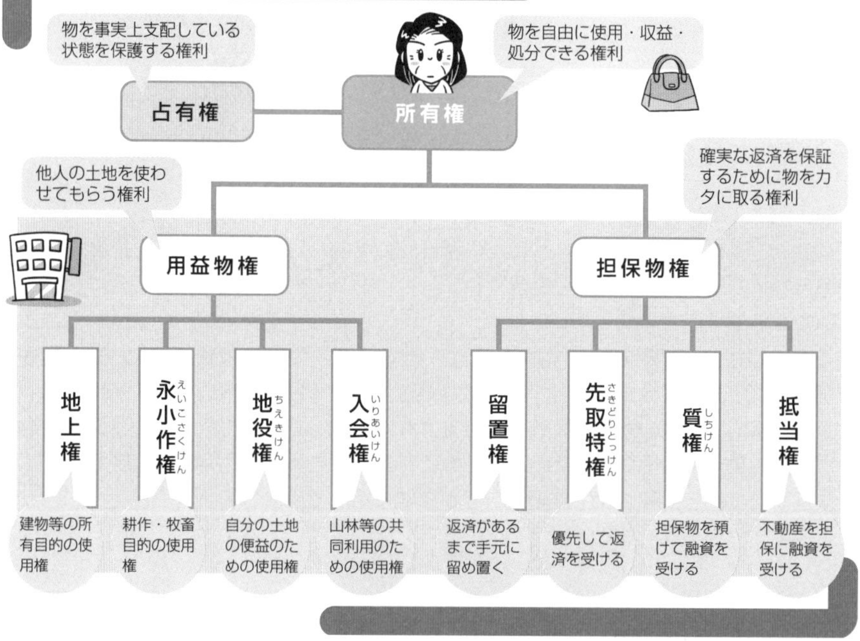

では，所有権とはなんでしょう？

感覚としては，日常的に使っている権利ですから，だいたいわかりますよね。

たとえば，「それ勝手に使わないで！」というように，他人に勝手にしてもらうと困るというのが所有権の大きな特徴です。つまり，**所有権**とは，**ほかの人が支配しようというのを退けて自分の物として自由に使う権利，売りたくなったら自由に処分する権利のこと**をいいます。

これを法的に表現すると，**所有権とは物を自由に使用・収益・処分できる権利**となります。

そして，**用益物権**は，**このうちの「使用・収益できる権利」を他人に使わせることで**，**担保物権**は**「処分できる権利」を他人に利用させることです**。

これらは，それぞれ後の項で詳しく説明します。

物を直接支配できるのが物権の特徴

所有権が「勝手に使わせない，勝手に処分させない」権利であるならば，**所有権の一部を抜き出した権利である用益物権や担保物権も，抜き出した範囲で同じような性質を持っています。**

つまり，他人には勝手にさせないという性質です。

このような「勝手にさせない」という性質を，物に対する**直接支配性**といいます。

物権の特徴

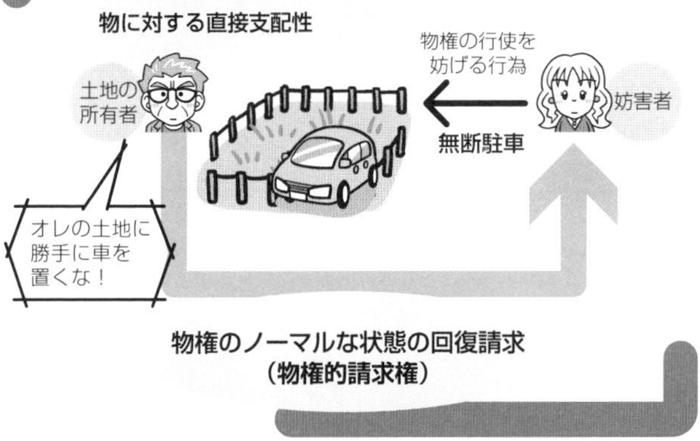

とえば売買契約なら，買った物を引き渡してほしいと請求できる権利で，そこには，買った物に対する**直接支配性**はありません。

物権と債権

物権を前提に，物権を取引するのが債権だとイメージしておいてください。ですから，債権を学ぶ前に物権のことを知っておく必要があるんです。

処分

一般に「処分」というと捨ててしまうことのように思いがちですが，民法では権利になんらかの変動があることを「処分」といいます。**売買，贈与，質権の設定**などはすべて処分です。

物権の種類

用益物権とは他人の物を使わせてもらう権利です。利用のしかたで左ページの図の四つの種類に分かれます。一方，担保物権は，確実な返済を担保する手段として物を利用する権利です。これも利用のしかたでいろんな種類に分かれます。
それぞれの箇所で詳しく説明します。

用益物権⇒p.248
法定担保物権⇒p.266
質権⇒p.272
抵当権⇒p.286

妨害者の意思

物の利用が妨害されるようになった理由は，**物権的請求権**の行使には関係がありません。たとえば，強風で近くの店の看板が家の前に飛んできて出口をふさぎ，

物権を持っている人が，物を直接支配できるのであれば，それを邪魔する人に対しては，邪魔しないようにと請求できるはずです。

まさにそのとおりで，なんらかの妨害があって，物権のノーマルな状態が邪魔されている場合には，そんな邪魔が入らない「自由に使用・収益・処分できるノーマルな状態に戻す」ように，物権の利用を邪魔している人に対して請求することができます。これを，**物権的請求権**（ぶっけんてきせいきゅうけん）といいます。

物権法定主義…物権は決まったもの以外は認められない

物権の内容や種類は，あらかじめ法律で定められています。これらを自由に決めたり，新たに作ったりすることは許されません。これを**物権法定主義**（ぶっけんほうていしゅぎ）といいます。

物権は，物を自由に支配できるという点で，とても価値の高いものです。なので，物権は，その価値を利用するなどのために，頻繁に取引の対象とされています。

そうなると，取引を円滑に行うためには，対象となる権利の内容や性質があらかじめ決まっていなければなりません。契約当事者が，みんな共通の認識に立って取引をする，そうでないと，後からこんなはずではなかったというトラブルが必ず起こります。

たとえば，AとBがミカンの木の売買をするとしましょう。その場合，Aの住んでいる甲地方では，所有権というのは物の使用（木の手入れとか）はできるものの，収益（ミカンの実の収穫とか）はできないとされていて，一方，Bの住んでいる乙地方では，所有権があれば使用も収益もできるなどというのでは，所有権の売買で合意しても，後から「いや，収穫もできるのが所有権だろ」「そうじゃない，収穫は別の権利だ」などと混乱が生じてしまいます。

物権法定主義

物権はその内容が定まっていなければならない

物権は契約で勝手に作ることが許されない

車が出せないなどという場合には，その店の店主に看板を撤去してほしいと請求できます。その場合，店主に悪意や過失があることなどは要件ではありません。

物権のノーマルな状態

たとえば車の所有権であれば，いつでも自由に運転できるとか，気に入ったパーツを自由に取り付けられるといった，自分の**思い通りに支配**している状態です。

物権の内容は法律で定まる

たとえば，ある地区で，「土地所有権とは，売却に地域住民全員の同意が必要なものをいう」などと勝手に決められては困るということです。また，地方の慣習で，「他人の荒れ地を開墾した者は，その開墾地の利用権を排他的に取得する」などと，法律によらずに新たに物権を作り出すことも認められません。物権は，取引の基礎になるものですから，その種類や内容などは，全国どこでも同じものとして，法律で一律に定めておくことが必要なのです。

甲乙丙丁

法律では，「Aさん，Bさん」などの呼称のほかに，「甲土地，乙債権」など，漢字で特定のものを示すことがよく行われています。これも慣れていきましょう。ちなみにそれぞれ「こう」「おつ」「へい」「てい」と読みます。

こうといったことを防ぐためには，先に述べたような統一のルールが必要なのです。

一物一権主義…一つの物権の対象は一つの物

一つの物権の対象は一つの物でなければなりません。つまり，物の一部には物権は成立しません。これを認めると混乱が生じるからです。

たとえば，１台の車の前半分がＡの所有で，後ろ半分がＢの所有などとすると，必ずトラブルが起こります。民法は，取引を円滑にして生活を豊かにするためのものですから，トラブルの芽はあらかじめ摘んでおく必要あります。

なので，**一つの物権の対象は一つの物でなければならない**としているわけです。これを**一物一権主義**（いちぶついっけんしゅぎ）といいます。

同様に，**数個の物に一つの物権も成立しません。**

ただ，こちらのほうは，ちょっと理由が違います。というのは，数個の物には，その数だけの物権を認めれば済むので，あえて一つにする必要はないからです。

ただし，これには**例外**があります。

それは，**数個の物に一個の物権を認める必要がある場合には，それが認められるという例外**です。

図にあるような場合がそれで，「この倉庫の中の商品全部を担保に取って必要な資金を融資する」という場合には，倉庫の中に入っている商品全部（**集合物**（しゅうごうぶつ）といいます）について，一つの担保権を設定することができます。

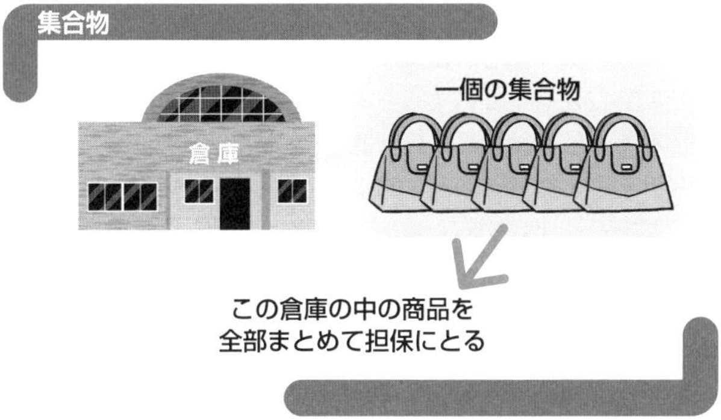
集合物
倉庫
一個の集合物
この倉庫の中の商品を
全部まとめて担保にとる

以上について問題演習で知識を整理しておきましょう。

物権って消滅する？

その物権を残しておく意味がなければ消滅します。たとえば，ＡがＢから借りている（地上権）土地を買い取ったら，借りる権利（地上権）を残しておく意味はないでしょう。だから，地上権は所有権に吸収される形で消滅します。これを**混同**による消滅といいます。ただ，地上権が誰かの権利の対象になっていた（例：融資のカタとして地上権に抵当権が設定されていた，など）という場合には，残しておく意味があるので，地上権は消滅しません（残す意味があるかどうかで考えれば判断は容易です）。

共有の場合は？

共有も，持分は一個の所有権です。つまり，分割所有なのではありません。「一つの所有権」を共同で持つのが「**共有**」なのです。
また，マンションのような区分所有の場合も，区分された部分ごとに一つの所有権が成立します。１棟全体に**一つの所有権**が成立しているわけではありません。なお，マンションの場合，廊下等の共用部分は別の所有権になっていて，これについては共有になっています。

担保

債権の履行を確実にするための手段です。頻繁に用いられている担保として「保証人を立てる」「抵当権を設定する」などがあります。

例題16

民法に規定する物権に関する記述として，通説に照らして，妥当なのはどれか。 （地方上級　改題）

1　契約自由の原則から，物権は民法その他の法律に定めるもののほか，契約によって自由に創設することができるが，物権法定主義により，物権の内容を民法その他の法律に定められているものとは違ったものとすることはできない。

2　物権の客体は物であることを要し，民法において物とは有体物をいうものとされているので，物権には，有体物以外のものを客体とするものはない。

3　民法上の物権を分類すると，自分の物に対する物権である所有権と他人の物に対する物権である制限物権に分けられるが，制限物権のうち他人の物を利用する用益物権には，占有権，永小作権および地役権が含まれる。

4　物権は絶対的・排他的な支配権であるが，物権と債権が衝突するときに，債権が物権に優先する場合がある。

5　物権は物を直接支配できる権利であるから，その対象は一つの物でなければならず，複数の物に一つの物権が成立することはありえない。

本問のポイント！

1．物権は，当事者間の契約で自由に創設することはできません。これを**物権法定主義**といいます（175条）。

物権の内容が地域によって異なっていると，遠隔地どうしでの取引がスムーズにいきません。「そちらの所有権ってどんなものですか？」なんてやり取りをしていたら面倒でしかたありません。物の売買などは，日常的に大量に行われていますから，**物権の種類や内容などは，法律で全国一律のものとして統一しておく必要がある**のです。

2．物権は，物を直接に支配する権利です。ですから，その対象は原則として物（固体，液体，気体のどれか，つまり**有体物**）でなければなりません。ただし，このような**直接支配性は，それ自体に意味があるわけではなく，物を直接支配して，そこから利益を受けることに意味があります。**物権のうち，**担保物権**は，支払いを確実にするために設定されるものですから，特許権など一定の価値があるものについては，物ではなく権利であっても例外的に設定が認められることがあります（例：権利質（けんりしち），362条）。物権の「そこから利益を受ける」という性質が重視された結果です。

これは，民法が，「生活を便利・快適にするために弾力的に運用されている」一つの表れといえるでしょう。

一物一権主義

これを考えるときには，「なぜ一つの物には一つの物権しか成立しないのか」という点から考えてみてください。たとえばカメラは一つの物ですが，それが共有ではなく，右半分がＡさんの単独所有で左半分がＢさんの単独所有という場合，ＡＢどちらかがカメラを使おうとすると，必ず他方の所有権の侵害になってしまいます。そんな状態は好ましくないから，「一つの物には一つの物権しか成立しない」とするわけです。一方，「倉庫内の物を一まとめにして融資のカタ（担保）にとる」という場合，「倉庫内の物をまとめて一つ」としてもなんの不都合も生じません。それどころか，これで銀行での融資の審査がスムーズに進みます。ならば「**集合物概念**は不合理どころか役に立つ」。だから一物一権主義に反しないのです。

3．用益物権は，地上権（265条），永小作権（270条），地役権（280条），入会権（294条）の四つです。占有権はこれに含まれません。

用益物権とは他人の物（土地）を利用する権利で，問題文の永小作権や地役権はこれに含まれます。永小作権は他人の土地で作物を育てる権利，地役権は自分の土地の利便性を高めるために他人の土地を利用する権利です。

これに対して，**占有権**は，ある人が物を所持している場合に，ちゃんとした正当な権利のもとに所持しているのか，その証明ができなくても，**とりあえずその所持を正当なものとして認めようというもの**です。これは，権利関係の紛争がある場合に，**実力による奪い合いを防止して，権利を主張するなら裁判手続きで決着をつけてほしい**，それまでは暫定的に今の所持者に所持を認めるというものです。ですから，他人の土地を利用するというものではなく，用益物権には含まれません。

4．妥当な記述です。債権の中には，事実上物権と同じように扱われているものがあります。登記した賃借権（605条）などがその例です。そして，物権と同じ扱いを受けるのであれば，先にそれを設定して対抗力（下記の「発展」参照）を備えた場合，後から設定された物権に優先することになります。

5．複数の物（いわゆる**集合物**）に一つの物権を設定することもできます。

本問の正答は**4**です。

正答　4

発展　物の所有権の移転時期

売買などで物権を移転する場合，買主はいつから自分でその物を支配できるようになるのでしょうか。契約の時，引渡しの時，不動産なら移転登記の時？

この点について，民法は規定を設けていて「物権の……移転は，当事者の意思表示のみによって，その効力を生ずる」としています（176条）。そこで，これを素直に読むと，契約の時に所有権が移転することになります。つまり，たとえば売主Aが買主Bと売買契約を結んだ場合，その合意が成立した時点で，もうあっさりと所有権はBに移転してしまうのです。

契約自由の原則

この原則については，521条に明文規定があります。条文は，１項が「何人も，法令に特別の定めがある場合を除き，契約をするかどうかを自由に決定することができる」，２項が「契約の当事者は，法令の制限内において，契約の内容を自由に決定することができる」となっています。法律に抵触しなければ，契約内容は自分たちで自由に決めることができます。

有体物

詳しくは「1-5物」を参照してください。
⇒p.66

特許権

新しい発明をした人に与えられるその発明の**独占利用(実施)権**です。

**用益物権
占有権**

用益物権は2-9で，占有権は2-6で詳しく説明します。
用益物権⇒p.248
占有権⇒p.210

制限物権

使用・収益・処分に制約のない完全な形の物権である所有権の一部が制約されているものを**制限物権**といいます。用益物権や担保物権は，どちらも制限物権です。

賃借権

賃貸借契約によって得られる借主の権利で，貸主の承諾のもとで借主が土地や建物などを間接的に支配する権利です。民法上，**債権**とされています(601条)。

では，その後に，Aが同じ物をCにも売るという契約をCと結んだ場合はどうなるでしょうか。
「そんな契約は無効でしょ！」
いいえ，契約自体は無効にならないんです。
「え？でも所有権はもうBに移ってるんでしょ。だったら，売主Aには売れるわけがないじゃないですか」
でも売れるんです。実はこの部分，大議論になっていて，いまだに解決していません。
では，なぜAがCにも売れるかというと，実際に取引社会でこんな二重売買が頻繁に行われているので，現実問題としてそれを認めざるをえないんです。
でも，Bに売ってしまって所有権者ではなくなったAが，さらにCに売れるというのは，理論的にはおかしですよね。
そこで学説は，この矛盾をなんとか合理的に説明しようとして，いろいろ工夫していますが，もともとつながらないものを無理につなげようとするので，かなりわかりにくいものになっています。ですから，みなさんはそこに足を踏み込む必要はありません。「取引社会で実際に二重売買が行われているんだから，それを認めよう」で，あっさり済ませてください。
ただ，その場合に問題となるのは，
「じゃあ，二重売買の場合にどっちが優先するの？」
ということです。
ここでキーワードが登場します。それは「**公示**」と「**対抗力**」（例題16の肢**4**の解説部分）という二つの言葉です。
まず，物権になんらかの権利の変動があった場合（例：売却された，土地に地上権が設定された，など），「新しい権利者が登場しました」ということが示されていないと困ります。ですから，物権変動の場合には必ず公示しましょうということになっていて，その手段は，不動産の場合は登記，動産の場合は引渡しです。これを**公示の原則**といいます（177条・178条）。
そして，ちゃんと公示を済ませていれば，買主が別の人と契約をしても，その時には，もうすでに第一の買主が物を直接支配しているわけですから，そちらのほうが権利としては優先されます。反対に，それをサボっていて，第二の買主が先に公示を備えてしまうと，第二の買主から権利を主張されてしまいます。この「相手方に自分の権利を主張できる」という効力を**対抗力**と呼んでいます。つまり，公示には，対抗力が認められているんです。
以上の議論，何かすっきりしないかもしれませんが，現実重視の立場をとると，こんなことが生じます。民法の一つの特徴としてとらえておいてください。

現実を解決するための理論

現実は意外にダイナミックです。「物を売ったら，その人は所有者でなくなるから，他の人には売れない」というのは理屈としてはそうですが，現実は違います。ですから，現実を踏まえて，そこで起きる紛争をどのようにうまく解決するかを考えるのが民法理論です。先ほどの集合物も「一物一権主義からするとありえない」ではなくて，「担保にできるものがあって，それで銀行から融資を受けられるならそのほうがいいじゃないか」というのが現実なんです。現実を前提にしつつ，思考を柔軟にして民法に取り組んでいきましょう。

物権変動の登記（不動産）

売買などの権利の移転なら，所有権移転登記，地上権の設定なら地上権設定登記です。

公信の原則

動産取引には，さらに**公信の原則**が認められています。これは，公示（前主の占有）を信頼して取引をした者は権利を取得できるという制度です。なお，不動産取引ではこの原則は認められていません。

公示の原則と公信の原則

2-5即時取得でも説明しているので，そちらも見てみてください。
⇒p.207

「2-1　物権の性質と効力」のまとめ

物権の性質

▶物権は物に対する直接的な支配権である。

▶物権の客体は，原則として固体・液体・気体といういわゆる有体物であるが，「権利」を客体とする物権も存在する。

▶物権は，民法その他の法律に定めるもののほか，これを創設することができない。これを物権法定主義という。

物権の種類

▶物権の基本は，物を使用・収益・処分する権能である所有権である。そのうちの使用・収益権能を内容とするのが用益物権，処分権能を内容とするのが担保物権である。これらは，所有権の一部が制限されたという意味で，制限物権と呼ばれる。

▶用益物権には，地上権，永小作権，地役権（ちえきけん），入会権（いりあいけん）の四つがある。

▶担保物権には，留置権，先取特権（さきどりとっけん），質権（しちけん），抵当権の四つがある。これ以外に実務上の必要に基づいて生み出されてきたものに譲渡担保がある。判例はその有効性を認めている（民法に規定されていないという意味で非典型担保と呼ぶ）。

公示の原則・公信の原則

▶公示の原則とは，物権の変動（発生，変更，消滅）には外界から認識しうるなんらかの公示手段を伴うことを必要とするという原則である。

▶公信の原則とは，公示を信頼して取引をした者は，公示どおりの権利を取得できるとする原則である。公信の原則は，動産取引のみに採用されている。

物権的請求権

▶物権的請求権とは，第三者による物権の侵害によって，その自由な支配が妨害されている場合に，本来の状態に戻すことを侵害者に求めることができる権利である。

▶自由な支配が妨害されている状態が生じれば足り，侵害者の故意・過失を必要としない。

不動産物権変動①

～不動産の売買や解除・取消しには登記が必要～

ここから，いよいよ本格的に物権の問題に入ります。

そして物権といえば所有権が中心ですが，所有権については前項で説明したことで内容としては言い尽くされています。ですから，所有権を長々と説明するよりも，むしろ，**所有権で一番問題になる物の取引（物権変動）の安全からスタートしましょう。**

この物権変動は，土地・建物などの不動産と，商品などの動産の両者で問題になりますが，先に価値の高い（そして生活の基盤となる）**不動産**（ふどうさん）のほうから説明します。動産（どうさん）については，2-5の「即時取得」の項で説明することにします。

ところで，p.163の「発展」で述べたように，不動産も動産も二重契約が行われることがあります。つまり，**ある土地の所有者Aがその土地をBに売った後で,さらにCに売るということが契約としては可能**なのです。「Bと契約して売ってしまったのだから，Cとの契約は無効だ」などと考える必要はありません。Cとの契約も，有効な契約としてきちんと成立しているのです。

ただ，その場合に問題となるのは，どちらがその土地の所有者になれるかということです。

不動産登記って何？

上記のように二重契約が可能となると，買う側は不動産を安心して買う（確実にその物を自分のものにする）にはどうすればいいのでしょうか。法は，その対策として**取引の安全**を図るために権利関係を明確にする制度を設けました。これを「**公示制度**」（公に権利関係を明確にする制度）といい，**不動産の場合は登記で公示が行われます**。そして，各地の法務局にいけば，買おうと思っている不動産について，Aが本当に所有者なのかとか，担保はついていないかなどを，だれでも簡単に確認（閲覧）できるようになっています。

不動産物権変動①の出題傾向

次の項とともに物権最大のヤマで，頻繁に出題されています。似たような概念が登場しますから，混乱しないようにしっかりと理解を深めておきましょう。

不動産物権変動

不動産に対する権利関係が変わったり動いたりした場合についての話です。
不動産物権変動については「登記の有無とその時期」がカギを握っています！

解除・取消し

売買契約で登記を移した後でその契約を解除したり，詐欺を理由に取り消したような場合にも，「移した登記を**自分の名義**に戻す」ために登記が必要になります。

法務局

法務省が管轄する地方支分部局で，各地で不動産登記や法人登記などを担当しています。

【不動産の登記事項(概略)】

①不動産の概要

➡不動産のある場所，用途(例：農地，宅地など)，広さ。建物の場合は，種類(例：店舗，工場など)，構造(例：木造，コンクリート構造など)，床面積

①権利関係

➡所有者，抵当権が設定されている場合は誰が抵当権者か，所有者が借り入れている金額

ところで，不動産を取引する場合は，現地で物件を確認するのが通例です。ただ，現地で物件を確認しても，誰がどんな権利を持っているのかまではわかりません。それを登記簿で確認するわけです。つまり，不動産について取引をしようとする人は，法務局で登記簿を見て，その不動産の用途や，誰がどのような権利（所有権，抵当権設定の有無など）を有しているかなどを把握して，取引の判断素材とするわけです。

ただ，そうするためには，一つ，とても大切なことがあります。

それは，**登記簿の記載内容が，その時点の権利関係を正確に表示していなければならない**ということです。

登記は国のほうで自動的に手続きをしてくれるわけではなく，権利者が行うべきものです。したがって，**登記簿の記載内容と真の権利関係との一致を図る責任は，不動産の権利者の側に委ねられています。**

登記しないと，登記を信頼した者に権利主張できない

不動産について物権変動が生じたにもかかわらず，権利を得た人が登記を怠った場合，登記簿は「その者が真の権利者である」という表示をしていないことになります。

【不動産取引の原則と例外】

【原則】　その不動産について，購入等で新たな権利者が現れた場合は，**先に登記をしたほうが権利を取得できる。**

つまり，どちらが先になすべきこと(登記)をしたかによって，両者の権利の優劣が判定される。

登記

あるものの権利関係などを社会に**公示**するための制度です。不動産登記は，不動産の所在地や面積などの状況と所有権などの権利関係を登記簿に記載して公表することによって，不動産取引の**安全**と円滑化を図っています。

登記簿の具体例

不動産登記の登記簿の記載例は以下に掲載しています。よかったら参考までに見てみてください。
⇒p.287

抵当権

住宅ローンなどで最もポピュラーに使われている担保物権です。ローンを払えなかったときは，その住宅を売却されてしまいます。
詳しくは3-4で説明しています。
⇒p.286

登記の重要性

登記はとても重要で，別の人に先に登記をされてしまうと権利主張ができなくなる場合があります。

【例外】

①その性質が登記になじまないもの（入会権等の登記できない権利）は，登記しなくても他の者に権利を主張できる。

②社会常識上登記を期待できない場合は，登記しなくてもその権利を他の者に主張できる。

もし，権利変動があったことをきちんと登記しておけば，新たにその不動産を購入しようとしている人が現れた場合に，権利内容を誤解することはなかったはずです。

そこで，法は，**不動産取引の安全**を図るという見地から，次のようなルールを設けました。

以下，具体例で，説明していきましょう。

取消しと登記（取消しの前後に第三者が現れた場合）

不動産を譲渡（贈与・売買）する契約（意思表示）は，**制限行為能力**，**錯誤**，**詐欺**，**強迫**などの事実があれば取り消すことができます。これは，総則で説明しましたよね。

そして，**契約を取り消した場合は，不動産の所有権が自分のところに戻ってきますから，相手に登記を移していた場合には，これを直ちに取り戻しておかなければなりません。**

ただ，法律関係は取消しの前後でちょっと変わります。まずは，**取消しの前に第三者が現れた場合**について説明します。

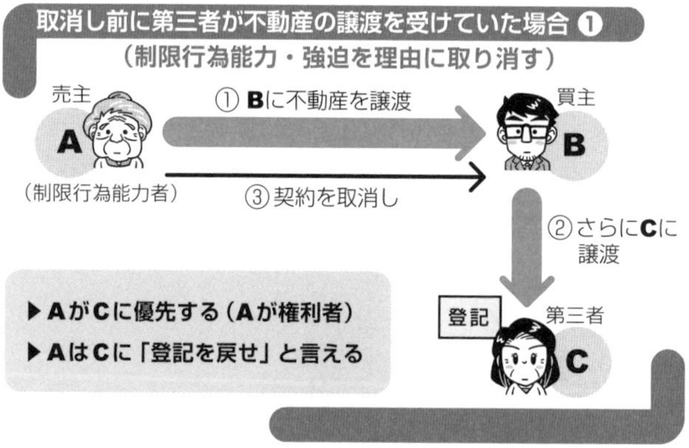
取消し前に第三者が不動産の譲渡を受けていた場合 ❶
（制限行為能力・強迫を理由に取り消す）
売主
A
（制限行為能力者）
① Bに不動産を譲渡
③ 契約を取消し
買主
B
② さらにCに譲渡
登記
第三者
C
▶AがCに優先する（Aが権利者）
▶AはCに「登記を戻せ」と言える

AがBに不動産を譲渡した後で，その不動産をBがCに譲渡し，さらにその後にAが制限行為能力または強迫を理由に

入会権

山林の恵みを集落の全員で享受しようとする権利などのことをいいます。
詳しくは用益物権の項で説明しています。
⇒p.252

権利主張

同じ物権についての権利主張のことを「**対抗**」という言い方をします。

制限行為能力等

これらについては，制限行為能力者や意思表示を参照してください。
制限行為能力⇒p.30
錯誤⇒p.86
詐欺・強迫⇒p.90
また「取消し」については1-10を参照してください。
⇒p.124

第三者

不動産を譲り受けた者（左図のBさん）からその不動産についての権利を取得した者が，ここでいう第三者です（左図のCさん）。

ＡＢ間の譲渡契約を取り消したとします。その場合は，Ａ→Ｂ，Ｂ→Ｃの移転登記が済んでいても，**Ａは契約を取り消すことでＣに土地と登記を自分に戻すように要求できます**（大判昭10・11・14）。

この場合に，「ＣがすでにＢからの移転登記を済ませているのでＣが権利者だ」とすると，法が制限行為能力や強迫の場合に取消しを認めて，意思表示をした者（表意者）を保護しようとした趣旨が損なわれてしまいます。

ですから，**取消し前に第三者が出現しても，制限行為能力者や強迫を理由に取り消した者のほうが優先します。**

これに対して，取消しの原因が錯誤や詐欺の場合にはちょっと違ってきます。

取消し前の第三者が善意・無過失であれば，取消し後に登記を取り戻しても，その第三者には対抗できません。錯誤も詐欺も「ちょっとうっかりしてて……」「もっと気をつけていたら防げたかもしれないな……」という落ち度のある意思表示者に対して，第三者の側にはなんの落ち度もなかったとしたら，やはり第三者の利益のほうを優先すべきですよね。法もそう考えて，第三者Ｃが善意・無過失であれば，意思表示者Ａは取り消してもＣに権利主張できないとしています（95条４項，96条３項）。

取消し前に第三者が不動産の譲渡を受けていた場合 ❷
（錯誤・詐欺を理由に取り消す）

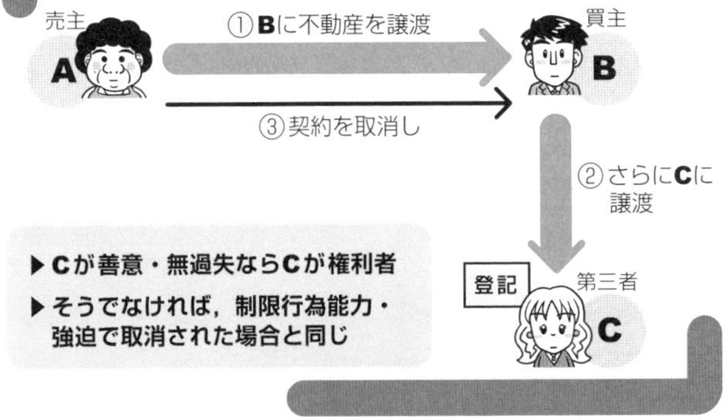

次に，**取消しの後に第三者が現れた場合**について説明します。

この場合は，制限行為能力者であるか，錯誤，詐欺，強迫であるかによる区別はありません。「取消しによって保護される」という総則で説明した民法の規定がカバーするのは，

取消し前の第三者

取消しができるのは，能力者になった後または詐欺・強迫が止んだ後５年間などとする期間制限があります（126条）。その間に出現した第三者が**取消し前の第三者**です。

錯誤

錯誤は，いわゆる「勘違いの意思表示」です。

95条（錯誤）

1　意思表示は，次に掲げる錯誤に基づくものであって，その錯誤が法律行為の目的及び取引上の社会通念に照らして重要なものであるときは，取り消すことができる。
4　第一項の規定による意思表示の取消しは，善意でかつ過失がない第三者に対抗することができない。

96条（詐欺）

3　…詐欺による意思表示の取消しは，善意でかつ過失がない第三者に対抗することができない。

無過失の意味

ここで過失とは，Ａがうっかりミスで B に権利を渡したとか，Ａがだまされて権利を B に渡したということは，ちょっと注意すればわかったはずなのに，それを見逃してしまったという落ち度です。
したがって，そんな事情がないのが「**無過失**」という意味です。

あくまで取消し前に第三者が現れた場合です。

そして，**取り消したら，直ちに所有権の登記を回復する**（登記簿を自分が所有者であるとの表示に戻す）**ことができますから，速やかにそれをやっておかなければなりません。**

というわけで，**取消しの後に第三者が現れた場合には，どちらが先に登記を備えたか**（Aの場合は登記名義を取り戻す，Cの場合は移転登記を済ませる）**で優劣が判断されます**（大判昭17・9・30）。

仮に，Cが先に移転登記を済ませてしまったら，Cが確定的に所有者となり，Aはもはや土地を取り戻すことはできません。その場合は，自分が被った損害の賠償をBに請求する以外にはありません。

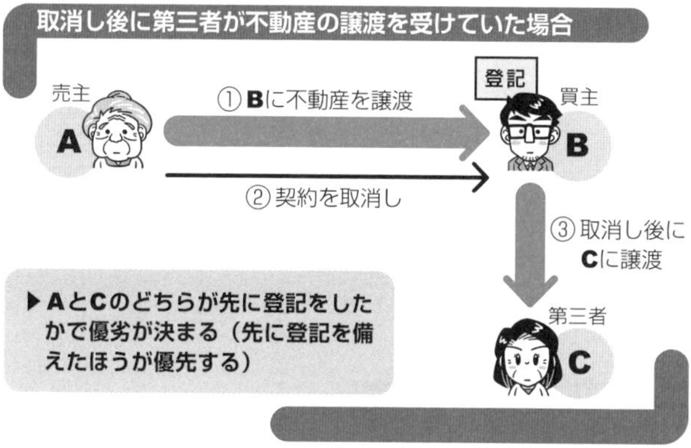
取消し後に第三者が不動産の譲渡を受けていた場合
売主
A
登記
買主
B
①Bに不動産を譲渡
②契約を取消し
③取消し後にCに譲渡
第三者
C
▶AとCのどちらが先に登記をしたかで優劣が決まる（先に登記を備えたほうが優先する）

解除と登記（解除の前後に第三者が現れた場合）

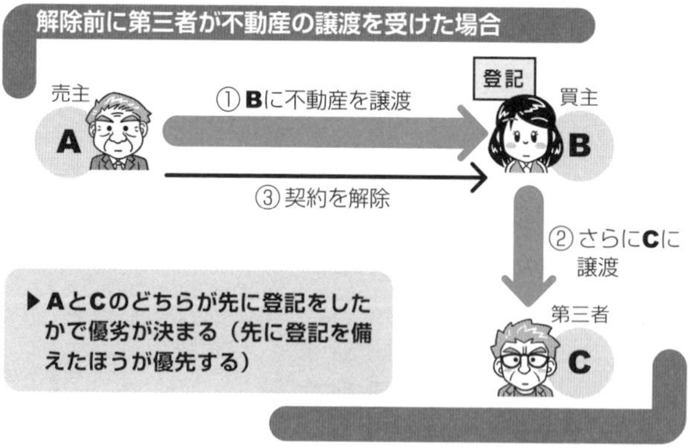
解除前に第三者が不動産の譲渡を受けた場合
売主
A
登記
買主
B
①Bに不動産を譲渡
③契約を解除
②さらにCに譲渡
第三者
C
▶AとCのどちらが先に登記をしたかで優劣が決まる（先に登記を備えたほうが優先する）

善意・悪意

民法では，善意・悪意という言葉が頻繁に登場します。これは，事実を知っていたかどうかによる区別で，知らなかった場合が**善意**，知っていた場合が**悪意**です。一般的な用語の使い方とは違っていますから，しっかり覚えておきましょう。

第三者が悪意の場合

第三者は取消しの原因となった事情を知っていても（悪意でも）かまいません。Aは取消し後速やかに登記を取り戻せたはずですから，AとCは互いに競争相手となります。

解除と取消し

解除は，代金を支払わないなど債務不履行があった場合に行えるものです。
ちなみに取消しは，意思表示に欠陥があった場合に行えるものです。

545条（解除）

1　当事者の一方がその解除権を行使したときは，各当事者は，その相手方を原状に復させる義務を負う。ただし，第三者の権利を害することはできない。

善意・無過失の要件

つまり第三者が結局善意・無過失であろうが，あるいは悪意・有過失であろうが，そういうことは問題にせずに，単に「先に登記を済ませたほうが勝ち」ということにしているわけです。

今度は，Bが代金を支払わないなどで，AがBとの契約を**解除**した場合について説明します。

取消しの場合と同じように，まずは**解除前に第三者が現れた場合**です。

まず，右欄にある民法545条１項の条文を見てください。

第三者については，ただ単に「第三者の権利を害することはできない」としか規定してありません。詐欺を理由とする取消しのように，「善意・無過失であれば，第三者が権利取得できる」などといった第三者保護要件はありません。

では，第三者Cは善意・無過失かどうかとは関係なく，常にAに優先するのでしょうか。

この点について，判例は，AとCの利益のバランス調整を行って，それによって両者のいずれが優先するかを判断しています。

それは，次のようなものです。

【解除前の第三者についてのバランス調整（判例）】
（大判大10・5・17）

条文には「移転登記を先に済ませなければ権利取得できない」などとして，「登記が必要だ」いう要件は規定されていないが，解除前の第三者が保護されるには，第三者は移転登記を済ませていなければならない。

なぜなら，契約を解除したAは，買主Bが代金を支払わなかったために解除したわけで，A自身には何ら責められるべき点はない。そのような状況で解除した者を犠牲にしてまでCに権利を主張させるには，やはり「なすべきこと（登記）をきちんと済ませた」という保護に値する資格の存在が必要である。

結局，**判例は，解除前に第三者が不動産の譲渡を受けた場合には，解除者と第三者のどちらが先に登記を済ませたかで優劣を判断しています**（大判大10・5・17）。

次に，**解除後に第三者が不動産の譲渡を受けた場合**について説明します。

545条１項ただし書きは，解除前に第三者が現れた場合の規定です。解除後までをカバーしているものではありません。

ということは，「特別な規定はない→一般原則に従う」と

解除の場合の利益衡量

解除の場合には，条文に第三者を保護する旨の規定があるため，「第三者優先なのか！」と思ってしまいますが，そうではありません（545条１項は「当事者の一方がその解除権を行使したときは，各当事者は，その相手方を原状に復させる義務を負う。ただし，第三者の権利を害することはできない」と規定しています）。結局は，不動産の支配についてバッティングの関係に立つ（つまり対抗関係の）解除者と第三者双方について「何か責められるべき点はないかをひととおり探してみて（あら探しのようですが），それがなければ登記で決着をつける」というだけのことです。この「あら探し（or 保護強化）→なければ登記で決着」は取消しの場合も同じですから，復習する際に参考にしてみてください。

解除したらすぐに登記！

これまでの説明で，登記がいかに重要であるかが理解できたと思います。タチの悪い買い手は，売主が解除を通告したことを知ったら，すぐに転売相手を探し出して登記を移そうとします。ですから，解除したら，ほとんどその足で**法務局**（ないしは司法書士事務所）に駆け込む必要があります。それともう一つ重要なことは，買い手に登記を移す場合には，必ず代金全額と引き換えに行うことです。代金全部が払われていれば，「債務不履行で解除する」などという問題は起こりません。トラブルは，未然に防止するが最良の対策なのです。

解除後に第三者が不動産の譲渡を受けた場合

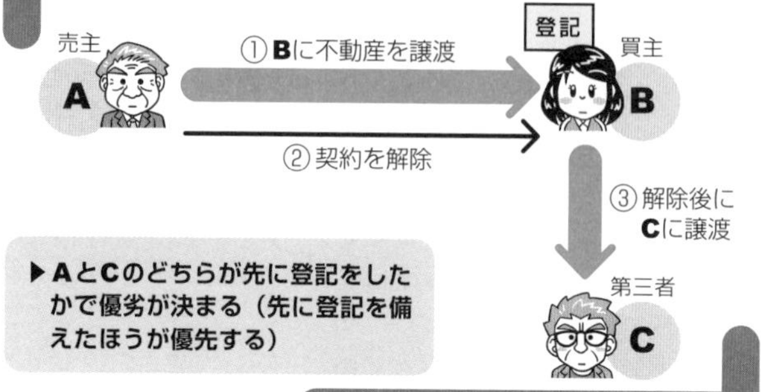

いうことになりますから，**扱いは取消し後に第三者が現れた場合と同じ**です。

つまり，**Aが登記名義を取り戻すのが先か，Bが移転登記を済ませるのが先かで優劣が判断されることになります**（大判昭14・7・7）。

けっこう複雑だったので，ここでいったん，取消しと解除の双方について，問題を解きながら知識を整理しておきましょう。

解除

解除の要件などについては，「民法Ⅱ」で詳しく説明します。

例題17

不動産物権変動と登記に関する次の記述のうち，妥当なのはどれか。

（国税専門官　改題）

1　AはBの詐欺により自己所有の土地をBに譲渡し，さらに，Bはその土地を詐欺による譲渡であったことについて善意・無過失のCに譲渡し，それぞれ所有権移転の登記を行った。その後，Aは詐欺を理由としてAB間の売買契約を取り消した場合，AはCに対して所有権を主張することが認められる。

2　**1**の事例で，AがAB間の売買契約を取り消したのが，Bからの強迫を理由とする場合，AはCに対して所有権を主張することが認められる。

3　**1**の事例で，AがAB間の売買契約を制限行為能力を理由として取り消したのであれば，AはCに対して所有権を主張することは認められない。

4　Aは自己所有の土地をBに譲渡して登記を移転したが，Bが代金を支払わなかったので，Bとの売買契約を解除した。ところが，Bはその前に，その土地をCに譲渡した。ただし，登記はCに移転していない。この場合，Aは登記なくしてCに対して所有権を主張することが認められる。

5　**4**の事例で，Aの解除後にBがその土地をCに譲渡したのであれば，Aは登記なくしてCに対して所有権を主張することが認められる。

本問のポイント!

取消しや解除と登記の問題は，いろんなケースがあって，知識が混乱しやすい部分です。まず簡単に知識を整理しておきましょう。

法律行為の取消し・解除と登記

原因	事項		登記の可否	第三者保護規定の有無	第三者に対抗するのに登記が必要か
取消し	**取消し前**（第三者保護規定の有無で違う）	錯誤 詐欺	取り消さなければ登記の取戻しはできない	あり	第三者が善意・無過失なら対抗不可
取消し	**取消し前**（第三者保護規定の有無で違う）	制限行為能力 強迫	取り消さなければ登記の取戻しはできない	なし	不要（表意者保護強化）
取消し	**取消し後**（解除も同じ扱い）		登記できる	なし	必要（原則どおり）
解除	**解除前**		解除しなければ登記の取戻しはできない	あり	必要（原則どおり）
解除	**解除後**（取消しも同じ扱い）		登記できる	なし	必要（原則どおり）

先に表の内容を説明しておくと，**取消しも解除も**，**やむを得ず取消しや解除をしなければならなくなった人を救済するために民法が認めた制度です。**

たとえば取消しの場合は，詐欺や強迫によって契約させられてしまった人を契約の義務から解放する，また，解除の場合には，約束を守らない相手との間で自分に課せられた契約の義務から解放するというものです。つまり，そういう人に**取消しや解除を認めて，その人たちが不当な不利益を被らないようにしようとするもの**です。

そして，これらの人は，取消しや解除を行ってはじめて登記を取り戻すことができるのですから，**取消し前や解除の前に登記を取り戻すことはできません。**ということは，取消しや解除の前に第三者が出現した場合であっても，権利を取り戻すのに登記が必要だとすると，法が取消しや解除でその人たちを守ろうとした意味が失われてしまいます。そのため，登記がなくても，取消しや解除の効果，つまり自分に権利が戻ってきたことを第三者に主張できることになっています。これが**原則**です。

表の「原則どおり」の意味

原則どおりとは，**登記で決着**をつける，つまり「先に登記を済ませたほうが勝ち」ということです。
表の中の「取消し後」と「解除前」「解除後」はどれも登記で決着をつけるというのですから，「取消し前」だけを覚えておけば，後は「原則どおり」で済ませることができます。
また，「取消し前」についても，p.171の右欄で説明したように，「あら探し(or保護強化)→なければ登記で決着」で考えてみてください。「なるほど！」と思えれば，意外に簡単に理解できるようになります。それで，表全部のマスターが完了です。

ただ，これには**二つの例外**があります。

結論を先に書いておきます。

①錯誤・詐欺で取り消した者 ＜ 善意・無過失の第三者
➡ 善意・無過失の第三者の保護が優先

②解除した者 ＝ 第三者
➡ 両者の保護に差はない ➡ 登記の先後で優劣が決まる

①錯誤・詐欺で取り消した者 ＜ 善意・無過失の第三者

まず，錯誤や詐欺の場合には，意思表示をした人の側には「うっかりしていた」「もうちょっと注意すべきだった」という落ち度というかマイナス面があります。一方，**第三者が善意・無過失の場合には，第三者の側にはなんらマイナス面はありません**。そこで，「あら探し（or 保護強化）→なければ登記で決着」で判断してみましょう。錯誤や詐欺で意思表示をした人にはあら探しができますよね。これに加えて，善意・無過失の第三者には保護の必要があります。

ということは，結論は自然と出てきます。法はこのバランス調整を明文で規定していて，善意・無過失の第三者の保護を優先させています。したがって，この場合は**対等の立場に立った当事者について登記の先後で優劣を決するのではなく，より保護の必要性が高いほうを優先させるという観点から，善意・無過失の第三者が優先することになります**。

②解除した者 ＝ 第三者

本文で説明したとおり，**解除者と第三者の保護の程度に差異はありません**。ですから，どちらが先に登記を備えたかで優劣が決まることになります。

一方，取消し後や解除後についてはわかりますよね。**取消しや解除を行った者は，その時点から登記を取り戻すことができますから，第三者との関係は，どちらが先に登記を備えたかで優劣が決まる**ことになります。

以上を前提に，本問を考えてみましょう。

1．**詐欺**を理由とする取消しが行われる前に第三者が出現している場合です。そして，第三者Cは善意・無過失というのですから，登記を問題にする以前に，そもそも第三者の保護が優先されます。

したがって，AはCに対して所有権を主張することは認められません。

2．妥当な記述です。**強迫**については，詐欺とは違って第三

第三者保護規定

これは，たとえば「詐欺による意思表示の取消しは，善意でかつ過失がない第三者に対抗することができない」（96条３項）といった規定のことをいいます。つまり，本来は，取り消したら意思表示は無効になるはずなのに，**第三者保護規定**がある場合，その第三者に対しては無効主張ができない（第三者の権利取得を認めざるを得ない）ということです。このように，法が**利益の調整**を行っている場合には，原則としてその要件に当てはまるかどうかだけを問題とすれば足ります。

保護の程度が同じ

この場合は，別の要素を加味して優劣を判断する以外にはありません。その要素として考えられるのは，不動産物権変動の場合には**登記**しかありません。そこで，どちらが先に登記を備えたかで優劣が決まるとされています。

詐欺と強迫の違い

詐欺の場合とは違って，強迫の場合には，脅されて意思表示をした人に特に落ち度といったものは見当たりません。ですから，法は強迫を受けた人の保護を優先させていて，第三者保護規定は設けていません。

者保護規定はありません。ですから，前記の説明の「原則」のほうが適用され，AはCに対して登記がなくても所有権を主張することが認められます。

3．**制限行為能力**についても，強迫の場合と同様に第三者保護規定はありません。ですから，前記の説明の「原則」のほうが適用され，AはCに対して登記がなくても所有権を主張することが認められます。

4．**解除前に第三者が出現している場合**です。前記の例外の②の場合で，Aは登記がなければCに対して所有権を主張することができません。

5．**解除後に第三者が出現している場合**です。解除した者は，その時点から登記を取り戻すことができますから，それを行わなければCに対して所有権を主張することは認められません。

本問の正答は**2**です。

正答　2

対抗要件

当事者間で成立した法律関係・権利関係を第三者に対して主張するための法律上の要件をいいます。
自分が権利を持ってるんだ！と主張するために必要な事柄という感じです。

「2-2　不動産物権変動①」のまとめ

不動産物権変動

▶不動産物権変動の対抗要件は登記である。
▶登記しなければならない物権変動には，売買等による所有権の移転に限られず，相続や解除，取消しなどによる物権変動も含まれる。

法律行為の取消し・解除と登記

▶取消しの意思表示をした者が，取消し前に出現した第三者に対して取消しの効果を主張するには，登記は不要である。ただし，錯誤・詐欺の場合には，善意・無過失の第三者には，取消しの効果を主張できない。
▶法律行為の取消し後に出現した第三者との優劣は，登記の先後によって決せられる。
▶法律行為を解除した場合，第三者との優劣は，登記の先後によって決せられる。

2-3　国総 ★★★　国般 ★★★　地上 ★★　市役所 ★★

不動産物権変動②

～相続と登記，取得時効と登記の関係とは～

前項の知識を参考にしながら，ここからは相続と取得時効による不動産の物権変動と登記の要否の関係について考えてみましょう。

まずは相続からです。

相続後に第三者が現れた場合 ── その１（相続と登記）

人が亡くなると**相続**（そうぞく）が始まります。

そして，亡くなった人は，もはや所有権の主体とはなれませんから（権利能力がない），亡くなったその人（**被相続人**（ひそうぞくにん））の財産は死亡した時点で直ちに相続人に移ります。

下の図を見てください。

不動産の相続と登記の流れ

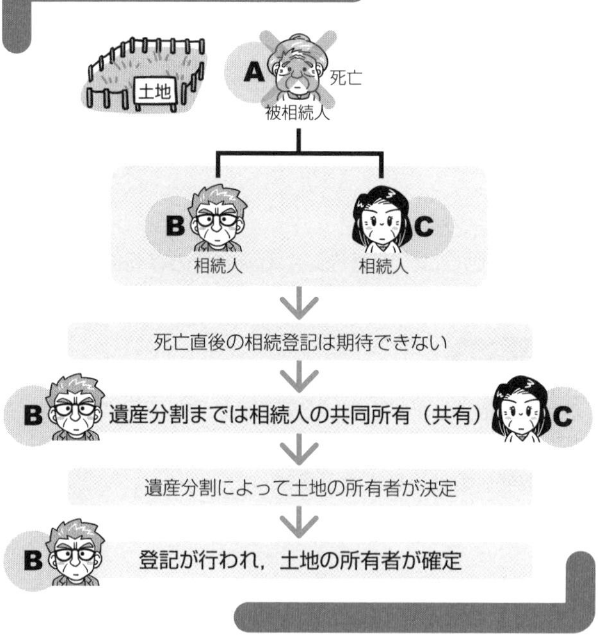

不動産物権変動②の出題傾向

前項と並ぶ物権分野のヤマでかなり頻繁に出題されています。肢問の一部としても，また単独で大テーマとしても出題されており，登記の要否をしっかりと把握しておくことが求められます。

令和６年施行の不動産登記法の改正

相続が生じると，被相続人の不動産所有権はその時点で直ちに相続人に移ります（共同相続の場合は共有になります）。ただ，共同相続の場合は，その後に遺産分割が控えているので，相続不動産が誰の所有になるかまだ不明なことから，相続による所有権移転登記はあまり行われていません。

しかし，登記が放置される事態は好ましくないとして，令和６年（2024年）４月１日施行の改正不動産登記法は，相続人が自己のために相続の開始があったことを知り，かつ，その所有権を取得したことを知った日から**３年以内での相続登記の申請**を義務付けました（不登法76条の2第1項）。

なお，この登記が費用や手続面で負担というのであれば，登記官に申出をすることで（共同相続の場合も単独でできる），登記義務を履行したと見なす制度が新設されました。この方法で暫定的に登記の代替をすることも可能です（同法76条の3，**相続人申告登記制度**）。

死亡したAは，死亡の時点で土地の所有者としての地位を失い，その所有権は相続人に移ります。仮に相続人が二人いれば，遺産が分割されるまでの間は，その二人が共同で相続財産を所有する状態になります（共有）。

その後，亡くなった人（被相続人）にどんな財産があるのかを確定させて，それらの財産について遺産分割が行われます。相続財産は不動産だけとは限りません。預貯金，動産などのいわゆるプラスの財産のほか，借金などのマイナスの財産も含まれます。それらをすべて調べ上げて，相続人の間でどのように分配するかを決めるのが**遺産分割手続き**（いさんぶんかつてつづき）です。

ここで問題となるのは，遺産分割手続きで相続人のうちの誰が土地をもらって，誰が預貯金をもらうのかなどということが決まる前に，相続人の一人が「自分が単独で土地を相続した」と称して，その旨の登記を済ませたうえで，これを第三者に譲渡（贈与・売却）した場合です。

下の図でいえば，Cが勝手にAの土地に単独相続の登記をして，これをDに譲渡したと思ってください。

遺産分割前に第三者が現れた場合（共同相続と登記）

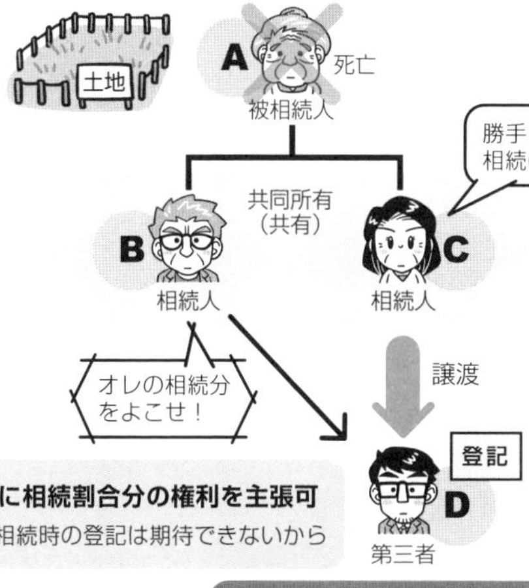

BはDに相続割合分の権利を主張可

理由：相続時の登記は期待できないから

BとCがともにAの子どもであれば，両者の相続分は等しいので，Bも土地について半分の権利を有しています。ところが，BとCは相続を理由とする共有の登記をしていません。そのために，Cが勝手に単独相続の登記をしてDに譲渡するようなことが起きてしまったのです。

では，Bはもはや土地に関する権利を主張することはでき

被相続人

被相続人は，相続される人＝死亡者です。相続を受ける人は「**相続人**」です。左の図ではAが被相続人で，B・Cが相続人です。

相続財産の性質

相続財産は，遺産分割が行われて，それぞれの財産の最終的な帰属先が決まるまでは相続人全員の共有になります。

共有

詳しくは2-8で扱います。
⇒p.238

遺産分割手続き

遺産をどう分割するかは，相続人どうしの話し合いで決めるのが原則です。たとえば「私は親の住んでいた家が欲しい」「自分は預貯金をもらいたい」などを話し合って遺産の分配方法を決めていきます。話し合いがつかなければ，裁判所に請求して**裁判分割**の方法をとることもできます。

プラス財産・マイナス財産

プラスの財産（資産）を**積極財産**，マイナスの財産（負債）を**消極財産**と呼ぶことがあります。

ないのでしょうか。

被相続人が死亡すると，その時点で被相続人の権利が相続人に移り，その後に行われる遺産分割によってさらに権利変動が生じます。つまり，二回の権利変動が立て続けに生じるわけです。そのため，**相続による権利移転の際に，相続人に登記を要求するのは現実には困難**とされています。

被相続人が死亡して，残された家族が葬儀や遺品の整理などに追われている中で，登記にまではなかなか気が回らないでしょう。また，短い期間内に二回の権利変動が生じ，その二回目（遺産分割による権利変動）については，相続人どうしの話がまとまればよいので，一回目と二回目の間は，場合によってはほんの数週間程度かもしれません。一方，登記には相応の費用がかかりますから，現実問題として，**相続が生じても，遺産分割によって最終的な不動産所有権の帰属が決まるまでは，登記が行われない**のが実情です。

そして，**このような状況が，従来は必ずしも理不尽とはいえなかった**ことから，相続の登記がなくても相続分については権利主張を認めようとしたのが判例です。

つまり，**判例**は，この場合，**Bは共有の登記をしていなくても，自己の相続分については権利主張ができるとしています**（最判昭38・2・22）。

相続後に第三者が現れた場合 ― その２（遺産分割と登記）

次に，**遺産分割によって最終的な不動産所有権の帰属が決まった後**で，同じようなことが起こったらどうでしょう。先ほどの図の例でいえば，遺産分割協議でBが不動産を単独相続することになったのに，その登記をしないでいるうちに，Cが勝手にC名義の登記をして，これをDに売ってしまったような場合です。

この場合には，不動産を誰が所有するかが決まった段階で登記が可能になっていますから，その時点ですぐに登記すればよかったわけです。

ですから，Bは，**遺産分割後に権利を取得した第三者Dに対しては，「自分が最終的に不動産を親から受け継ぐことになった」とはいえないとするのが判例**です（最判昭46・1・26)。つまり，Dが不動産の所有者になるわけです。

900条（法定相続分）

同順位の相続人が数人あるときは，その相続分は，次の各号の定めるところによる。

四　子…が数人あるときは，各自の相続分は，相等しいものとする。

遺産分割による権利変動

二人の相続人ＢＣの共有であったものが，遺産分割の話し合いの結果，Ｂの単独相続になったとすると，Ｃの二分の一（これはＣの法定相続分です）の共有持分がＢに移ったことになります。これが**遺産分割**による権利変動です。

不登法改正と相続登記

令和６年に改正不登法が施行されたことから（p.176の右欄），今後は遺産分割前での**相続の登記**についても，相続人申告登記などによる**登記の義務付けが強化される**ものと思われます。そのため，本文の判例はやがて変更の時期が来ることも予想されます。ただ，当分の間はこの判例が素材として出題されるはずで，この判例で問題に対処しておけばよいでしょう。なお，遺産分割の際にも，相続登記の場合と同様に所有権取得の登記が義務付けられました。その期間は「**遺産分割の日から３年以内**」となっています（同法76条の２第２項）。

Bの損害の賠償

Cが無断でDに売却しているので，BはCに損害の賠償を請求することになります。

相続後に第三者が現れた場合 ── その3（相続放棄と登記）

相続と登記の関係については，共同相続人の一人が相続を放棄したらどうなるかということも問題になります。

相続の放棄というのは，**被相続人の死亡によって生じる権利義務の移転を相続人が拒否すること**をいいます。

財産よりも借金のほうが多いので，相続すると今の生活が脅かされるとか，あくどい行為で築き上げた財産なんか受け継ぎたくないとか，家業を長男が引き継ぐので財産を長男に集中させたいとか，理由はさまざまです。

ここで，相続放棄を考えている相続人にかなりの借金がある場合を考えてみましょう。債権者としては，その者が親の財産を相続してくれると安心ですよね。なぜなら，相続した財産を返済に回してもらえますから。

しかし，**相続の放棄では相続人の気持ちの問題が絡んできますので，やはりその気持ちを尊重しなければなりません。**ですから，債権者が，相続人に「借金を抱えている身で相続の放棄なんてもってのほかだ！そんなことは認めない！」などと主張することはできません。

法も，その効力について，「相続の放棄をした者は，その相続に関しては，初めから相続人とならなかったものとみなす」としています（939条）。つまり，**相続の放棄の効果は絶対的**で，債権者が，相続財産に含まれていた土地を差し押さえるなどということはできないわけです。

相続の放棄の期間

そのまま相続するか，それとも放棄するかは，自分のために相続が始まったことを「知った」ときから３か月以内に決める必要があります。**3か月**は資産状況の調査のための期間です。

債権者

お金の貸し借りでいえば，お金を貸した人が債権者（お金を返してもらう権利がある人）で，借りた人が債務者（お金を返す義務のある人）です。

放棄の効果は絶対的

債権者は相続の放棄に口出しできません。もともと，相続人自身の信用をもとにお金を貸しているはずですから，いつ発生するか，またどれくらいの財産が手に入るのかが不確実な相続をアテにするのは筋違いです。

時効完成の前後に第三者が現れた場合（取得時効と登記）

ここからは取得時効と登記の関係について説明します。

いろんな場面が次々に登場してきますが，これまでの説明を応用すれば，判断がつくはずです。

まずは，**時効完成の前に第三者が現れた場合**です。

次ページの図を見てください。事実関係は次のとおりです。

Ａの土地の一部を，Ｂが「自分のものだ」あるいは「自分のものにする」という気持ち（**所有の意思**）で占有を始めました。そんな中で，Ｂの時効が完成する前に，Ａがその土地をＣに譲渡して登記も移してしまいました。一方，Ｂはその

取得時効

権利者であるかのような事実状態が一定期間続いた場合に，その事実状態に則した権利関係を認めるものです。
⇒p.140

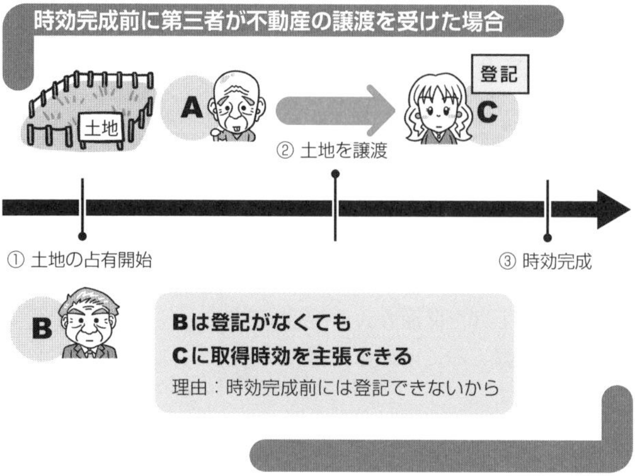
時効完成前に第三者が不動産の譲渡を受けた場合
土地
A
② 土地を譲渡
登記
C
① 土地の占有開始
③ 時効完成
B
Bは登記がなくても
Cに取得時効を主張できる
理由：時効完成前には登記できないから

まま土地の占有を続け，時効が完成（時効取得に必要な期間が経過）しました。

この場合，**Bは登記がなくても土地の時効取得をCに主張することができます**（最判昭42・7・21）。なぜなら，**時効が完成する前に土地を時効取得したという登記をすることは不可能だから**です。それなのに，登記をしていないからCが優先するというのでは，時効取得を認めた意味がありません。

では，**時効完成後に第三者が現れた場合**はどうでしょう。

Bは，時効が完成した時点で，時効を理由に所有権を取得したとして登記ができます。そうであれば，その時点できちんと登記をしておくべきです。それをしないで放置していると，登記簿上の所有者の名義はAのままですから，登記簿の信頼性を損ねてしまいます。

そのため，この場合には，**先になすべきことを済ませたほう，つまり登記をしたほうが優先する**ことになります。

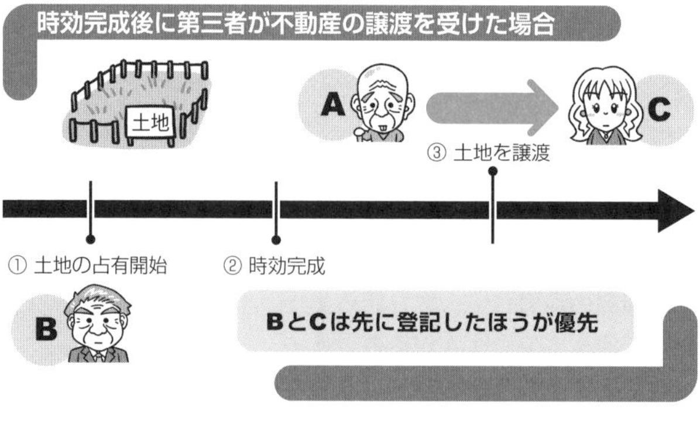
時効完成後に第三者が不動産の譲渡を受けた場合
土地
A
③ 土地を譲渡
C
① 土地の占有開始
② 時効完成
B
BとCは先に登記したほうが優先

占有

土地を自分のものだとして支配している状態のことです。

詳しくは2-6で扱います。

⇒p.210

取得時効の期間

取得時効の期間は**原則20年**，ただし，占有を始めた時点で善意・無過失であれば**10年に短縮**されます（162条）。

譲受人の権利保護

不動産取引では，現地で不動産の状況を確かめるのが通例になっています。ですから，譲受人Cが，Bが占有している事実を確認して，時効の完成を阻止したければ，すぐに立退き（**妨害排除請求**）などの法的手段を講じなければなりません。そうすれば，Bの時効の完成も阻止できますし，また，譲り受けた土地を確実に自分のものとして使用することができます。そのような法的手段が認められているのですから，それをしないでBの占有を放置していれば，時効完成を主張されてもしかたがありません。たとえば，そのうち別荘を建てようなどと思って，現地も見ないで安易に土地を購入すると，こんなことが起こり得ます。

ただ，そのようにいえるためには，一つ大切なことがあります。時効のカウントを始める時点（**取得時効の起算点**）を，その不動産の占有を始めた時点からずらさないことです。

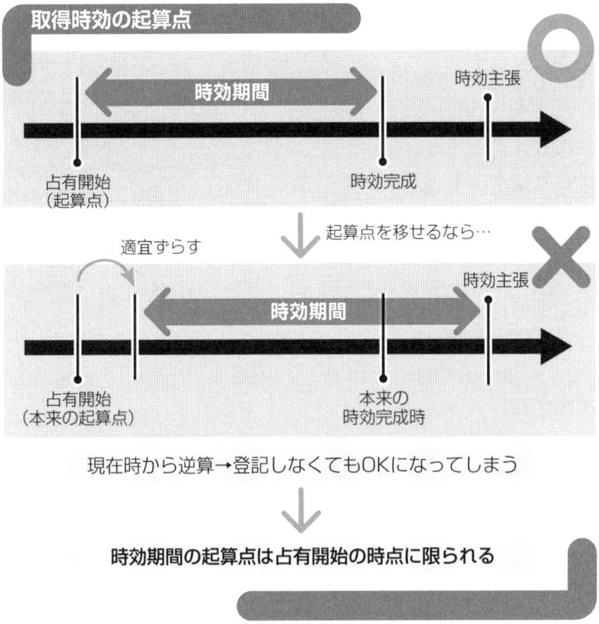

図の上のほうが，先に説明したことです。

もしこれを，「現在の時点から逆算して時効期間を経過していれば，それで時効取得を主張できる」とすると，登記しなくてもかまわないということになってしまうんです。

わかりやすいように具体例で説明しましょう。

長年土地を使い続けているBが，時効が完成した後も登記を怠ったまま占有を続けているとしましょう。そこに，土地の所有者A（登記簿上の所有名義人）からその土地を購入したと称するCがやってきて，土地を明け渡すように請求してきました。ところが，占有者Bは，「いや，私はずっとこの土地を使っているんだ。ほら，これが20年前の写真だよ。私が占有しているのがわかるだろう。つまり，私は時効取得の要件を満たしているから，あなたに時効取得を主張できるんだ」と言ったらどうでしょう。

もし，この主張を認めると，Bは時効が完成しても，「登記なんて面倒なことしなくても，ややこしいヤツが出てきたら，『20年前から今までずっと占有を続けているから，私は

自己所有物の時効取得

BがAの土地の占有を始める原因の一つに，BがAから土地を買っていたという場合があります。ただ，登記を移していなかったために，AがCに土地を譲渡する隙を与えてしまったわけです。こんな場合でも，Bが所定の期間占有を続けていれば，Bは土地の時効取得を主張できます。時効は，一定期間続いた事実状態を法的な権利関係として認めようとするものですから，その要件に当てはまれば，自分のものであっても時効取得は可能です。これは，**自分のもの**だということの証明手段がない場合の**便宜的な証明手段**として利用できます。判例も，自己の物についての時効取得を認めています（最判昭42・7・21）。

「この主張」

権利を主張する相手が現れた時点で，その時からさかのぼって20年間（占有開始時に善意・無過失なら10年間）占有を続けていることを証明すれば，それで時効取得が認められるべきだう主張のことです。

時効取得者だ』と言えば，それでケリがつく」ということになり，登記簿なんてアテにならないということになってしまいます。

それっておかしいんです。**時効が完成して不動産の取得を主張する場合，所有者が変わるわけですから，そのことをちゃんと登記簿に記載して，登記簿を見た人が「現在の真の権利関係」を把握できるようにしておかなければなりません。**それが権利を時効取得した者の責任なんです。

それを怠っていても取得時効を主張できるとしたら，責任を果たそうとしない人を保護することになってしまいます。

そのため，**判例は，時効期間の起算点は占有開始の時点に限られ，現在から逆算するようなことは認められないとしています**（最判昭35・7・27）。

問題演習で，ここまでの知識を整理しておきましょう。

占有開始時点の証明

この証明手段となる証拠は自分で集めるしかありません。近隣の人の証言とか，その土地を自分のものとして業者に塀を作ってもらったときの契約書など，とにかくその時から占有を始めたと推測できる**証拠**を集める必要があります。それらが占有開始時を証明する証拠として認められるかどうかは，最終的には裁判所の判断に委ねられることになります。

例題 18

物権変動と対抗要件に関する次の記述のうち，判例に照らし，妥当なものはどれか。

（国税専門官　改題）

1　共同相続人の一人が，不動産について単独相続の登記を行ったうえ，これを第三者に譲渡し所有権移転登記を経た場合には，他の相続人は，自己の持分について登記がない以上，その所有権を当該第三者に対抗することはできない。

2　共同相続人が遺産分割により不動産について法定相続分と異なる持分を取得した後，共同相続人の債権者が法定相続分の差押えをしたのに対し，他の共同相続人がその取得分は法定相続分と異なることを主張するには登記が必要である。

3　Ａが死亡し，Ａが所有していた不動産をＢ，Ｃが共同相続したが，Ｃが相続放棄した後に，Ｃの持分に対して債権者Ｄが差し押さえた場合，Ｂは自己の所有権を登記なくしてＤに対抗できない。

4　時効により不動産の所有権を取得した者は，その時効完成直後に当該不動産を旧所有者から取得し登記を経た第三者に対して，登記なくして時効による所有権の取得を対抗することができる。

5　ＡがＢ所有の不動産を継続して占有し続けた結果時効期間が満了したが，Ａの時効期間満了前にＢはその不動産をＣに譲渡していた。Ｃは，Ｂから所有権移転の登記をＡの時効期間満了後に行った場合，ＡはＣに対して時効による所有権の取得を主張することは認められない。

本問のポイント！

相続と登記，時効取得と登記の問題も，取消しや解除と登記の問題と同様にいろんなケースがあって，知識が混乱しやすい部分です。

相続・時効取得と登記

原　因	事　項	権利や効果を主張するのに登記が必要か
相　続	共同相続	不　要
	遺産分割の効果	必　要
	相続の放棄	不　要
取得時効	時効完成前に第三者が現れた場合	不　要
	時効完成後に第三者が現れた場合	必　要

この表を参照しながら，各肢問を考えていきましょう。

1．**共同相続と登記**の問題です。この場合，他の相続人は，登記がなくても自己の相続持分を第三者に対抗（主張）できます（最判昭38・2・22）。

本文で説明したように，相続が生じても，残された家族は葬儀や遺品整理などに追われているでしょう。また，故人がどんなものを相続財産として残していったかを調べることも必要になります。ですから，すぐには登記にまで気が回りません。それに，相続財産が確定すれば，その後に遺産分割の話し合いが始まり，そこで不動産を誰が受け継ぐかが決まります。そのため，**相続の時点で登記を期待するのは難しい**とされていました。

そこで判例は，このような状況を踏まえて，相続が発生した段階で共有の登記をしていなくても，**遺産分割以前には，自己の共有持分を第三者に主張できる**としています。

2．妥当な記述です。**遺産分割**があると，相続人のうちの誰が不動産を引き継ぐかが決まります。そして，これが決まれば，その者は速やかに登記を済ませておかなければなりません。それをしないでいるうちに，その不動産について法的な権利を取得した者が現れた場合，その者には登記なしに自己の権利を主張することはできません。

本肢の場合も同様で，「共同相続人の債権者が法定相続分の差押えをした」というのは，遺産分割協議で不動産を受け継がなかった相続人（B）に債権者（C）がいて，そ

対抗要件
当事者間で成立した法律関係・権利関係を第三者に対して主張するための法律上の要件をいいます。
自分が権利を持ってるんだ！と主張するために必要な事柄という感じです。

共同相続人
被相続人が死亡し，相続が生じた場合に，**相続人が複数**いる場合です。一人しか相続人がいない場合（単独相続の場合）よりも，むしろ複数の相続人がいる場合のほうが一般的です。

持分
共同相続の場合，相続財産は共同相続人の共有になります。その財産のうちで各相続人が権利を主張できる割合が持分です。

の債権者が差押えをしてきたということです。差押えは法的な手続きを経て行われるので，その債権者は，Ｂの持分については権利を有することになります。**不動産を受け継いだ相続人（Ａ）が速やかに登記をしておけば，このような第三者の出現を避けることができた**はずです。したがって，ＡはＢの債権者Ｃに対して，登記なしに「その不動産全部が自分のものだ」と主張することは認められません（最判昭46・1・26）。

3．Ｂは自己の所有権を登記なくしてＤに対抗できます。

相続放棄の効果は絶対的で，放棄をした者は最初から相続人にならなかったものとして扱われます（939条）。

そうなると，Ｃは死亡したＡの財産を受け継いでいないのですから，その財産を差し押さえても，それは無効です。

4．登記なくして時効による所有権の取得を対抗することはできません。

時効により不動産の所有権を取得した者は，その時効完成後速やかに登記を済ませておかなければなりません。

時効が完成すれば，もういつでも登記はできるはずです。ならば速やかに登記を済ませておくべきで，それを怠っている間に第三者が現れた場合には，どちらが先に登記を済ませたかで優劣が決まります（最判昭33・8・28）。

5．ＡはＣに対して，登記がなくても自己の所有権取得を主張できます（最判昭42・7・21）。

時効完成前は，Ａはいまだ権利を取得していない状態ですから，時効による権利取得の登記はできません。したがって，時効完成前に出現した第三者Ｃに対して登記がなければ権利取得を主張（対抗）できないとすると，取得時効の制度を設けた意味がありません。そのため，**時効完成前の第三者Ｃに対しては，Ａは登記がなくても所有権の取得を対抗できる**とされています。

本問の正答は**2**になります。　**正答　2**

速やかに

「時効完成後速やかに」というのは，「時効完成と同時に」とか「時効完成から間を置かず」という意味です。とにかく，登記ができるようになったら，すぐにでも登記をしておかないと第三者が出てきたときに困ります。そのリスクを考えた場合には，時効完成のその日に登記をしておくのがベストでしょう。

参考　相続させる旨の遺言

特定の不動産を特定の相続人に相続させるという遺言について考えましょう（例：相続人が妻Ａと子Ｂの二人の場合）。

判例は，遺言は遺産分割の方法（908条）を定めていて，これと異なる分割は認められないから，その不動産は相続開始と同時に妻Aのものとなるとしました（最判平3・4・19）。

問題は，そんな遺言の存在を知らない子Bの債権者が，共同相続だと思ってBの相続分（2分の1）を差し押さえた場合です。妻Aは，相続の登記を済ませていなくても「全部自分のものだから差押えは無効だ！」と言えるでしょうか？

この点について判例は，「言える」，つまりその不動産は死亡者から直接妻Aに移っているんだから，差押えは無効だとしました（最判平14・6・10）。でも，直接自分に権利が移ったんだったら，Aは「自分のものだ」という登記をすぐにしておくべきなんです。それをサボっていても権利主張できるなんておかしいんです。当然，学説の批判も強くなりました。

そこで，平成30年（2018年）の法改正で，自己の相続分を超える分（上例では不動産の2分の1）については，登記がなければ対抗できないことになりました（899条の2第1項）。結局，権利主張に登記が必要になったわけです。

この規定は，2019年7月1日から施行されています。

899条の2第1項

相続による権利の承継は，遺産の分割によるものかどうかにかかわらず，次条（法定相続分）及び第901条（代襲相続人の相続分）の規定により算定した相続分を超える部分については，登記，登録その他の対抗要件を備えなければ，第三者に対抗することができない。

「2-3 不動産物権変動②」のまとめ

相続と登記

▶共同相続において，自己の持分を第三者に対抗するには登記は不要である。
▶遺産分割によって法定相続分と異なる持分を取得した場合，その効果を第三者に対抗するには登記が必要である。
▶相続放棄の効果は絶対的で，債権者が，相続財産に含まれていた土地を差し押さえるなどということはできない。

取得時効と登記

▶時効完成前に出現した第三者に時効取得の効果を対抗するには，登記は不要である。
▶時効完成後の第三者との優劣は，登記の先後によって決せられる。
▶時効期間の起算点を任意に選択することは許されない。すなわち，時効期間の起算点は，現実に占有を開始した時点に限られる。

2-4　国総 ★★★　国般 ★★★　地上 ★★　市役所 ★★

不動産物権変動③
～権利保護要件としての登記，背信的悪意者など～

前項まで，自分の権利を主張（対抗）するのに登記が必要かという問題を検討してきました。いわゆる**対抗要件としての登記**の問題です。

ただ，登記にはこのほかにも役割があります。

また，対抗要件としての登記の場合も，どんな第三者に対しても登記が必要なのかという問題もあります。

本項では，これらの残された問題について説明します。

> **不動産物権変動③の出題傾向**
> 前項までの不動産物権変動①②と比べると出題数は少ないですが，背信的悪意者を中心によく出題されています。「対抗」の意味を理解するのに「第三者」の概念の把握は重要ですから，しっかり理解するようにしましょう。

登記がなければ対抗できない第三者

これまで，「登記できるのにしなかった場合は，第三者との登記競争だ！」という話をしてきました。

一般に第三者というと，当事者以外の者のことをいいますが，では，ここでいう第三者も同じ意味でしょうか。

まず，「登記できるのにしなかった場合は，第三者との登記競争だ！」ということは，「登記簿の記載を信頼して（善意）買ったら権利を取得できる」ということにはなりません。つまり，**善意だから保護されるというわけではない**のです。競争になるとは，登記すべき者が登記をしていないことを知っていた（悪意）としても，自分が先に登記をすれば優先できるということです。

では，事情を知っていても，先に登記すれば勝つ，つまり悪意の場合も保護するというのはなぜでしょうか。

それは，不動産が代替性に乏しく，「どうしても駅前の人通りが多い土地でないと商売ができない」など，単に先約者がいることを知っているだけで競争から排除するのは合理的でないと考えられるからです。

そのため，**判例は，177条にいう「登記がなければ対抗できない第三者」とは，相手に登記がないことを主張するについて「正当な利益を有する第三者」としています**（大判明41・12・15）。つまり，知っているか（悪意）否か（善意）

> **対抗要件**
> 当事者間で成立した法律関係・権利関係を第三者に対して主張するための法律上の要件をいいます。
> 自分が権利を持ってるんだ！と主張するために必要な事柄という感じです。

> **善意・悪意**
> 事実を知っていたかどうかによる区別で，知らなかった場合が「**善意**」，知っていた場合が「**悪意**」です。

> **177条**
> 不動産に関する物権の得喪及び変更は，不動産登記法……の定めるところに従いその登記をしなければ，第三者に対抗することができない。

では区別していません。

ここで「正当な利益を有する」というのは，ちょっと曖昧な表現ですが，これまで取り上げてきた例は，すべてこれに当てはまります。

では，「正当な利益を認められない」とはどんな場合かというと，その典型は，他人の不動産を勝手に使っているといったいわゆる**不法占拠者**がそれに当たります。

また，いくら競争だといっても，明らかにルールを逸脱しているような人については，たとえ登記を済ませていても権利を認めるわけにはいきません。このような人を**背信的悪意者**といい，「正当な利益を有する第三者」には含まれません。

たとえば，第一の買主が希望の土地を手に入れたものの，まだ登記を済ませてないことに目をつけて，高値で売り付ける目的で所有者から土地を購入したなど，信義に反するような態様の者がこれに当たります（最判昭43・8・2）。

背信的悪意者からの転得者

では，次の図で，Cが背信的悪意者であるとして，Cから土地を購入した転得者Dも，背信的悪意者の地位を引き継ぐのでしょうか。

背信的悪意者からの転得者と対抗関係

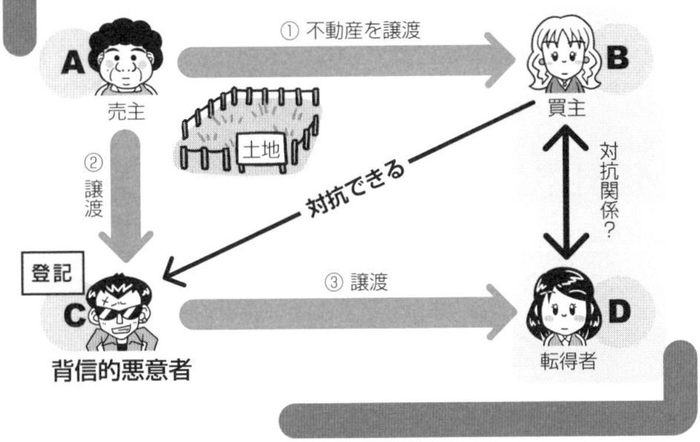

たとえば，AがBに不動産を譲渡したという話を聞きつけたCが，Bに高値で売り付けてひと儲けしようと思いつき，Bの購入価格に少しだけ上乗せした条件をAに示して，Aからその土地を購入したとしましょう。そして，Bに倍の値段

不法占拠者
なんら占有する権限がないのに，勝手に人の家屋に入り込んでそこに居座ったり，勝手に土地を囲い込んで自分の土地だと主張している場合が不法占拠者の例です。

信義
誠意を尽くして約束を守ることをいいます。民法の世界ではしっかりと生きていて，大事な基本原則になっています（**信義則**）。
この「信義」に背くような行為が「背信」ということです。

転得者
不動産を譲り受けた第三者から，さらにその不動産を譲渡された者をいいます。

不動産の二重譲渡
Cが単なる悪意者の場合はBとCはどちらが先に登記を備えたかで優劣が決まります。
そして，登記で先を越されてしまった者は所有権を失うことになるので，契約違反を理由に，Aに損害賠償を請求することになります。

高値で売り付ける目的
これはやはりルール違反です。その場合，Cは**背信的悪意者**に該当します。

で買うように持ちかけたところ，「あなたは背信的悪意者に当たるから，登記がなくても自分が所有者だと主張できる」として拒絶されたとします。そこで，Cはやむを得ず，その不動産の購入を希望しているDを探し出して，DにAから購入したときと同じ条件で売却したとしたらどうでしょう。Dが先に登記を備えても，Dは所有権を取得できないのでしょうか。

そもそも，登記がなくても，背信的悪意者に対して権利主張ができるというのは，背信的悪意者が取引上のルールに反しているというのが理由になっています。

つまり，「**ルールを守らない者には法の保護を与えない**」ということです。ということは，**ルール破りかどうかはその人ごとに判断されるべきもので，後の人に受け継がれるようなものではありません**。そうであれば，図のBとDは，一つの土地の所有権をめぐって利害が対立する関係，すなわち権利の優劣を争うという関係（対抗関係）に立ちます。

したがって，いずれか先に登記を済ませたほうが優先します。判例もそのように考えています（最判平８・10・29）。

優劣の判定以外で登記が必要な場合（権利保護要件）

これまで，一つの権利を複数の者が争うという関係（対抗関係）について説明してきました。

では，登記が必要なのは，そのような対抗関係の場合だけでしょうか。

次の図を見てください。

賃貸不動産の譲受人が賃貸人の地位を主張する場合

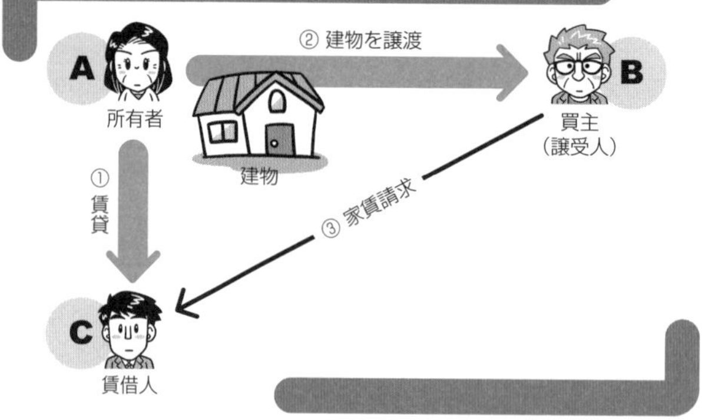

転得者が出現しないようにする方法

本文の例で，Cが高値で売り付けに来て**背信的悪意者**であるとわかったら，Cとの会話を録音するなど，証拠を確保しておきます。それをもとに，すぐに裁判所に**処分禁止の仮処分**を求めるのです。認められれば，裁判所から法務局に通知が行き，Cの登記に「処分禁止の仮処分」の記載がなされます。これで，Cはもはや処分（売却等）ができなくなります。そうやって譲渡できない状態を確保しておいて，**所有権移転登記請求**の訴訟を提起して登記を自分（B）に移させるのです。転得者Dの出現を阻止する方法はあるのですから，やはり，きちんと法的な手段をとっておくことが大切です。

対抗関係

同一の物権について，**支配を争う**関係のことです。ここで支配を争うとは，所有権どうしが典型ですが，所有権の一部を争う場合もやはり「同一の物権について支配を争う」関係になります。たとえば，AがBに所有権を譲渡し，一方で，Cに地上権を設定したという場合は，Bの登記が先ならCはBに地上権を主張できませんし，その逆なら，BはCの地上権を認めざるを得ません。

譲受人

「ゆずりうけにん」と読みます。権利や財産を譲渡される側のことです。
ちなみに譲渡する側は譲渡人（ゆずりわたしにん）です。

この図で，建物の所有者Aが，Cに賃貸している建物をBに売却したとします。その場合，BがCに「建物をAから買い受けて自分が新しい家主となったので，家賃については，今後は自分に払ってください」と言うために，Bは登記を済ませておく必要があるでしょうか。

結論から先にいうと，イエスです。

ただ，譲受人Bと賃借人Cは**同じ物権（建物）の支配を争う関係ではありませんから，対抗関係とはいえません。**

なぜなら，この建物には賃借人がいて，その賃借権はBが譲り受ける所有権に優先することが最初からわかっているわけです。つまり，同一の物権について互いに支配を争って，お互いに矛盾する関係に立っているわけではありません。仮に矛盾する関係に立っているなら，「登記の先後で決着をつけよう」ということになるのですが，この場合は最初から勝敗が決まっているので，**「登記の先後で決着をつける」という関係には立ちません。**Bは，「賃貸借契約の賃貸人の地位が自分に移った」と主張しているだけなのです。

そこで，このように対抗関係でない場合でも，登記が必要なのかが問題になります。

もし，賃借人Cが，登記をしていないBに家賃を払ったとします。その後で，Aから建物を譲り受けて登記を済ませたというDが現れた場合，建物の所有者はBではなくDということになります。ということは，Cは無権利者に家賃を支払ったことになり，Dからの家賃請求に対して，もう一度家賃を払い直す必要があります。いわゆる**家賃の二重払い**です。

もちろん，その場合はBから家賃分のお金を返してもらうことができますが，一度支払ったお金を取り戻すのは容易なことではありません。「使ってしまって金がない」と言われれば，何度も出向いて催促することになるでしょうし，それでも払ってくれなければ，強制執行という手段をとることになるでしょう。それは，あまりにもムダな手間です。

ですから，そのような手間を省く意味でも，**自分が賃貸人になったと主張する者に対しては，賃借人Cは「登記を済ませていなければ家賃は支払いません」と主張できるようにしておく必要があります。**

判例も同様の立場です（最判昭49・3・19，ただし土地の事例）。

賃貸人と賃借人

賃貸人は貸している人（貸し主）で，**賃借人**は借りている人（借り主）です。

賃借権

賃貸借契約によって得られる借主の権利のことです。借主は契約の範囲で目的物を使用して利益を得ることができる一方，貸主に賃料を支払う義務を負います。民法上，債権とされています。

勝敗が決まっている

Bは，「建物を買った自分に家を明け渡せ」と言っているわけではありません。最初から，Cの賃借権が優先することは承知のうえで，建物を購入しているのです。

賃貸人の地位の主張の判例

宅地の賃借人としてその賃借地上に登記ある建物を所有する者は宅地の所有権の得喪につき利害関係を有する第三者であるから，民法177条の規定上，宅地の所有権の移転につきその登記を経由しなければこれを賃借人に対抗することができず，したがってまた，賃貸人たる地位を主張することができない（最判昭49・3・19）。

優劣を競うために登記を使わない場合ってある？

次は，もう一度対抗関係の話に戻ります。

これまで，不動産についての権利が対立したとき，その優劣は登記を済ませたかどうかで決するという話をしてきました。

では，不動産についての権利が対立する場合は，必ず登記をしたかどうかが基準になるのでしょうか。

必ずしもそうではありません。典型的なのは次の二つの場合です。

【登記不要で第三者に権利主張できる例】

①登記ができない権利

〔例〕**入会権**は，古くからの慣習に基づいて成立しているものです。その内容も，地方ごとにまちまちなので，登記が困難な権利とされています（登記する場合は「内容がこうだ」と表示しておかなければなりません）。そのため，入会権は登記がなくても他の人にその権利を主張できるとされています。

②通行地役権

〔例〕通行地役権については登記が認められているので，登記しなければ第三者に対抗できません。ただ，「単に通るだけのために登記費用や手続きの手間をかけたくない」という理由から，登記が行われることはほとんどありません。ところが，現地を見れば，裏の家の人が通行しているという実態は確認できますから，それが客観的に認識できる場合には，第三者が登記がないことを理由に通行地役権を否定することは，信義に反して許されないとされています（最判平10・2・13）。

いちおうこの二つを覚えておけば，試験対策としては十分です。ときどき出題されていますので，戸惑わないように，きちんと理解しておいてください。

入会権

たとえば集落に暮らす住民全員が裏山で燃料にする枯れ枝をとる権利などのことです。
テーマ2-9で詳しく説明します。
⇒p.252

通行地役権

自分の土地が公道（国道・県道・市区町村道）に接していない場合に，公道に接している人との契約で，その人の土地の一部を通行することを認めてもらう権利です。
テーマ2-9で詳しく説明します。
⇒p.250

通行地役権の判例

通行地役権（通行を目的とする地役権）の承役地が譲渡された場合において，譲渡の時に，承役地が要役地の所有者によって**継続的に通路として使用**されていることがその位置，形状，構造等の物理的状況から客観的に明らかであり，かつ，譲受人がそのことを**認識**していたか又は認識することが可能であったときは，譲受人は，通行地役権が設定されていることを知らなかったとしても，特段の事情がない限り，地役権設定登記の欠缺を主張するについて**正当な利益**を有する第三者に当たらない（最判平10・2・13）。

中間省略登記…A→B→Cで登記がA→Cとしたけど認められる？

不動産取引の安全を確保するためには，登記は，記載内容が現在の権利関係と一致していることが必要です。

その方法として最も確実なのは，**物権変動が生じるたびに，その都度登記をしておくこと**です。

たとえば，土地がA→B→Cと譲渡された場合には，AからBへ所有権が移ったときに登記を行い，さらにBからCへ所有権が移ったときに登記を行っていれば，必ず現在の権利が正確に登記簿に反映されているはずです。

では，A→B→Cと譲渡されたのに，A→B，B→Cのいずれの登記もなされていないという場合，「二回登記するのは面倒だし，費用も二回分必要なので，A→Cという一回の登記で済ませよう」とすることは許されるでしょうか。

このような登記を**中間省略登記**（ちゅうかんしょうりゃくとうき）といいます。

不動産の権利関係が変わった場合に，その都度登記が必要とされるのは，先に説明したように，登記簿に現在の権利関係が正確に記載されるようにするためです。

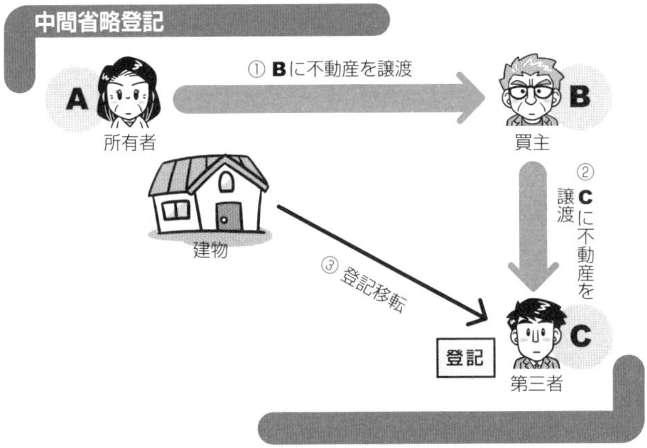

だったら，中間省略登記は認めないとすべきです。

ただ，登記費用や登記の手間を節約するために，以前は中間省略登記が実際に行われていました。問題はその有効性です。

中間省略登記といっても，登記簿には現在の権利関係が正確に記載されているわけですから一概に無効にはできません。

ただ，これには一つ条件があって，中間者（B）の権利を害しないことが必要だとされています。

登記簿の記載事項

抵当権のところで登記簿の記載事項について例示していますので，参考にしてください。
⇒p.287

以前は…

本文で説明しているように，不動産登記法の改正によって，現在では**中間省略登記**ができなくなっています。この登記は，登記費用や登記の手間の節約という現実的な要請に基づくものとはいえ，やはり「現在の権利関係を正確に反映させる」という登記制度の目的からすると，危なっかしい登記であることに間違いはありません。中間省略登記を困難にする不動産登記法の改正は，必然の流れといえるでしょう。

どういうことかというと，たとえば，CがBに不動産の売買代金を払っていない間に，A→Cという登記が有効として認められると，Bは「代金を払わなければ登記をCに移さない」として，登記をいわば人質（ひとじち）にとって代金をきちんと支払ってもらうということができなくなります。そのため，**中間省略登記は，中間者の権利を害しないことが条件とされていて，中間者Bが同意していれば有効とされています**（最判昭40・9・21）。

ただし，本来のあり方は，物権変動が生じるたびに，その都度きちんと登記をすることです。そうすれば，現在の権利状態が登記簿に正確に反映させされるようになります。

そこで，平成16年（2004年）に不動産登記法が一部改正され，この趣旨が徹底されるように手続きが変更されました。そのため，現在では中間省略登記は困難になっています。

その後，**判例は，中間省略登記は「物権変動の過程を忠実に登記記録に反映させようとする不動産登記法の原則に照らし，許されない」とする判断を示しています**（最判平22・12・16）。

問題演習で知識を整理しておきましょう。

祖父所有のままの登記

相続で，祖父から父，父から子へと不動産の所有権が移ったのに，登記は祖父のままという事例がしばしば見受けられます。この場合は，祖父から父への相続を原因とする移転登記と父から子への同様の登記が必要です。祖父から孫への直接の移転登記は認められません。そもそも**中間省略登記**というのは，A→B，B→Cという「売買」の場合に，中間者Bを省略して行われるもので，相続の場合に認められるものではありません。

中間省略登記は認めない

中間省略登記が認められたのは，法改正以前の事例の場合だけととらえておいてください。

例題 19

不動産登記に関する次の記述のうち，妥当なものはどれか。

（国家一般職　改題）

1　不動産の買主Bは，売主Aからの所有権移転登記をしないうちに不動産をCに転売してその所有権を喪失した場合には，Aに対する自己の登記請求権を失う。

2　入会権は所有権，地上権等と同様不動産登記簿に登記することができる権利であるから，登記なくして第三者に対抗することはできない。

3　民法177条にいう登記なくして不動産に関する物権の得喪変更を対抗することができない第三者とは，当事者以外のすべての者をいう。

4　BがAから不動産を購入し，その登記が未了の間に，Cが当該不動産をAから二重に買い受け，それをDがさらにCから買い受けて登記を完了した場合，Cが背信的悪意者でも，DがBとの関係で背信的悪意者に当たらなければ，Dは所有権取得をもってBに対抗できる。

5　A所有の土地を購入したBが登記を経ない間に，Cが当該土地を不法に占拠した場合，Bは登記なくしてCに当該土地の所有権を対抗することはできない。

本問のポイント！

1．Bは，Cに譲渡した場合でも，Aに「自分に登記を移すように」と請求する（**登記請求権**）ことができます。

　ＢＣ間の売買で，Bは売主としてCに登記を移転すべき義務を負っています。もし，これができなければ，Cから損害賠償等の債務不履行責任を追及されるおそれがあります。そこで，この登記移転義務の履行のために，Bは**不動産を転売した後においても登記請求権は失わない**とされています。

2．**入会権**については，登記は認められていません。

3．登記なくして不動産に関する物権の得喪変更を対抗することができない**第三者**とは，権利取得を主張する正当な利益を有している者のことです。判例は，これを「**相手方の登記の欠缺を主張する正当な利益を有する第三者**」と表現しています（大連判明41・12・15）。

4．妥当な記述です（最判平８・10・29）。

5．**不法占拠者**に対しては，登記がなくても権利を主張できます。

　本問の正答は**4**になります。　　**正答　4**

地上権

建物などを所有するなどの目的で他人の土地を使用する権利です。
詳しくは「2-9用益物権」で説明します。
⇒p.248

得喪変更

取得，売却などによる権利喪失，地上権の設定などによる権利状態の変更のことを，まとめてこのようにいいます。

欠缺

欠けていることをいいます。「けんけつ」と読みます。

「2-4　不動産物権変動③」のまとめ

- ▶入会権は権利の内容が土地の慣習によって定まるため，登記できない権利である。
- ▶通行地役権の主張には，原則として登記が必要。ただし，それが客観的に認識できる場合には，第三者が登記がされていないことを理由として通行地役権を否定することは，信義に反して許されない。
- ▶賃貸不動産の譲渡を受けた者が賃貸人の地位を主張するには登記が必要。
- ▶登記なくして不動産に関する物権の得喪変更を対抗することができない第三者とは，権利取得を主張する正当な利益を有している者のこと。背信的悪意者はこれに含まれない。

2-5　国総 ★★　国般 ★★★　地上 ★★　市役所 ★

即時取得
～品物を安心して買える仕組み～

不動産物権変動の次は**動産物権変動**です。

そして，ここでのテーマも前項と同じく**取引の安全**をどう図るかです。不動産の場合は，登記によって権利関係の公示が行われ，それによって取引の安全を一定程度担保していると説明しました。では，動産はどうでしょう。

そもそも，動産はその数が膨大で，食料品のように買ってすぐ消費してしまうような商品もあるため，自動車など一部の例外を除いて登記（登録）は困難です。では，**権利の証明**はどうすればよいのでしょう。**法は，それを所持（占有）に求めました**。理由は，ほとんどの場合，動産を持っている人は，正当な権利に基づいて持っているはずだからです。

動産では占有者が権利者であると思っていい（権利の推定）

周囲をちょっと観察してみてください。家族や友人などが持っている物は，その人が買ったりもらったりした物ですよね。つまり，「物を所持（占有）している＝権利者のはずだ」というわけです。そして，これはほとんどの場合当たっています。そうであれば，**「持っていることが権利者の証明」と考えてよいはず**です。そこで，**法は，動産では所持（占有）を権利の公示手段だとしました**（188条）。

そうなると，デパートでバッグを買ったとか，友人が持っている専門書を安くゆずってもらったなど，通常の取引形態があれば，それだけで所有権の取得を主張できます。

では，万一それが他人の物だった場合はどうでしょう。たとえば，友人から購入した本が，友人が預かっていたもので，友人の所有物ではなかったなどという場合です。動産取引は，日々頻繁に行われていますから，いちいち相手の権利を調べることは困難です。そこで，法は，動産取引がスムーズに行われるように，**対抗要件**と**即時取得**という二つの面で対策を講じました。本項で，その対策を説明しましょう。

即時取得の出題頻度

即時取得は，不動産物権変動と並ぶ物権の重要テーマです。出題頻度も高く，知識問題に加えて理論的な問題も出題されますから，しっかり理解するようにしましょう。

即時取得とは

取引の相手（前主）が正当な権利者であると信頼して新たに権利を取得した者は，前主がたとえ**無権利者**であっても有効に権利を取得できるとする制度です。

動産の登記・登録制度

船舶には登記の制度があります。また，自動車，航空機には登記と同じ役割を果たす「**登録制度**」があります。

186条1項

占有者は，所有の意思をもって，善意で，平穏に，かつ，公然と占有をするものと推定する。

占有

物を所持（支配）していることをいいます。
詳しくは次の2-6で説明します。
⇒p.210

動産物権変動の対抗要件には四つある

前項で説明したとおり，不動産物権変動では，自分が権利を取得したと主張するための要件（**対抗要件**）は「登記」でした。

では，**動産物権変動で，自分が権利を取得したと主張するための要件（対抗要件）は**何かというと，それは所持の移転つまり**引渡しです**。

そして，この引渡し方法には次のような四つの種類があります。順番に見ていきましょう。

まず，**現実の引渡し**です（182条1項）。

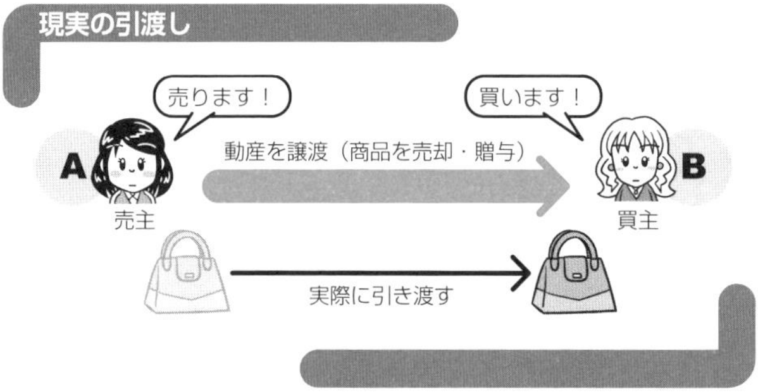
現実の引渡し
売ります！
買います！
A
B
動産を譲渡（商品を売却・贈与）
売主
買主
実際に引き渡す

これは，**品物を売った（ or あげた）人から買った（ or もらった）人に実際に引き渡すこと**をいい，これが引渡し方法としては最も一般的といえます。

たとえば，「パン屋さんでパンを買ってお金を払ったら，そのパンを引き渡してくれる」など，日常生活の中で一般的に経験している方法がこれです。

次は，**簡易の引渡し**です（182条2項）。

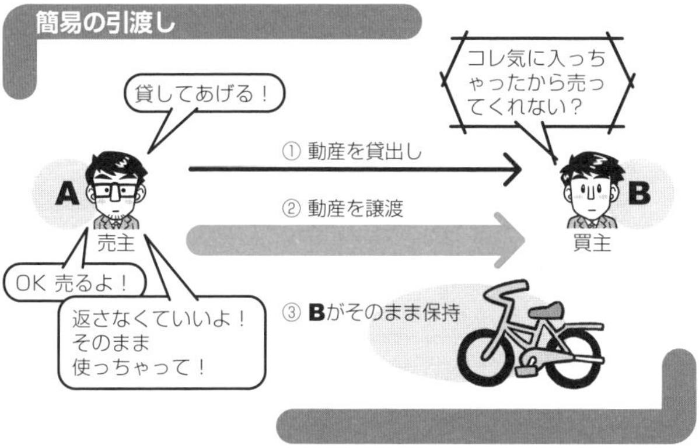
簡易の引渡し
貸してあげる！
コレ気に入っちゃったから売ってくれない？
A
B
① 動産を貸出し
② 動産を譲渡
売主
買主
OK 売るよ！
返さなくていいよ！そのまま使っちゃって！
③ Bがそのまま保持

動産物権変動

動産（品物）に対する権利関係に変更があった場合についての話です。

対抗要件

当事者間で成立した法律関係・権利関係を第三者に対して主張するための法律上の要件をいいます。
自分が権利を持ってるんだ！と主張するために必要な事柄という感じです。

182条1項

占有権の譲渡は，占有物の引渡しによってする。

譲渡

権利・財産，法律上の地位などを他人に譲り渡すことです。有償・無償は問わないので，相手に売っても，プレゼントしても「**譲渡**」です。

182条2項

譲受人又はその代理人が現に占有物を所持する場合には，占有権の譲渡は，当事者の意思表示のみによってすることができる。

これは，タダで貸している（使用貸借，593条）か，使用料を取って貸している（賃貸借，601条）かは別にして，とにかくＢに貸して使わせているＡが，Ｂから売ってほしいと言われたのに応じて売却したとします。その場合に，**「いったん物を返してもらって，それを引き渡す（売却する）のは面倒だから，そのまま使って」と言って，意思表示で物を引渡す方法**です。

要するに，物を相手が持っているので，引渡しを行うことは行うけど，いったん物を返してもらうなどという面倒な手間を省略するというのがこの方法です。

３番目は**占有改定**です（183条）。

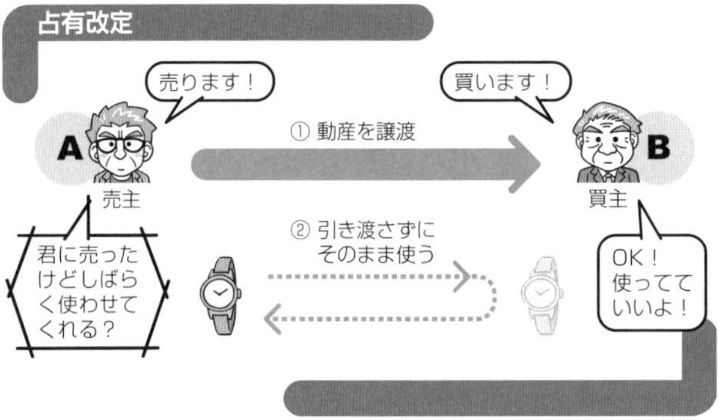

これは，簡易の引渡しの逆パターンです。

すなわち，品物の**売主Ａが，買主Ｂに「そのまま使わせてほしい」と言って所持を続ける場合**です。

この場合も，いったん物を引き渡して，それを借りる形で戻してもらうのは面倒なので，**意思表示だけで動産の譲渡が行われます**。

ただ，ここで注意してほしいのは，意思表示だけの譲渡というのは，当事者であるＡＢ以外の人には，譲渡があったかどうかということが認識しにくいことです。ＡＢ以外の人（以下「外部」と表現します）からすれば，**「単にＡが自分のものをそのまま持っているだけ」としか判断できません**。つまり，Ａが物を持ち続けている状態になんら変化がないので，所有権の移転が行われたかどうかという動産物権変動が把握しにくいのです。

この点は，後から問題として出てきますから，ちょっと気にとめておいてください。

最後は，**指図による占有移転**です（184条）。

使用貸借と賃貸借

物を使いたいので貸してほしいと頼まれ，それを承諾して引き渡すのが貸借です。**使用貸借**(593条)はタダで貸す場合，**賃貸借**(601条)は賃料を取って有償で貸す場合です。

183条

代理人が自己の占有物を以後本人のために占有する意思を表示したときは，本人は，これによって占有権を取得する。

意思表示だけで譲渡

占有改定の場合，本来の手順としては，Ｂが動産を買っているのですから，売主は一度買主にその動産を引き渡して，そこから改めてＡが「そのまま使いたいので貸してほしい」と申し出て，承諾した買主Ｂから引渡しを受けるべきものです。ただ，それは面倒なので，「そのまま使わせて！」「OK，いいよ」で済ませるのが**意思表示だけの譲渡**ということです。ここで意思表示とは，「そのまま使わせて！」「OK，いいよ」のことですが，結局，当事者の言葉のやり取りだけで，物（動産）の移動がないまま譲渡が行われるという意味にとらえておいてください。

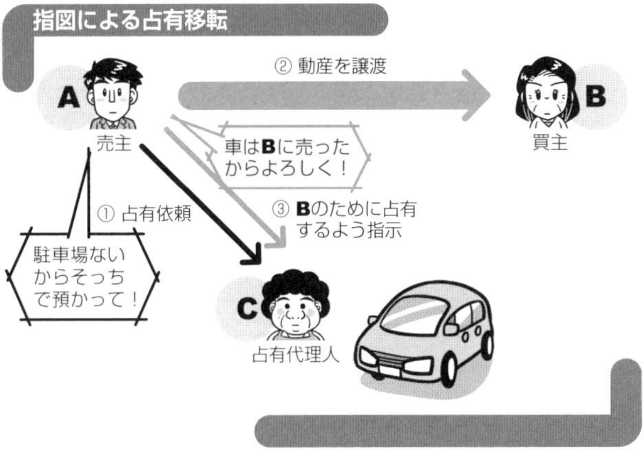

これは，所有者AがCに物を預かってもらっている場合に，Cに預けたままでBに物を移転する方法です。

Aは，Cに「物をBに売ったので，今後はBのために保管するように」と指示することで，Bに所持を移転することができます。

以上が，所持（占有）を移すための四つの方法です。

まとめを兼ねて，この四つを比較しておきましょう。次のようになります。

品物の引渡し（占有移転）と所有者・占有者

占有移転の方法	所有者と占有者の一致
①現実の引渡し	完全に一致
②簡易の引渡し	完全に一致
③占有改定	完全に分離（不一致）
④指図による占有移転	一致といえる

まず，**現実の引渡し**と**簡易の引渡し**では，品物は買主が所持していますから，所有者と占有者は一致しています。つまり，所有者が物を持っているというノーマルな状態になっているといえます。

次に，④の**指図**（さしず）**による占有移転**ですが，保管を依頼されたC（**占有代理人**といいます）は所有者の手足と同じように扱われます。ですから，買主BはCを介する形で所持していることになり，やはり所有者と占有者は一致しているといえます。

184条

代理人によって占有をする場合において，本人がその代理人に対して以後第三者のためにその物を占有することを命じ，その第三者がこれを承諾したときは，その第三者は，占有権を取得する。

所有者と占有者

所有者とはその物を自由に使える正当な権利を持っている人です。**占有者**は，そんな権利を持っているかどうかを別にして，物を所持している人です。物を所持している限り，盗人も占有者です。

占有移転の方法

四つもあるとこんがらかりそうですが，これらの用語は今後頻繁に出てきます。一度に慣れるのはなかなか難しいので，これらの用語が出てきたときに，その都度意味を確認するようにしてください。そうすれば，自然に慣れていきます。

これらに対して，**占有改定**の場合，所有者はBですが，現に品物を持っているのはAです。つまり，**所有者と占有者が別になっています。これが，占有改定の大きな特徴です。**

そして，この特徴のために，占有改定については，**他の占有移転の方法とは違った扱い**がなされることがあります。典型は**即時取得と質権**（しちけん）の二つの場合です。

このうち即時取得については，本項で説明します。

質権については，まずは，右欄の条文（345条）を参照しておいてください。詳細は質権の項（3-3）で説明します。

即時取得…お店で安心して物を買うための制度

ここから，いよいよ即時取得の説明を始めます。

たとえば，お店でハンドバッグを買ったところ，それが実は3年前に盗まれたもので，その店には所有権がなかったとしたらどうなるでしょう。

普通のお店で買ったという場合には，当然自分のものになると思いますよね。いちいち出どころを調べるとか，「これ本当にお店のもの？」なんて尋ねる人はいないでしょう。誰もが，お店でもスーパーマーケットでも，なんの疑いもなく買い物をしているはずです。

そして，日常の買い物の安全性を確保して，商品の流通や経済活動を円滑で活発なものにするためには，**売主が真の所有者かどうかをいちいち調べなくても権利取得できるとしておく必要があります。**

そこで，法は，**フツーに買い物をした場合，商品が売主の所有物でなくても，買主はそれを所有者に戻さなくてよい**としました（192条）。これを**即時取得**（そくじしゅとく）の制度といいます。

その要件を，少し詳しく見てみましょう。

即時取得の要件1

取引行為が存在すること

即時取得は，「お店で安心して商品を買える」など，取引きを安全に行えるようにするための制度です。

ここでいう取引は，**売買**に限らず，**贈与**や**質入れ**（しちいれ），**代物弁済**（だいぶつべんさい）なども含まれます。

これに対して，たとえば**山林を自分の所有と誤解して，そ**

質権

借金の担保に物を預かり，返済がない場合にはそれを売って代金から弁済を受ける権利です。
「しちけん」と読みます。

345条

質権者は，質権設定者に，自己に代わって質物の占有をさせることができない。

192条

取引行為によって，平穏に，かつ，公然と動産の占有を始めた者は，善意であり，かつ，過失がないときは，即時にその動産について行使する権利を取得する。

即時取得の意味

「**即時**」とは，たとえば，お店でパンを買ったら，即時に自分のものになっているので，その場で食べてかまわないということです。また，「**取得**」するのは，通常は所有権（自分のものになる）ですが，これ以外にも，質権の取得などもありえます。

の山に生えていた木を切って持ち出しても，その木は自分の所有物にはなりません。取引行為がない（勝手に木を切って持ち出しただけですから，木を売買したとか，あるいは贈与されたといった，いわゆる取引行為があるわけではありません）ので，即時取得の対象とはならないからです（大判大4・5・20）。

即時取得は，あくまでも動産の取引行為の安全確保を目的とした制度ですから，この点は注意してください。

即時取得の要件2

前の持ち主（前主）が無権利者であってもかまわない

即時取得は，「お店で安心して商品を買える」，つまり前の持ち主（前主といいます）が所有者であるかどうかをいちいち調べなくても，安全に物を取得できるということを目的とした制度です。

ということは，所有者かどうか以外のことは，きちんと調べる必要があるということになります。

前に説明しましたが，前主が未成年者でないかとか（**制限（せいげん）行為能力者（こういのうりょくしゃ）**），正式な代理権を持っているか（**無権代理（むけんだいり）**でない）などは，相手の様子を見ればある程度見分けがつきます。ですから，それらのことについては（というか，それくらいは）きちんと注意すべきで，その「うっかり」についてまでも即時取得がカバーして救済してくれるわけではありません。

つまり，即時取得は，制限行為能力や無権代理の欠陥（瑕疵（かし））を修復する制度ではないということです。

即時取得の要件3

取引が，平穏・公然・善意・無過失で行われたこと

ここで**平穏・公然**とは，取引行為で占有が移ったという意味です。つまり，通常の取引があればよいという意味で，難しく考える必要はありません。

善意・無過失とは，まず，善意は前の所持者が正当な権利者だと信頼したということ，無過失は，そう思うことについて不注意（過失）がなかったということです。要するに，普通にスーパーマーケットなどで買い物をしていれば，特に深く考えなくてもこれに該当します。過失があるとは，たとえば，暗い夜のガード下で，突然見知らぬ男に声をかけられて

質(しち)

担保としてダイヤモンドや絵画など**譲渡が可能**な物を相手に預けてお金を借りるという庶民金融の方法です。本当にその人の物かをいちいち調べなくても，お金を返すまでは質物として預かることができます。つまり，無権利者が質入れした場合でも，返済があるまではお金を貸した側は権利者に返さなくていいということです。これも即時取得の効果です。

代物弁済(482条)

本来の給付に代えて，代わりのものを給付することで債務を消滅させるという合意をして，それを実行することをいいます。

前に説明

制限行為能力者については
⇒p.30
無権代理については
⇒p.108

容易に判断できる

未成年者かどうかは，相手の容姿を見れば，ある程度推測がつくでしょう。若すぎると思えば運転免許証などで年齢を確認できます。代理人も「○○さんのための行為です」という顕名が必要ですから，「では，委任状を見せてください」と言えば済むことです。

平穏・公然

単に「**普通の取引行為**によって取得した」ということです。それ以上の意味はあ

「ブランド品を市価の９割引で買わないか？」などと言われて，それを安易に信じて買ったというような場合です。**常識的に考えればおかしい，それなのにお気楽に信じたというのが「過失あり」ということ**です。

ところで，「平穏・公然・善意・無過失」のうち，**前三者は法で推定されています**（186条１項)。また最後の無過失は，188条が「占有者が占有物について行使する権利は，適法に有するものと推定する。」と規定していますから，前の所持人が持っている品物の出どころを疑ってかからなくても，**フツーに買い物をしていれば無過失と推定されます**（最判昭41・6・9)。

ここで，無過失だと**推定**（すいてい）されるということは，誰かが「違う！あいつは即時取得してないから所有者である自分に返せ！」と言ってきた場合，**そう主張するほうが，平穏・公然じゃなかったとか，過失があったということを証明しなさいよということ**です。

ですから，**推定というのはきわめて強力な「取引の安全保護」の役割を果たしているといえます。**

即時取得の要件4

前の所持者（前主）の占有を取得したこと

即時取得の第４の要件は，前主の占有を取得したことです。

まず，四つの引渡しの方法うち，①現実の引渡しと②簡易の引渡しについては，物を実際に引き渡しているので特に問題はありません。これがダメだというのであれば，そもそも即時取得が認められる場合がなくなり，取引の安全は脅かされてしまいます。

問題なのは，③の占有改定による場合です。

この方法によると，当事者つまり売主と買主以外の人（外部）からは，引渡しがあったことがまったくわかりません。

即時取得では，**安心して取引をできる人がいる一方で，反対に権利を奪われる人がいるんです**。つまり，権利を奪われる人がいて，それでも取引の安全を図る必要性のほうが勝るとして，その犠牲の上に成り立っている制度なわけです。

ところが，占有改定だと，譲渡はしたものの，前主がそのまま使うというのですから，「どこに取引があるんだ？」「取引の安全というけど，取引なんてないじゃないか！」という権利者からの反発が出てきてしまいます。

りません。

過失アリ（有過失）とは

本文の例以外では，たとえば商品は有名デパートの包装になってはいるけど，相手は「ちょっと前に正規の値段で買ったんだけど，急にお金がいるから……」などと口ごもっていてなんかウサンクサイ……。だから，疑ってかかるのが当然なのに，欲に目がくらんで安易に買ってしまった，などという場合が「**過失アリ**」ということです。

推定

そのような状況にあると思ってかまわないということです。それについて，法律がお墨付きを与えているので，推定事項を証明する必要はありません。
もしも裁判になったら，相手が「そうじゃないんだ」として推定を覆す証拠を示さなければなりません。相手がそれを示せないときは，**推定**がそのまま認められるので，推定される側は断然有利になります。

品物の引渡しの四つ方法

①現実の引渡し
②簡易の引渡し
③占有改定
④指図による占有移転

そして，「そんな曖昧な方法で自分の権利を奪われたらたまったもんじゃない」と主張されたら，「それにも一理あるな」ということになってしまうんです。

そこで，**判例は，こんな方法（占有改定）では即時取得は認められないとしました**（大判大5・5・16，最判昭32・12・27）。

外部からは，譲渡が行われたかどうかまったく判断ができないこんな不完全な引渡し方法で即時取得を認めることは，真の権利者の保護に欠けるというのが，その理由です。

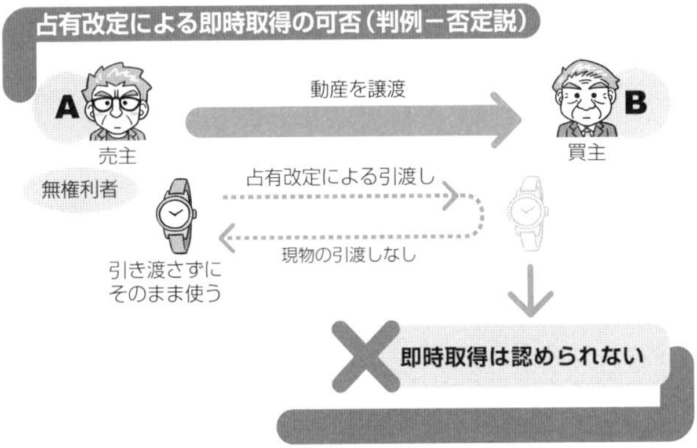

判例（**否定説**）を支持する学説も多いのですが，なかには異論もあります。

まずは，**肯定説**です。この説は，占有改定も引渡しの方法として認められているのだから，占有改定で即時取得を認めてもいいじゃないかというわけです。

ただ，ちょっと次ページの図を見てください。

所有者であるCは，Aに親切心で物を使わせています。

「ちょっと貸して！」「いいよ」としてAに渡して，そのままAが使っているわけです。Aは単に借りているだけですから所有者ではありません。つまり，所有権に関しては無権利者で，処分権限はありません。それなのにBに無断で売って，そのうえでBから承諾を得て，その後も自分で使い続けています。

では，そんな事情を知らないCは，Aに「そろそろ返して！」と言えないのでしょうか。

肯定説によれば，占有改定による即時取得が認められますから，Bが無権利者のAから占有改定による引き渡し（といっても物はまったく動きませんが）を受けた時点でBが所有

ココがよく出る！

この「バランス調整」というところがかっこうの素材として頻繁に出題されていますので，本文で少し詳しく説明します！

否定説の利益調整

まず，法律では，利益調整のことを，よく**利益衡量**という言葉で表現しています。較量とは天秤にかけてどちらが重いかを判断するというような意味です。

そこで，否定説（判例の立場）が行う利益衡量ですが，たとえばAがBに貸したものをBがそのまま持っているとします。Aがそろそろ自分で使いたいので返すようにBに求めたところ，Bはもう売ってしまったといって返しません。でも，品物は実際にBが持っているんです。Aとしては，「私はあなたに厚意で貸してあげたものだし，それに今実際あなた自身が持ってるじゃないか！」という場合，Aは取り戻せないのでしょうか。それはあんまりだというので，否定説は，真の権利者（A）の立場も尊重して，占有改定では即時取得は認められないとしているわけです。

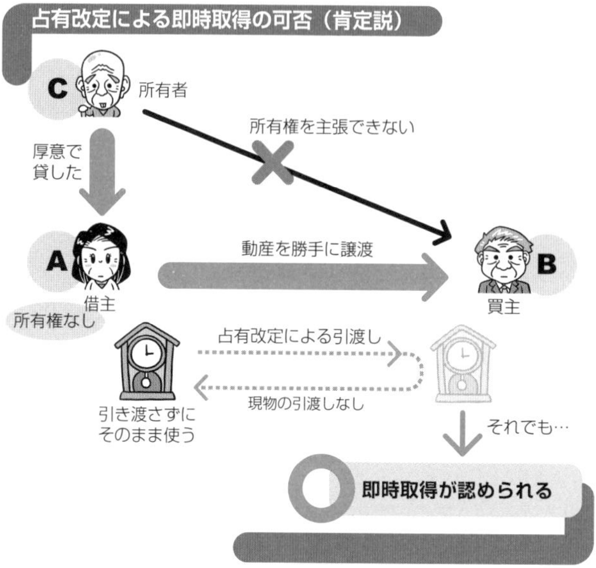

権を取得し，それと同時にCは所有権を失います。ですから，Aは「確かに今は自分が使っているけれど，もうBに売ってしまったから返せない」と言わざるをえません。なぜなら，もう所有者はBであってCではないのですから。でも，それでいいのでしょうか。

これはあんまりだということで，現在この説には支持はありません。ただ，問題の素材として今でも登場していますから，内容は把握しておきましょう。

そこで，これに代わるものとして，**折衷説**（せっちゅうせつ）が学説で主張されています。

これは，次ページの図にあるとおり，**Cが取り戻す前にBが現実の引渡しを受ければ即時取得を認めるというもの**です。

単に，「現実の引渡しを受ければ即時取得を認める」というのとあまり変わらないような感じもするのですが，**「占有改定の方法でもいちおう即時取得の成立を認めるが，買主が現実の引渡しを受けるまでの間は即時取得は未確定だ」**としているので，肯定説を進化させた折衷説と称されています。

この説によると，どちらが先に引き渡しを受けたかで優劣が決まることになります。

これ，似たようなものがどこかで出てきませんでしたか？「2－4不動産物権変動③」でチラッと出てきた不動産の二重譲渡の場合と同じなんです。不動産の二重譲渡では，どち

占有改定と即時取得の問題

この部分の問題では，三つの説がA説，B説，C説として最初にその要旨が説明されて，それぞれの説の根拠や結論として正しいものはどれかといった問題がよく出題されます。
民法では，複数の学説を挙げてその論理的帰結を問う問題は少ないので，この部分は**貴重な素材**となっています。

肯定説の別の問題点

肯定説で，Bが占有改定による即時取得を認めた場合。Bが所有者となり，AはBから物を借りて使っている状態になります。ということは，Bは所有権に関しては無権利者です。その場合，CがAから買い戻したらどうなるのでしょうか。占有改定による即時取得を認める立場では，今度はCが所有者となります。権利関係がなかなか確定しない状態が続くことになり，**法的安定性**の観点から，この説は好ましくありません。

折衷説での所有者の立場

本文にあるように，折衷説の立場では，どちらかが先に引渡しを受けるまでは，Cも所有権を失っていない状態にあります。ですから，Aに引き渡すように求め，Aがそれを拒否した場合には所有権に基づく返還請求の訴えを起こす必要があります。

二重譲渡

2-4だけでなく，2-1物権の性質と効力でもチラッと出てきました。
2-1⇒p.164（二重売買）

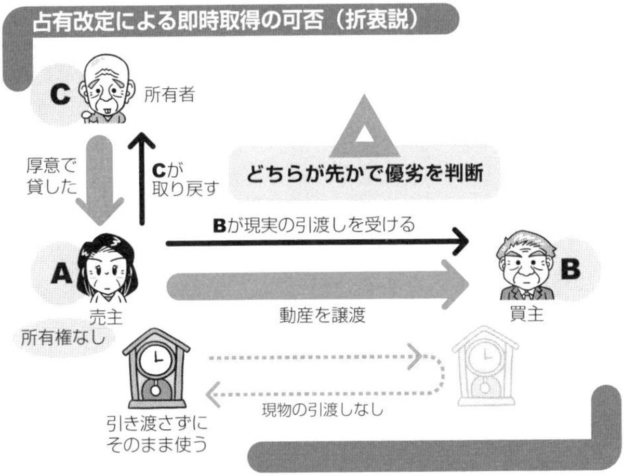

2-4⇒p.187

らが先に登記を備えたかで優劣が決まりました。一方，この問題の折衷説では，登記ではなくて「どちらが先に引渡しを受けたか」で優劣が決まります。

不動産の二重譲渡の場合もそうでしたが，「登記を先に備えたほうが勝ち」ということは，**「登記を先に備えたほうが確定的に所有権を取得する」**ということです。つまり，それまでは，譲渡を受けた人は，それぞれ不確定の所有権を持っていることになります。

不確定の所有権ってわかりにくいと思われるかもしれませんが，折衷説の立場ではこのように解釈せざるをえないということです。

不確定の所有権

本来，そんな所有権はありません。折衷説のように引き渡しの先後で優劣が決まるとすると，どちらにも**暫定的な所有権**を認めざるを得ないんです。もともとそんな所有権はないけど，このような理屈をつけないと説明できない，だからそれで納得してほしいという技巧的な所有権です。

では，これまでの知識を問題演習で整理しておきましょう。

例題20

Aは，Bから預かっているカメラを，自分の所有だと称してCに買わないかと持ち掛け，Cはそれに同意してカメラを購入した。ただ，Aが「写真展に作品を出すのでしばらく使わせてほしい」というので，Cは占有改定の方法によって引渡しを受け，Aにカメラをそのまま使わせている。

ところで，占有改定と即時取得について，次の甲説～丙説のような見解がある。

(甲説)：占有改定によっては，即時取得は成立しない。

(乙説)：占有改定によって即時取得は成立するが，それはいまだ確定的なものではなく，のちに現実の引渡しがあったときに確定的なものとなる。

(丙説)：占有改定により即時取得が成立する。

以上の説に照らし，次の記述のうち，妥当なものはどれか。

（市役所　改題）

1　甲説および丙説によれば，Cはカメラの所有権を取得できる。

2　甲説に対しては，真の権利者の保護をおろそかにするとの批判がある。

3　乙説によれば，Aが別の第三者Dに占有改定の方法でカメラを譲渡して，その後にDに現実に引き渡した場合，BとDは対抗関係に立つことになる。

4　取引の安全を最も重視するのは甲説である。

5　丙説では，Cはカメラの所有権を取得できる。

本問のポイント！

甲説：占有改定による即時取得を否定する説です。これは判例の立場です（最判昭32・12・27）。

乙説：占有改定によっていちおう即時取得は成立しますが，それはいまだ確定的なものではなく，**後に現実の引渡しを受けたときに確定する**とする説です（折衷説）。

これは，真の権利者Bの権利保護と取得者Cの取引の安全保護という両者の利益の調整を図るという観点から，B・Cの両者に権利を認めたうえで，その**優劣を「どちらが先に現実の引渡しを受けたか」によって決しよう**とするものです。

丙説：占有改定によっても即時取得は認められるとする説です。本問でこの説をとればCは確定的に所有権を取得できることになります。

この説に対しては，AはCと通謀して容易に占有改定の事実を作り出す可能性があり，そうなると真の権利者の保護がおろそかになるといった批判が強く，現在では支持はありません。

1． 甲説は，占有改定によっては，即時取得は成立しないとするので，Cはカメラの所有権を取得できません。

2． これは丙説に対する批判です。

3． Dが確定的にカメラの所有権を取得するので，その時点でBはカメラの所有権を失います。すなわち，カメラの所有を相互に争う関係であるところの対抗関係には立ちません。

4． **取引の安全**を最も重視するのは甲説ではなく丙説です。甲説は真の権利者の権利保護との調節を図ろうとするものです。

指図による占有移転

ところで，「前の所持者（前主）の占有を取得したこと」という要件については，もう一つ，**指図による占有移転**という引渡し方法があります。
これも，外部からは引渡しがあったかどうか（占有が移転したかどうか）が分かりにくいので，この方法で即時取得が認められるかどうか議論があります。
ただ，これについては，あまり議論は活発ではなく，判例がこの方法での即時取得を認めていますから（最判昭57・9・7），即時取得は肯定されると覚えておけば十分です。

5． 妥当な記述です。占有改定による即時取得を認めるからです。

本問の正答は**5**になります。　**正答　5**

盗品・遺失物の場合は2年間は取り戻せる

ある人が窃盗(せっとう)の被害に遭ったとしましょう。

で，物を盗み出した犯人が，すぐにそれを善意・無過失の第三者に売ってしまったとしたら（即時取得が成立するとして），もう取り戻すことはできないのでしょうか。

それでは，「親の形見の品を取り戻せない」などあまりにも被害者である所有者の保護がおろそかになってしまいます。

そこで，民法は，**盗品(とうひん)・遺失物**については，**2年間は回復請求ができる**としています（193条）。

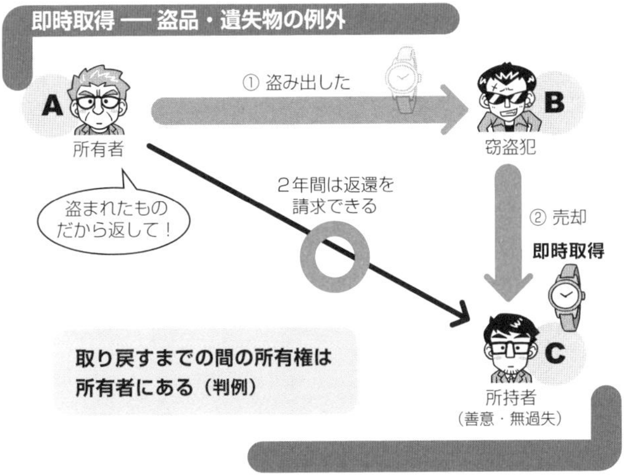

では，**その間の所有権**は誰にあるのでしょうか。

判例は，即時取得によって所有権を取得した者ではなく，所有者のほうにあるとしています（大判大10・7・8）。

盗まれた品物がすぐに売却されて即時取得されたら，もう所有権はなくなるというのはあんまりでしょう。法が取戻しを認めた以上，その間は所有権が移っていないと考えるのが自然ですよね。

ところで，上記のことは，あくまで盗品と遺失物が対象です。ですから，**だまし取られたり（詐欺），脅し取られたり（強迫）したものについては，返還請求は認められていませ**

善意・無過失

この場合は，**盗品**であることを知らないことが善意，盗品であると気づかないことが無理からぬことだと思えることが無過失です。

第三者

盗難被害に遭った所有者と盗人以外の者のことです。

遺失物

「占有者の意思によらずにその所持を離れた物」という意味ですが，忘れ物や落とし物と理解しておいてください。

193条

前条（即時取得）の場合において，占有物が盗品又は遺失物であるときは，被害者又は遺失者は，盗難又は遺失の時から**2年間**，占有者に対してその物の回復を請求することができる。

対象は盗品と遺失物

ここでは，盗品と遺失物が対象であることに注意しましょう。間違いやすいのは，①遺失物が対象に加えられていること，②だまし取られたり脅し取られたりしたものは対象ではないということ，です。特に①については，次項で登場する「占有を奪われた場合にそれを取り戻す手段」（訴えの方法によります。占有回収の訴えといいます）が「奪われた」ことを要件として，盗品は含まれるが遺失物は含まれないとしていることと混乱しやすいので，

ん。

以上を，問題演習で知識を整理しておきましょう。

注意が必要です。

例題21

即時取得に関する次の記述のうち，妥当なものはどれ。

（地方上級）

1　CはA所有の家屋を賃借していたBとの間で，Bが所有者であると誤信して当該家屋の購入契約を締結し，Bから家屋の引渡しを受けた。この場合Cは善意・無過失であれば当該家屋の所有権を取得できる。

2　CはA所有の骨董家具を預かっていたBとの間で，Bが所有者であると誤信して当該家具の購入契約を締結し，Bから家具の引渡しを受けた。この場合，Cは善意であれば，過失があっても当該家具の所有権を取得できる。

3　CはA所有の映画のチケットを預かっていたBから，以前Bに貸した２万円の弁済の一部としてこのチケットを受け取った。この場合，Cはチケットを買い受けたのではないので，Cは所有権を取得できない。

4　CはA所有のパソコンを預かっていたBから，Bが所有者であると誤信してこれを借り受け，後に購入する契約を締結しBから簡易の引渡しを受けた。この場合，Cは当該パソコンの所有権を取得できる。

5　CはA所有の宝石を盗んだBとの間で，Bが所有者であると誤信して当該宝石の売買契約を締結し，Bから引渡しを受けた。この場合，宝石は盗品であるので即時取得は認められず，CはAから返還請求があればいつでもこれに応じなければならない。

本問のポイント！

1．即時取得は，動産取引を安心してできるようにするための制度です。**不動産については即時取得の制度はありません。**

2．**無過失も即時取得の要件です**（192条）。即時取得は，真の権利者から権利を奪うという結果をもたらします。ですから，取得する側も，取引においてはそれなりの注意を払う必要があるからです。

デパートなどで買い物をするような場合は特に問題はないのですが，帰宅途中に，暗い夜道で怪しげな人物から突然声をかけられ，「100万円の高級ブランド時計を１万円で売る」などと言われてそれを信用して買うというような場合は過失があるといえます（即時取得は成立しません。盗

登録制度がある動産

自動車や船舶，航空機のような登録制度があるものについても，即時取得の制度は適用されません。

品ではないかと疑ってかかるべきです)。

3．本来の給付内容に代えて，代わりの物を給付するという代物弁済の場合です。これについても即時取得が成立します。

4．妥当な記述です。Bは単に預かっていただけですから所有者ではありません。つまり無権利者です。その無権利者から簡易の引渡しの方法で引渡しがなされていますから，即時取得が成立します。

5．盗品についても即時取得は認められます。ただし，2年間は，所有者から回復請求される可能性があります(193条・194条)。

本問の正答は**4**になります。　**正答　4**

ところで，ここで「2－1物権の性質と効力」でも出てきた「**公示の原則と公信の原則**」について改めて説明しておきます。

発展　公示の原則と公信の原則

	不動産	動　産
公示の原則	○	○
公信の原則	×	○

ときどき，試験にこれらの言葉が登場しますので，少し詳しく説明しておきます。

まず，**公示の原則**(こうじ げんそく)とは，物権について，権利関係になんらかの変動があった場合には，そのことを外部からわかるように表示をしておくべきだというものです。

たとえば，所有権がAからBに移った場合には，「所有者はもはやAではなくBだ」ということが，周囲の人たちにわかるようにしておくべきということです。

そうでないと，所有者はAだと思ってAから物を買ったところ，Aはもはや所有者でなかったという場合，購入者は権利を取得できないことになってしまいます。こんなトラブルを防ぐために，「権利関係に変動があった場合は，それをわかるようにしておこう」というのが公示の原則の趣旨です。

そして，この公示の原則は，動産と不動産の両方で採用されています。不動産では，「権利関係に変動があった場合には必

代物弁済の例

たとえば，「借りた100万円の返済期日が来たけど，現金を用意できない」などという場合に，有名画家の時価110万円の絵画で弁済したいと申し出て，貸主の同意を得てその絵画を引き渡すような場合をいいます(482条)。代物弁済がなされると，**債務は消滅**します。なお，絵画のほうが少々高くても清算は行われません。

動産では占有が公示って？

公示というと，何か掲示板のようにみんなが見ることができるもので，もっときちんと「公示ですよ」という形式のものをイメージしてしまいます。そして，**不動産の登記簿**というのは，このイメージに合致しますが，動産の場合，「引き渡せば公示になる」というのは何かしっくりこないかもしれません。でも，ここでいう「公示」は，権利関係に変動があったことがわかればいい，つまり，物が売られて，「あの人が新しい権利者だよ」ということが推測できればいいということなんです。たとえば，デパ地下でお総菜を買っている人がいるとします。そして，代金を払って店員さんからお総菜を受け取っている(これは現実の引渡しです)のを見たら，買った人が確実にお総菜の所有権を取得したと判断するでしょう。それがここでいう**権利変動の公示**なんです。動産の場合は，たとえばお総菜の行方をいちいち記録に残したりはしませんから，「公示方法は引渡しだ」ということは納得できると思います。

ずそのことを登記しておきなさい」，動産では，「権利を譲渡した場合には，その物を必ず引き渡しておきなさい」というのがそれです。ですから，不動産では，権利関係を登記簿で確認できるようになっていますし，動産ではそれを持っている人が権利者と推定されるわけです（188条）。

ただ，不動産の場合に，権利関係を登記簿で確認するといっても，登記が私人の側の申請に委ねられている以上，権利変動がリアルタイムで登記簿に反映されることになるわけではありません。しかし，登記するかしないかが任意というのでは，登記の信頼性が確保できませんから，法は「登記しなければ第三者に対抗できない」として（177条），登記しなければ不利益を被るリスクがあることを告知することで登記を促すという方法をとっています。また，近時はp.176の右欄で紹介したように，法的に登記義務の強化が図られるようになってきており，今後，この傾向はさらに強まってくると予想されます。そして，それによって登記の公示力に対する信頼性が高まることが期待されます。

次に，**公信の原則**（こうしんのげんそく）ですが，これは，**公示を信頼して取引をした者は，その信頼したとおりの権利を取得できる**というものです。

民法は，動産についてはこの原則を採用していますが，不動産についてはこの原則を採用していません。

そして，動産についてのこの原則の採用が，本項で扱った即時取得です。つまり，Aが動産を所持している場合，その所持は適法な所持と推定され（188条），その所持をBが信頼してAから購入すれば，Bはその所有権を取得できるというわけです。

これは，日々大量に取引される動産については，「前主の所持を信頼して取引をした者は権利を取得できる」としておかないと，あちこちでトラブルが発生して収拾がつかなくなることが理由です。

一方，不動産については，登記が必ずしも現在の権利関係を正確に反映しているとは限らない中で，生活の基盤である土地や建物について「登記を信頼すれば，それだけで権利取得できる」とすることは，過度な保護に当たるというのが理由です。

188条

占有者が専有物について行使する権利は，適法に有するものと推定する。

公示手段

不動産については登記が，また動産については引渡しが公示手段になります。

取引

不動産であれば，売買や贈与による所有権移転，地上権や抵当権の設定などが取引の例です。また，動産であれば，同じく売買や贈与による所有権移転や質入れなどが取引の例になります。

立木の公示方法（明認方法）

銘木などは立木のままで取引の対象とされることがあります。その場合，所有関係の公示手段として**立木登記**という方法があるのですが，あまり利用されていません。そこで，判例は，昔から慣習的に行われてきた「木に所有者名を直接書く」などのいわゆる**明認方法**に公示手段としての効力を認めています（大判大10・4・14）。

「2-5　即時取得」のまとめ

即時取得の制度の意義

▶即時取得は，動産取引の安全を図る制度である。
▶不動産には即時取得の制度はない。すなわち，前者（前主）が権利者であるとの登記簿の記載（公示）を信頼して取引しても，権利を取得することはできない。
▶登記または登録された船舶・自動車・飛行機については，登記・登録によって権利の公示が行われるので，即時取得の適用はない。

即時取得の要件

①取引行為が存在すること
▶取引は，売買だけに限られない。贈与や質権設定，代物弁済，消費貸借の目的物の給付，強制競売による買い受けなども含まれる。
▶取得者は，売買や贈与など，所有権の移転を目的とする取引の場合には所有権を取得し，質権設定の場合には質権を取得する。
▶山林を自己所有と誤信して立木を伐採しても，取引行為がないので，伐採者は立木を即時取得できない。

②前者（前主）が無権利者であってもかまわない
▶即時取得は，前者（前主）の無権利の瑕疵を帳消しにする制度である。これ以外の制限行為能力，無権代理などの無権利以外の瑕疵は帳消しにはならない。
▶制限行為能力者から動産を取得した者からさらに動産を取得した場合には，即時取得が適用される。

③取引が平穏・公然，善意・無過失に行われたこと
▶平穏・公然，善意については，民法に推定規定がある（186条1項）。
▶無過失についても，判例・通説は，占有者が適法に占有物上の権利を有するものとする規定（188条）により推定されるとしている。
▶平穏・公然，善意・無過失は，取得者の側でこれを立証する必要はない。

③占有を取得したこと
▶取引によって取得したといえるためには，占有の取得が必要である。
▶占有の取得には，現実の引渡し，簡易の引渡し，指図による占有移転の三つは含まれるが，占有改定は含まれず，占有改定の方法で即時取得することはできない（判例）。

盗品・遺失物の例外

▶即時取得された物が盗品・遺失物の場合には，被害者・遺失主は即時取得者に対して２年間は回復請求ができる。

2-6　国総 ★★★　国般 ★★★　地上 ★　市役所 ★

占　有

～占有権によって社会の財産秩序が保たれている～

前２項で，物の売買などの物権変動を学んできました。

その典型は売買ですが，売買があると買主は購入物を自分の所有物だと考えますよね。ところが，ある時，自分のバッグを他人が自分の物と誤解して持ち去ろうとしたらどうでしょう。「私のだと主張したいけど，買ったときのレシートはもう捨ててしまった」などという場合は，他人が持ち去るのを阻止できないのでしょうか。いえ，そんなことはありません。それを守ってくれるのが**占有権**（せんゆうけん）という権利なのです。

占有の重要度

占有は，不動産物権変動や即時取得に次ぐ物権分野の重要テーマで，特に国家公務員試験において頻繁に出題されています。

占有の意思

民法は，占有の要件として「自己のためにする意思」を必要とするとしています（180条）。ただ，これは，物の支配が**自分の利益**になるという客観的な関係があればよいとされていて，「意思」の要素は希薄になっています。

占有権の目的は社会の財産秩序の維持

占有って，物権の中でどんな位置にありましたっけ。前に，物権の最初に出てきましたよね。覚えていますか？

物権の種類

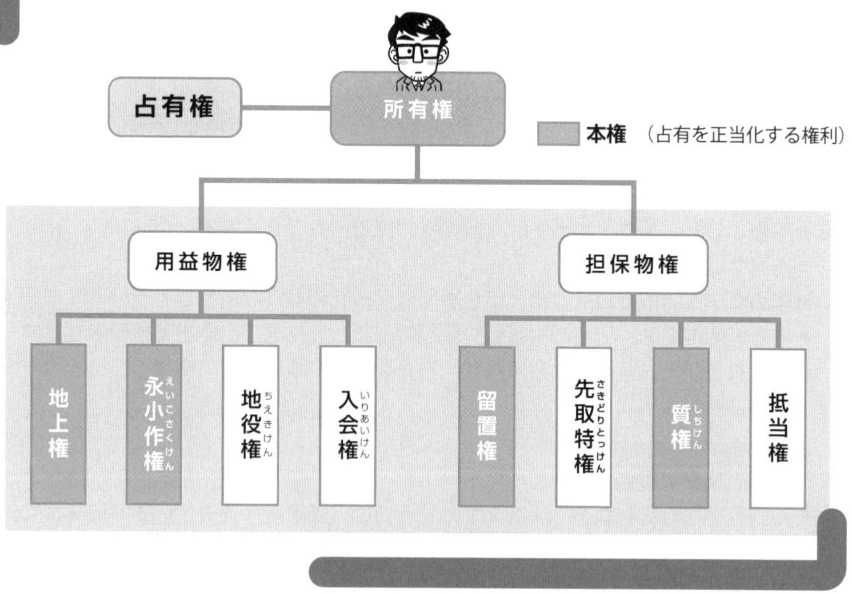

図を見ると，**占有権**だけ別扱いですよね。これ，どういうことかというと，**占有権というのは「仮の権利」なんです。**

「え？　仮の権利？　ということは仮ではない真の権利があるっていうこと？」

実はそうなんです。

仮の権利である占有権に対する言葉として，**本権**という言葉があります。**これは占有（所持）を正当化する権利のこと**をいいます。

左ページの図の下のほうに並んでいる「真の権利」の中には，物を占有（所持）するものと，そうでないものがあります。

占有するものの代表格は**所有権**ですが，そのほかにも，建物を建てるために土地を借りる場合の**地上権**なども**占有（土地を支配）する権利**です。

これに対して，集落の住民が山で燃料用の薪をとるために共同で山に立ち入る権利である**入会権**や，銀行が住宅資金の融資（住宅ローン）の担保として住宅に設定する**抵当権**のように，**占有を要素としない権利**もあります。

このうち，占有を要するものについて「なぜそれを持ってるの？」と聞かれた場合に，**「所有権があるから」とか，「地上権があるから」と答える場合の所有権や地上権など，占有を正当化する権利**が**本権**ということになります。

そこで問題です。

ある人から「それは私のバッグだ，なんであなたが持ってるのか」と聞かれた場合に，「これは自分のものだ」（自分に所有権がある）ということを証明するには，どうすればいいでしょうか。

「レシートを示せばいいんじゃ？」

なるほど……でも，そのバッグを５年前に買ったとして，レシートはずっと取っておいてあるでしょうか？

このように，自分のものだという証明（所有権の証明）はけっこう難しいのです。

では，証明ができなければ，バッグを相手に引き渡さなければならないかというと，そんなことはないはずです。

その場合に，相手が無理矢理に取っていこうとしたらどうすればいいでしょう。

仮に，その「奪い取る行為」を合法として認めていたら，あちこちでそんな事態が発生してしまいます。そうなると，社会の財産秩序はめちゃくちゃになってしまいます。そこ

本権

図の下のほうの真の権利のうち，**占有を正当化する権利**だけを本権といい，抵当権のように占有を伴わない権利は本権とはいいません。

本権と権原

権原（けんげん）という用語は後ほど登場しますが，本権と権原の二つは用語として混乱しやすいので，ここで簡単に説明しておきます。

まず，**本権**という言葉は，本文にあるとおり「なぜあなたが持っているの？」「それは所持する**正当な権利**があるからだ」という場面で使います。そして「権利があるから持っている」という場合に，その権利を本権といいます。通常，権利というとかなり広い意味で使いますが，本権は，そのうちの「占有を正当化する権利」という限られた範囲の用語です。

一方，**権原**とは，ある物を使ったり処分したりできる**法律上の原因**をいいます。たとえば，その土地を使っているのは「自分の所有物だからだ」とか「所有者から借りているからだ」といった具合です。その場合に「権原に基づいて使っている」という言い方をします。

両者は，内容的には似たような概念なので混乱しやすいのですが，使う場面に違いがあると思って区別したほうがわかりやすいと思います（ただし意味が重なる領域があるので，その場合は同じ意味で使われます）。

で，仮の権利である占有権が大きなパワーを発揮するわけです。

「無理に奪い取るのは許さない！」「もし，本当にあなたが自分のものだというのなら，ちゃんとした手続き（つまり民事裁判）を踏んで，権利者であることを証明してから取り戻しなさい」として，**どちらが所有者かがはっきりしなくても，暫定的に（仮に）今持っている人の所持を正当なものとして認める**というのが**占有権**（せんゆうけん）なのです。

このポイントは重要なので，抜き出しておきますね。

> **占有権は，社会の財産秩序を守るための権利だ！**

この言葉，しっかり覚えておいてください。これが**占有制度の目的**です。

物の所持を意識していなくても占有権は認められる

占有権の目的が，**社会の財産秩序の維持という点にある**とすれば，占有（所持）してるかどうかは，この目的に沿って判断する必要があります。

次の例を考えてみてください。

例

Bは，死亡した父Aのただ一人の相続人です。父Aは，生前別荘を建てるために有名な別荘地に土地を購入していました。でも，Bはそのことをまったく知らず，相続が始まった今も，その存在すら認識していません。

このような状況で，Bはこの土地を占有しているといえるでしょうか。

まず，答えはイエスです。

なぜかといえば，Bが父の財産をいろいろ調べていくうちに，それにまったく知らなかった別荘地が含まれていることがわかった場合，その時から別荘地に柵を設けたり，立札を立てたりすることができますよね。それは，相続によって，その土地に対する父の占有（所持）を受け継いでいるからです（それも相続の時点で直ちに）。

ですから，もしそこに勝手に入り込む人がいたら（不法占

所有権の証明

これは，「**悪魔の証明**」とも呼ばれています。それほど，所有権の証明は難しいのです。だからこそ，その証明に代わるものとして占有権が大きな役割を発揮するわけです。

占有制度の目的

占有を「物を持っていること」と考えると，物に対する支配を自分で意識することが必要なように思えます。仮にそのようにとらえると，その存在を把握していないものについては占有はしてないということになってしまいます。しかし，それでは**財産秩序の維持**は図れません。ですから，占有はやはり財産秩序という観点からとらえる必要があるのです。

相続財産の把握

不動産の場合は，相続人がその存在を認識していなくても，市区町村が固定資産税を課すために，相続人を探し出します。それによって相続財産であることを認識することが可能になります。

拠者)，いちいち相続があったことを証明しなくても立ち退きを請求できます。それは，**相続によって直ちに占有（所持）が移った**からなんです。

もし，これを認めないとすれば，空き地の占有は早い者勝ちになってしまうでしょう。それでは，あちこちで紛争が起こって，収拾がつかなくなってしまいます。つまり，

「本人が認識していなくても支配は及んでいる」

社会の財産秩序を守るということは，そういうことです。

ところで，この事例には，もう一つ大きなポイントが含まれています。これも大切なことなので，抜き出しておきます。

占有権は，相続によって相続人に引き継がれる

占有を純粋に事実としての所持ととらえると，「自分が所持している」とか「他人が所持している」というのはわかると思いますが，「所持が引き継がれる」ってどういうこと？って思うかもしれません。

そういったときは，もう一度占有制度の目的に立ち戻って考えてみてください。

相続があったら，やはり，所持をすぐにバトンタッチする必要があるんです。でしたら，「事実は引き継がれるものではない」などと形式張って考えずに，制度の目的からいえばそうだよね，と柔軟に考えてほしいのです。

占有を引き継ぐ場合は そのマイナス面も引き継ぐ

占有が引き継がれるということには，先に述べたように不法占拠者に隙を与えないという意味があります。でも，もう一つ大切な意味があります。

それは，**時効の要件**なんです。

これまで，何度か，相続とは亡くなった人の財産上の地位を受け継ぐことだと説明してきました。そして，この財産上の地位の中には占有も含まれています。

そして，占有を受け継ぐ（それも，被相続人の占有状態をそのままで）というのは，いわば**占有を始めた同一人がそのまま占有を続けているのと同じことになる**ので，前の世代や，その前の世代の占有期間を合算できることを意味します。

失念した動産の所持

たとえば，タンスの奥にしまい込んで，その存在をすっかり忘れているような物についても，やはり占有しているといえます。本人が認識しているかどうかにかかわらず，客観的には**支配**が及んでいるからです。

財産秩序の維持

財産秩序の維持ですが，もっと具体的にいうと「いちおうもっともらしい（権利者が持っていると考えられる）状態をそのまま暫定的に保護しよう」というものです。ですから，たとえばひったくりに遭った場合に，ひったくり犯にすぐに占有が移るわけではありません。すぐに警察に通報して，駆け付けた警察官に取り戻してもらうことは当然可能です。

時効

時効というのは，ある状態が一定期間続いている場合に，それを法的な権利関係として認めてしまおうというものでしたよね。そして，前の世代からずっと自分のものとして占有を続けていて，それが相続によって受け継がれるのでしたら**合算**してかまいません。

確かに，自分だけで時効期間を満たすならば，証明も簡単でしょうから，それに越したことはありません。でも，それで足りなければ，前の世代と合算する必要が出てきます。

前提として，まず，時効期間を確認しておきます。

① 占有を始めたときに善意・無過失なら10年（162条２項）

② ①以外なら20年（162条１項）

そして，**前の世代と合算する場合には，「占有を始めた者がそのまま一人で占有を続けているのと同じことになる」ので，悪意であったとか過失があったというマイナス要素も，そのまま引き継がなければなりません。**

具体的に見てみましょう。

162条

1　20年間，所有の意思をもって，平穏に，かつ，公然と他人の物を占有した者は，その所有権を取得する。

2　10年間，所有の意思をもって，平穏に，かつ，公然と他人の物を占有した者は，その占有の開始の時に，善意であり，かつ，過失がなかったときは，その所有権を取得する。

取得時効に必要な占有の継続

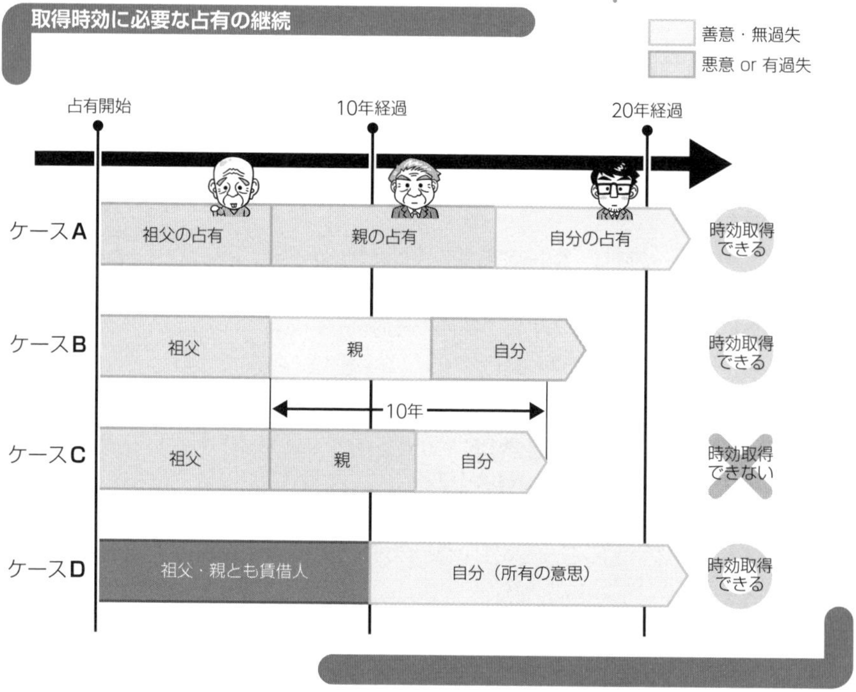

まず，図中のＡのケースでは，祖父の占有から合算すれば20年になりますから時効取得が認められます。

Ｂのケースでは，親が占有を始めたときに善意・無過失ですから，親と自分を合算すれば期間は10年になり，時効取得が認められます。

一方，Ｃのケースでは，祖父・親・自分を合算しても20年

善意・無過失

善意とは，他人の所有物とは知らずに自分が所有者だと思ったことをいいます。**無過失**とは，そう思うことについて落ち度（例：土地

にはなりません。また，自分だけの占有なら占有開始時に善意・無過失ですから時効期間は10年で済みますが，残念ながら10年は過ぎていないので，やはり時効取得は認められません。

要するに，こういう計算をやって期間が足りているかどうかを判断するわけです。

相続による「賃借→自己所有物」への変換（相続と新権原）

問題となるのはDのケースです。

祖父や親はともに賃借人でした。そして，家や土地を借りている場合，何年たっても自分のものにならないというのはわかりますよね。**取得時効**は，**自分のものとして占有を続けてはじめて成立する**からです。

では，**相続の際に，「親は賃借していた」ではなく，「親は所有していた」と思って引き継いだらどうなるでしょう**。所有物のつもりで，それから10年間占有したら時効取得できるのでしょうか。

判例はこれを認めています（最判昭46・11・30）。

つまり，相続は185条の**新権原**（しんけんげん）に当たるとしています。

少し詳しく説明しましょう。

まず，**権原**とは，先に側注で説明していますが，**ある物を使用したり処分したりできる法律上の原因**をいいます。

そこで，たとえば使用するという場合は所有権が典型でしょうが，そのほかに賃借権（ちんしゃくけん）などもあります。そして，賃借権の場合には，人から借りて使うわけですから，それは自分のものではないとわかって使っているわけです。

そして，人のものを借りて，それを長年使っていても時効取得できないのはわかりますよね。たとえば，「借家に10年あるいは20年住み続けたら，その借家が自分のものになる」などということはありません。なぜなら，**自分のものだとして使っていて，その状態が一定期間続く場合に，その事実状態が法的な権利関係として承認されるというのが取得時効の制度**だからです。

それで，問題となるのは，親の占有が賃借によるものだった場合，その地位を引き継ぐ相続人の占有も，やはり賃借人としての占有になるわけです。そうなると，それを引き継い

を購入して代金も払ったが登記していなかったなど）がなかったことをいいます。

途中で悪意になった場合

時効期間が10年に短縮されるための要件としては，「**占有の開始の時**」に善意・無過失であることが必要とされています。つまり，10年の途中で悪意に変わってもかまわないということです。悪意というのは，自分のものだということを認識してないということですから，10年の間には，「これは他人の物だよ」と教えられることもあるでしょう。それだけで，途端に悪意の占有になって期間が倍の20年に延長されるというのも不都合です。

そして，Bのケースは，親の占有をそのまま受け継ぐわけですから，親の占有と自分の占有は一連の一体のものと考える必要があります。そうすると，途中で（自分が相続したときに）悪意であっても，親の占有開始時に善意であれば，やはり時効期間は10年のままです。

自主占有への転換

「親が賃借していたものを，相続の際に親の所有物だ」と勘違いするというのはちょっとピンと来ないかもしれません。確かに借家なら考えにくいでしょうが，たとえば，山林で，土地の賃借料を10年一括払い（前払い）にしているような場合（これは特約があれば可能です），親が借地であることを告げていなければ，子どもは，親が賃料を払うのを見たことがないので，親の土地だと思ってしまいます。そういう場合に

で10年たとうが，20年たとうが，占有の態様が「他人の物の賃借」から「自己の物の所持，つまり所有の意思のある占有」に変わらない限り時効取得は認められません。

ただ，それはちょっとおかしい，相続人が自分のものだと思って占有を始めたんだったら，所有の意思のある占有に変わったと認めるべきなんじゃないか，そして10年たったら，やはり時効取得を認めていいんじゃないかという議論が提起されました。

そこで，前記の判例が登場するわけです。後はその理由づけですが，もう一度185条を見てください。

その後段には，「新たな権原により更に所有の意思をもって占有を始めるのでなければ，占有の性質は，変わらない」と書いてありますね。ならば，これを逆にすれば，**「新たな権原により更に所有の意思をもって占有を始めれば，占有の性質は変わる」**ということになるでしょう。

「あ，なんだ，これを使えばいいじゃないか」

ということになったわけです。

どういうふうに使うかというと，まず，「相続は新権原だ」と認定します。「え，そうなの？」「で，新権原って何？」

いや，そんなことはどうでもいいんです。相続で引き継いだ占有（他主占有）を，所有の意思のある占有に変わることを認めたい。それで，条文を見たら「新たな権原で占有を始めたら所有の意思のある占有に変わるよ」って書いてある。

「だったらこの言葉の中に入れてしまえばいいじゃん」というだけのことです。そして，それを上記の文に当てはめてみると，

「新たな権原（＝相続）により更に所有の意思をもって占有を始めれば，占有の性質は（賃借人としての占有から所有の意思のある占有に）変わる」

ということになります。

これならば，所有の意思をもって10年ないしは20年間その物の占有を続ければ，時効取得が認められることになります。

以上が，相続と新権原についての説明です。

親の所有物と誤解することがあり得るのです。

185条

権原の性質上占有者に所有の意思がないものとされる場合には，その占有者が，自己に占有をさせた者に対して所有の意思があることを表示し，又は**新たな権原**により更に所有の意思をもって占有を始めるのでなければ，占有の性質は，変わらない。

新たな権原（新権原）

それが何を意味するかについては，これといって決まった定義はありません。そして，決まったものがないからこそ，相続で本文のような問題が出てきたときに，この言葉に押し込めばいいやとして「相続は新権原だ」とされたわけです。いわば，解釈によってどのようにも使えるという，とても**便利な言葉**なわけです。

相続と新権原のポイント

- 前の占有期間と合算するならマイナス要素も引き継ぐ
- 自分の占有だけを主張することもできる
- 相続で所有の意思のある占有に変わる場合があるということを理解しておいてください。

効果の違い

所有の意思のある占有ならば時効取得が認められますが，賃借している場合のように，所有の意思のない占有の場合には時効取得は認められません。そういった

混乱しやすい 自主占有・他主占有・代理占有

前述のように，同じく占有といっても，それぞれ性質の違うものがあって，認められる効果にも違いがあります。

そこで，占有にはどのような種類のものがあって，どんな効果が認められるのかを整理しておきましょう。

まずは自主占有と他主占有です。

これは，**物の主（あるじ，ぬし）が自ら所持しているのか，それとも他人が所持しているのかの区別**です。

主（あるじ）が「自ら」所持しているのが**自主占有**（じしゅせんゆう），主とは別の「他人」が所持しているのが**他主占有**（たしゅせんゆう）として，漢字の意味でとらえておくと覚えやすいです。

自主占有は所有の意思を持ってする占有で，他主占有は所有の意思を持たない占有です。この区別の意義は，もっぱら取得時効が認められる占有かどうかという点にあります。

これも，具体的な例で覚えておくとわかりやすいでしょう。借家の場合を例にとると，それを借りている賃借人は所有の意思のない占有，つまり他主占有です。そして，他主占有の場合，どれだけ長く物を所持していても（借家を借り続けていても），その物（借家）を時効取得することはできません。

時効取得というのは，自分のものだと思って長く占有を続けている状態が一定期間続いたときに，それをそのまま権利関係として認めようというものですから，やはり，「自分のものだと思って占有を続ける」ことが必要なのです。

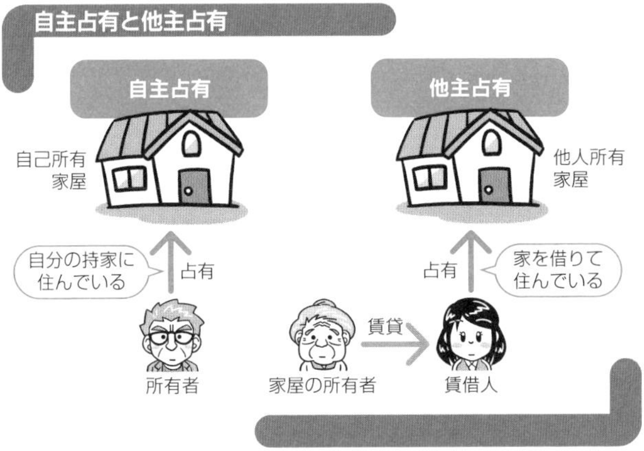

違いです。

自主占有と他主占有

自己占有と代理占有の区別と混乱しやすいので，「自主」「他主」という文字を手掛かりにして区別するようにしましょう。「自分が主（あるじ）」なのか，それとも「他人が主」なのかと，この文字を思い出すと区別がはっきりしてくるはずです。

取得時効と所有の意思

時効制度は，ある事実状態が一定期間続いているときに，その事実関係を法的な権利関係として認めようというものです。
そして，取得時効で自主占有が要件とされるのも同じ理由からです。借家人（他主占有）だと，周囲は「家を借りている―自分の持ち物ではない」としか判断しません。一方，所有の意思で物を自由に使っていると，周囲は「あの人のものだ」と判断します。取得時効は，それをそのまま，**法的な権利関係**として認めようとするわけです。

次に，自主占有・他主占有と間違えやすい自己占有と代理占有について説明します。

自己占有とは自分で直接占有すること，**代理占有**（だいりせんゆう）とは他人（**占有代理人**と呼びます）を介して間接的に占有することです。

自己占有と代理占有という区別を設ける目的は，本人が代理人を介して占有権を持っていることを認めて，**占有の訴えを提起できるようにする点にあります。**

次の図を見てください。

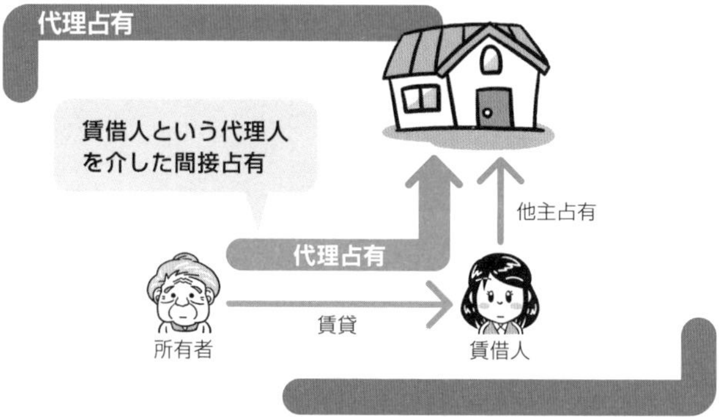

家屋の所有者が，その家屋を他人に貸しているとします。そうすると，実際にその家屋を占有しているのは賃借人です。

この場合に，「誰かが勝手に貸家に入り込んで居座っている」などという事態が生じたときに，賃借人は当然に出て行くように請求することができますよね。でも，賃借人が，それをしない場合，所有者がなんの手段も講じられず，手をこまねいていなければならないというのでは困ります。

たとえば，賃借人が「大切に使います」というから貸したのに，見知らぬ者が勝手に入り込んで，家の中の物を乱暴に使っているなどという場合には，**所有者にも自分の所有物を守る権利を認めておく必要があります。**民法は，その手段として，**所有者に代理占有という形で占有権を認めました**（181条）。

所有者である賃貸人は，直接には貸家を占有していないのですから，「実際に占有していない者に占有権を認めるのはおかしい」と感じられるかもしれません。でも，財産秩序の維持という占有制度の趣旨から考えると，これを認めるのはなんら不思議ではないのです。

代理占有にいう「代理」

総則で登場した代理は，本人に代わって法律行為をする人のことでした。しかし，ここでいう代理は「本人に代わって物を持っている」という**事実行為の代理**です。ですから，本人の代わりに契約をするとか，そういった法律行為をする権限を有しているわけではありません。
同じ用語なので戸惑うかもしれませんが，別の概念だと考えてください。

直接占有・間接占有

自己占有を**直接占有**，代理占有を**間接占有**と呼ぶことがあります。

占有の訴え（占有訴権）

占有を妨害されている場合に，妨害をやめるように要求できる訴えです。占有権も物権ですから，物を直接支配できるという物権の性質から，このような訴えが認められています。

181条

占有権は，代理人によって取得することができる。

占有にいう「善意・悪意」はちょっと意味が違う

通常，民法で善意・悪意というと，知っていることが悪意，知らないことが善意です。しかし，善意占有・悪意占有という場合の善意・悪意の意味はちょっと違います。

どう違うかというと，**善意占有**とは，**自分に所有権や賃借権といった占有を正当化する権原（正権原）があると誤信する占有**のこと，**悪意占有**とは，**それがないことを知らない，またはひょっとしたらそれがないかもしれないなどと疑いを持ちながら占有していること**をいいます。

なぜこんな解釈をするかということですが，占有にはいろんな恩典が与えられているので，その**恩典を与えるのにふさわしい要件が必要**だと考えられたためです。

善意と悪意

	知らない	疑いを持っている	知っている
一般的な善意・悪意	善 意	善 意	悪 意
占有の場合の善意・悪意	善 意	悪 意（恩典が多いのでふさわしくないとダメ）	悪 意

恩典については右欄に書いています。このうち取得時効については先に説明しましたから，ここでは，果実収取権について説明します。

果実収取権（かじつしゅうしゅけん）（189条１項）とは，たとえばミカン山を自分の所有だと信じてミカンを栽培していた者は，収穫したミカンを自分のものにできる（だから出荷して販売できる）というものです。たとえ自分に占有権原がなかったとしても，**自分のものだと信じている限り，そこから生み出される収益を自分のものにすることができます。**

一方，ミカン山の真の所有者が，後から占有者に対して「過去の収益も全部返せ！」と主張するのは，占有者がミカンを出荷・販売した収益で生活していたような場合を考えると，生活を脅かすことになりかねません。

所有者は，自分のものであれば自分できちんと管理すべきで，その責任を占有者の不利益に転嫁するのは不当でしょう。ですから，民法は，このような権利（果実収取権）を認

正権原

占有を正当化する権利のことです。ここでは正当な権原すなわち「**正権原**」とも表現されます。本権と権原の意味が重なり合うので混乱しやすい箇所ともいえます。（ここでは，ほぼ同じ意味と考えておいてください）

権原

権原とは，ある物を使ったり処分したりできる法律上の原因をいいます。

占有の恩典

取得時効（162条），果実収得権（189条，190条），即時取得（192条）などがそれです。

果実

ある物が生み出す経済的な**収益**のことをいいます。ミカンの木に実ったミカンや貸家が生み出す家賃などは，ともに果実です。

占有権原

占有を正当化するための権利のことです。

189条

1　善意の占有者は、占有物から生ずる果実を取得する。
2　善意の占有者が本権の訴えにおいて敗訴したときは，その訴えの提起の時から悪意の占有者とみなす。

めているわけです。

ただし，一定の利益を伴う恩典ですから，やはり占有権原があると信じて所持していることが必要で，**「ひょっとしたら自分にはその権原がないかも……」などと疑いを持っているような場合には，この恩典（果実収取権）を認めるべきではありません。**

そこで問題となるのは，真の所有者が占有者に物を返すように求めて訴えを提起してきたような場合です。

訴えがあると，占有者はたちまち悪意の占有者になってしまうのでしょうか。

訴えが提起された場合，占有者は，「ひょっとしたら自分には占有の権原がないかもしれない」と疑いを持ち始めることもあるでしょう。しかし，訴えが提起されたからといって，それが正当な主張に基づくとは限りません。場合によっては，訴えが退けられることだってあるはずです。

そうなると，単に訴えが提起されただけで果実収取権を失うとするのは，いかにも不都合です。ただ，訴えの提起は自分の占有権原に疑いを持ち始めるきっかけにはなりますから，「自分にはミカンを栽培・収穫する権利があるかどうか」を，もう一度よく考えてみる必要はあるでしょう。そして，もしも権利がないと判断できれば，収益は真の所有者に返すのが道理です。

そこで，これらの点を考慮して，法は，**敗訴の場合には，訴えの提起の時点から悪意の占有者とみなすとしています**（189条２項）。

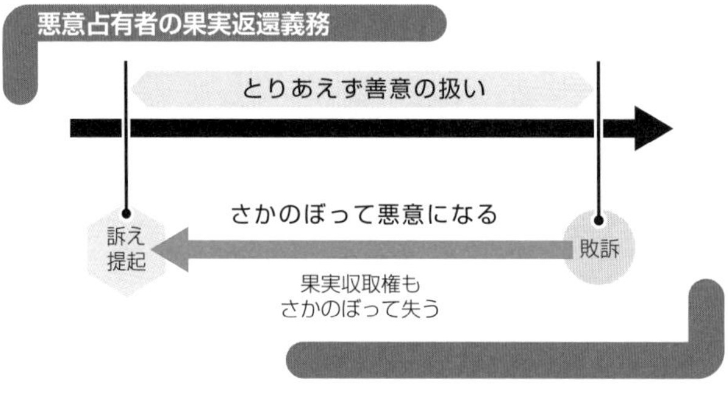
悪意占有者の果実返還義務
とりあえず善意の扱い
さかのぼって悪意になる
訴え提起
敗訴
果実収取権も
さかのぼって失う

疑いを持っている

この場合は，「悪意」として扱われます。

悪意の占有者に変わる

悪意の占有者に変われば，その時点から果実収取権を失うことになります。

みなす

占有者がいくら違うといっても，そのように認定されてしまうということです。覆せないという点で，「推定」とは違います。

訴えの提起の時点

裁判所に訴状を提出して受理された時が訴えの提起の時点です。

占有訴権…占有を妨害されたら妨害前に戻せと請求できる

占有（所持）をなんらかの形で妨害された場合には，妨害をやめるように，あるいは妨害前の元の状態に戻すように，相手に請求することができます。これを，**占有の訴え**（**占有訴権**）といいます。

この訴えは，物権の本質から導き出されるものです。

物権というのは，物を直接に支配できる権利でしたよね。ということは，直接に支配していることを誰に対しても主張できる，「これは私が支配しているものだから，妨害しないように」と請求できるはずです。

たとえば，自分の勉強道具（本やペンなど）を勝手に持っていこうとしている人がいたら，自分のものだから返すように言えます。それは，相手がうっかり勘違いして持っていこうとしている場合でも同じです。

つまり，相手が知らずに妨害しているとか（善意），過失があるかどうかに関係なく，「妨害をやめて」と言えるはずです。それは，物権の性質のところでも説明したように，この請求権が物権のノーマルな状態を回復させるためのものだからです。

ところで，物権のノーマルな状態の回復には，侵害に対応に応じて三つのパターンが考えられます。そして，民法もそれに対応するように三種の訴えを認めています。

【占有の訴え（占有訴権）】

① **占有保持の訴え**（198条）
妨害をやめるように請求できる（例：窓の外に高い塀を作られて外がまったく見えなくなった）

② **占有保全の訴え**（199条）
妨害の危険がある（例：隣の家の木が倒れそう）ときは，危険を除去するように請求できる。

③ **占有回収の訴え**（200条１項）
占有者がその意思に基づかずに占有を奪われた（例：持ち去られた）ときは，返還または損害賠償を請求できる。

占有の訴え（占有訴権）

占有を妨害されている場合に，妨害をやめるように要求できる訴えです。占有権も物権ですから，物を**直接支配**できるという物権の性質から，このような訴えが認められています。

妨害排除請求

物権的請求権に関して民法に規定があるのは「占有の訴え」だけです。
「じゃあ，認められるのは占有権だけ？」
いいえ，違います。
「仮の権利である占有権で認められるくらいだから，本来の物権（占有権以外の物権）で認められるのは当然」ということで条文化されてないだけです。ですから，占有の訴えの三種類に対応する権利は，本来の物権にもそれぞれの性質に応じて認められています。所有権を例にとると，①の占有保持の訴えに対応するのが**妨害排除請求権**，②の占有保全の訴えに対応するのが**妨害予防請求権**，③の占有回収の訴えに対応するのが**返還請求権**です。

占有の訴え

（占有保持の訴え）
198条　占有者がその占有を妨害されたときは，占有保持の訴えにより，その妨害の停止及び損害の賠償を請求することができる。
（占有保全の訴え）
199条　占有者がその占有を妨害されるおそれがあるときは，占有保全の訴えにより，その妨害の予防又は損害賠償の担保を請求することができる。

ところで，民法は，占有が侵害された場合の訴えについては規定を設けていますが，所有権などそれ以外の物権については，そのノーマルな状態を回復するという物権的請求権について規定を設けていません。

占有の妨害が一番に問題になるので，とりあえずこれについて規定を設けておこうということ，それと，**物権のノーマルな状態を回復するのは，物権の直接支配という本質から導かれるので，あえて規定を設けなくても物権的請求権が認められるのは当然**だというのが理由とされています。

占有の訴えと本権の訴えの関係

占有の訴えと本権の訴えが競合することがあります。その場合，両者の関係はどうなるのでしょうか。

たとえば，Aの自転車をBが勝手に持っていったとしましょう。Aが**占有の訴え**で取り戻そうとしたところ，Aの占有を侵害したBが「これは以前盗まれたもので，もともとは私のものだ」として，反対に本権（所有権）で訴えてきました。

この場合，裁判所はどう判断すればいいでしょう。

Aの「占有を自分に戻せ」という訴えの中で，逆に相手を訴える場合を**反訴**（はんそ）といいます。

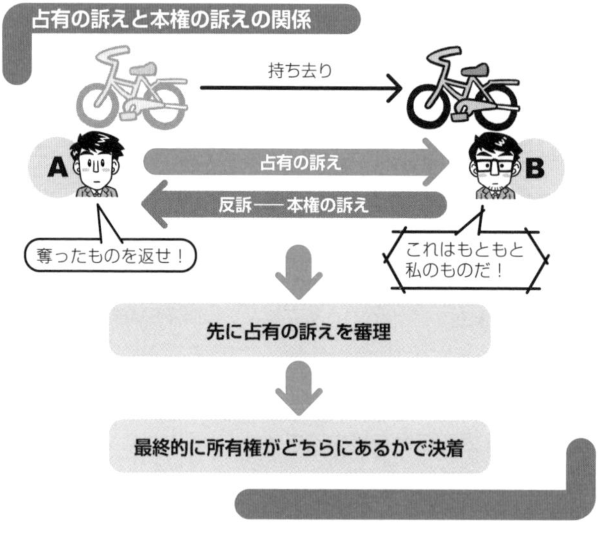
占有の訴えと本権の訴えの関係
持ち去り
A
B
占有の訴え
反訴―― 本権の訴え
奪ったものを返せ！
これはもともと
私のものだ！
先に占有の訴えを審理
最終的に所有権がどちらにあるかで決着

（占有回収の訴え）
200条1項　占有者がその占有を奪われたときは，占有回収の訴えにより，その物の返還及び損害の賠償を請求することができる。

物権的請求権

物権のノーマルな状態が侵害されている場合に，それを取り戻す権利です。
たとえば，車の所有権ならそれを自由に乗り回す，家庭の庭なら家庭菜園をするなどという状態がノーマルな状態といえます。それがなんらかの理由で妨害されている場合に，その**妨害を除去**してノーマルな状態に戻せるようにするのがこの権利です。
車庫の前に物が置かれた場合には，それを取り除くように要求できますし，庭に隣家の木が倒れそうなときには，予防策を講じるように隣家に要求できます。

図の具体例

Aが友人から外国製の高級自転車（時価100万円）を借りて使っていたとします。ある日，サイクリングに使おうと思って，家の自転車置き場を見ると，自転車がありません。１か月前にその自転車を勝手に持ち去られたBが，これを見つけて無断で持ち去ったのです。そこで，AはBに自転車を返すように占有の訴えを提起しました。これに対して，Bは「もともとの所有者は自分だ，返さない！」として，本権に基づく**反訴**を提起しました。

この場合の逆の訴えというのは,「私のものだから返さない」というものですが,占有の訴えが提起されているからといって,本権(所有権)の訴えが提起できないというわけではありません(202条1項)。

ただ,占有の訴えの趣旨は,占有侵害のなかった状態に早く戻して,社会の財産秩序を早く取り戻そうという点にあります。そのため,占有の訴えは単に占有が侵害されたという事実を証明するだけで認められ,速やかに判断が示されます(202条2項)。

そうやって,とりあえず元に戻しておいて,後は,一般に証明が難しいとされていて,そのため審理に時間のかかりそうな本権(所有権)の訴えが続いて,その判断で最終決着が図られることになります。

問題演習で知識を整理しておきましょう。

本権の訴え

たとえば,**所有権**に基づく返還請求の訴えなど,本権に基づく訴えがこれにあたります。占有の訴えとは請求の内容が違いますから(例:所有権が侵害されたvs占有が侵害された),これは別の訴えになります。

202条

1　占有の訴えは本権の訴えを妨げず,また,本権の訴えは占有の訴えを妨げない。
2　占有の訴えについては,本権に関する理由に基づいて裁判をすることができない。

例題22

占有に関する次の記述のうち,妥当なものはどれか。

(国税専門官　改題)

1　盗人が盗品を事実上支配している状態は単なる所持にすぎないから,同人に占有権が認められることはない。
2　未成年者は,不動産について,所有権の取得時効の要件たる自主占有をすることができない。
3　Aが本人Bの代理人である場合には,Bは,Aの占有により占有権を取得することはできない。
4　占有は,物を自己のためにする意思を持って所持するという事実的支配状態をいうが,本人が認識していない物についても占有は認められる。
5　所有権,賃借権などの,占有することを法律上正当とする権利(本権)に基づかない占有については,占有訴権は認められない。

本問のポイント!

1.占有権は,本権があるかどうかに関係なく,物を所持していれば,それだけで認められます。ですから,盗人であっても盗品を所持していれば占有権が認められます。
「じゃあ,盗まれた直後でも取戻しはできない?」
というと,それはちょっと別の話になってきます。
占有制度というのは,財産秩序を維持することが目的でしたよね。つまり，「俺のものだ！」「いや私のものだ！」という**実力での奪い合いを防止するというのが，一つの大きな目的**なんです。

ただ，そういえるためには，**財産秩序としていったん落ち着いた状態になければなりません。**ですから，ここでいう盗人というのも，盗んだ直後ではなく，「もう家に持ち帰っていて，そこそこ時間もたっている」という状態をいうわけです。たとえば，「自転車泥棒が，それを自宅アパートに持ち帰って，そのアパートの前に盗んだ自転車を置いている」というような場合には，盗まれたものだからといって，黙って取り戻すのではなく，いったん警察に通報して証拠品として返してもらうとか，民事手続きで返還を求めるなど，法の手続きに従った取戻し方法を講じてほしいということなんです。

そうすると，**盗まれた直後というのは，直前にあった「安定した財産秩序」が乱されたわけですから，**「勝手に持っていくな！」として取り戻すことは，それが相当な方法であれば（相手を殴るとかしないで……）認められる可能性が高いです。そして，その場合の占有は，盗人にはなく，盗まれたほうにあるわけで，本肢はそのようなものとして文脈を把握するようにしてください。

2．占有権は，物に対する事実的支配をいちおうそのままの状態で保護しようとするものなので，**未成年者にも占有権は認められます。**

3．Ａが本人Ｂの代理人であるというのは，ＡがＢから家を借りて住んでいるような場合をいいます。Ｂは，借家をＡに貸していても，借家に対する支配（占有）がなくなるわけではありません。いわゆる**代理占有**という形で支配（占有）を及ぼしているので，たとえば，現に家を占有している借家人Ａを追い出そうとしているような者に対しては，占有権に基づく妨害排除ができます。

4．妥当な記述です。

5．**占有訴権（占有の訴え）は，占有者に認められた権利**です。つまり，物を所持していれば認められるもので，本権があるかどうかは関係ありません。

本問の正答は**4**になります。

正答　4

自力救済が認められる要件（判例）

「盗まれた直後の取戻し」などを**自力救済**といいます。わが国のような法治国家では，私人による自力救済は認められていません（原則）。ただ，緊急性が高い場合にやむを得ず認めざるを得ない場合もありますから，参考のために判例を紹介しておきます。
「私力の行使は，原則として法の禁止するところであるが，法律に定める手続によったのでは，権利に対する違法な侵害に対抗して現状を維持することが不可能又は著しく困難であると認められる**緊急**やむを得ない特別の事情が存する場合においてのみ，その**必要**の**限度を超えない**範囲内で，例外的に許されるものと解することを妨げない」というものです（最判昭40・12・7）。
一般に，非常措置が認められるための要件としては，①緊急性，②必要性，③相当性の三つが必要とされています。この判例も同趣旨のものとみることができるでしょう。この三つのキーワードで覚えると，覚えやすいと思います。

妨害排除

占有の訴えの一つで，**占有保持の訴え**といいます。198条は，これについて「占有者がその占有を妨害されたときは，占有保持の訴えにより，その妨害の停止及び損害の賠償を請求することができる」と規定しています。

「2-6 占有」のまとめ

占有の成立要件

▶占有は，自己のためにする意思をもって物を所持することによって成立する。

▶所持とは，物を現実に握って持っている必要はなく，社会通念に照らして物を支配内に置いている状況があればよい。

占有の種類・態様

▶自主占有とは，所有の意思を持ってする占有をいい，それがない占有を他主占有という。

▶制限行為能力者であっても，所有の意思で物を支配すれば自主占有が認められる。

▶盗人であっても，所有の意思で物を支配すれば，盗品に対して自主占有が認められる。

▶悪意占有とは，単に本権がないことを知っているだけでなく，本権の存在について疑いを有しながら占有する場合も含む。

▶代理人を通じて間接的に占有する者にも占有訴権が認められる。

▶善意占有者でないと果実収取権は認められない。

占有権の承継

▶占有は前者(前主)から承継できる。

▶取得時効において，占有者は，自己の占有のみを主張してもよいが，前主の占有をあわせて主張することもできる。ただし，その場合は前主の占有の瑕疵も承継する。

占有権の効力

▶占有訴権には，占有保持の訴え，占有保全の訴え，占有回収の訴えの三種がある。

▶占有訴権の行使には，占有を侵害されているという状況があれば足り，侵害について相手方の故意・過失を必要としない。

2-7 国総 ー　国般 ー　地上 ★　市役所 ★

所有権
～自分の物に他人の物をくっつけたら誰の所有になる？～

所有権の内容については，「物を使用，収益，処分できる権利」ということを物権の最初の項で説明しました。

「なのに，改めて所有権ってどういうこと？」と思われるかもしれませんが，本項と次項では所有権の内容自体ではなく，その応用的な問題について説明します。所有権のメインテーマはあくまで物権変動ですので，それ以外の細かな問題はそのあとに説明するというわけです。

そして，本項では，**異なる所有者の物がくっついた場合の所有権の帰属の問題**と，**隣家の木が境界を越えてきた場合にどうすればいいかなどの近隣関係の問題**を，また次項では，変則的な所有形態である共有の問題を説明します。

では，早速始めましょう。

所有者が異なる複数の物が結合した場合

まずは，自分の物に他人の物をくっつけたという場合です。

今，Ａさんが，犬小屋の板が一枚外れたので，家の中にあった木工用の接着剤を使って修理したとします。ところが，その接着剤は，たまたま友人のＢさんが前日に置き忘れていったものだったとしたらどうでしょう。

その接着剤はＢさんのものですから，理屈からすると，犬小屋の板と板の間をくっつけている接着剤の部分については，Ｂさんが所有者のはずです。Ｂさんは犬小屋の修理に使われた分の接着剤を返してもらえるでしょうか？

でも，これ，どう考えても非現実的ですよね。返せと言われても返せないから**弁償するしかない**ってことになりますよね。

どうしてかというと，**Ｂさんの接着剤は，もうＡさんの犬小屋の一部になっていて，その部分のＢさんの所有権は，いわば，Ａさんの犬小屋の所有権に吸収されてしまった**と考えるほうが合理的なんです。

所有権の重要度

それほど頻出のテーマではありません。主に**付合**の箇所が出題されます。一方，隣近所の関係（**相隣関係**）は，条文を素材として時折り出題が見られます。

所有権

物を自由に使用・収益・処分できる権利です。ほかの人が支配しようというのを退けて自分の物として自由に使う権利，売りたくなったら自由に処分する権利のことをいいます。

相隣関係の出題

主に条文を素材とした問題が出題されます。条文の数が多いので複雑な印象を受けますが，素材となる条文は限られていますから，そこにポイントを絞って覚えるようにすると，効率的な学習ができます。

弁償

法的には，償いのお金という意味で，**償金**（しょうきん）という言葉を使います。そして，これを請求することを償金請求といいます。

そもそも，接着剤の部分だけをはがせるかどうかもわかりませんし，たとえはがせたとして，その部分を返してもらってもなんの意味もありません。

別の例でもう一つ考えてみましょう。

たとえば，自動車自体はCさんの所有だけど，後から取り付けたマフラー（消音器）だけはDさんの所有で，CさんとDさんの仲が悪化しているなどという場合，Cさんは車を使うことができるのでしょうか。

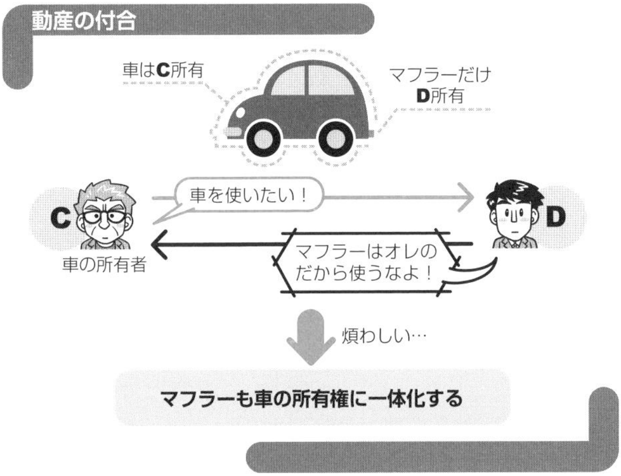
動産の付合
車はC所有
マフラーだけ
D所有
C
車の所有者
車を使いたい！
D
マフラーはオレの
だから使うなよ！
煩わしい…
マフラーも車の所有権に一体化する

これって面倒ですよね。ですから，こういうややこしいことにならないために，法は，所有権をまとめてしまおうと考えました。これを**付合**（ふごう）といいます。

上の二つは，いずれも動産の付合（243条）の例です。

マフラーの場合，修理工場に行って取り外して，新しいものに替えてもらうという方法もあるのですが，工賃も時間ももったいないですし，Dさんもマフラーだけをもらってもしかたがないですよね。

そんな無駄なことをするくらいなら，マフラーの所有権を車にくっつけて，後はその代価に相当するお金をDさんに払ったほうが面倒はありません。このほうが，実際の処理としては合理的なんです。

ところで，以上は動産の付合でしたが，不動産についても同じように付合は起こりえます。

たとえば，借家の二階に洗濯物を干すためのベランダを取り付けたような場合がその例です。ベランダとなると，しっかり固定しなければなりませんから，もう，それは建物と一

付合

複数の独立の物が合わさって社会経済上単一の物と見られるようになった状態をいいます。

243条（動産の付合）

所有者を異にする数個の動産が，付合により，損傷しなければ分離することができなくなったときは，その合成物の所有権は，主たる動産の所有者に帰属する。分離するのに過分の費用を要するときも，同様とする。

動産の付合の例

本文の接着剤の例は，243条にいう「損傷しなければ分離することができなくなったとき」に当たります。また，マフラーの例は「分離するのに過分の費用を要するとき」に当たります。

一物一権主義

243条は「その合成物の所有権は，主たる動産の所有者に帰属する」としています。**主たる動産**は，本文の例でいうと，犬小屋または車のほうですから，その所有者の所有物になります。付合させた者の同意などは不要です。自動的に「一つの所有物に一つの所有権」になります。一物一権主義の一つの現れです。

不動産と動産

不動産とは，土地とその定着物（家屋，庭石など）です。不動産以外の物が**動産**です。

体化していると考えてよいでしょう。ですから，取り外しが可能で，かつ，転居の際に取り外して持っていく約束になっているような場合を除いて，**ベランダは建物の一部になっている，つまり貸家の所有者の所有物になっている**と判断されます。以上が付合ですが，似たようなものを次に紹介します。

工作を施した場合や混ぜ合わせの場合

他人の物に工作を施して，それによって新しい価値が生み出されたような場合や，所有者の異なる二つの物が混ぜ合わさったりした場合にも，誰が所有者かという問題が出てきます。前者を**加工**（かこう），後者を**混和**（こんわ）といいます。

それぞれ，例で考えてみましょう。まずは加工からです。

> **例**
>
> 有名画家Ａは，突然創作意欲がわいたので，そこにあったＢ所有の未使用のキャンバスに絵をかいてしまいました。キャンバスの値段は１万円ですが，Ａが絵を描いた後は，その絵に50万円の値がつきました。
>
> この場合，この絵は誰が所有することになるでしょうか。

Ａが勝手に他人のキャンバスを使ったことは感心できませんが，その点はしばらく置くとして，ここでは誰がキャンバス＝絵の所有者かという問題を取り上げます。

ただ，結論はだいたい想像がつきますよね。

たとえば，Ａの折り紙でＢが折り鶴を折ったというような場合には，出来上がった折り鶴は，**材料の所有者であるＡの物になります**（246条１項本文）。でも，画家の絵の例のように**加工品の価値が材料の価値を大きく上回る場合には，加工者が所有者になります**（同項ただし書き）。

これを共有にするという方法も考えられなくはないのですが，価値が大きく上回っている場合には，むしろ新しいものが作られたと考えて，どちらか一方の所有にするのが順当な処理方法でしょう。ということは，**工作によって生み出された価値が高いかどうかで，どちらの所有になるかを決めるのが常識的です。**

なお，画家のＡは，Ｂのキャンバスを勝手に使ったわけですから，**絵が自分のものになれば，Ｂの損失（キャンバス**

ベランダの取り付け

借家の場合，大家さんの承諾が必要です。もしも勝手に取り付けた場合には，賃貸借の終了の際に，元の状態に戻して返さなければなりません。その場合，かなり大がかりな工事が必要になります。これに対して，承諾を得てベランダを取り付けた場合，ベランダで借家の価値が増したと判断されれば，賃貸借終了の時点で「増した価値の分」は大家さんに請求できます。これを**有益費償還請求**といいます（608条２項本文）。

246条１項（加工）

他人の動産に工作を加えた者があるときは，その加工物の所有権は，材料の所有者に帰属する。ただし，工作によって生じた価格が材料の価格を著しく超えるときは，加工者がその加工物の所有権を取得する。

共有

ある物（の全部）を複数の人が共同で所有することをいいます。
2-8で詳しく説明します。
⇒p.238

代）をBに払わなければなりません（248条，償金（しょうきん）といいます。つぐない金のことです）。

次に，混ざり合わさった場合，つまり混和を考えます。

> **例**
>
> 品質の高いAのガソリン20リットルと，標準的な品質のBのガソリン10リットルが混ざってしまいました。この場合，混ざったガソリンは，誰が所有することになるでしょう。

こんな状態になると，はっきりいって，**分離も区別も困難**です。また，**価値もそう大きくは違っていません**。そうなると，**もう共有にするしか方法はありません**（245条）。

単独所有のほうが，使う場合のトラブルもありませんから，所有方法としては望ましいのですが，しょうがないですね。共有の割合は，両者の価格で決めることになります。

以上の三つ（付合，加工，混和）をまとめて添付（てんぷ）といいます。

添付にはいろいろなケースが考えられますが，上のいくつかの例を参考に，一般的な常識判断で，所有権の帰属を考えればよいと思います。

新たに所有権を取得できる場合

民法は，新たに所有権を取得できる場合をいくつか認めています。それを簡単に見てみましょう。

まずは，誰も所有していない物の場合です（**無主物**（むしゅぶつ）といいます，239条）。

そんな物ってある？　いえ，あるんです。

> **【誰も所有していない物の所有権の取得（無主物先占）】**
>
> - **動産**……川で取った天然ウナギとか，海岸で拾った貝殻などが，誰も所有していないもの（無主物）の例です。これらの物は，最初に見つけて自分の物にした人の所有になります。
> - **不動産**……海底火山が噴火して新たな陸地ができたような場合がその例です。動産のように早い者勝ちとすると，われ先にと，多くの人が押し掛けて大変な事態になります。

244条

付合した動産について主従の区別をすることができないときは，各動産の所有者は，その付合の時における価格の割合に応じてその合成物を共有する。

245条（混和）

前条の規定は，所有者を異にする物が混和して識別することができなくなった場合について準用する。

239条

1　所有者のない動産は，所有の意思をもって占有することによって，その所有権を取得する。
2　所有者のない不動産は，国庫に帰属する。

そもそも不動産は，領土など国の基礎となる重要なものですから，所有者がいない不動産は国のものになります。

次に，**埋蔵物**（241条）について考えてみます。

たとえば，①海岸に埋まっていた古い時代の貨幣（銅銭）とか，②新築家屋の基礎工事の際に掘り出された小判などは誰の所有になるのでしょうか。

埋蔵物は，誰の所有でもない無主物と違って，誰かが必ず代々相続しているはずです。そうすると，相続人が所有者になるはずですが，古い時代の物となると，誰が受け継いでいるか，ちょっとわからないですね。

そこで，法は次のようなルールを定めています。

【埋蔵物の所有権】

- **誰が所有者かわからないとき**……上記①のような場合です。公告して6か月たっても所有者が名乗り出なければ，発見者の物になります。
- **他人の所有物から発見されたとき**……上記②のような場合です。土地の所有者が相続している可能性があるので，土地所有者と発見者が折半することになります。

最後に，**遺失物**について，簡単に触れておきます。

これも，警察などに届け出て一定期間落とし主が現れなかったら，拾った人のものになりますから，所有権取得の原因の一つです。

まず，遺失物とは，置き忘れた物や落とし物のことです。そして，遺失物は，落とし主がわかっていればその人に戻し，わからなければ交番に届けるとか（警察署長への届出になります），場所が施設内であれば，その管理者に届け出る必要があります。

その後，3か月間持ち主が現れなければ，拾った人の所有になります（240条）。

以上が，主な所有権の取得に関する規定です。

ここまでの知識を，問題演習で整理しておきましょう。

241条

埋蔵物は，遺失物法の定めるところに従い公告をした後6箇月以内にその所有者が判明しないときは，これを発見した者がその所有権を取得する。ただし，他人の所有する物の中から発見された埋蔵物については，これを発見した者及びその他人が等しい割合でその所有権を取得する。

遺失物

占有者の意思によらないで，その占有者の占有を離れた物をいいます。ただし，盗まれたものは含みません。

240条

遺失物は，遺失物法の定めるところに従い公告をした後三箇月以内にその所有者が判明しないときは，これを拾得した者がその所有権を取得する。

例題23

所有権の取得に関する次の記述のうち，妥当なものはどれか。

（地方上級　改題）

1　無主物の動産および不動産は所有の意思を持って先に占有を開始した者がその所有権を取得する。

2　Aが所有する灯油30リットル（価格4000円）とBの所有する灯油10リットル（価格1000円）が誤って混合された場合，Aは5分の4，Bは5分の1の割合で灯油を共有する。

3　Aが自家用車を修理するため，Bから預かっていたネジを使用し，強度を上げるために車に溶接して接合させた場合であっても，Bはネジの所有権を失わない。

4　AがBから預かっていたB所有の紙に印刷して，これを製本した場合，その本の所有権はBに帰属する。

5　加工によって自己の物の所有権を失うなどして損失を受けた場合でも，加工者に損失を補償するように請求することはできない。

本問のポイント！

1．**無主物**は動産と不動産で扱いが違います。無主の動産は所有の意思を持って先に占有を開始した者がその所有権を取得します（239条1項）。しかし，無主の不動産は，国庫に帰属します（同条2項）。

2．妥当な記述です。所有者が異なる複数の物が混ぜ合わさった**混和**の事例です。混ぜ合わさった物は同じ灯油で主従の区別ができません。ですから，価格の割合に応じて両者が混和物を共有することになります（245条，244条）。

3．それぞれ独立の所有物だったものが付着して一個の物になったとみられる，いわゆる**付合**の例です。本肢の例では，ネジを壊さずに取り外すことは困難です。でしたら，ネジの価格をAがBに払うことで解決するしかありません（248条）。ネジの所有権はAに移ります。

4．他人の物に工作を加えて，新たな価値の物を作り出した**加工**の例です。本肢の例では，紙と本の価値を比べた場合，紙よりも本の価値のほうがはるかに高くなります。そのため，本はBではなくAの所有になります。

5．償金請求という形で損失の補償請求が認められています（248条）。

本問の正答は**2**になります。

正答　2

無主物

所有者のいない物のことです。

239条

1　所有者のない動産は，所有の意思をもって占有することによって，その所有権を取得する。
2　所有者のない不動産は，国庫に帰属する。

国庫

財産権の主体としての国家のことですが，単純に**国**のことと思ってください。「国庫に帰属する」は「国のものになる」という意味です。

相隣関係…隣どうしの土地などのルール

ここからは，隣どうしの関係を説明します。土地は，離れ小島を一人で所有しているなどという例外的な場合を除いて，通常は誰かほかの人の土地に接しています。そして，ほかの人の土地に接しているということは，**互いに土地の利用に関してなんらかの影響を及ぼし合っている**ということです。

そこで，その場合に考えられるさまざまな**利害を調整するため，民法は基本的なルールを定めています**。これを**相隣関係**といいます。

具体的にどんなことが対象となるかというと，たとえば，隣家との境界に塀を作る場合に，どんな材料や高さで作るかとか，その費用負担をどうするかとか，隣の庭の木の枝が境界を越えて伸びてきた場合にどう対処するかといったことです。

これらはあくまでも，**土地に関する問題の調整ですから，騒音でトラブルになっているとか，そういったことは対象になりません**。

以下では，ポイントを簡単に説明して，最後にそれを表にまとめておきます。

① 隣地使用権

なぜ隣の土地を使うかというと，建物が隣の土地にギリギリに建っているような場合，その建物の修理に際しては，自分の土地だけでは足りないので，隣地を最小限の広さで使用する必要があるからです。なお，令和３年改正（令和５年４月１日施行）により，隣人への請求ではなく，権利としての使用権が認められました（209条１項柱書本文）。

② 囲繞地通行権

他人の土地に囲まれていて公道に通じていない土地を袋地といいます。

公道に出られないと，買い物に出られないなど，その土地の利用が実質的にできなくなるので，生活に支障をきたします。

そこで，袋地の所有者は，**公道に出られるように袋地の周りの土地（囲繞地）を通行する権利が認められています**。

相隣関係の出題

この分野は，理論的な対立があるといった部分ではないので，出題は，「条文の知識を問う」「同じ箇所が同じパターンで問われる」「出題数は少ない」といった点が特徴です。出題箇所と簡単なポイントさえ押さえておけば，それで十分です。

妨害行為があった場合

隣地使用権が権利として認められたということは，隣地を使用する際に，隣人の承諾は不要ということになります。隣人がこれを不服として妨害をする場合には，裁判所に訴えて妨害行為の差止めの判決を得て立ち入ることになります。

公道

国道，県道，市区町村道など，誰もが**自由に通行**できる道のことです。

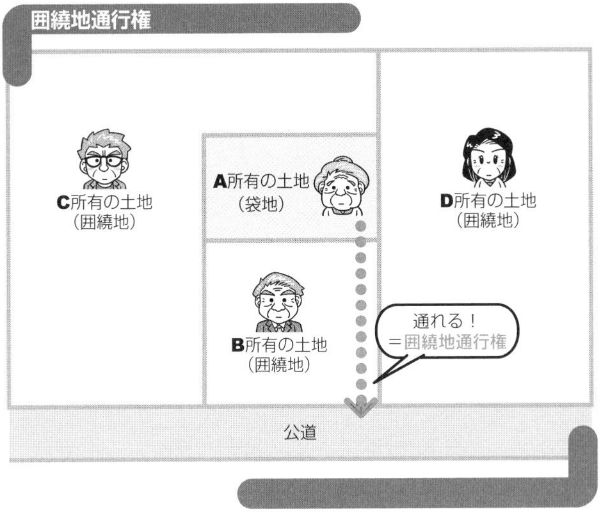

これを**囲繞地通行権**といいます（210条１項）。

通行の場所と方法は，「他の土地のために損害が最も少ないものを選ばなければならない」とされています（211条１項）。上の図でいうと，公道に近いので，一般的にはＢの土地に通行権が認められることになりそうです。ただ，Ｂの土地にほぼ一杯の状態でビルが建っているような場合には，Ｂの土地を通ることは物理的に不可能ですから，ＣやＤの土地に通行権が認められることになります。

そして，通行権が成立すると，その土地の所有者は自由な利用が一定程度制約されることになりますから，それによって損害が生じた場合には償金の支払いが必要になります（212条本文）。

ただし，**償金の支払いが滞ったとしても，差押えなどの手段を講じるべきで，通行権自体は消滅しません**。たとえば，年金暮らしの高齢者が，お金に困って支払いを滞らせたような場合に，通行を認めないとすると，買い物にも行けず，生存そのものが脅かされるおそれがあるからです。

なお，Ａの土地とＢの土地がもともと一筆の土地で，両者でそれを分割した結果，Ａの土地が袋地になってしまったという場合には，通行権はＢの土地にだけしか認められません（213条１項前段）。この場合には，分割の際に話し合って，Ａの通行の便宜を図る必要があります。

地役権との関係

地役権（ちえきけん）は2-9で説明しますが，ある土地の便利さを増すために他の土地を活用するという権利で，両土地の所有者の**設定合意**によって成立します（280条）。そして「ある土地を便利にするために他の土地を活用する」ということは，その便利さの内容は通行の便でもよいわけです。そのようにして設定された地役権を**通行地役権**と呼びます。そこで，囲繞地通行権と通行地役権の関係ですが，通行地役権はあくまでも合意によって成立するものですから，囲繞地通行権のように「ほかの土地のために損害が最も少ない場所と方法」などという制約はありません。当事者が合意すれば，自由にこれを設定することができます。たとえば，Ｂの土地に認められた囲繞地通行権だと，通路が狭いので通りにくいが，Ｃと合意した通行地役権だと，十分な通路幅を確保できるので，車の出し入れもしやすいなどという違いが出てきます。

筆

土地の区画を数える**単位**です。「ひつ」と読みます。区画を分割する場合を「分筆」，区画をまとめる場合を「合筆」といったりもします。

③ 排水に関する相隣関係

隣地から水が流れ込んでいるという場合については，もともと自然に流れているものだったか（自然的排水），そうではなく，なんらかの人為的な理由で流れるようになったか（人工的排水）によって規制が違ってきます。

自然的排水の場合には，隣地から水が自然に流れて来るのを妨げてはならないとされているのに対して（214条），人工的排水の場合には，浸水地を乾かす必要があるなどの一定の例外（220条）の場合を除いて，勝手に隣地に水を流すことはできません。

④ 境界に関する相隣関係

境界に関する点で問題となるのは，主に境界を越える竹木と境界線付近の工作物の二つです（詳しくは表を見てください）。

まず，前者ですが，**竹や木が土地の境界を越えて伸びてきた場合，根は自分の判断で切ることができますが，枝はまず所有者に切除を催告しなければなりません**（233条）。

根は地中にあって見えないので，それほど問題はないのですが，枝の場合は，枝ぶりやその木に対する愛着，隣人に実力行使をされたことによる感情的な対立など，トラブルになることが多いので，このような規制になっています。

境界線付近の工作物については，まず，建物を建てる場合は，**境界線から50cm以上離す必要があります。**

これに違反する建築行為に対しては，「隣地の所有者は，その**建築を中止させ，または変更させることができる**」とされています（234条２項本文）。

ただし，**建築に着手した時から１年を経過し，またはその建物が完成した後は，損害賠償の請求しかできません**（同項ただし書き）。この段階で中止や変更などを行わせることは，相手の損害があまりにも大きくなりすぎることが理由です。その前に中止や変更を要求する機会が与えられてるわけですから，相手の損害を過大にさせない時期にきちんと要求すべきです。

以上を表にまとめておきます。

人工的排水の場合

地下水をくみ上げて工場の作業用に使っているなどがその例です。排水処理は専門の業者に依頼するなどで対処する必要があります。隣地に迷惑をかけることはできません。

隣人が枝を切除しない場合

竹木の所有者に枝の切除を催告したにもかかわらず，隣地所有者が相当の期間内に枝を切除しないときは，土地所有者は自らその枝を切り取ることができ，それに要した費用を隣地所有者に対して請求することができます。

境界線付近の工作物

建築基準法に，民法とは別の規制があります。両者の関係について判例がありますので，p.236で説明しています。

相隣関係

	種　類	要　点
隣地利用	**隣地使用権**	・境界またはその付近での障壁・建物の築造・修理のために，隣地を使用できる権利。 ・隣地は使用できるが，家屋内への立入りはできない。
	囲繞地通行権	・他の土地に囲まれて公道に通じていない土地について，公道に至るために隣地（囲繞地）を通行する権利。 ・土地の分割で袋地が生じた場合にはこの権利は認められず，分割の際の協議によって通行権を設定する必要がある。
水	**自然的排水**	・隣地からの自然流水は妨げることができない。
	人工的排水	・人工的排水のための隣地使用は原則として認められない。
境　界	**境界標設置権**	・共同の費用で境界表示物（境界標）を設置できる。
	囲障設置権	・共同の費用で塀や垣根（囲障）を設置できる。 ・当事者の協議が整わない場合，囲障は高さ２mの板塀または竹垣（これらに類する材料のもの）とする。
	境界線上の工作物	・相隣者の共有に属するものと推定される。 ・設置・保存費用は折半，測量費用は面積に比例。
	境界を越える竹木	・枝…竹木の所有者に枝を切除させることができる。 ・根…自ら切り取ることができる。
	境界線付近の工作物	・境界から50cm以上離して築造する必要がある。 ・違反者に対しては建築の変更・廃止を請求できる。 ・着手から１年経過後・建築完成後は損害賠償のみができる。

ここまでの知識を，問題演習で整理しておきましょう。

例題 24

ＡおよびＢは隣接する土地を所有している。次の記述のうち妥当なものはどれか。（市役所）

1　Ａの土地に植わっている木の枝が塀を越えてＢの土地内に伸びてきた場合，Ｂはこれを切ることができる。

2　Ａの土地が袋地でＢの土地を通らなければ公道に出ることができない場合，Ａは無料でＢの土地を通行することができる。

3　ＡがＢの土地との境界近くに建物を建築した場合，１年以内であれば，Ｂは境界から50cm以内にある建物部分の収去を請求できる。

4　ＡとＢが共同で塀を築造した場合でも，ＡはＢの同意なしにこの塀の高さを増すことができる。

5　AがBの土地との境界近くに建物を築造するに当たってB地への立入りが必要な場合，Bの承諾が必要であり，裁判所がBに代わって立入りを認めることはできない。

本問のポイント！

1．**根**であれば，Bは自分で切ることができますが，**枝**の場合には，BはAに切り取りを求めなければなりません（233条1項）。Bが枝を一方的に切ると，枝ぶりなどでAとトラブルを生じるおそれがあるからです。

2．通行によってBに損害が生じている場合には，Aはその損害を**償金**として支払う必要があります（212条本文）。

Bにとっては，Aが通行する部分については，建物を建てられないなど土地の自由利用に制限を受けることになります。したがって，なんらかの損害が生じている場合には，Aは通行を認められる代わりにBの損失を補償しなければなりません。

3．1年以内であっても，建物が完成してしまった場合には**収去請求**はできません（234条2項ただし書き）。

建物を築造するには，隣地との境界線から50cm以上離さなければなりません（同条1項）。そして，これに違反する場合は，隣地所有者は境界から50cm以内にある建物部分を取り除くように請求できます（同条2項本文）。ただ，**いったん建物が完成してしまうと，これを取り除くのは困難か，もしくは不相当に多くの費用が必要**になり，また建物の機能が大きく損なわれることも予想されます。そこで，その場合には隣地の所有者は損害賠償のみを請求できるとされています（同項ただし書き）。

4．妥当な記述です。ただし，**増額費用**はAが負担しなければなりません（231条1項）。

5．境界付近における建物の築造のための隣地使用は，令和5年（2023年）4月1日施行の改正民法によって権利として認められました（209条1項柱書本文1号）。したがって，改正法施行後は，隣地所有者Bの承諾は必要ではなくなりました。

本問の正答は**4**になります。

正答　4

木の切除要求

日光を遮断されるなど，実際に損害が生じているのに，隣家の木の所有者が切除してくれなければ，日光を遮断されるなど，実際に損害が生じているのに，隣家の木の所有者が切除してくれなければ，生活に支障を来すことも考えられます。そこで，このような問題を受けて，令和3年改正法は，p.234で説明したように，①催告しても相当期間内に土地所有者が切除しない場合や，②所有者を知ることができず，またはその所在を知ることができないときは，自ら切除できるとしました。後者は，いわゆる空き家問題に対処するためのものです。

建築基準法の規制

建築基準法65条は，「防火地域又は準防火地域内にある建築物で，外壁が耐火構造のものについては，その外壁を隣地境界線に接して設けることができる」としています。これは**民法の例外**について規定したもので，本条の要件に当てはまる建築物については，境界から50cm以上離さずに，境界に接して（つまり境界ギリギリに）建築することができます（最判平元・9・19）。都会でよく見かける「ビルとビルの間に隙間がない」というのは，この建築基準法の規定に基づいて建物を建てている場合です。

「2-7 所有権」のまとめ

所有権の取得

- ▶無主の動産は，所有の意思を持って先に占有を開始すれば，その者が所有権を取得する。これに対して，無主の不動産は国庫に帰属し国の所有となる。
- ▶混和が生じた場合には，混和した物に主従の区別ができるときは，主たる物の所有者が混和物の所有権を取得し，主従の区別ができないときは，混和時の価格の割合に応じて，それぞれの物の所有者が混和物を共有する。
- ▶加工物の所有権は，原則として材料の所有者に帰属する。ただし，工作によって生じた価格が著しく材料の価格を超えるときには，加工者に所有権が帰属する。
- ▶付合・混和・加工によって所有権を失った者は，所有権を取得した者に対して償金請求ができる。

相隣関係

- ▶土地の所有者は，境界やその付近で建物の建築や修理のために必要な範囲で，隣地を使用できる。
- ▶隣地の所有者がこれを妨害する場合には，妨害行為の差止めの判決を得て立ち入ることになる。
- ▶袋地の所有者は，公道に出るために，隣地（囲繞地）を通行できる。ただし，隣地の損害に対しては償金を支払わなければならない。
- ▶袋地の所有者が償金を支払わない場合でも，囲繞地通行権は消滅しない。
- ▶建物は，隣地との境界から50cm以上離して建築しなければならない。この基準を満たさない場合，隣地の所有者は建築の廃止・変更を求めることができる。ただし，建築着手のときから１年が経過するか，または建物が完成した場合には，損害賠償の請求しかできない。
- ▶境界を超えて伸びてきた隣地の樹木の根は切ることができるが，枝は隣地の所有者に催告して切り取らせることができる。竹木の所有者に枝を切除するよう催告したにもかかわらず，竹木の所有者が相当の期間内に切除しないときや，竹木の所有者（またはその所在）を知ることができないとき，急迫の事情があるときなどには，土地の所有者が自らその枝を切り取ることができる。

2-8　国総★★　国般★★　地上★★　市役所★★

共　有

～共有は変則的。できるだけ単独所有に移すのがベター～

所有権の最後は共有です。

共有は，**同じ物を複数の人が共同で所有すること**です。

たとえ共同であっても「所有」するわけですから，**所有権の特質としてその物の全部を使うことができます**。ということは，使用方法について共有者の間でバッティングする可能性があり，しばしばトラブルの原因になっています。

そこで，**民法は，できるだけ共有状態を解消して単独所有に移そうとしています**。

このことを念頭に置いて，共有を考えてみましょう。

共有であっても　その物の全部を使うことができる

まず，下の図を見てください。二人で自動車を所有する例で説明します。

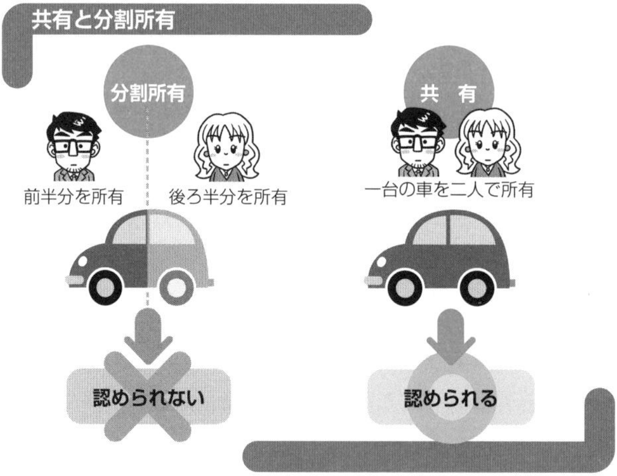

図の右も左も同じ一台の自動車の所有形態ですが，左側のような「半分がAの所有，残りの半分がBの所有」といった方法（分割所有）は，**一物一権主義**，すなわち**一つの物に一つの物権の成立を認めるとする原則**に反します。つまり，こ

共有の重要度

頻出のテーマではありませんが，共有という考え方は相続財産や，それを前提にした不動産物権変動などで登場しますから，しっかりと理解しておくことが重要です。

共有

複数の者が共同して物を所有することです。

一物一権主義

所有権に関する原則です。分割所有が認められないのは，そうでないと取引の安全を害するからです。

所有権

物を自由に使用・収益・処分できる権利です。ほかの人が支配しようというのを退けて**自分の物**として自由に使う権利，売りたくなったら自由に処分する権利のことをいいます。

んなことは認められません。

一方，共有とは，同じ物を複数の人が共同で所有することをいいます。図でいえば，一台の自動車を二人で共同で所有することです。

そして，所有権は，物を全面的に使用・収益・処分できる権利でしたよね。

となると，ここで共有がややこしくなるんです。

たとえば，ＡとＢが一台の自動車を共有しているとします。そして，ＡもＢも自動車を自由に使用できるとすると，Ａが自動車を使っているときにＢも使いたいという場合はどうなるんでしょうか。

それは，基本的に話し合いによって決めることになります。そして，それが共有の大きな問題になるんです。

共有者間の話し合いがまとまればいいのですが，そうでない場合には，どうしてもトラブルが発生します。

共有物の使用関係は，「各共有者の持分の価格に従い，その過半数で決する」とされていて（252条1項），持分の多数決で決められてしまいます。もちろん，少数持分権者にも使用権はあるはずですから，多数持分権者が自己の持分を超えて使用する場合には，他の共有者に使用の対価を償還しなければなりません。それでも，少数持分権者は持分に応じた十分な利用ができなければ，十分に納得はできないでしょう。

このように，共有はトラブルの原因となる不安定な要素を含んでいて，そのために，**民法は話し合いがつかない場合の解決の手段として，いつでも自由に共有状態の解消を請求できるとしています**（256条１項本文，**共有物分割の自由**）。

ただ，そのことは後で説明するとして，まずは，共有状態が続いている間の共有者間の関係について説明しましょう。

共有物の利用は持分の過半数で決める

まず，共有には**持分**というものがあります。

これは，各共有者の持つ価値の割合と考えておいてください。たとえばＡとＢが300万円の自動車を共同で購入する際に，Ａが200万円，Ｂが100万円の資金を出したとしたら，Ａの共有持分は３分の２，Ｂの共有持分は３分の１です。つまり，それだけＡが口出しする権利が大きくなるということです。

協議を経ないでなされた占有使用

共有物の使用については，共有者間であらかじめ協議を行い，そこでの取り決めに従ってこれを行うべきことになります。ですから，共有者の一人が，協議を待たずに，あるいは協議での取り決めに反して勝手に共有物を使用することはできません。仮にそのような事態が生じた場合は，他の共有者は，取り決めに反するとして占有使用している共有者に共有物の引渡しを請求することができます。

令和３年改正法が施行される以前は，「共有持分権の性質は所有権である」という観点から，協議を経ない（あるいは協議に反する）占有使用に対抗する効果的な手段がありませんでした。しかし，それでは，早い者勝ちを認める結果になってしまいます。そこで，同改正法は，共有物を使用する共有者があるときも協議の決定が優先するとして（252条1項後段），あくまで協議に基づく使用を求めています。

共有物の分割請求

車について共有状態を解消（共有物を分割）するのであれば，一般には，①車の共有者のうちの誰かの**単独所有**にして，他の共有者にはその持分に相当するお金を払う，または，②車を売却して，その代金を持分に応じて共有者に**分配**するという分割方法をとります。

それで，自動車を使う場合，自動車の一生というものは，乗って使って，不具合が出たら修理をし，やがて買い替えるというのが一般的だと思います。

では，これらを行う場合に，ＡとＢはどれだけのことを互いに主張できるのでしょうか。

まず，簡単に表にまとめておきます。

共有物の利用関係

保存	全員の利益になる行為	各共有者が単独でできる
管理	利用または改良する行為	持分の過半数で決める
変更	共有物の譲渡，用途の変更など	全員の同意が必要

先に，表について説明しましょう。

表には，まず**保存**，**管理**，**変更**という言葉が並んでいますが，「保存って何，変更って何？」ということになると思います。たとえば，管理でいうと，マンションの管理だったらそれなりにイメージがわくでしょうが，表には「利用または改良する行為」と書いてあるので，「これでは意味がよくわからない！」ということになるでしょう。

ですから，あまりこれらの言葉にとらわれずに，それらは単に意味をつかむ手がかりの一つと考えて，**自分が共有者の立場なら，単独でできるものか，持分の過半数が必要か，それとも全員の同意が必要かを常識的な感覚でとらえて，それで判断する**ようにしたほうがわかりやすいはずです。

いちおう，それぞれの例を挙げておきます。

一般的には，**共有物の修理，共有不動産の保存登記，不法占拠者への返還請求などが保存**に当たります。

そして，**共有不動産の短期賃貸や解除などが管理**，**共有山林の伐採や共有物の譲渡などが変更**に当たるとされています。

まず，共有物の修理ですが，これは，たとえば共有の別荘に雨漏りがあるのを気づいたら，他の共有者の同意を得るよりも先に，すぐに修理屋さんに依頼して雨漏りを修理しておくべきです。つまり，他の共有者の同意などは不要で，単独でできる行為です。もちろん，修理代は後から他の共有者に，持分に応じて請求できます。

これが保存行為の意味です。

次に管理ですが，「せっかく別荘を持っているのに，誰も

共有持分

本文のように，Ａが３分の２，Ｂが３分の１を出資した場合には，Ａの持分は３分の２，Ｂの持分は３分の１になるのが通常ですが，これと異なる合意(例：持分は平等にする，など)をすることはかまいません。持分は，法律の規定か(241条ただし書き，244条など)，または当事者の合意によって決まります。

保存登記

建物を新築したときには，「こんな建物を作った，所有者は自分つまりＡだ」などと，建物の概要や権利者などを登記しておかなければなりません。いわゆる，**建物の誕生の登記**です。たとえていえば，「人が生まれたら戸籍，建物が生まれたら登記」という感じです。人の場合，戸籍に記載がないといろんな福祉などのサービスが受けられないのと同じように，登記に記載がないと，他人が勝手に登記して売却してしまうなど，不利益を被るおそれがあります。ですから，共有建物の場合は，共有者の誰かが少しでも早く登記をしておく必要があります。

あまり使ってない。維持費もかかるから，使わない時期は誰かに貸そうか」という話が出た場合，貸すかどうかは持分の過半数で決めます。仮に，ＸＹＺの３人が共有者で，それぞれの持分が，**Ｘ＝３分の２，Ｙ＝６分の１，Ｚ＝６分の１という場合には，頭数による多数決ではなく，持分の過半数で決めます**。なぜなら，**より多くの財産を出資している者は，それだけ共有物に多くの利害を持っているから**です。

これが管理行為の意味です。

こういったことを参考に，先ほどの自動車の共有の例を見てみましょう。

「自動車を使う」というのは**管理行為**（252条１項本文）に当たります。ですから，**自動車をどう使うか，つまり使用日や使用時間をどうするかなどは，持分の過半数で決めることになります**。Ａの共有持分が３分の２の場合，Ａが決定の主導権を持つことになります。

ただ，主導権を持つといっても，それは「何でも自分の都合のいいように決めてよい」という意味ではなく，令和３年改正法が求めたのは，それぞれの共有者が納得できるような合意形成での共有物の利用ということでした。ただし，友人同士での共有などという場合は合意形成も比較的容易ですが，「相続での見知らぬ相続人との相続財産の共有」などという場合には，合意形成に至らない場合も考えられます。そんな場合は，やはり分割請求で解決すべきことになります。

次に，「不具合が出たら修理をし」というのは**保存行為**に当たります。ここで修理というのは，不具合がなかった状態，つまり元のように使える状態に戻すということです。これは，**他の共有者にいちいち断らなくても，各共有者が単独で自由にすることができます**（252条５項）。なぜなら，それは**全員の利益になる行為だから**です。

最後に「買い替える」ですが，これは**変更行為**（251条）に当たります。「買い替える」が「変更」というのは，言葉の使い方としておかしいと思わるかもしれませんが，あまり言葉の意味にとらわれずに，**全員の同意が必要なのが「変更」**だと思ってください。そうでないと，条文に変更と書いてあるので，用途の変更のように，変えることだけが変更のように誤解してしまいます。

そして，この「変更」に，持分の所有権としての性格がしっかりと出てきます。それは，たとえば持分３分の２のＡが

賃貸での管理と変更の区別

法は，両者を区別する基準の明確化を図るため，602条の短期賃貸借の範囲内での賃貸を管理行為，それを超える賃貸借を変更行為としました（252条4項）。

持分の過半数

冒頭の車の例では，Ａの持分が３分の２，Ｂの持分が３分の１の場合は，Ａがすでに持分の過半数を超えていますから，**管理**はＡの意思で決まることになります。

分割請求

車の分割請求といっても，たとえば，ピザを切り分けるのと同じような感覚で，車をパーツごとに分割するという意味ではありません。分割というと「分ける」というイメージですが，そうではなく，「**共有状態を解消する**」ものだと考えてください。
その方法ですが，まず，「そんなに一人で使っているなら分割しよう」と申入れをします。そして，まずは話し合いで分割の方法を決めます。ただ，それで決まらなければ，裁判所に申立てて分割の方法を決めてもらうことになります。分割の方法は，先に説明したように（→p.239右欄），一般には，①車の共有者のうちの誰かの**単独所有**にして，他の共有者にはその持分に相当するお金を払う，または，②車を売却して，その代金を持分に応じて共有者に**分配**する，というものです。

「今の車は売っちゃって新しいのに買い替えるぞ！」と言っても，Bの同意がなければそれができないということです。なぜなら，Bは３分の１とはいえ，その自動車を所有しているのですから，自分の自動車を勝手に処分（売却）されるいわれはありません。

ですから，Aがどうしても違う車に乗りたいというのなら，他の共有者と話し合いをして，そこでまとまらなければ，Aが下取り価格の３分の２の価格で，自分の持分をBや共有者以外の人（第三者）に譲渡して，そのうえで新車を購入するということになります。

要するに，**いかに他の共有者の持分で制約されていても，持分はあくまで所有権**なんです。

ですから，共有物が別荘などの不動産の場合，**自分の共有持分に担保権（例：抵当権）を設定してお金を貸してもらったりすることも自由にできます**し，それについて他の共有者に相談したり同意をもらうことなどは必要ありません。

持分処分の自由

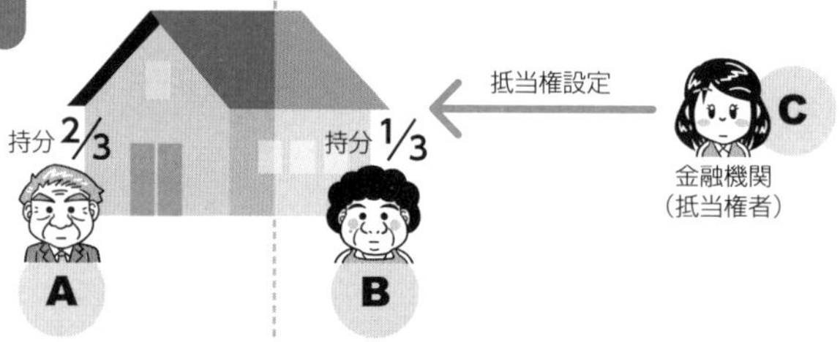

抵当権設定に他の共有者の承諾は不要
Cが競売でBの持分を取得した場合 ➡ AとCの共有

「じゃあ，そのBが借りたお金を返せずに，怪しげな金融業者が競売で共有持分を手に入れたらどうなるの？　話し合いがつかずに，別荘を独り占めなんてこともあるんじゃ？」

確かに，話し合いがつかなければ，持分の過半数で決めるしかありません。上図の例の場合，Aは持分の過半数を持っていますから，法的な手続きを経てCに引渡しを請求することができます。ただ，それでも競落人が嫌がらせをするなど，ゴタゴタが続くようでしたら，共有関係の解消という方法を選択するのが賢明かもしれません。

251条1項

各共有者は，他の共有者の同意を得なければ，共有物に変更（その形状又は効用の著しい変更を伴わないものを除く。カッコ内以下略）を加えることができない。

持分の所有権性

共有物の**処分**は，持分の過半数で決めることはできません。それは，持分少数者の所有権を勝手に処分することになるからです。
反面からいえば，所有権の侵害になるような行為は，持分の過半数では決められないということになります。それが**変更行為**に該当することになるわけです。

持分への担保権設定

担保とは，債務者が債務を果たさない場合に備えて，それを補う手段のことです。本文の例でいうと，この家屋の持分が３分の１の場合，Cはこの持分を担保にお金を借りることができます。その場合，Aの**同意は不要**です。これは担保ではなく，持分を譲渡する場合も同じです。なぜなら，**持分**は自由に（誰の同意もいらずに）使用・収益・処分できる権利だからです。

競売

債権を回収するために，裁判所に申し立てて売却してもらう手続きをいいます。民法ではこれを「けいばい」と呼びます。

共有物の賃貸の解除は持分の過半数で可能

先に，共有不動産の賃貸やその解除などは管理行為に当たると説明しました。そして，管理行為の場合，持分の過半数で決めることができます。

賃貸については先に述べたとおりです。ここでは解除について説明します。

なぜ解除だけ，わざわざ項目を立てて取り上げるかというと，**共有の場合の解除はある原則の例外に当たる**からです。これは544条１項が規定しているもので，**解除不可分の原則**（かいじょふかぶんのげんそく）といいます。それで，原則のほうはどこにあるかというと，「民法Ⅱ」で出てきます。

つまり，例外が先に登場して，原則のほうはずっと後に出てくるので，混乱しないようにここで説明しておくことにします。

右欄の条文が，その原則について規定しています。そこでは，「解除するんだったら全員でしなさい」となってますよね。

なぜかというと，たとえばＡＢＣの三人が事業資金をＤ銀行から借りる契約を結んだとしましょう。その後に，内部の意見の対立で，三人とも事業を断念することになった場合，銀行との融資契約を解除するには，三人の全員でする必要があります。

一人（Ａ）だけが解除すると，「Ａについては契約は解除されたが，他の者については契約は残ったまま」という混乱するような事態が起こってしまいます。そこで，こんな**無用の混乱を避けるために，解除するんだったら全員でしなさい**ということになっているわけです。

これが解除不可分の原則です。

ただ，**共有物の賃貸の場合は，共有物をどう使えばより高い収益を上げられるかという問題**ですから，「今の契約を解除してより有利な条件のところに貸そう」などということは，**共有物にどれだけ多くの利害を持っているかを基準に判断する必要があります。**

ですから，解除不可分の原則は適用されず，共有分の賃貸の解除の場合は持分の過半数で決めてよいことになっています。

共有物の賃貸

p.240の最終行からp.241にかけて説明があります。

544条１項

当事者の一方が数人ある場合には，契約の解除は，その全員から又はその全員に対してのみ，することができる。

解除不可分の原則

本文では，「解除するんだったら全員でしなさい」として，「解除する側が全員で！」という例を挙げていますが，上記の条文にもあるように，「解除する側が一人で，解除される側が複数」という場合にも，その**全員**に対して解除の意思表示をしなければなりません。これは，法律関係をむやみにややこしくしないためです。
ところで，この「法律関係をむやみにややこしくしない」というのは，民法では重要なテーマになっています。たとえば，制限行為能力者が保護機関の同意を得ないで取り消した場合に，「保護機関の同意がない行為は取り消せる。だから，その取消しは『取り消すことができる取り消し』だ」とはしませんでしたよね。これ，なぜだか覚えていますか。そう，法律関係がむやみにややこしくなるのを避けるためでしたね。
このように，法律関係をできるだけシンプルにしておくことは，**無用な紛争**を避けるために重要なことなんです。

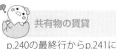

共有者が死亡したらどうなる？（特別縁故者）

共有者が死亡した場合には，その持分は相続人に相続されます。

共有持分は財産ですから，それが相続によって受け継がれるのはわかりますよね。

では，**相続人がいなかった場合**はどうなるでしょう。

誰も相続人がいない場合，その持分を受け継ぐのに最もふさわしいのは誰かというと，それは他の共有者です。共有者に受け継がせることによって，共有物の管理が行き届くことが期待されますし（例：管理方法でもめていたために空き家になっていた家屋が，また家屋として使えるようになるなど），それによって，少しでも共有という変則的な所有の形が解消されるのですから。

一方で，相続人がいないのなら国に所有させたらいいじゃないかという考えもあるでしょう。でも，たとえば自動車の共有持分を国が受け継いだとして，国が使用方法の話し合いや自動車の修理などなどにいちいちかかわるというのは，あまりにも煩雑で現実的ではありません。やはり，共有物に一番かかわりのある他の共有者に引き継がせるのが合理的なのです。

問題は，共有の家屋に，死亡した共有者が内縁（ないえん）の妻と一緒に生活していたような場合です。

内縁の妻には相続権はありませんが，**他の共有者に引き継がせるよりも，死亡した人とかかわりの深い内縁の妻に，その生活を維持させるという意味で引き継ぎを認めるべきでしょう。**

この「内縁の妻」のように，個人とかかわりが深く，遺産を引き継がせることが望ましいと判断される者を特別縁故者（とくべつえんこしゃ）といいます（958条の２）。

判例も，相続人がいない場合の共有持分は，まず「特別縁故者に対する財産分与の対象となり，その財産分与がされず，当該共有持分を引き継ぐ者のないまま相続財産として残存することが確定したときにはじめて，他の共有者に帰属する」としています（最判平元・11・24）。

相続

自然人の権利義務（財産法上の地位）を，その者の死後に特定の者に受け継がせることをいいます。「民法Ⅱ」で詳しく説明します。

255条

共有者の一人が，その持分を放棄したとき，又は死亡して相続人がないときは，その持分は，他の共有者に帰属する。

内縁

内縁とは，**婚姻の実質**を有しながら，ただ婚姻の**届出**だけがなされていない状態をいいます。婚姻費用の分担など，婚姻の実質が備わっている必要がある点で同棲とは異なります。

特別縁故者

遺産を承継させることが望ましい人物に該当するか，また遺産のどの部分（あるいは全部）を承継させるかは，家庭裁判所が判断します。

共有物の分割には柔軟な方法が可能（全面的価格賠償）

共有は，不安定な所有方法ですから，民法は，原則としていつでも自由に共有状態を解消することを認めています。これを**共有物分割の自由**といいます（256条1項本文）。

分割があると，物をどれだけ使えるかに影響を及ぼすことになりますから，すべての共有者が協議して行います。

ただ，協議が整わなければ，裁判所に分割を請求することができます。

その場合，裁判所はできるだけ共有物そのものを分割するようにします（**現物分割**）。それが，共有者にとって一番公平な分割方法だからです。

ここで「分割」といっても，単に物理的に分けるという意味ではありません。たとえば，共有者が二人いて，それぞれの持分も平等という場合に，共有物が同じ会社の株式であるなら，それを半分ずつに分けるという意味です。また，まったく同じ色や形で価格も同じダイヤが二つあれば，それを一個ずつに分けるのも現物分割の方法として認められます。

ただ，共有物が一軒の家屋である場合など，その物を物理的に分割するのが難しい場合は，その家屋を売ってしまって，その代金を分割して渡すという方法もあります（**代金分割**）。

「分割」といっても，法は一軒の家を物理的に半分に分けるなど，非現実的なこと要求しているわけではないことはわかりますよね。リビングも半分，お風呂もキッチンも半分などというのは，およそありえない分割方法です。ここでも，先に説明した「変更行為」の「変更」と同じように，あまり漢字の意味にとらわれないようにしてください。

また，共有者の一人（A）にとって，そこが生活の場になっているなど，売ってしまうことが適当でない事情がある場合には，その家をAの単独所有として，他の共有者にはAから金銭で持分に相当する金額を渡すという方法もとることができます。これを，**全面的価格賠償**の方法といいます。

ただ，きちんと金銭が払われなかった場合には不公平になりますから，判例は，①共有物の価格が適正に評価されること，②共有物を取得する者に支払能力があって，他の共有者には，その持分の価格を取得させることとしても共有者間の

不分割の契約

共有者全員の合意で，一定期間は分割しないという契約をすることができます。ただ，その期間は**5年**を超えることができないとされています（256条１項ただし書き）。

共有物の分割

これは単なる細分化とは違います。たとえば，分割可能な程度の広さの土地なら，それを分けてそれぞれの共有者の単独所有にする，それが無理なら，共有者の一人がもらって，他の共有者は金銭で補償してもらうといったことです。

共有者の一人だけが共有をやめたい場合

この場合には，残りの共有者がその者の**持分**を買い取ればいいのです。
たとえばＡＢＣの三人が別荘を共有していて，Ｃが「海外転勤で別荘を使う機会がなくなったので共有を解消したい」という場合で，ＡＢが「まだ共同で別荘を持ちたい」と思っていれば，Ｃの持分を買い取ればいいのです（持分は所有権ですから所有権の売買になります）。一方，ＡＢもこの際に共有を解消したいと思えば，本文で説明したいずれかの分割方法をとることになります。

公平を害しないと認められるだけのきちんとした事情があることなどを全面的価格賠償の要件としています（最判平8・10・31）。

問題演習で知識を整理しておきましょう。

例題25

A，BおよびCが土地を共有（持分はAが2分の1，BおよびCが各4分の1）している。この場合における法律関係に関する次の記述のうち，妥当なものはどれか。

（国家一般職　改題）

1　CがA・Bと協議しないまま自己の持分に基づいて現に共有物を占有している場合，A・BはCに対して当然に共有物の明渡しを請求することができる。

2　Bが相続人なくして死亡したときは，その持分は国庫に帰属する。

3　AはBの同意があれば，Cの同意がなくとも，本件土地全部を売却することができる。

4　A，BまたはCは，特約のない限り，いつでも本件土地の分割を請求することができる。

5　Bが自分の債務を担保するため，本件土地につきBの持分権上に抵当権を設定するには，Aの同意が必要である。

本問のポイント！

1．令和3年の民法改正により，本肢のような場合，他の共有者は，協議を行って，その過半数の決定により占有者に引渡しを請求できることになりました（252条1項）。

2．国庫ではなく他の共有者に帰属します（255条）。持分はAが2分の1，Cが4分の1ですから，Bの持分をAC両者の持分比率（2対1）に従って分けることになります。

3．共有土地の売却は，すべての共有者が持っている持分（所有権）を売却することですから，**変更行為**に当たります。変更行為は共有者全員の同意が必要です（251条1項）。

4．妥当な記述です。いわゆる**共有物分割の自由**です（256条1項）。

5．**持分の性質は所有権ですから，各共有者は持分を自由に処分することができます**。したがって，抵当権を設定するのに他の共有者の同意は必要でありません。

本問の正答は**4**です。　　**正答　4**

国庫

財産権の主体としての国家のことですが，単純に国のことと思ってください。
「国庫に帰属する」は「国のものになる」という意味です。

「2-8 共有」のまとめ

共有の特質

▶共有の本質は所有権である。
▶各共有者は，自己の持分を自由に使用・収益・処分できる。したがって，他の共有者の同意を得なくても，自由にこれを第三者に譲渡できるし，自己の持分に抵当権を設定することもできる。
▶各共有者は，持分に応じて共有物の全部を使用・収益できる。
▶共有者の一人が他の共有者と協議しないまま自己の持分に基づいて共有物を占有している場合，他の共有者は，協議を経て持分の過半数の決定により共有物の明渡しを請求できる。
▶共有物の管理に関する事項は持分の過半数で決める。共有者(頭数)の過半数ではない。
▶共有建物の賃貸借契約の解除は管理に関する事項に当たる。したがって，解除については持分の過半数の同意が必要である。
▶共有物の変更には，共有者全員の同意が必要である。

共有持分

▶共有者の一人が持分を放棄した場合，あるいは相続人なくして死亡したときには，その持分は他の共有者に帰属する。
▶共有者の一人が相続人なくして死亡した場合において，その者に特別縁故者があれば，家庭裁判所は特別縁故者に共有持分を分与できる。
▶各共有者は，分割禁止の特約がなされている場合でない限り，いつでも自由に分割を請求できる。
▶分割の方法は，各共有者間の公平を最も図ることができる現物分割が原則である。
▶分割の方法は，共有者間の公平を確実に図ることができる特別の事情があれば，全面的価格賠償の方法によることもできる。

用益物権
～他人の土地を利用する権利～

さて，いよいよ所有権を終わって，これからは所有権の機能の一部を利用する権利について説明します。最初は**用益物権**です。これは，**他人の土地を活用する権利**のことです。

土地の利用価値は大きく，さまざまな用途に使うことができます。そこで，民法は，いくつかの利用パターンごとに，その性質に応じて項目分けをして規定を設けています。

> **用益物権の重要度**
> 特別区など一部で出題がある程度で，あまり出題は多くありません。ただ，土地の利用のバラエティという意味では興味深い物権です。

用益物権は，土地にしか成立しない

用益物権は，最初に述べたように土地を利用する権利のことです。つまり，**用益物権は土地にしか成立しません**。同じく不動産である建物や，不動産以外の物である動産については認められません。

> **物権の種類**
> 用益物権の種類と位置づけについて，念のためいつもの**物権の図**で確認しておいてください。
> ⇒p.158

そして，所有権のうちの「使用・収益」の部分を抜き出したと先に述べましたが，用益物権は他人の土地を利用するために設定されるものです。

> **土地だけに成立**
> 土地以外の物の利用は，契約によってもっと自由に決めればよいので，用益物権の対象は**土地のみ**に限られています。

では，どういうふうに利用するかですが，その態様の違いで四つの種類に分かれます。

簡単にいうと，まず**建物などを建てるための土地利用の権利**である**地上権**，**耕作など作物を育てるための土地利用の権利**である**永小作権**，公道（国道・都道府県道・市区町村道）に出るために通行させてほしいなど，**自分の土地を使いやすくするために他人の土地を利用する地役権**，**集落の住民などが共同で土地を利用する入会権**があります。

では，順番に大まかな内容を説明します。

> **用益物権の種類**
> ①**地上権**…工作物や竹木を所有するために他の人の土地を利用する権利
> ②**永小作権**…小作料を支払って他人の土地において耕作または牧畜をする権利
> ③**地役権**…設定行為で定めた目的に従って他人の土地を自己の土地の便益に供する権利
> ④**入会権**…集落の住民などが共同で土地を利用する権利

地上権…工作物や竹木を所有するための土地利用権

地上権とは，**工作物や竹木を所有するために他の人の土地を利用する権利**です（265条）。

これは，当事者の合意に基づく地上権設定行為で成立させることができます。

この地上権にも，いろんなパターンがあります。

まず，一番典型的なのが，他人の土地にビルなどの建物を建てたりする場合です。ただし，**地上権でいう工作物は建物に限りませんから，送電用の鉄塔や道路，橋など幅広く地上権が利用できます。**

ところで，**土地の所有権は土地の表面だけに及ぶものではなく，その土地の上（空中）や下（地下）にも及びます。**たとえば，自宅の屋根の上を高圧送電線が勝手に通っているというのは土地所有者としては納得できないでしょう。

ただ，上下の範囲といっても，人工衛星まで自分の家の上を飛ぶなとはいえませんから，その及ぶ範囲は限られています。ただし，その範囲では所有権の効力が及んでいますから，**空中とか地下を利用する場合には，必要な部分の上下の範囲を定めて地上権を設定することが求められます。**これを**区分地上権**（くぶんちじょうけん）といいます（269条の２）。

なお，建物を所有する場合には，地上権でなくても，土地の賃借権（ちんしゃくけん）でも対応できます。明治時代に最初に民法を作る段階では，長期の土地利用を地上権，短期の土地利用を賃借権としようと分けて考えられていたようですが，あまり合理的ではないので，現在では，建物の所有に関しては両者でそれほど差がありません。

ただ，**地上権は物権ですから，自分で登記ができるとか，地上権を他の人に譲るのに土地所有者の承諾がいらないといった違いはあります。**

竹木

樹木や竹のことです。

所有権の及ぶ上下の範囲

法的には，上空300m以内で飛行機が飛ぶ場合には土地所有者の承諾が必要とされています。ですから，上は300m以内と考えればよいでしょう。一方，地下は，**大深度地下法**で所有権の範囲は地表から40mまでとされています（同法２条）。およそ，この範囲が所有権の及ぶ範囲です。

地上権と賃借権

地上権は**物権**，賃借権は**債権**ということから来る違いがあります。たとえば，地上権には**登記請求権**がありますが，賃借権にはありません。ただ，賃借権については，借地借家法など，特別法がたくさん作られていて，地上権にかなり近いような保護の規定が充実してきていますから，現在ではあまり大きな違いはなくなっています。

いろいろな地上権

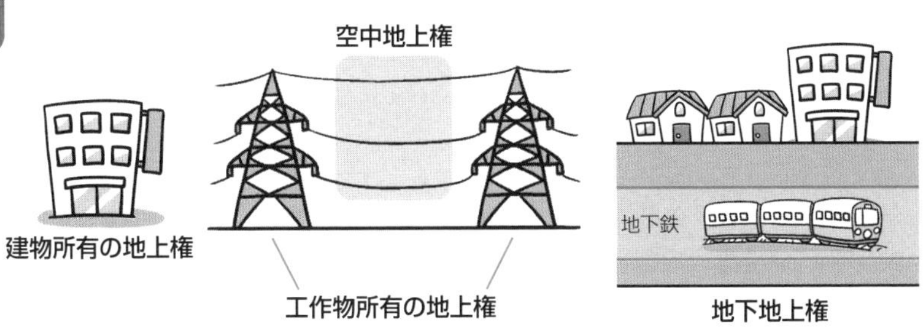

永小作権…他人の土地で耕作や牧畜をする権利

永小作権とは，小作料を支払って他人の土地において耕作または牧畜をする権利をいいます（270条）。

小作料の支払いが要件になっていて（270条），戦前には重要な役割を果たしていたことから，民法でもかなり詳しくその内容について規定しています（条文数も多いです）。

ただ，「小作」というと，「ビンボーで食べるものにも困っている小作人が裕福な地主に虐げられている」というようなもはや時代劇のイメージですよね。

実際，戦後の農地解放によって，小作という制度は社会から排除されてしまいました。したがって，現在では，永小作権に関する規定はほとんど機能していません。

「え？　でも，最近は民間企業などが農業に参入してて，農家から休耕地などを借りてるって話も聞くけど？」

そうですね。でも，あれは農地の賃貸借契約で対処していて，永小作権を利用しているわけではありません。

こういった事情なので，永小作権に関する出題はほとんど見られません。あまり深入りせず「こんな権利もあるんだ～」という程度で済ませてよいと思います。

地役権…土地の利便性増加のため他人の土地を使う権利

地役権とは，設定行為で定めた目的に従って他人の土地を自己の土地の便益に供する権利をいいます（280条本文）。

永小作権と違い，現在でもしっかり機能している権利です。

地役権にいう「便益に供する」とは，自分の土地のためになんらかの役に立てばいいということです。特にこれといった制限はありません。ですから，設定の合意で自由に定めることができます。

例を見てみましょう。次ページにある図の一番上は，乙地にある井戸の水をくむための**汲水地役権**，真ん中は，公道に出るための**通行地役権**，一番下は，別荘の眺望を保つための**観望地役権**（眺望地役権）です。

これらの場合，乙地の利用を必要とする甲地を**要役地**，甲地のために自己の土地の利用を承諾する乙地を**承役地**とい

永小作権

永小作権にいう「永」は，江戸時代の永代小作の慣習を明治期に制定された民法が受け継いだもので，通常の小作権よりも権利内容が強化されている点に特徴があります。ただ，戦後の農地改革でこの権利はほとんど使われなくなっており，現在では，田畑の耕作のために土地を借りる場合は，農地の**賃貸借契約**による場合がほとんどです。そのため，実用性がないことから，永小作権が出題されることはほとんどありません。

いろいろな地役権

図のような例のほかにも，用水路から自分の田んぼまで水を引くための**用水地役権**（引水地役権），電力会社の高圧線の安全確保のための**送電線地役権**，日照の確保のための**日照地役権**などがあります。

要役地と承役地

他人の土地を**必要とする土地＝要役地**（使う側）
他人の**利用を承諾する土地＝承役地**（使われる側）
ややこしくて，間違えやすいので，これを入れ替えた出題がたまに見られます！

いろいろな地役権

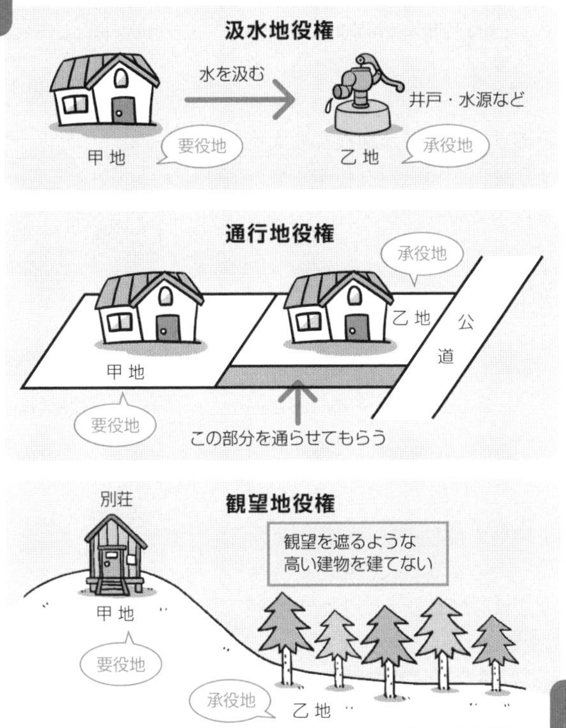

います。

地役権は，その名のとおり「土地」の役に立つ権利であって，特定の「人」の役に立つ権利ではありません。この「土地」ということがキーポイントになってきます。

以下にまとめてみましょう。

【地役権のポイント】

①地役権のみの譲渡はできない

地役権は要役地の役に立つことを目的として設定されます。ということは，要役地と切り離して地役権だけを譲渡することはできません。

②共有者の一人が地役権を時効取得した場合

この場合には，他の共有者も同一内容の地役権を当然に取得します。

囲繞地通行権との関係

囲繞地通行権と通行地役権の関係ですが，通行地役権はあくまでも**合意**によって成立するものですから，囲繞地通行権のように「ほかの土地のために損害が最も少ない場所と方法」などという制約はありません。当事者が合意すれば，自由にこれを設定することができます。たとえば，囲繞地通行権だとB地にしか設定できず狭くて通りにくいが，Cと合意した通行地役権だと，十分な通路幅を確保できるので，車の出し入れもしやすいなどという違いが出てきます。

観望地役権

高台の別荘地などでよく利用されています。眺望が開ける別荘地で，前にある土地の所有者との間で，「眺望を阻害するような高い建物を建てない」といった合意をして成立させるような地役権です。

地役権のみの譲渡

地役権は，土地と一体化したものですから，それは独立の権利ではありません。ですから，地役権だけを譲渡することはできません。

上記の②については，「2−8共有」のところで学んだ知識が役に立ちます。

共有とは，持分で制約されるものの，共有物の全部を利用できる権利でしたよね。ということは，**土地の共有者の一人が地役権を時効取得した場合，共有している土地全体が地役権の利用対象になるということです**。そして，地役権は人ではなく土地の役に立つ権利ですから，その土地を使える他の共有者もまた，地役権を取得することになります。

具体例で説明しましょう。

共有地の地役権の時効取得の例

AとBが共有している甲土地に，Aが家を建てて住んでいるとします。Aは，隣接するC所有の乙土地が空き地になっていたので，車の通行に便利だとして，長年そこを通路として使っていました。そして，通路として使い続けて20年（取得時効の期間，163条）が経過しました。

この場合，Aは通行地役権を時効取得します（283条）。ただ，その**通行地役権**は，Aという人の権利（人役権という言葉を使って表現することがあります）ではなく，**土地の利便性を高める権利ですから，甲土地の権利になります**。つまり，甲土地の所有者は，全員この通行地役権を使えるのです。ということは，**土地が共有の場合，Bも甲土地の所有者なのですから，Bもまた同一内容の地役権を時効取得する**ことになります。

以上が地役権のポイントです。

入会権…みんなで土地を使う慣習上の権利

入会権（いりあいけん）とは，たとえば，ある山で薪（まき）を取る権利をふもとの集落の住民全員が持つといった**土地の共同利用の権利**です。

移住して集落の住民になればその山で薪を取ることができますが，転居して集落から離れればその権利を失います。離れても分割請求権はありません。

「どこかで聞いた話だなー」

そうです。権利能力なき社団の所有形態と同じです。つまり**総有**（そうゆう）です。

入会権も，現代ではあまり見られなくなりました。また，

通行地役権の時効取得

本文の例では，Aは通行のためにC所有の乙土地を利用していたにすぎず，Cの土地を「所有の意思で占有支配」していたわけではないので，乙土地の「**所有権**」を時効取得することはできません。時効取得の制度とは，長期間続いた事実状態を正当な権利状態として認めようとするものです。そして，本文の例の場合，長期間続いた事実状態とは「通行している」という状態ですから，時効取得で認められるのは**通行権**（通行地役権）に限られます。

163条

所有権以外の財産権を，自己のためにする意思をもって，平穏に，かつ，公然と行使する者は，前条の区別に従い20年又は10年を経過した後，その権利を取得する。

283条

地役権は，**継続的**に行使され，かつ，外形上**認識**することができるものに限り，時効によって取得することができる。

分割請求権

資産的な価値について，自分の分を支払うように求める権利です。
入会権は資産的に評価できるものではないので，分割請求権はありません。

地域の慣習によって内容もバラバラですから，試験に登場するといえば，所有形態が総有だということくらいです。
ですから，この点を覚えておけば十分です。

問題演習で知識を整理しておきましょう。

権利能力なき社団
単純に「法人になってない団体」のことだと思っておいてください。
詳しくは「1-4法人」参照。
⇒p.61

例題26

用益物権に関する次の記述のうち，妥当なものはどれか。

（地方上級　改題）

1　用益物権は物権であるから，すべて登記しなければ第三者に対抗できない。

2　地上権は，工作物を所有するために他人の土地を利用する権利であり，ここにいう工作物とは建物に限られる。

3　地上権者は，土地の所有者の承諾がなくても，その地上権を譲り渡すことができる。

4　永小作権は，他人の土地において耕作や牧畜をする権利であるが，小作料の支払いは設定の要件とはされていない。

5　土地の共有者の一人が地役権を時効取得したからといって，他の共有者も同一内容の地役権を当然に取得できるわけではない。

本問のポイント！

1．慣習上の権利である入会権は，登記になじまない権利とされ，登記は認められていません（不動産登記法３条参照）。そして，**現地を見れば入会が行われている事実は確認できるので，登記がなくても対抗できる**権利とされています。

この，「現地を見れば権利行使の事実を確認できる」というのは，**不動産取引では現地を見るのがいわば常識となっているので，そこで「権利行使の事実を確認できる」**ことが，入会権の場合，登記に代わる公示の役割を果たしているということです。

2．地上権は，建物に限らず，木や鉄塔などの所有のためにも設定されます。

3．妥当な記述です。地上権は物権ですから，これを譲渡するのに土地所有者の承諾は不要です。

4．**小作料の支払い**は永小作権の設定の要件です（270条）。

5．共有者の一人が地役権を時効取得すれば，他の共有者も同一内容の地役権を当然に取得します（284条１項）。

総有
共同所有の一形態で，その財産の管理，処分権は団体に帰属し，個々の構成員にはその**使用権**，**収益権**のみが与えられているものをいいます。

地上権の譲渡
地上権を譲渡するには土地所有者（地上権設定者）の同意はいりません。地上権は物権として，その**権利を直接支配**しています。そして，自分（地上権者）が直接の支配者であるならば，それを譲渡したり，あるいはそれを担保に供したり（369条2項）するのは自分の判断だけで決められます。このように，地上権はとても強力な権利ですから，一般に土地の価格の７～８割

本問の正答は**3**になります。

正答　3

の価値を有するといわれています。つまり，土地が１億円として，地上権が付いている状態で売った場合は，土地所有者は２～３千万円しか受け取れません。一方，地上権者が地上権を担保に銀行から融資を受ける場合，７～８千万円の価値の評価を受けて，有利に融資の交渉を進められます。

「2-9　用益物権」のまとめ

用益物権

▶他人の土地を使用・収益できる権利で，地上権，永小作権，地役権，入会権の四種がある。

地上権

▶地上権は，他人の土地で工作物や竹木を所有するためにその土地を利用する権利である。

▶地上権は，抵当権の目的とすることができる。

永小作権

▶小作料を支払って他人の土地において耕作または牧畜をする権利である。

▶地上権と同様に，抵当権の目的とすることができる（369条２項）。

地役権

▶地役権は，設定行為で定めた目的に従って他人の土地を自己の土地の便益のために利用する権利である。

▶利用する便益の種類・内容に制限はない。土地の利用価値を増進するものである限り，どのようなものであっても自由に定めることができる。

▶土地の共有者の一人が地役権を時効取得した場合，他の共有者も地役権を取得する。

▶要役地と分離して，地役権だけを譲渡することはできない。

第3章

担保物権

債権の回収を確実にする手段

ここからは，民法Ⅰの最後の章である担保物権に入ります。

担保物権は，総則や物権ほど項目がバラエティに富んでいるわけではなく，内容は意外にシンプルです。その分，学びやすい分野といえます。

担保は，お金を借りる際にはとても重要な役割を果たすものです。ただ，住宅ローンなど，まとまったお金を借りた経験がない人にとってはピンと来ないかもしれません。でも，社会の中では頻繁に利用されていて，それだけ大きな役割を担っているんです。また，民法の特徴もあちこちに現れていて，それだけ民法への理解を深められます。

この分野の知識は将来必ず役に立つものですから，将来への備えを兼ねて取り組んでみましょう。本章を終える頃には，民法全体の概要が見えてくるはずです。

さあ，民法Ⅰのラストの章，担保物権のスタートです。

3-1　国総 ★　国般 ★★　地上 ★★　市役所 ★★★

担保物権の種類と性質

～担保物権にもいろいろあるけど性質もそれぞれ違う？～

物権の章の最初で，所有権の使用・収益・処分という権能の一部を利用する権利として，**用益物権**と**担保物権**があることを図で説明しました（p.158）。ただ，用益物権は前項だけの説明であっさり終わりましたが，これから始める担保物権はかなりのボリュームがあります。これは，取引社会で担う役割が後者のほうが圧倒的に大きいからです。

担保物権とは，債務を確実に弁済してもらうための手段のことですが，これがあるおかげで，財産取引がとてもスムーズに進むのです。弁済を確保する手段には，他に保証という制度がありますが，**担保物権は，他の債権者に優先して弁済を受けられるなど，債権回収の確実性が高い点が特徴です。**

担保を取る，いざとなったら売却して債権を回収する

「担保物権」といわれてもイメージしにくいと思いますので，一番シンプルな例で説明しましょう。

まずは相手に品物を預けて「これで３万円貸してほしい」などと頼み込む場合です。これならわかりやすいでしょう。

図では，お金を貸してもらう代わりに腕時計を預けていま

品物を担保にお金を借りる（質権）

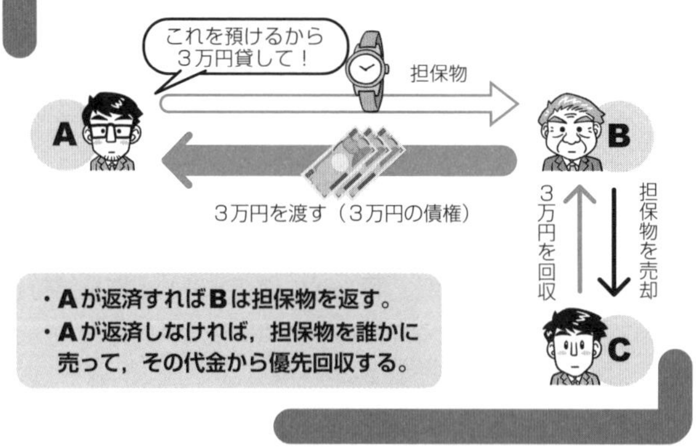
これを預けるから
3万円貸して！
担保物
A
B
3万円を渡す（3万円の債権）
3万円を回収
担保物を売却
C
・Aが返済すればBは担保物を返す。
・Aが返済しなければ，担保物を誰かに売って，その代金から優先回収する。

担保物権の種類と性質の重要度

担保物権の性質に関する問題は，市役所などでよく出題されています。本項は担保物権の出発点となる部分ですので，この分野の理解はとても重要です。

債権と債務

債権とは，特定の人に財産に関する一定の請求をすることができる権利です。
これを請求される側から表現すると「債務」になります。

担保

債務者が債務を履行しない場合に，債権者の損害を補う目的で設けられたものをいいます。

質

「しち」と読みます。
質物（融資金に相当するような価値のあるものだと借りやすい）を相手に預けて，それをカタにお金を借りることです。
お金を返せないと，質物を**処分**されて，その中から貸金が回収されることになります。

すが，この場合の腕時計のことを**担保物**（または**担保目的物**）といいます。担保物は価値のあるもので，譲渡ができるものならなんでもかまいません。

担保とは，将来の返済のリスク（危惧・危険性）に備えて，そのリスクが現実のものになったときに，それを補塡する手段と考えておいてください。図の例でいえば，もしAが借りたお金を返せなくなったら，Bは担保として預かっていた腕時計を売って，売却代金の中から「優先的に」貸したお金を戻してもらうことができます。

この「優先的に」というのは，Aにお金を貸している人がほかに大勢いても，自分が優先するという意味です。これを**優先弁済権**あるいは**担保物権の優先的効力**といいます。

ですから，**お金を貸すときに担保として預かる物の価値を誤らなければ**（**担保評価**といいます），**貸したお金は確実に戻ってきます**。これが担保物権の仕組みです。

> **担保物**
> 簡単にいえば「**借金のカタ**」です。「譲渡ができるもの」という要件がついているのは，お金を返せない場合は担保物を処分しますから，その際に「譲渡できるもの」でないと売却ができないので困るからです。

本来なら債権者は平等，優先弁済権は担保物権のメリット

もう少し具体的に説明しましょう。下の表を見てください。

ＢＣＤの三名が，それぞれ互いになんの関連もなく，Ａにお金を貸しています。誰も担保は取っていません。貸したお金の額は下の表のとおりです。

債権回収の例 ❶

債務者	債権者と債権額	割合	配当額
A 資産 600万円	B：債権額900万円	3/6	300万円
	C：債権額600万円	2/6	200万円
	D：債権額300万円	1/6	100万円

もし，Ａが資金繰りに行き詰まってお金を返せなくなった場合，ＢＣＤは裁判所に競売を申し立てるなど，債権回収の手段をとることになります。ただ，債権額が合計で1800万円に膨らんでいるのに，返済の引き当てとなる資産は600万円しかありません。

この場合，**現実に配当として返してもらえる額はいくらかというと，三人の債権額の割合に応じた額になります**。

問題となるのは残りの額ですが，たとえばＢの場合は300

> **担保を取っていない**
> 無担保債権とか，**一般債権**という言い方をします。

> **競売**
> 債権を回収するために，裁判所に申し立てて債務者の資産を売却してもらう手続きです。
> 一般的には「きょうばい」と読みますが，民法では「けいばい」と読みます。

> **債権者平等の原則**
> 債権者が担保を持っていない場合，債権者が複数いても，それらの人は**平等**に扱われます。

万円の配当を受けても，まだ貸金は600万円が返済されずに残っている状態です。この600万円は消滅するわけではありませんが，Aが返してくれるのを気長に待つか，あきらめるかのどちらかしかないので，いずれにしても全額返ってくるのはあまり期待できないということになります。

そこで，**こんなリスクを避けるために担保物権が機能する**わけです。

今度は次の表を見てください。

債権回収の例 ❷

債務者	債権者と債権額	割合	配当額
A 資産 （不動産） 600万円	B：債権額900万円	3/6	0 円
	C：債権額 被担保債権額600万円の 抵当権設定	2/6	600万円
	D：債権額300万円	1/6	0 円

Cは，担保物権の一種である抵当権を設定していました。そうなると，Cは**抵当権がカバーしてくれる債権額については，他の債権者に優先弁済権を主張できます**。

そして，担保の目的物であるAの不動産の価値は600万円で，Cの債権額は600万円ですから，Cは貸したお金を全額回収できます。一方，BやDは残額がないので，まったく返済を受けられなくなります。これが優先弁済権ということの意味です。

このように，**担保物権は，債権の回収にとって重要な役割を果たしている**のです。

担保物権（物的担保）と保証（人的担保）はどう違う？

ところで，担保物権と似たものに**保証**（ほしょう）という制度があります。「保証人を立てる」とか「保証人になってもらう」などという言葉を聞いたことがあると思います。その「保証」です。

担保物権は，物の価値をアテにするので**物的担保**（ぶってきたんぽ）と呼ばれ，一方，保証は「保証人」という人の信用をアテにするので**人的担保**（じんてきたんぽ）と呼ばれています。両者は，債権回収の確実性と

配当額の按分比例

配当は，債権額の割合に応じた額しか受けられません。これを**按分比例**（案分比例）といいます。

債権回収と時効

債権をあくまで回収したいなら，ときどき債務者の資産状態を調査して，回収の見込みがあれば強制執行をかけるなどなんらかの方法を講じなければなりません。そのまま放置しておくと，債権の**消滅時効**（166条）にかかっていよいよ回収ができなくなってしまいます。

被担保債権額

担保によって優先的に弁済を受けられる額のことをいいます。

抵当権

土地や建物を担保にしてお金を貸す場合に設定できる担保物権です。
後ほど「3-4・3-5・3-6」で詳しく説明します。

保証

保証（人的担保）については「民法Ⅱ」で詳しく説明します。ここでは，物的担保との違いを簡単に説明しておきます。

物的担保・人的担保

土地や建物を担保にしてお金を貸す場合に設定できる担保物権です。

いう点でちょっと違っていますから，ここで簡単に両者の違いを説明しておきます。

これも図で説明しましょう。

AがBから900万円を借りたとします。今度は，担保物はありません。ただ，その代わりにAの母親Eが保証人になりました。**保証とは，Aが返せなかったときに，自分が代わって払うという合意のこと（契約）です。**

保証人を立てて返済の信用を高める

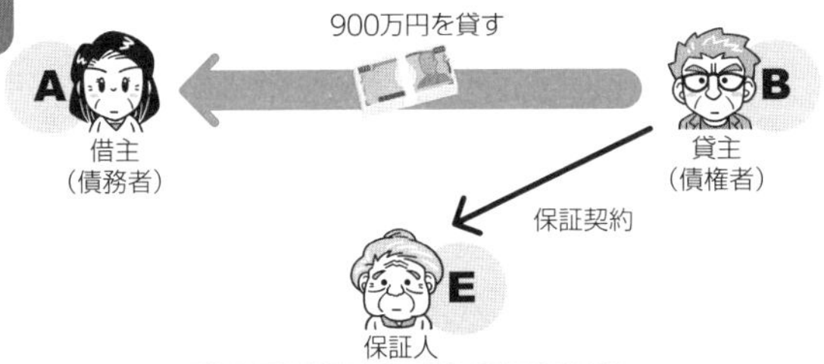

保証人には誰でもなれる（原則）

この場合，Bは，支払いの期限が来たら，まずAに返済するように催促するでしょう。しかし，Aに資金がなくて返済ができない場合には，今度は保証人Eに，Aの代わりに払うように催促することになります。

ただ，Eがすんなり払えるならよいのですが，Eもまたお金に困っていて払えないという場合には，もうどうしようもありません。**保証は，保証人の信用をアテにしているので，それほど確実な返済確保の手段とはいえないのです。**

結果として，次のようになります。

債権回収の例 ③

債務者	債権者と債権額	割合	配当額
A 資産 600万円	**B**：債権額900万円（**E**が全額の保証人）	3/6	300万円
	C：債権額600万円	2/6	200万円
	D：債権額300万円	1/6	100万円

これって，最初に出てきた例①の表と同じことですよね。つまり，通常の無担保債権（一般債権）の場合と同じです。これが物的担保との大きな違いになります。

保証契約

保証は契約によって成立します。ただし，安易に保証人となることを防止するために**書面性**が要求されるなど，規制が強化されています(446条2項，465条の6)。
また，平成29年(2017年)の債権法改正(2020年4月1日施行)では，保証契約後の保証人への**情報提供**(主債務者の履行状況等)が義務化されたり，事業のための第三者個人保証に**公正証書**の作成が要求されるなど，保証人の保護がいっそう強化されています。
なお，保証契約の当事者は，債権者と保証人です。つまり，債務者は保証契約の当事者ではありません。ですから，債務者が知らないうちに保証人となることも可能です。

保証人に資産があれば

債権者は主たる債務者Aの資産から回収した300万円との差額600万円を保証人Eに請求するか，もしくは保証人の資産を差し押さえて，そこから回収することもできます。また，最初から全額を保証人に請求してもかまいません(保証人が支払った場合，保証人は主たる債務者に**求償**できます)。その意味で，保証は債権回収に一定の役割を果たしているのです。
ただ，それは保証人に資産があることが前提ですから，担保物権と比べて「回収の**不確実さ**」は否めません。

「じゃあ，お金を貸すときは担保物権だけを使えばいいじゃないか！」と思われるかもしれませんが，担保物権は，担保にできるような「価値のある物」が必要です。一方，保証は，その人（保証人になってくれる人）が同意すれば，価値のある物がなくても成立させることができます。つまり，お手軽なんです。それに加えて，資産状態が確実な人を保証人に選べば，支払いも期待できるでしょう。そういう理由で，**多少のリスクはあるものの，その手軽さから保証は頻繁に利用されています**。

ただ，住宅ローンのように，金額も大きく返済期間も長いということになると，お金を貸すほう（金融機関）も，保証では危なっかしいので，手続きが面倒でも担保物権を選択します。それに加えて，信用のある人に保証人になってもらうという二重の安全策を用いるのが普通です。

要するに，担保物権（物的担保）と保証（人的担保）をうまく使い分けて（または併用して），資金の回収を確実にするというわけです。

担保物権にはどんな種類がある？

担保物権には，**①法律が要件を定めていて，それを満たせば自動的に（当然に）担保物権として成立するものと，②当事者が合意して成立させるもの**とがあります。

前者を**法定担保物権**，後者を**約定担保物権**といいます。

なお，**法定担保物権は，民法が要件を定めているものですから，当事者の合意によって成立させることはできません**。

次ページの図を見ながら，概略を説明します。

まず，**典型担保**というのは，**民法に規定があるという意味**です。じゃあ，「民法に規定がないような担保も認められるの？」という疑問がわいてくるかもしれません。

ただ，**担保としては規定はないけど，民法の規定を組み合わせて，実質的に担保としての機能を果たさせているというもの**があります。これが**非典型担保**です。

次に，民法に規定がある担保（典型担保）になぜ二種類あるかというと，担保は，最初に「これで３万円貸してほしい」の例で説明したように，当事者の合意によって成立するのが一般的です（**約定担保物権**）。

無担保債権

保証人がついていても**無担保債権**と呼びます。保証（人的担保）はここでいう担保には当たりません。

保証人の人選

保証人を立てるという場合には，その保証人になる人が，ある会社に長く勤めているかとか，役職がついているかとか，会社の業績とか，いろんなことを調査します。長く勤めていればいるほど信用は高まります。そうやって，できるだけ確実な人を人選するわけです。

非典型担保

代表的なのは譲渡担保ですが，これについては3-7で説明します。
そのほかに，**所有権留保**なども非典型担保の一つです。これは，たとえば車を買う際にクレジット会社のローンを使ったような場合，完済まではクレジット会社が所有者になっているようなことをいいます（車検証の所有者の欄を見ると，これが確認できます）。これは，途中で支払いが滞ったような場合に，クレジット会社が「**所有者**として売却できる」とするためのものです（なお，完済した後は所有者名を自分に変更してかまわないのですが「面倒なのでほったらかし」が多いようです）。

担保物権の種類

担保物権

民法に規定なし

非典型担保

民法に規定あり

典型担保

当事者が合意して成立

要件を満たせば自動的に成立

法定担保物権

約定担保物権

譲渡担保

所有権を譲渡して融資を受ける

留置権（りゅうちけん）

返済があるまで手元に留め置く

先取特権（さきどりとっけん）

優先して返済を受ける

質権（しちけん）

担保物を預けて融資を受ける

抵当権（ていとうけん）

不動産を担保に融資を受ける

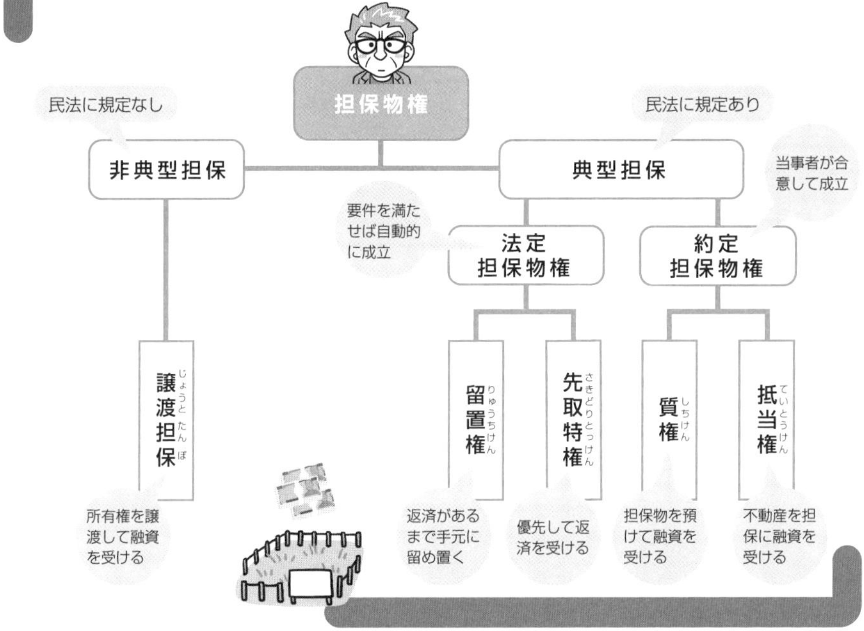

じゃあ，なんで，法律が勝手に担保物権の成立を認めるのか（**法定担保物権**）というと，当事者間の公平を図るとか，生活を守るといった強い要請がある場合には，どうしても債権の優先的な確保を認めざるをえないというのが理由です。

具体的にどのようなケースかというと，いろんな場合があるんですが，たとえば未払いの賃金を労働者に対して確実に支払わせるなどと，それなりに重要な機能を果たしています。

これについては，次項で説明します。

担保物権はどうやって支払いを確実にしてる？（性質）

① 担保物権の付従性

まず，確認しておきますが，担保物権はあくまで「債権」の支払いを確実にするためのものです。

この点は重要なので，しっかり理解するようにしてください。つまり，担保物権では債権があることが前提になります。

たとえば，未成年者Aが法定代理人の同意を得ずに，人気

民法によく出る「典型」

これは，民法に規定があるかどうかという意味です。規定があれば「**典型**」，なければ「**非典型**」です。担保物権でも，抵当権のように民法に規定があるものは典型担保といい，規定がない譲渡担保などは非典型担保といいます。同様に，民法Ⅱで扱ういろんな契約のうち，売買や賃貸借のように民法の規定があるものは典型契約，そうでないもの（例：医師との診療契約）は非典型契約といいます。

担保物権の付従性

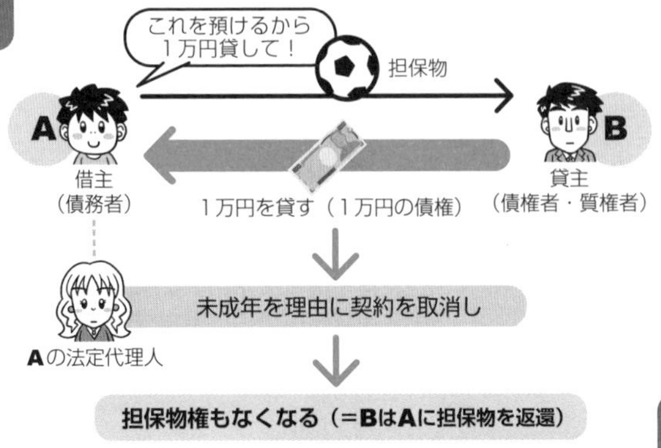

サッカー選手のサインボールをBに担保として預けて，Bから1万円を借りる契約をしました。そして，後から法定代理人がこの契約を取り消したとします。そうすると，取り消しによって契約はなかったことになりますから，債権も最初から存在しなかったという扱いになります。

そして，**担保物権はあくまで債権の支払いを確実にするものなので，債権がなくなれば，担保物権だけ残しておく意味はありません。ですから，担保物権も当初からなかったという扱いになります。**

このような性質を担保物権の**付従性**（ふじゅうせい）といいます。

② 担保物権の随伴性

担保物権は「その債権」の支払いを確実にするものです。

担保物権の随伴性

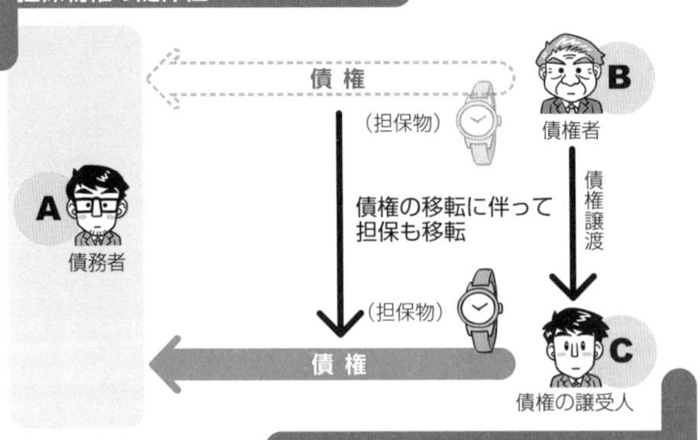

債権と債務

債権とは，特定の人に一定の給付を請求する権利のこと。これを請求される側から表現すると債務になります。

未成年者の法定代理人

知識が曖昧な場合は，もう一度制限行為能力者の部分を読んでみてください。
⇒p.33

物を預けてお金を借りる

お金を借りる契約は，**金銭消費貸借**といいます(587条)。これは「民法Ⅱ」で説明します。そして，図の中の「これを預けるから」というのは，これとは別の契約で，**質権設定契約**です(342条)。質権設定契約は，「3-3質権」で説明します。

付従性

債権がなくなると，担保物権もなかったことになる性質をいいます。

随伴性

債権が譲渡されると，担保物権もそれにくっついて**移転**する性質をいいます。

債権譲渡

債権を譲渡することは認められています。
この債権譲渡は「民法Ⅱ」で扱います。

債権者が誰であるかは関係がありません。

ということは，**債権がほかの人に譲渡されれば，担保もその債権にくっついて移転します**。

このような性質を担保物権の**随伴性**（ずいはんせい）といいます。

③ 担保物権の不可分性

担保物権が「債権の支払いを確実にする」とは，債権がしっかりと支払いが完了するまでは，その役割を果たすということです。つまり，「半分支払ったから担保を半分返して」ということはできず，たとえていえば**最後の1円が支払われるまで，担保として預かったものを返さなくていい**ということです。

これを担保物権の**不可分性**（ふかぶんせい）といいます。

④ 担保物権の物上代位性

最後に，担保物が別の物に形を変えてしまった場合はどうなるかを説明します。

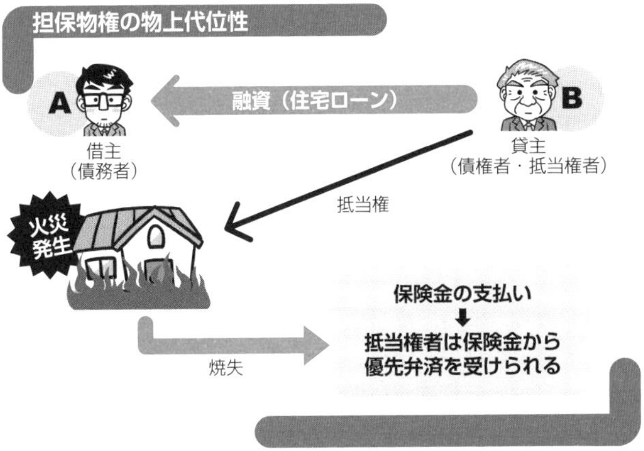

形を変えるというのは，上図のように，抵当物件（不動産）が保険金に変わるなどという場合です。もともとBは火災が起きなければ，その不動産を売却して貸したお金を回収できたわけです。そうであれば，不動産が焼失して保険金に**形を変えた場合にも，そこから優先的に資金を回収できてもおかしくないはずです**。

担保物権にはこのような性質が認められていて，これを，担保物が別の物に変わっても，その物の上に代位する形で効力が及ぶという意味で，**物上代位性**（ぶつじょうだいいせい）といいます。

譲受人

「ゆずりうけにん」と読みます。権利や財産を譲渡される側のことです。
ちなみに譲渡する側（図のB）は譲渡人（ゆずりわたしにん）といいます。

不可分性

債権が半分に減ったからといって，担保物権を半分にしたりする必要がない性質をいいます。

抵当権者・設定者

不動産に抵当権を設定した人を**抵当権設定者**，抵当権を有する人を**抵当権者**といいます。

第三者の担保権設定

左の図は，債務者が自分の所有する不動産に抵当権を設定した例ですが，債務者以外の第三者も，自分の不動産に抵当権を設定させることは可能です。このような人を**物上保証人**と呼びます。これから頻繁に出てきますので，ここで名称を覚えておきましょう。

物上代位性

担保物が焼失した場合の火災保険金や，売却した場合の代金など，別の物に形を変えても，その物（金銭）に担保権を行使できるという性質をいいます。
物上代位性は，担保物権の頻出テーマの一つです。特に抵当権の箇所で問題になります。基本的な性質をしっかり把握しておいてください。

以上を表にしてみます。

担保物権の性質

	付従性（債権がなくなると消滅する）	随伴性（債権にくっついて移転する）	不可分性（途中で半分にできたりしない）	物上代位性（物が変わっても効力が及ぶ）
留置権	○	○	○	×
先取特権	○	○	○	○
質権	○	○	○	○
抵当権	○	○	○	○
譲渡担保	○	○	○	○

これら四つの性質は，担保物権が通常有している性質として，**通有性**（つうゆうせい）と呼ばれます。

ただ，留置権だけはちょっと変わっていて，物上代位性がないのですが，留置権については次の項で詳しく説明しましょう。

ここまでの知識を，問題演習で整理しておきましょう。

担保物権の効力

簡単に説明しておきます。

①**優先弁済的効力**（p.251）…担保物権の，いわば核心的効力です。留置権以外の担保物権に認められています。留置権は，「払うまで返さない」というものですから，この効力はありません。

②**留置的効力**…「払うまで返さない」は，留置権と質権に認められる効力です。

③**収益的効力**…担保物の利用が最初から認められていて，その収益から優先弁済を受けることができるというものです。不動産質権にだけ認められています。

例題27

担保物権に関する次の記述のうち，妥当なのはどれか。

（地方上級　改題）

1　担保物権も保証も，債権を確実に回収できる程度という点では，特段の差異はない。

2　民法典に規定されている留置権，質権，抵当権および譲渡担保を典型担保，民法典上に規定がない担保を非典型担保という。

3　担保物権には付従性があり，被担保債権が発生しなければ発生せず，被担保債権が消滅すれば消滅するので，被担保債権の一部の額の弁済を受けると，担保物権は消滅する。

4　抵当権および質権は，先取特権や留置権と同じく，民法に定められた担保物権であるため，法定担保物権と呼ばれている。

5　被担保債権が詐欺を理由に取り消された場合には，担保物権もまた消滅する。

本問のポイント！

1．担保物権のほうが，債権の回収の方法としては保証（446条１項）よりも確実です。

2．譲渡担保は民法典上に規定がないので**非典型担保**です。
3．債務がすべて履行されるまで，担保物権は消滅しません。これを**不可分性**といいます。
4．法定担保物権ではなく，典型担保と呼ばれています。
5．妥当な記述です。担保物権の**付従性**です。
本問の正答は**5**になります。

正答　5

民法典

民法という名称の法典（成分の法令）のことです。

「3-1 担保物権の種類と性質」のまとめ

担保物権の種類

▶民法は，担保物権の種類として，留置権，先取特権，質権，抵当権の四つを規定する。
▶民法に規定がある担保物権を典型担保という。
▶譲渡担保は，民法に規定がない担保物権であり，このような担保物権を非典型担保という。

担保物権の性質

▶債権がないところには担保物権も存在しえないという性質を担保物権の付従性という。
▶担保する債権（被担保債権）が制限行為能力，意思表示の瑕疵等で取り消された場合には，担保物権もまた成立が認められない。
▶債権が第三者（他人）に移転すれば，担保物権も原則としてそれに伴って移転する。このような性質を担保物権の随伴性という。
▶担保物権は，原則として，債権全額の弁済があるまでは，目的物について担保権を行使できる。このような性質を担保物権の不可分性という。
▶担保物権者は，目的物が売却された場合の売却代金や，賃貸された場合の賃料など，価値変形物に対しては担保権を行使できる。このような性質を担保物権の物上代位性という。
▶物上代位性は，留置権には認められない。

3-2　国総 ★★★　国般 ★★　地上 ★★　市役所 ★

法定担保物権

～法が特に認めた担保がある～

ある一定の要件を満たした債権については，法がその支払いの確実性を図るために，いわば自動的に担保の成立を認めてくれるものがあります。

それが**法定担保物権**と呼ばれる二つの担保物権，すなわち**留置権**と**先取特権**です。

留置権…当事者間の公平を図るために成立する担保物権

留置権とは，**支払いが完全になされるまでは目的物を手元にとどめておける権利**です（295条１項）。たとえば，車の所有者Ａから修理を依頼された修理工場Ｂは，依頼人である所有者Ａが修理代金を全額払うまでは，修理した車を返さなくていい（つまり自分の手元に留置できる）という権利です。

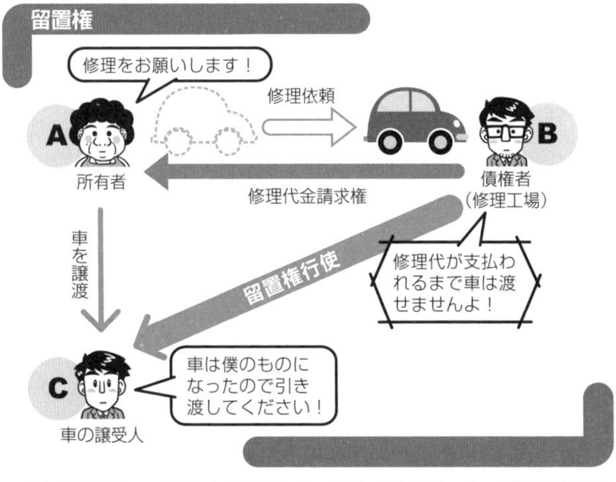

引き渡さないことを権利として認めることで，修理代金の支払いの確実性を担保しようとするわけです。

そして，この**留置権は物権ですから，当事者である相手方だけでなく，第三者に対してもこの権利を行使できます。**

図では，車の所有者ＡがＣに車を譲渡していますが，たと

法定担保物権の重要度

留置権については，比較的よく出題されます。一方，先取特権については，その内容が複雑なために，あまり出題されていません。後者については，出題ポイントが限られていますから，その部分を押さえておけば十分です。

留置の圧力

物を渡さないということで，相手はそれを利用できないという不便を強いられることになります。それが支払いを強制する圧力となって返済を確実にするわけです。これを**留置の圧力**（留置的効力）と呼んでいます。

留置権の趣旨

留置権は当事者間の**公平**を図ることが制度の趣旨とされています。それに加えて，左の図でいえば，修理工場は，依頼人の信用状況をいちいち調査しなくても，留置権があることで安心して修理を引き受けることができます。こういった円滑な**取引の促進**にも留置権が役立っていることを考慮しておくと，留置権がよりわかりやすくなるはずです。

え譲渡が行われても，修理工場Ｂは，修理代金が支払われるまでは「車を渡さない」と主張できます。

また，先に説明したように，この担保権は，法の要件を満たせば自動的（当然）に成立するもので，法定担保物権の一つです。

そこで，法が定める要件を列挙してみましょう。

【留置権の成立要件】

①留置するものが「他人のもの」であること
②相手の支払い（履行）期限が来ていること（弁済期の到来）
③債権がその物に関して生じたものであること（牽連性（けんれんせい））
④占有が不法行為によって始まったものでないこと

①の「他人のもの」というのは，図でいうと，留置している車が依頼人の所有物である必要はないということです。修理工場としては，修理をしたら，その代金を払ってもらうのが当たり前ですから，たとえ車が友人から借りていたものだとしても，「修理代金を支払うまでは返さない」と言うことができます。

これは，その友人が受け取りに来た場合であっても同じです。**留置権は（担保）物権ですから，物権の性質として，誰に対しても権利を主張できます。**

②は，修理が完了する前に「引き渡さない」と言っても意味がありません。修理代金の期限は，修理が完了して通知したときです。

③の**牽連性（けんれんせい）**は，たとえば，家電の修理で修理代金を受け取らないままテレビを引き渡してしまったためか，なかなか修理代を払ってくれないとして，一緒に修理を依頼されていた冷蔵庫について「テレビの分も含めて修理代を払わないと冷蔵庫は引き渡さないぞ！」とは言えないということです。

これを認めると，依頼者のものならなんでも留置できることになって，際限なく留置できる範囲が広がってしまいます。**留置権は，当事者の公平を図るために，民法が特にその成立を認めた権利ですから，「その物に関して生じた」という限定が必要**なんです。

④は，たとえば，家賃の支払いを怠って借家契約を解除されてしまった者が，借家の明渡しを拒む口実として，トイレを温水洗浄便座に取り換え，その費用が支払われるまでは明け渡さないとして留置権を主張するような場合です。

牽連性

こういう用語が出てくると，「それは何か」ということになるのですが，結局は当事者間の公平を図るという制度趣旨に照らして，留置権を認めたほうがいいのかという社会通念上の（つまり**常識**的な）判断になります。あまり用語の意味にとらわれずに，判例や通説で留置権が認められている事例を自分で納得できるかどうかで判断するほうが賢明です。

同時履行の抗弁権

「民法Ⅱ」で説明しますが，留置権と似たものに**同時履行の抗弁権**（533条）というものがあります。図の場合も「修理代金を払えば車を引き渡す」と主張できる（533条本文）点では留置権と同じ効果があります。ただ，同時履行の抗弁権は契約の相手方に対して主張できる権利ですから，車を譲渡された場合には，譲受人に主張できないという点で留置権と異なっています。両者の比較については「民法Ⅱ」の同時履行の抗弁権の箇所で詳しく説明します。

不法行為というと，何か穏やかではないのですが，こんな場合も含みます。この借家人には留置権は認められませんから，家主はそのまま明け渡しを請求できます。

繰り返しますが，**留置権は，当事者間の公平を図るという見地から法が特に認めたものですから，ルール違反の場合にまで成立を認めるわけにはいきません。**不法行為という強い言葉も，この観点から判断すればよいのです。

最後に，留置物が形を変えた場合を説明しておきます。

留置権は，あくまで「支払いがあるまでは引き渡さない」ということを内容とする権利です。たとえば，修理を依頼した者には，修理代金を確実に支払わせるなど，当事者間の公平を図るために認められたものです。したがって，**留置権の効力としては「そのものを引き渡さない」というのが限度**です。

そのため，留置物が保険金などに形を変えたとしても，それに対しては留置権の効力は及びません。つまり，**留置権には物上代位性（ぶつじょうだいいせい）は認められません。**物上代位性は，「引き渡さない」という消極的な態様を超えて，「たとえ形を変えても，とことん追求していくぞ！」という積極的なものですから，「引き渡さない」しか認められない留置権には認められないのです。担保物権の中で，留置権はちょっと変わった特性を持っているといわれる理由はここにあるわけです。

先取特権…いろんな理由で優先権を認めるべき債権がある

イメージするのが難しいので，具体例で考えましょう。

> **例**
>
> Aには50万円の貯金がありましたが，数人の友人・知人から，自分の病気の治療のために合計100万円の借金をしていました。Aが死亡し，相続人のBがAの葬儀をすることになりましたが，Bは学生で，自分では費用が出せません。
>
> この場合，Bは，Aの葬儀費用をAの貯金から支払うことができるでしょうか。

これ，認めてあげないとちょっとかわいそうですよね。そこで，民法は，葬儀費用は優先して払うことができるとしています（306条３号）。

つまり，**世の中には，債権者間の公平に目をつぶることに**

不法行為

違法に他人の権利や法的に保護されるべき利益を侵害して損害を与えた者は，その損害を償わなければなりません（709条）。これが不法行為と呼ばれる制度です。これも，留置権と同様に，**公平**という言葉がキーワードになっています。すなわち，損害の公平な分担が不法行為の制度趣旨とされています。

物上代位性

担保物が，売却した場合の代金や焼失の場合の火災保険金など，別の物に形を変えても，その物（金銭）に担保権を行使できるという性質のことです。

債権者間の公平

本文の例で，AがCとDからそれぞれ50万円ずつ借金していたとすれば，とりあえずCとDは25万円ずつ返済を受けられます。残りは，また後日請求するということになりますが，いずれにせよ，合計50万円を払ってしまえば葬儀代は捻出できません。ですから，葬儀代について法が優先支払い権を認めるわけです。

なったとしても，なお優先させなければならないような性質の債権があるんです。

それが，読んで字のごとく，特権として先に支払いを受けられる債権，すなわち**先取特権**です。

この先取特権には，総財産のどれからでも優先権を主張できる**一般の先取特権**と（306条），特定の動産に優先権を主張できる**動産の先取特権**（311条），特定の不動産に優先権を主張できる**不動産の先取特権**（325条）の三種類があります。

このうち，動産の先取特権や不動産の先取特権は，特定の動産と緊密な関係がある債権について，その動産や不動産に優先権を認めるというものです。

動産の先取特権についていえば，たとえば，旅館の主は，客から宿泊代金を払ってもらえない場合は，その人の持ち物（動産）を売却して，その代金から優先的に宿泊代を払ってもらえるということです（317条）。

また，不動産の先取特権でいうと，たとえば，家屋の増築工事をした業者は，その工事によって価値が増した分について，他の債権者に先立って工事代金の支払いを受けられます（327条）。

これらはいずれも，特定の動産・不動産と関連のある債権ですが，先に例で挙げた葬儀費用のようなものは，そんな関連性はありません。そのため，総財産を対象にせざるをえないということで，一般の先取特権と呼ばれています。

この一般の先取特権には，①すべての債権者の利益になる費用である**共益費用**（財産目録の作成費用など），②**雇用関係の費用**（従業員への未払い賃金など），③**葬式費用**，④**日用品の供給費用**（例：近所の食料品店が，生活困窮者に安心して食材等を供給できる――代金を回収できる――ようにして，その生活を守るなど）という四つのものがあります。

動産を譲渡して引き渡したら先取特権は行使できない

先取特権は，その目的物が動産の場合には，ちょっとした問題があります。

それは，動産の場合には，これに先取特権という優先権がついてますよという表示ができないことです。

先取特権は，法が特に優先的な支払いを確保する必要があ

総財産を対象

動産・不動産・預貯金など，その人の資産全部が引き当てになるという意味です。一番手間がかからないのは現金ですが，それがない場合には動産や不動産を売却して，その代金から支払いを受けることができます。

先取特権のポイント箇所

比較的出題されやすい個所を列挙しておきます。

①**一般の先取特権**…四つの種類，日用品の先取特権は法人に供した場合を含まない，など

②**動産の先取特権**…不動産賃貸の先取特権は動産の先取特権である，旅店宿泊の先取特権の被担保債権には飲食費も含まれる，動産売買の先取特権は当該動産上に認められる，など

③**不動産の先取特権**…不動産工事の先取特権は増加額の範囲で認められる

④**効力**…動産上の先取特権は第三取得者に引き渡されると行使できなくなる

なお，これ以外にも出題がないというわけではありませんから，過去問演習をしっかりやっておくことが大切です。

今日こそ日曜！

①共益費用，②雇用費用，③葬式費用，④日用品供給費用の頭文字をもじって「**今日こそ日曜**」と覚えておきましょう。

る債権について，法律上の要件が備わっていれば，それだけで成立させるという法定担保物権でしたよね。つまり，生活に必要な日用品の費用のように，一定の要件を満たせば，それで当然に優先的な支払い確保の権利が認められるわけです。

そして，同じ法定担保物権の留置権の場合は，支払いを求める人，つまり債権者が，対象となる物（目的物）を留置しているので，留置権があることは察しがつきます。ところが，**動産を担保の目的物とする先取特権の場合には，それがついてることがわかる手段がないん**です。それなのに優先権があるといわれると，ちょっと大変なことになります。

たとえば，５万円の価値のある物を，５万円を支払って譲ってもらったところ，それには５万円の先取特権がついていた場合はどうでしょう。そのままでは，先取特権者にその価値をごっそり持っていかれてしまうので，譲ってもらった人は５万円の丸損になってしまいます。

そこで，法は，先取特権（優先弁済権）を行使できるのは，その動産が債務者の手元にある場合に限るとして，**動産が第三者に譲渡されて引き渡された後には，もはや先取特権は行使できない**としています（333条）。

これは，取引の安全とのバランスや調整を図るという趣旨に基づくものです。

権利の表示ができない

先取特権は，文字どおり「優先して支払いを得られる特権」です。ですから「その物には特権がついているから，『やっと手に入った』などと喜んでいても，特権を持っている人から**優先権**を主張されて持っていかれるよ」ということがなんらかの形で表示されていないと（いわゆる**公示手段**です），安心して取引（購入）ができません。つまり，特権がついているのに，それが第三者からは判断できないというのは，とても困るんです。それでは，取引の安全を著しく損ないます。そのため，動産が第三者に譲渡されて引き渡された後には，「特権を主張するのはもうあきらめましょう」として，取引の安全を図っているわけです。

問題演習で知識を整理しておきましょう。

例題28

法定担保物権に関する次の記述のうち，妥当なものはどれか。

（市役所　改題）

1　留置権は，目的物を留置することで債務者に弁済を促すという権利であるから，弁済の義務のある債務者の所有物についてのみ，その成立が認められる。

2　弁済期が到来していない債権を被担保債権として留置権を主張することはできない。

3　占有が不法行為によって始まった場合には，債務者は留置権の消滅を請求することができる。

4　一般の先取特権は，債務者の一般的な財産である現金と預貯金にのみ行使が認められる。

5　先取特権は，債務者がその目的である動産を譲渡する契約を第三者と結んだ場合には，その動産についてもはや行使することができない。

本問のポイント！

1．留置権は，他人のものについて成立するものです（295条1項本文）。そして，ここで他人とは，債務者に限られず，第三者もこれに含まれます。

2．妥当な記述です（295条1項ただし書き）。

3．そもそもこの場合には，留置権は成立しません（295条2項）。

4．一般の先取特権は，債務者の**総財産**について成立します（306条柱書）。必ずしも現金や預貯金に限られるわけではありません。

5．先取特権は，**債務者がその目的である動産をその第三取得者に引き渡した後は行使できない**とされています（333条）。単に契約を締結しただけで，いまだ引渡しが済んでいない間は，なお先取特権を行使できます。

本問の正答は**2**になります。

正答　2

不法行為によって始まった

ここにいう不法行為は，「こんなことをして留置権で保護するのはおかしい」と思えるかどうかという観点から判断してください。留置権で保護するのは不当だと思えば，それが「不法行為で始まった」ということです。あまり「不法行為」の文字にとらわれて，「悪逆非道な行為」などと考えないようにしてください。

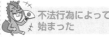

「3-2　法定担保物権」のまとめ

留置権

▶留置権は，第三者の所有物についても成立する。
▶弁済期が到来していない債権を被担保債権として留置権を主張することはできない。
▶物の占有が不法行為によって始まった場合には，留置権は成立しない。
▶留置権は物権であるから，第三者に対してもこれを主張できる。

先取特権

▶一般の先取特権，動産の先取特権，不動産の先取特権の三種がある。
▶先取特権は，債務者がその目的である動産をその第三取得者に引き渡した後は行使できない。

3-3　国総★★　国般★　地上★　市役所★★

質　権
～譲渡可能な物を相手に預けてお金を借りる～

ここからは，担保物権の中でも利用頻度が高い**約定担保物権**の説明を始めます。最初は質権からです。

質権は，昔から質屋さんに代表されるように庶民金融の方法として盛んに利用されてきました。ただ，近年は，質屋さんというと，ブランド品や貴金属などを買い取ってもらえるところというイメージが強いようですが，**本来の質権の機能は，あくまでもお金を貸す際の担保です。**

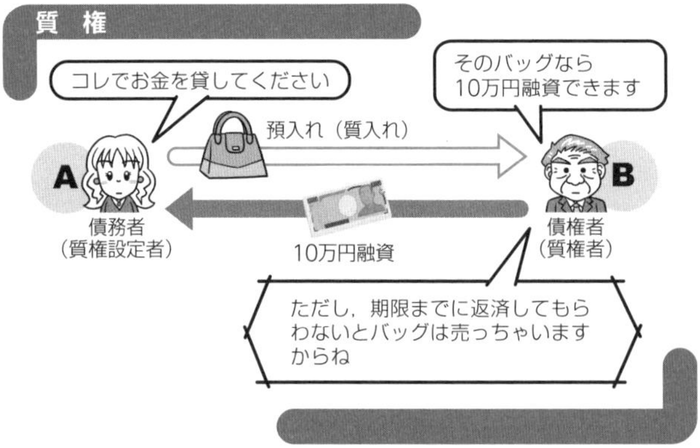

質　権
コレでお金を貸してください
そのバッグなら
10万円融資できます
預入れ（質入れ）
A
B
債務者
（質権設定者）
10万円融資
債権者
（質権者）
ただし，期限までに返済してもらわないとバッグは売っちゃいますからね

どんな方法で質権が担保としてその役割を果たしているかを見ていきましょう。

譲り渡すことができるものならなんでも質に入れられる

質権で担保にできるものとは，「譲渡が可能なものならなんでも」です。

「え？　品物じゃなくてもいいの？」

そうです，質は，譲渡が認められているものなら，どんなものにでも設定ができます。

具体的にいうと，品物などの動産を目的物とする**動産質**，土地や建物などを目的物とする**不動産質**，財産権を目的とする**権利質**などがあります。

質権の重要度

出題数はそれほど多くありませんが，出題の素材となる箇所が多いので，油断できない部分です。約定担保物権の意味を知るためにもしっかりと学んでおきたい箇所です。

約定担保物権

債務をより確実に弁済してもらうための手段のうち，当事者間の合意で成立させるものをいいます。

質(しち)

品物を持ち込めば，その品物の価値の範囲内で簡単にお金を貸してもらえるという手続きの手軽さと，借りるお金が通常は少額(数千円～数万円程度)なことから，**庶民金融**と称される担保物権です。
返済がない場合は，その品物は質屋のものになり，売られてしまうことになります。

担保

債務者が債務を履行しない場合に，債権者の損害を補う目的で設けられたものをいいます。

質権の種類

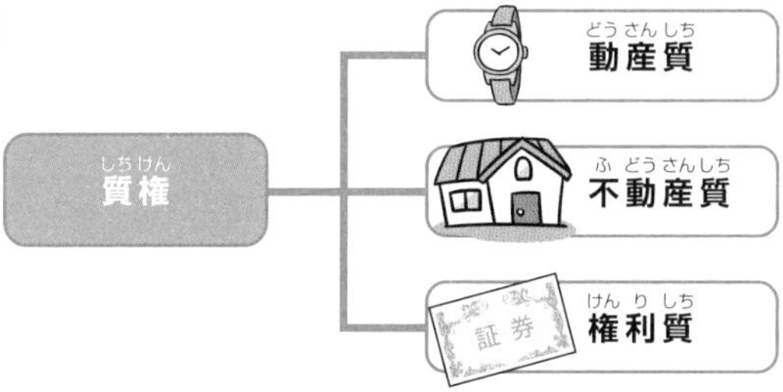

前項で，「債権は譲渡できる」と話しましたが，譲渡できるということは，質権の目的にできるということです（**債権質**といいます）。このほか，権利質の目的には特許権なども含まれます（特許法98条１項３号）。

とにかく，**財産については，相当に幅広く質権の対象にできる**のです。

「ところで，不動産とか特許権なども対象となるっていうけど，質権は庶民金融って言わなかった？」

確かに，質といえば質屋さんをパッと思い浮かべます。そして，質屋さんというと，庶民金融のイメージがあるので，「質＝庶民的なもの」と思いがちですが，質権は譲渡可能なものであればなんにでも設定できますから，特許権のように高額なものも含めて，かなり幅広く利用されています。

ただ，庶民金融の役割として，たとえば，「入院費の調達で，担保にできるのはこの時計くらい。でも思い出のある時計なので，売るのではなく一時的に預けるだけにしたい」などという場合に，質が役に立つわけです。

このほか，次ページの上の図のような場合にも質が利用されています。パッと見ではややこしそうですが，将来のマイホーム取得の際に役立つ知識だと思って見てください。

住宅ローンの資金を融資する場合，銀行は，まず住宅に**抵当権**という担保物権を設定します。

でも，もしもその住宅が火事になったら，その家を競売にかけて貸金を回収することはできなくなりますから（住宅が焼けてなくなっているので），それに備えて，Aに保険会社と火災保険契約をしてもらいます。もちろん，保険料はAの負担です。そして，その火災保険金に質権（債権質）を設定するわけです。

譲渡

権利・財産，法律上の地位などを他人に譲り渡すことです。有償・無償は問わないので，売ってもプレゼントしても「**譲渡**」です。

譲渡ができないもの

年金を受け取る権利などはその例です。これは，年金で暮らしている人の生活を守るという役目がありますから，権利を譲り渡すことは禁止されています。ですから，質に入れることはできません（国民年金法24条本文，厚生年金保険法41条１項本文など）。

動産

日用雑貨や食料品など，不動産以外の物を動産といいます。

債権

ある特定の人に対して特定の行為を請求できる権利です。

特許権

一定期間，独占的な製造や使用などを許された権利のことです。

抵当権

登記が可能なものについて，それを利用しながらも担保として融資を受けられるというものです。住宅ローンなどで使われます。
抵当権については次項で詳しく説明します。
⇒p.286

債権に質権を設定する場合

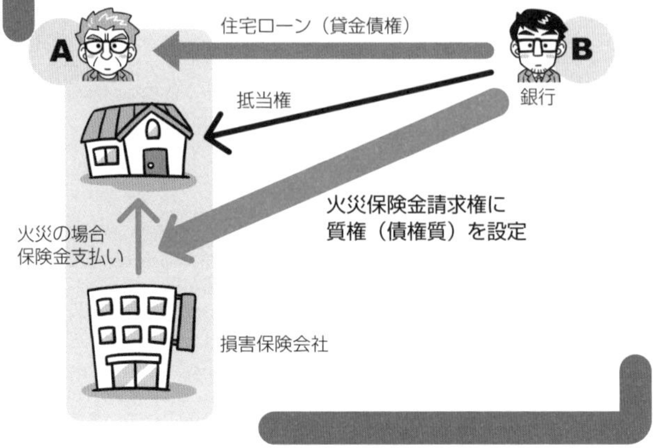

そうすれば，たとえ火事になっても，銀行は保険金を担保に取っていますから，保険会社に対して自分（銀行）に直接に支払うように請求できます。そうやって融資したお金を回収するわけです。

つまり，質権って，けっこう利用価値のある制度として，あちこちで使われているんです。

ところで，この火災保険金請求権は，**将来発生する（可能性がある）債権**ですが，そんなもの（つまり**現在は発生していない債権）であっても担保権を設定することができます。これは，質権に限らず，ほかの約定担保物権（抵当権）でも同様です。**

この「将来発生する債権に担保権が設定できるか」はしばしば出題の素材とされていますから，押さえておきましょう。

要物契約…質権では物を相手に渡すことが効力発生の要件

では，質権をどうやって設定するかについて，一番ポピュラーな動産を質に入れる場合で説明します。

まず，質権を設定することで支払いを確実にできるのは，「貸した金を全額払うまでは，預かった物を返さない」と主張する権利が認められているからです。

ということは，質権では，必ず相手に目的物（質物）を渡さなければなりません。そうでないと，「全額の返済があるまでは返さない」という役目を果たせないからです。

競売

債権を回収するために，裁判所に申し立てて債務者の資産を売却してもらう手続きです。
一般的には「きょうばい」と読みますが，民法では「けいばい」と読みます。

抵当権の物上代位

抵当権の目的物件が火事で焼けてしまって，それが火災保険金に形を変えた場合，抵当権者は**物上代位権**を行使できます。ただ，そのためには差押えが必要なので（次テーマで説明します），その手間を省くために，差押えなどを必要とせずに，直接に取り立てができる質権（366条１項）を設定するわけです。

将来の債権

たとえば，Ａから保証人になってくれるように頼まれたＢは，Ａが期限に支払わないときは，自分が支払いをしなければなりません。そこで，そのことを不安に思って，Ａに，「有名画伯の絵画を持ってるよね。それを質にとっていいんだったら保証人になる」といった場合，その質権設定は有効です。その場合に担保する債権は，Ａが将来支払わなかったときに，代わりにＢが払って，その分をＡに請求するときの債権（**求償権**といいます）です。なお，Ａが期限に債権者に支払えば，Ｂに求償権は発生しませんから，Ｂはその絵画をＡに返さなければなりません。

質権の設定（要物契約性）

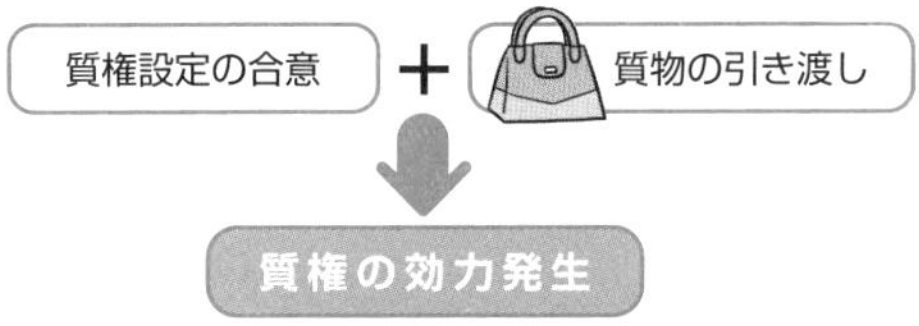

そのため，**質権では，相手に物を引き渡さないと（つまり相手が実際に持つ形にしないと），効力を認めないことにしました**（344条）。つまり，物の引渡しが要件なんです。これを**要物契約**（ようぶつけいやく）といいます。

では，前に即時取得のところで説明した占有改定の方法で質権を設定することはできるでしょうか。

占有改定って覚えていますか。**相手に物を引き渡さずに，そのまま自分が使うという引渡しの方法**でしたよね。

この方法だと，返済期限が来て貸主が返済するように求めた際に，「返済しなければ質物を返さない」とは言えなくなります。質物はお金の借主のところにあるんですから。

そうなると，質権の担保としての役目は果たせなくなります。ですから，**占有改定の方法での質権の設定は認められていません**（345条）。

占有改定による質権設定は不可

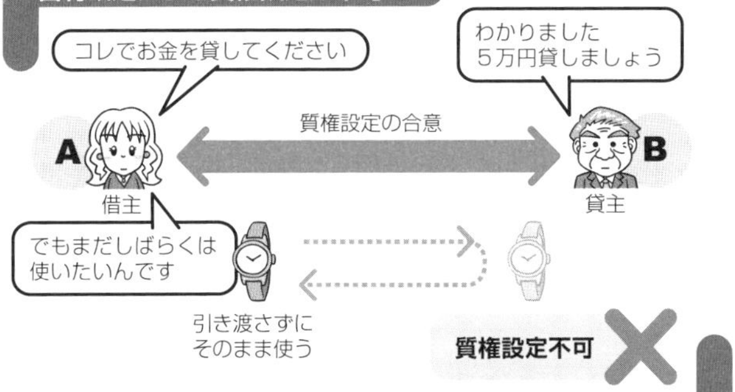

それ以外の占有移転の方法ではOKなのでしょうか？

OKです。占有改定以外の方法なら，「返済しなければ質物を返さない」と言えるからです。つまり，占有の圧力が使えるわけです。

占有改定の方法がダメだということだけを覚えておけばよいのですが，確認を兼ねて表にまとめておきましょう。

留置的効力

質権には，担保物権の効力として留置的効力があります。これは留置権と質権の二つに認められるものです。

質物

お金を借りる時に担保として預ける品物のことを質物（しちもつ）とか質草（しちぐさ）などと呼びます。

344条

質権の設定は，債権者にその目的物を引き渡すことによって，その効力を生ずる。

占有改定

即時取得のテーマで出てきた動産物権変動の形です。譲渡したものを相手に引き渡さずに自分が使い続けるというものです。
⇒p.196

345条

質権者は，質権設定者に，自己に代わって質物の占有をさせることができない。

占有移転の方法と質権設定の可否

占有移転の方法	質権設定の可否
現実の引渡し	○
簡易の引渡し	○
占有改定	×
指図による占有移転	○

ところで，「返済しなければ物を返さない」と言える権利といえば，似た権利が前項で出てきましたよね。そう，留置権です。

ならば，留置権も要物契約かというとそうではありません。まず，留置権は法定担保物権ですから，法律の規定によって自動的に成立するもので，契約によって成立するものではありません。ですから要物「契約」ではありません。それと，修理品の例で示したように，もともと担保となる物を手元に持っているのが前提なので，そのために，そのまま留め置くという意味で「留置」の権利というんですね。ですから，留置権は質権と似た権利ですが，要物性という性質はありません。

次に，**質物を債務者以外の誰かに奪われた場合**はどうなるんでしょうか。

そもそも質権というのは，「返済しなければ質物を返さない」という権利です。ということは，質物がなければこのような主張（質権の主張）はできないということです。つまり，奪った相手に「自分は質権者として返還を求める」とは言えないんです。ですから，**質権に基づく返還請求は認められていません。**

では，質物を奪われたら，もう取り戻す方法はないんでしょうか。

一つ方法があります。占有を奪われたことを理由に，占有のテーマで説明した**占有回収の訴え**（200条１項）**を使って取り戻すんです。これしか，法的に取り戻す方法は残っていません。**

ただ，この方法，一つ難点があります。

それは，占有回収の訴えは，占有を奪われた場合にしか使

法定担保物権

法の定める要件を満たせば，それで成立が認められる担保物権をいいます。この法定担保物権を契約によって成立させることはできません。

債務者に返した場合はどうなる？

返済が済んでいないのに質物を債務者に返してしまった場合は見解が分かれています。通説は，質権が消滅するとしていますが，判例は占有という**対抗要件**がなくなるだけだとしています（大判大5・12・25）。

200条１項

占有者がその占有を奪われたときは，占有回収の訴えにより，その物の返還及び損害の賠償を請求することができる。

えないということです。つまり，**どこかで無くしてしまったとか（落とし物），だまし取られたという場合**には，この方法は使えません。これらの場合には，**取り戻す方法がまったくない**ということになります。

表にまとめておきましょう。

占有喪失した質物の取戻し方法

	取戻し方法	可否
占有喪失	質権に基づく返還請求	×
	盗難での占有回収の訴え	○
	遺失・詐取での占有回収の訴え	×

つまり，質物として預かったら，大切に保管することが必要だということです。

転質…質物を承諾なしに質入れできる

今度は，質権者が債務者になるというお話です。

質権者が，急にお金が必要になったけど，適当な担保がないとします。その場合，預かっている質物を担保にして第三者からお金を貸してもらうことはできるでしょうか。

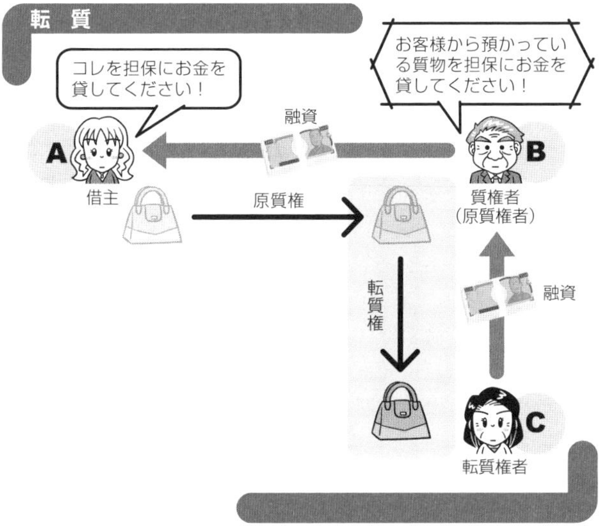
転　質
コレを担保にお金を貸してください！
お客様から預かっている質物を担保にお金を貸してください！
融資
A
B
借主
原質権
質権者（原質権者）
転質権
融資
C
転質権者

占有回収の訴え

占有回収の訴えはp.221を参照してください。

遺失・詐取

遺失（いしつ）は，金品をなくすことです。
詐取（さしゅ）は，金品をだまし取られることです。

即時取得との違い

似ているけど，ちょっと違うので混乱しやすいというのが即時取得の盗品または遺失物の例外です（193条）。これは，奪われた場合だけでなく，遺失の場合も対象に含まれます。しかし，だまし取られたのものについては返還請求は認められていません。一方，占有回収の訴えは，占有を奪われた場合だけ，つまり落とし物（遺失物）は含まれていません。混乱しないように注意してください。

質権者

質権を持っている人です。まあ質屋さんだと思ってもらうとわかりやすいです。

転質

「てんしち」と読んでも「てんじち」と読んでもOKです。

前ページの図を見てください。

結論からいうと，担保を有効に活用するとか，お金を借りやすくして経済を活性化させるなどという理由で，Ａの承諾を得なくても，Ｂは預かっている物を担保にして，Ｃからお金を借りることが認められています。

このように，**預かっているものをさらに質に入れること**を**転質**といいます。Ａの**承諾を得て転質する場合**を**承諾転質**，**承諾を得ずに自己の責任で転質する場合**を**責任転質**といいます（348条）。

用語がたくさん出てきて覚えるのが大変だと思いますが，最初にＡとＢの間で設定した質権を**原質権**，次にＢとＣの間で設定した質権を**転質権**といいます。

承諾転質と責任転質では，後者のほうが要件が厳しいので，責任転質を先に説明します。

最初に，ポイントを抜き出しておきますね。

【責任転質のポイント】

①転質権が担保する債権額は，原質権のそれを上回ることはできない

②原質権の存続期間内で転質をしなければならない

③転質によって損失が生じた場合には，それが不可抗力によるものでも責任を負わなければならない

まずポイントの①ですが，ＢがＡに100万円を貸していたとしたら，ＢがＣに借りられるのは100万円以内だということです。

仮に，ＢがＣに120万円借りたとしましょう。この場合，ＡがＢに100万円を返しても，ＢがＣに質物を返してもらうためには20万円足りないので，Ａは質物を取り戻せません。

でも，Ａはそれでは困ってしまいます。やはり，Ａの「支払い終わったら質物を取り戻す権利」を考えると，Ｂは，Ａに貸したお金の範囲内でなければ転質権は設定できないんです。

次に，ポイントの②については，Ｂは，返済期にＡがお金を返した場合には，質物をＡに返さなければなりません。ですから，転質ができるのは，この約束を守れる範囲，つまり「ＡＢ間の融資の返済期限の範囲内」ということです。

最後にポイントの③ですが，たとえば，「Ｂは高台の倉庫に質物を保管していたが，転質したことで質物はＣの自宅の

348条

質権者は，その権利の存続期間内において，自己の責任で，質物について，**転質**をすることができる。この場合において，転質をしたことによって生じた損失については，不可抗力によるものであっても，その責任を負う。

348条は責任転質の規定

348条は，「その権利の存続期間内において」という限定を設けています。たとえば，前ページ左図のＡの承諾を得てＢが転質をする場合には，このような制限はありません。ですから，348条はもっぱら**責任転質**について規定したものと解されています。なお，**承諾転質**については，特に民法に規定はありません。

不可抗力

天災など，個人の力ではどうすることもできないことをいいます。

できるだけ融資を得やすくする

「責任転質っていうけど，預かった質物を勝手に使っていいの？」と思われるかもしれませんが，担保があると融資を得やすくなります。そして，融資が受けられるということは，それだけ資金の活用が進んで経済が活性化するということです。

この「**経済の活性化**」は，民法の隠れた重要なテーマで，責任転質も「勝手に使う」という視点ではなく，「経済の活性化」という視点から見るようにしてくださ

責任転質

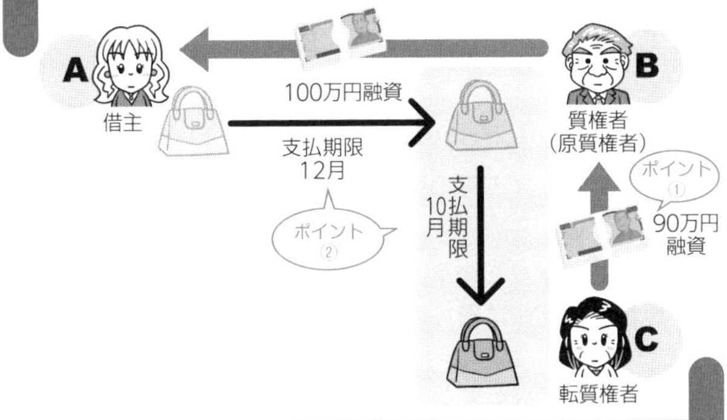

い。
なお，図でBがCに返済できなくなった場合，Aが質物を取り戻すには，Bの借金を代わって返済するしかありません。ただし，その分は，Bの融資金から差し引くことができます。そして，こんな返済でAに損をさせないために，「責任転質のポイント」の①の要件があるわけです。

ある川沿いの家に保管されることになった。その後台風が来て洪水になって家が浸水したため質物がダメになった」などという場合でも，Bは責任（損害賠償責任）を負わなければなりません。無断で転質しなければ，そんな損害は生じなかったのですから，責任を負うのは当然です。

以上に対して，Aの**承諾がある承諾転質の場合には，Aがどんな承諾をするかによって転質の条件が決まります**。Aが借りたお金が100万円でも，質物の価値が200万円なら，Aが「200万円まで借りていいよ」と言えば，それが認められます。

責任転質と承諾転質には，以上のような違いがあります。

承諾転質の場合は

責任転質のような被担保債権額・弁済期の制限はありません。図の例でいえば，Aが同意すれば，BがAに返さなければならない額を超えて，Bは質物を担保に融資を受けることができます。また，期限も，責任転質では，Aの支払い期限が8月末だった場合，それ以前の期日に設定することが必要ですが，承諾転質の場合には，9月末をCへの（Bの）支払期限とすることができます。

ここまでの知識を問題演習で整理しておきましょう。

例題29

動産質権に関する次の記述のうち，妥当なのはどれか。

（国家一般職　改題）

1　質権の設定は，質権者と質権設定者の合意によって効力を生じる。

2　質権設定者は，第三者に保管させている自己の物を，第三者に保管させたままで質入れすることができる。

3　質権者は，質物が第三者に奪われた場合には，質権に基づいて質物の返還を請求することができる。

4　質権者は，質権設定者の承諾がなければ，これを転質の目的物とすることができない。

5　質権者は，原則として，質物を使用収益し，その収益を被担保債権の弁済に充当することができる。

本問のポイント！

1．質権設定契約は**要物契約**です。質物を引き渡さなければ，質権としての効力は生じません（344条）。

質権は，貸したお金を返さなければ預かった品物も返さないとして返済を促す制度です。これを，**占有の圧力**と表現しています。つまり，**質権にとって，この占有の圧力こそが，相手に返済を促す強力な手段になっている**ので，質物の引渡しが質権の効力を生じさせる要件になっているわけです。

2．妥当な記述です。「第三者に保管させたままで質入れする」とは，**指図による占有移転**（184条）の方法で質入れするということです。

質権は，占有改定の方法で設定することは認められていませんが（345条），それ以外の占有移転の方法（現実の引渡し，簡易の引渡し，指図による占有移転）で設定することは可能です。

3．質権に基づく質物の返還請求は認められていません（353条）。この場合には，**占有回収の訴え**（200条１項）によって質物を取り戻す以外に方法はありません。

なお，「奪われた場合」というフレーズに注意してください。自分でなくしたり，だまし取られたりしても，占有回収の訴えは提起できません。

4．承諾がなくても，転質はできます。すなわち，質権設定者の承諾を得ずに転質する，いわゆる**責任転質**も認められています（348条）。

転質という言葉は，聞きなれないのでイメージがわきにくいと思いますが，この「転」という言葉は約定担保物権では頻繁に使われます。

たとえば，次の項の抵当権では，転抵当，転根抵当などが登場します。いずれも，抵当権者が，他から融資を得るための担保として，その抵当権を利用するわけです。つまり，**担保物権は，それ自体が財産的価値を有するものとして活用されている**のです。

5．これは**不動産質権**の場合で，詳しくはこれから説明します（356条）。動産質権では，質権者が質物を無断で使用することは認められません（350条，298条２項）。

なお，承諾を得れば使用は可能です。たとえば，承諾を

344条

質権の設定は，債権者にその目的物を引き渡すことによって，その効力を生ずる。

占有移転の方法

詳しくは即時取得のテーマを参照してください。
⇒p.195

200条１項

占有者がその占有を奪われたときは，占有回収の訴えにより，その物の返還及び損害の賠償を請求することができる。

約定担保物権

当事者の契約によって成立させることができる担保物権です。民法に規定がある**典型担保**として質権と抵当権，民法に規定がない**非典型担保**として譲渡担保があります。

準用規定

298条２項「留置権者は，債務者の承諾を得なければ，留置物を使用し，賃貸し，又は担保に供することができない」
350条「296条から300条まで…の規定は，質権について準用する」

得てそれを他の人に賃貸し，その賃料を返済の一部に充てるような場合です。

本問の正答は**2**になります。 **正答 2**

不動産質…不動産を使える代わりに利息請求できない

次に，不動産質権について説明します。

不動産質(ふどうさんしち)は，動産質などと違ってあまり利用されていません。その一番の理由は，**不動産は一般に利用価値が高いにもかかわらず，質権の性質からその利用ができない**というところにあります。

質権というのは，「返済しなければ質物を返さない」という権利ですよね。ということは，**不動産質の場合にも，相手にその不動産を引き渡さなければなりません**。つまり，お金を借りる側はその不動産を使えないんです。

一方，これを**使いながら担保にできるという方法**があります。それが，次のテーマで説明する**抵当権**(ていとうけん)ですが，この担保方法があるために，不動産を担保にする手段としては抵当権のほうが便利だとされて，不動産質権はあまり使われなくなっているわけです。

ただ，ときどきポイント部分が試験に出題されますから，その点を確認しておきましょう。要点を抜き出しておきます。

【不動産質権のポイント】

①不動産を引き渡さなければ効力を生じない要物契約。

②登記ができるので，登記が必要。登記がなければ，不動産質権を第三者に対抗できない。

③存続期間について制限あり（最長10年，360条）

④不動産質権者による目的物の利用が認められている。その代わりに，特約がなければ利息を請求できない。

まず，ポイントの①は，動産質と同じです。これは質権の特徴です。

次に，ポイントの②は，不動産ですから**登記が権利を主張するための要件**（**対抗要件**(たいこうようけん)）となります。登記をしておかな

不動産質権と要物性

不動産質権も**要物契約**です。不動産質権は，登記が対抗要件とされています。ですから，登記簿上に「質権を設定した」旨の登記を済ませておかないと，設定者（債務者）からその不動産を買って所有権移転登記を済ませたような人（対抗関係にある第三者）には質権を主張できません。その場合は，その第三者は質権の付いていないまっさらの所有権を手に入れることになります。このように，登記が**対抗要件**とされているので，わざわざ要物契約としておく必要はないようにも思えるのですが，不動産質権も質権である以上，要物性が貫かれていて，不動産の引渡しが効力要件とされています。

対抗要件

当事者間で成立した法律関係・権利関係を第三者に対して主張するための法律上の要件をいいます。
自分が権利を持ってるんだ！と主張するために必要な事柄という感じです。

いと，その不動産を所有者から譲り受けたと言ってきた第三者に対して，不動産質権を主張できません（もし第三者が登記を先に済ませてしまった場合は，もはや「返済しなければ質物を返さない」とは言えず，不動産を引き渡さなければなりません）。

ポイントの③は，あまり長期にわたって不動産の利用を制約するのは好ましくないとして，最長期間が10年に制限されています。

ポイントの④は，「利用が認められている」とは，たとえば賃貸して賃料を得ることができるという意味です。その代わりに利息の請求ができません。これは**利用の対価と利息がほぼ同じくらいの金額だろうと考えて，面倒な計算の手間を省こうというのが理由です。**

ただ，それでは不公平だという場合は，「やはりきちんと計算しよう」とか，「こんな計算方法をとろう」などという別の契約（**特約**といいます）を結ぶこともできます。

権利質では要物性が緩和されている

最後に権利質について説明します。動産質と不動産質は，どちらも所有権を質に入れるという質権設定方法です。それ以外の権利，たとえば**地上権とか特許権，金銭債権などについては，権利質として質権を設定することができます。**

その中で，もっともポピュラーなのが，金銭債権を質に入れる場合（**債権質**）です。

金銭債権を質に入れるって，何かわかりにくいと思われるかもしれませんが，本項の最初の部分の火災保険金請求権を思い出してください（p.274）。あれも金銭債権です。

そこで，債権質の質入れのしかた（債権質権設定のしかた）を簡単に説明しましょう。

まず，**要物性**の点ですが，**通常の金銭債権の場合には，その貸し借りを証明する文書（債権証書）があっても，それを引き渡す必要はありません。**

お金を貸す際には，必ず債権証書を作るというわけではありません。ですから，それを渡さないと質権は成立しないとすると（次ページの図でいえばB→Aの債権をBがCに質に入れるという場合），あまり重要とはいえない要件のため

面倒な計算を省く

民法では，ときどきこの簡易決済の方法が使われます。たとえば，借家人がいる物件の購入者が，代金の支払いを１か月遅滞した場合，売主がその１か月の間に借家人から得た賃料（これは本来は買主がもらうべきのもの）と，買主が払うべき１か月分の延滞利息を，ほぼ同じ額だとみて，「賃料は売主がもらっていい。その代わりに延滞利息の要求はしない」という扱いなどがその例です（575条１項）。

地上権

建物などを所有する目的で他人の土地を使用する権利です。

金銭債権

債権とは，ある特定の人に対して特定の行為を請求できる権利です。
ですから金銭債権は，たとえばお金を貸した人（債権者）がお金を借りた人（債務者）にお金を返すように請求できる権利です。

譲受人

「ゆずりうけにん」と読みます。文字どおり，何かを譲り受けた人のことです。

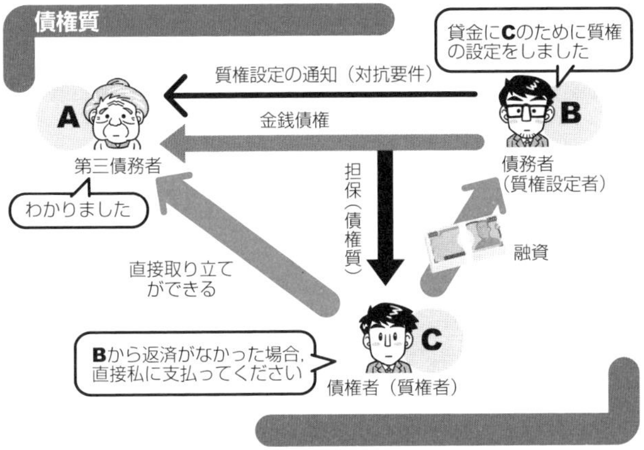

債権質
貸金にCのために質権の設定をしました
質権設定の通知（対抗要件）
A
B
金銭債権
第三債務者
債務者（質権設定者）
わかりました
担保（債権質）
融資
直接取り立てができる
C
Bから返済がなかった場合，直接私に支払ってください
債権者（質権者）

に，お金を借りるチャンスを失わせてしまうことになりかねません。そのため，債権証書の引渡しは，金銭債権の場合には要件とされていません。

ただし，**債務者Aに対して質権を設定したという債権者Bからの通知は必要**です（364条）。**債権質**の場合，**質権者は貸したお金の範囲でAに直接に取り立てることができます**（366条1項）。ですから，質権を設定したという通知がないと，Aは，誰に払ったらいいのかの判断に困るので，この要件が必要とされています。

まとめとして，質権について問題演習で知識を整理しておきましょう。

要物性の緩和

2020年4月1日施行前の旧民法では，ここでも要物性が貫かれていて「債権であってこれを譲り渡すにはその証書を交付することを要するものを質権の目的とするときは，質権の設定は，その証書を交付することによって，その効力を生ずる」とされていました。しかし，改正民法は本文に述べたような理由から，この規定を削除しています。

債権譲渡

債権は，それ自体価値のあるものですから，譲渡の対象となります。

たとえば「1,000万円の債権があるけど，支払い期限が半年先」などという場合に，「すぐにお金がいるので800万円でいいから買ってほしい」など，理由はさまざまですが，盛んに譲渡（売買）されています。

例題30

質権に関する次の記述のうち，妥当なのはどれか。

（地方上級　改題）

1　質権は不動産を目的としてこれを設定することができるが，質権者が当該不動産について使用，収益することは認められていない。

2　質権の設定は目的物を引き渡すことによりはじめてその効力を生ずるとされており，指図による占有移転や占有改定によることは認められない。

3　質権で担保することのできる債権は，現在すでに発生している債権に限られ，将来の債権は含まれない。

4　動産質において，質権者が質物を奪われた場合，質権者は質権に基づいてその物の返還を請求することはできない。

5　権利質の目的とすることができる権利とは譲渡性のある財産権であるが，地上権や永小作権などはその権利の性質から権利質の目的とすることができない。

本問のポイント！

1．不動産質権者には，目的物を**使用・収益する権能**が認められています（356条）。

これは**ほかの質権には見られない不動産質だけの特質**です。法がこのような権能を認めたのは，不動産が動産など他の財産に比べて利用価値が高く，これが**未使用のままで放置されていることを社会的損失ととらえた**ためです。

不動産質権者は，この利用権があるために債権の利息を請求できないとされています（358条）。これは，使用利益と利息を簡易に決済しようというものです。

2．**指図による占有移転**の方法で質権を設定することは認められています。

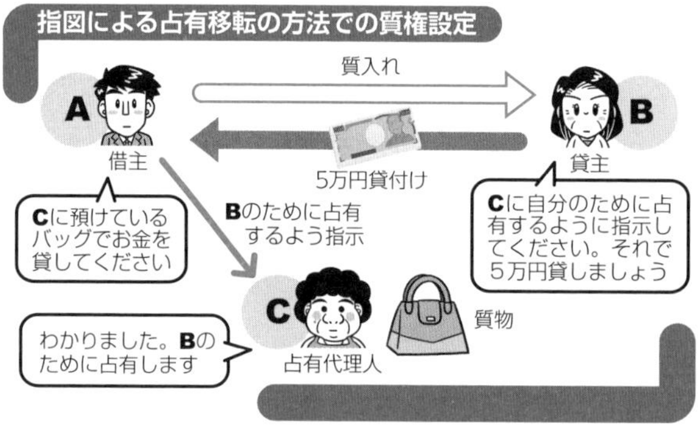
質入れ
A
借主
B
貸主
5万円貸付け
Cに預けているバッグでお金を貸してください
Bのために占有するよう指示
Cに自分のために占有するように指示してください。それで5万円貸しましょう
C
質物
わかりました。Bのために占有します
占有代理人
指図による占有移転の方法での質権設定

質権は，占有改定の方法で設定することは認められていませんが（345条），それ以外の占有移転の方法（現実の引渡し，簡易の引渡し，指図による占有移転）で設定することは可能です。

3．**将来の債権**についても，質権を設定することができます。これは，質権に限らず他の約定担保物権の場合も同様です。

4．妥当な記述です（353条）。

5．地上権や永小作権は，いずれも譲渡が可能な権利ですから，権利質の目的になります。すなわち，これらを担保として金融を得ることができます。

本問の正答は**4**になります。

正答　4

184条

代理人によって占有をする場合において，本人がその代理人に対して以後第三者のためにその物を占有することを命じ，その第三者がこれを承諾したときは，その第三者は，占有権を取得する。

地上権・永小作権への質権設定

地上権も永小作権も土地を支配する権利ですから，権利質ではなく不動産質の対象（目的）のように思いがちですが，不動産質はあくまで不動産自体を丸ごと質に入れる場合です。地上権・永小作権のように不動産上に設定された権利を質に入れる場合は，**権利質**の対象になります。

「3-3　質権」のまとめ

質権の意義・特質

▶質権は約定担保物権である。留置権などと異なり，法律上当然に発生することはない。

▶質権は，譲渡が可能なものについて設定することができる。譲渡が可能であればよいので，動産・不動産だけでなく，債権や株式など，財産的価値を有するものについて幅広く担保に利用できる。

▶何を質権の目的物にするかによって動産質，不動産質，権利質の三つに分かれる。所有権以外の財産権は権利質の対象となる。

▶被担保債権は条件付債権または将来発生する債権であってもよく，これらを担保するために，質権は設定契約の時点から有効に成立する。債権が現実に将来発生した時点から質権が有効になるわけではない。

動産質

▶質権設定契約は要物契約である。質物の占有を質権者に移転しなければ，質権は効力を生じない。

▶質権設定の要件たる占有の移転には，占有改定は含まれない。したがって，占有改定の方法で質権を設定することはできない。

▶占有の継続は質権を第三者に対抗するための要件である。したがって，質権者が質物を奪われた場合には質権の対抗力は失われ，質権に基づいて返還請求を行うことは認められない。この場合は，占有回収の訴えによる以外に手段がない（ただし，占有を「奪われた」場合に限られる）。

▶質権者は，質権設定者の承諾を得て転質することができるほか(承諾転質)，承諾を得ずに自己の責任で転質することもできる。これを責任転質という。

▶責任転質においては，転質権の存続期間は原質権の存続期間内であることを要する。

▶責任転質がなされた場合，質権者は転質をしなければ生じなかったであろうという損害については，たとえそれが不可抗力によって生じたものであっても質権設定者に賠償責任を負う。

不動産質

▶不動産質も不動産の占有を質権者に移転することで効力を生じる（要物契約）。その対抗要件は登記である。

▶担保物権（典型担保）の中で，唯一，目的物の使用・収益権が認められている。その代わり，不動産質権者は被担保債権の利息を請求できない。

3-4　国総 ★★★　国般 ★★★　地上 ★★★　市役所 ★★

抵当権①

～不動産を使いながら担保にできれば理想的～

抵当権は，社会の中で，まとまったお金を借りる際に最も頻繁に使われている担保物権です。身近な例でいうと，住宅ローンでこの担保方法が用いられているので，ちょっとは耳にしたことがあるのではないでしょうか。

担保物を使える代わりに不動産にしか設定できない

抵当権が，なぜ頻繁に使われているかというと，**担保物を自分で使いながらお金を貸してもらえる**というメリットがあるからです。

これを質権と比較してみると，質権の場合は，質物を相手に渡してしまうので，お金を借りる側はその物を使えません。ただ，いずれは質物を返してもらいたいので，頑張ってちゃんと期限までにお金を返そうとします。つまり，物が相手の手中にあるということで，しっかり返済を確実にするという担保の機能を果たしているんですね。

一方，抵当権の場合は相手に目的物を渡さずに自分で使うことができます。では，融資する側はどうやって返済を確実にできるんでしょうか。実は，そのカギを握っているのは，またもや「**登記**」なんです。

どういうことかというと，たとえば，銀行がマイホームの購入資金を融資することを決めたとしましょう。その場合，

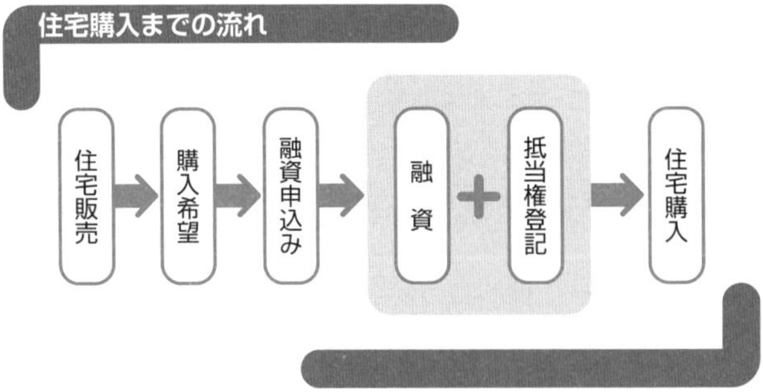

抵当権の重要度

抵当権は，重要な担保方法だけに，詳細なルールが設定されていて，内容的にかなりのボリュームがあります。
ただ，公務員試験での出題数もかなり多いので，ボリュームに圧倒されずに，気合を入れてしっかりとマスターするようにしてください！

抵当権

登記が可能なものについてその目的となる権利を利用しながら担保として融資を受けられる仕組みです。
わかりやすくいえば，家と土地を担保に住宅ローンの融資をするけど，支払いができなくなったときには，その家と土地を銀行が競売にかけますよと契約する権利です。

住宅価格と融資額

銀行は，不動産価格の下落のリスクを考慮に入れて，購入価格の８割程度をめどに融資額を決定するのが一般的です。公務員のように信用が高い場合は９割融資ということもあるようですが，それでも多少の自己資金は必要です。通常，融資額は相手の**信用**を見極めて決定されます。信用が低ければ，途中で返済が滞って競売になる可能性があるとして，かなりシビアな評価

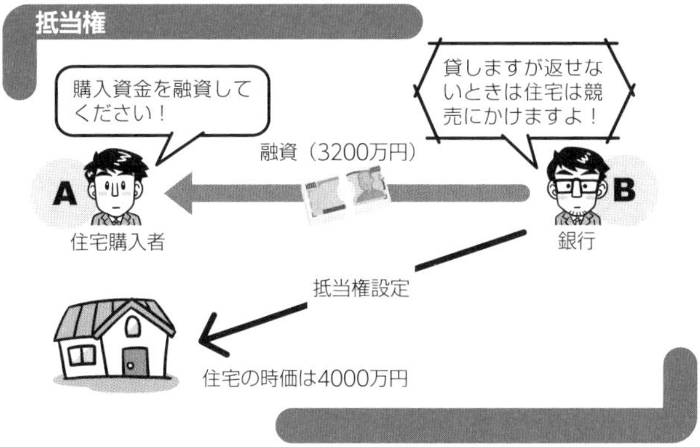

抵当権
購入資金を融資してください！
貸しますが返せないときは住宅は競売にかけますよ！
融資（3200万円）
A
B
住宅購入者
銀行
抵当権設定
住宅の時価は4000万円

銀行は融資と同時にマイホームに**抵当権の設定登記**をします。

その場合，不動産の登記簿にどんな記載がされるかというと，おおよそ次のような事項です。

【不動産登記の登記簿の記載例】

表題部（どんな不動産なのか）	
所在地	○○市△△町１丁目120番地
構造	木造かわらぶき２階建
種類	居宅
床面積	１階　70.00m² 　２階　45.00m²
登記の日付	平成30年12月10日
所有者	○○市△△町１丁目２番３号　甲野太郎

権利部（甲区）（所有権に関する事項）		
順位1	登記の目的	所有権保存
	受付年月日	平成30年12月11日
	所有者	○○市△△町１丁目２番３号　甲野太郎

権利部（乙区）（所有権以外の権利に関する事項）		
順位1	登記の目的	抵当権設定
	受付年月日	平成30年12月11日
	権利者その他の事項	原因　平成30年12月10日金銭消費貸借 債権額　金 3,000万円 利息　年３％　　損害金　年４％ 債務者　○○市△△町１丁目２番３号 甲野太郎 抵当権者　◎◎市□□町４丁目５番６号 Ｂ銀行

がなされることもあります。銀行としても，「面倒な競売を避けたい。約束どおり支払いを続けて完済してほしい」というのがホンネだからです。

ややこしい…

登記簿を詳しく見る必要はありません。これからいろいろと説明していきますから，その中で，「これ登記簿に記載されてますよ」って言ったときに，該当する内容が書いてあることを確認してください。この登記簿の記載例は，単なる資料として挙げているものですから，それで十分です。

保存登記

表の中の「**所有権保存**」というのは，保存登記という意味です。人の誕生のときに新しく戸籍を作るのと同じように，新しい家が生まれた場合に，新しい家の戸籍を作るのが保存登記です。

権利部乙区の「順位１」

表では，権利内容が抵当権ですから，これは**一番抵当権**という意味です。

その後に甲野太郎さん（以下「甲」と略称）がＣ銀行から融資を受けて抵当権を設定した場合には，「順位２」の欄が作られて，Ｃ銀行は**二番抵当権者**になります。

なお，甲が，Ｂ銀行から融資を受ける前に，Ｄのために地上権を設定して登記をする場合，「順位１」に来るのはＤの地上権になります（まだ，この時点では抵当権は設定されていませんか

登記簿に抵当権の記載があると，もうほかの人は手出しができないんです。

この登記内容を前提に説明しますと，B銀行から融資を受けた甲野太郎さんは，支払いを怠ると，せっかく手に入れたマイホームを手放すことになります。どうなるかというと，**法律で，B銀行の申立てによって競売にかけて売ってしまうことが認められています。そして，売った代金の中から，B銀行は優先的に融資を回収することができるわけです。**そうなると，この競売を避けるために，甲野太郎さんはローンの支払いを怠ることはできません。

また，支払いが滞ったときに，「銀行に競売にかけられるくらいなら，いっそ売ってしまおう」と考えても，銀行が抵当権の登記を済ませていますから，たとえ売れても，購入者のところに抵当権はくっついてきます。

抵当権の随伴性

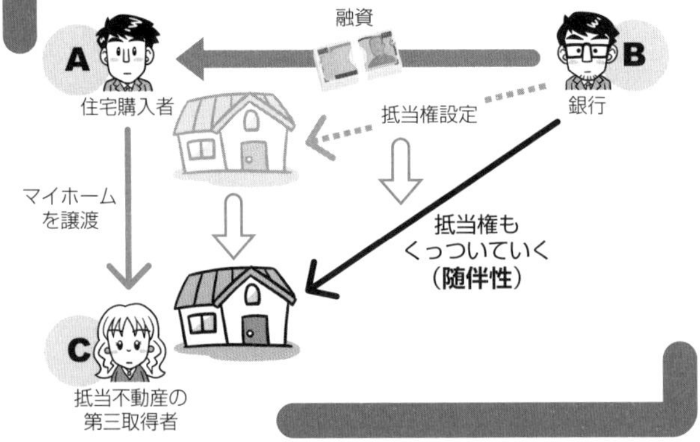

この債権にくっついて，担保権が一緒に移転するという性質は**随伴性**ですね。担保物権の項で説明した**担保物権の通有性**の一つです。もちろん，抵当権にもあります。そして，**抵当権がくっついてくるということは，甲野太郎さん（A）がきちんと支払うか，それともその不動産を買ったCさん（抵当不動産の第三取得者といいます）が肩代わりして払うか，なんらかの方法をとらないと，どっちにしろ競売にかけられることになるんです。**

つまり，抵当権が登記されていれば，もう逃げ道はありません。逃げ道がないので，「不動産をそのまま使ってかまいませんよ」ということになっているわけです。

こうやって，**不動産を利用しながら担保にする方法を制度**

ら，抵当権の登記はありません）。ですから，その後にB銀行が抵当権を設定しても，「順位2」になりますから，その場合は，Dの地上権がB銀行の抵当権（なお抵当権としては一番なので一番抵当権と呼びます）に優先します。甲がさらにC銀行から融資を受けた場合は，C銀行の抵当権は「順位3」の欄に記載され，B銀行の抵当権に次いで二番抵当権となります。

競売

債権を回収するために，裁判所に申し立てて債務者の資産を売却してもらう手続きです。
民法では「けいばい」と読みます。

通有性

抵当権も，担保物権の**通有性**である付従性，随伴性，不可分性，物上代位性の四つは，いずれも備えています。

化しているんですね。

ただ，これだけ便利な抵当権ですが，一つだけ使いづらい点があって，登記ができるものでないと担保にできないんです。上記のような方法で，貸したお金を確実に回収するには，登記は不可欠です。それに加えて，担保となるのは「売ってお金に替えられる」（競売にかけられる）物権ですから，そうなると，不動産所有権，地上権，永小作権の三つに限られます。

しかし，不動産の購入（所有権の取得）については，住宅ローンにみられるように，とても便利な担保方法になっているので，頻繁に使われています。

ですから，後は，どうやって抵当権の利用価値を高めるかが課題です。

基本の言葉を覚えよう ── 物上保証人，後順位抵当権者

抵当権の説明に入る前に，まず，抵当権で頻繁に登場する言葉の意味を説明しておきましょう。

まず，**物上保証人**（ぶつじょうほしょうにん）です。

抵当権は，お金を借りるその人の財産にしか設定できないというわけではありません。たとえば，子どもＡが商売を始めるための資金を銀行から融資してもらうのに，適当な担保がないので，親Ｃが所有している不動産に抵当権を設定するような場合です。

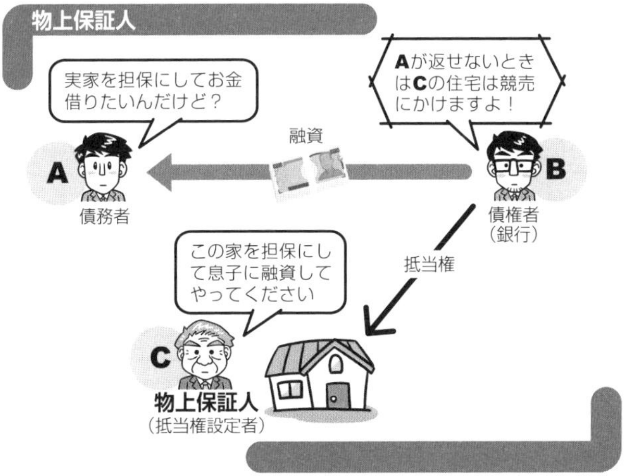

地上権・永小作権

地上権は，工作物や竹木（植林）の所有のために他人の土地を使用する権利です（265条）。
永小作権は，耕作や牧畜のために他人の土地を利用する権利です（270条）。

地役権はどうか

地役権は登記ができますが（不動産登記法３条４号），地役権は土地の便利さを増す権利ですから，それだけを譲渡することはできません。つまり，それだけを売る（競売にかける）ことはできないんです。そのため，抵当権の対象にはなりません。

物上保証人

物上保証は抵当権だけの制度ではありません。約定担保物権では，どの担保物権でも**物上保証**ができます。たとえば質権では，自分では担保にできるようなものがないので，兄に相談したら「使ってないブランド時計があるので，これでよかったら質入れしていいよ。たぶん，10万円くらいは貸してくれると思うよ」と言われて一緒に質屋に行ってくれた，などという場合です。

この場合に，他人の借入金のために，自分の不動産に抵当権を設定させる人を，物で保証するという意味で**物上保証人**と呼びます。

物上保証は，その物に担保設定をOKする人と，銀行などお金を貸す人との間の合意によって成立します。実際にお金を借りる人の関与は必要ではありません。

この，他人の借金のために自分の物を担保として使わせることは，抵当権に限らず，質権でも行えます。

次に，**後順位抵当権者**（こうじゅんいていとうけんじゃ）です。

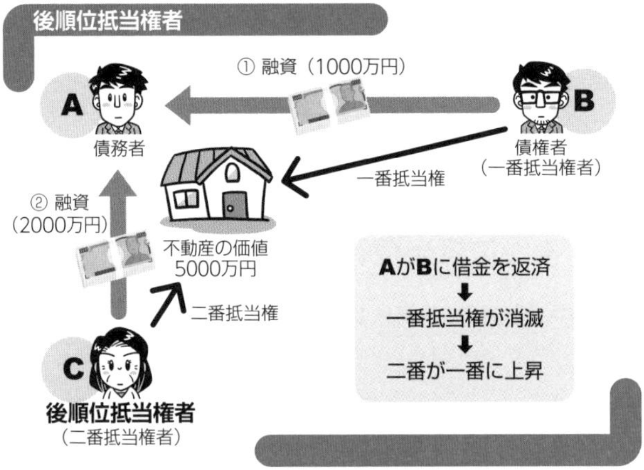

図で，Aは，Bから1,000万円の融資を受けるのに，5,000万円の価値のある不動産に抵当権を設定させています。

設定の時点では，借入額は1,000万円でよかったのでしょうが，後からまたお金の必要が出てきたらどうすればいいでしょう？

もしもAがBに借金を返せなくなったとした場合には，Bは抵当権を設定した不動産（**抵当不動産**と呼びます）を競売で売ることになります。仮に5,000万円で売れたとしましょう。その場合，Bは，融資した額の1,000万円を優先的に受け取ることができますが，残金の4,000万円はAに返されます。

そうであれば，担保を有効活用して，まだ4,000万円の価値が残っているので，別の人から融資を受けることを認めてもよいはずです。

そこで，担保の価値を有効に活用する方法として，担保として余力がある分（この例の場合4,000万円分）を担保として，第二順位の抵当権を設定することが認められています。

後順位抵当権

第二順位，第三順位などの抵当権をまとめて**後順位抵当権**と呼んでいます。なお，第二順位の抵当権者から見れば，第三順位以下は，やはり後順位抵当権になります。

担保評価

融資額に対して担保が十分かどうかの**評価**です。支払いが滞った場合に，担保不動産を売って（競売），その代金から貸金を無事に回収できるだけの価値を不動産が持っているかの評価です。金融機関には，評価のプロがいます。ただ，友人にお金を貸すなどシロウトの場合には，**不動産鑑定士**という資格を持った人がいますので，そういった人を利用することになります。

抵当権の順位の決め方

373条　同一の不動産について数個の抵当権が設定されたときは，その抵当権の順位は，登記の前後による。

もちろん，第二順位の抵当権を設定してもなお，価値に余力があれば，さらに第三順位，第四順位の抵当権を設定することもできます。

このような後順位抵当権を設定する際の注意点ですが，まず担保価値を評価したうえで登記を見ると，自分に優先する抵当権者がいるかどうか，また，いるとすれば，どのくらいの額が自分に優先するのか（残りはいくらなのか）がだいたいわかります。

前掲の登記簿には，一番抵当権の記載しかありませんが，その債権額は3,000万円ですから，担保不動産の価値が１億円だったとしたら，まだ数千万円は安心して融資できます。

もう一つ，図で，債務者Ａが一番抵当権を有する債権者Ｂに全額を返済すれば，一番抵当権は消滅します。これも，通有性を確認しておきましょう。そう，債権がなければ担保権もないという性質，すなわち**付従性**（ふじゅうせい）ですね（p.261）。

その場合，二番抵当権は一番抵当権に順位が上昇します。つまり，自分が真っ先に優先権を主張できるようになります。また，三番があればその抵当権は二番になります。

これを**順位上昇（順位昇進）の原則**と呼んでいます。これを見越して，担保不動産の価値ギリギリまで融資額するとか，その価値をオーバーしても融資するなど，多少のリスクを伴っても融資するということもありえます。

抵当権の効力は抵当権にくっつけられた動産にも及ぶ

次に，担保不動産の価値について説明します。

次ページの図を見てください。

この図の場合，建物に抵当権を設定したとして，その抵当権の効力は物置や車庫などにも及んでいるでしょうか。

これ，どういう問題かといいますと，Ａの支払いが滞って建物が競売にかけられたとき，車庫や物置も含めて競売できるかという問題です。

まず，キッチンをリフォームしたという場合には，それが高価な設備でも，すでに建物と一体化してその一部になっていますから，当然に抵当権の効力が及びます（競売では一緒に売り払うことができます）。

次に，車庫や物置は建物に併設されることが多く，その利

優先する額

自分に優先する抵当権者の債権額や，返済が遅れた場合の**遅延利息**の利率などが登記されていますから，これでだいたいの優先する額を算出できます。

付従性

担保物権の通有性の一つで，債権があってはじめて担保物権も存在し，債権が消滅すれば担保物権もまた消滅するという性質です。

順位上昇の原則

これ自体が出題の素材とされることはほとんどありません。ただ，先順位（自分よりも少ない番号）の抵当権の被担保債権が弁済されると，自分の**抵当権の順位**が一つ上がります。
通常，お金を借りたら返すのが当然ですが，返せるかどうか不明確だから担保という制度があるわけです。ですから，順位が上昇するという期待を持っていても，空振りに終わる可能性は大きいという点は，覚悟しておかなければなりません。

抵当権の効力が及ぶ範囲

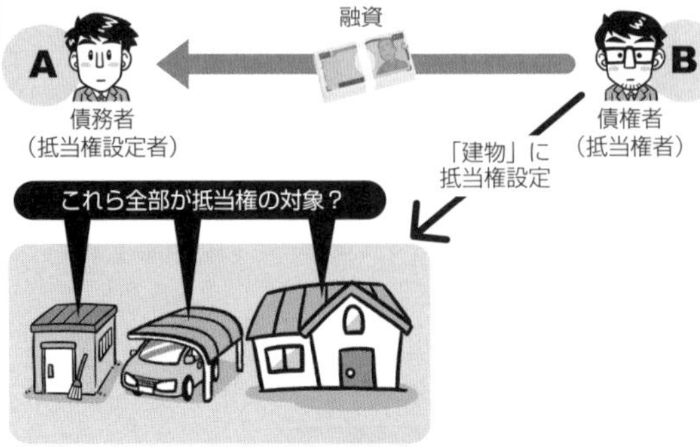

用価値を高めるものです。これ，なんというか覚えていますか。そう，**従物**です（p.70）。

そして，**従物がついている場合，金融機関はそれらを含めて建物の担保価値を評価して，「これなら○○円までは融資できる」としてその額を決めますから，競売で売るときも一緒に売ることができます**（最判昭44・3・28，最判平2・4・19）。これを，**抵当権設定時の従物**といいます。

では，設定後に車庫や物置が作られた場合（**抵当権設定後の従物**）はどうでしょうか。

判例は，あまり明確ではありません。学説は，車庫や物置を残しておいてもしょうがないので，一緒に売ってかまわない（つまり抵当権の効力が及ぶ）という見解が大勢のようです。

ところで，抵当権の効力が及ぶかどうかについては，従物のほか，**果実**でも問題になっています。

抵当権は，担保の目的物を利用しながら融資を得られるというものです。そして，利用というからには，そこから生じてくる利益も含まれます。たとえば，庭の木に実がなった場合は収穫ができますし（**天然果実**），家を貸して家賃収入を得ることもできます（これは物の利用の対価ですから**法定果実**です）。

ただし，それはあくまで，しっかりと返済をしている（ローンなら毎月返していた）場合のことです。

返済がなければ，抵当権者は競売に向けた動きを始められます。つまり，強制的な融資金回収の段階に移ることになります。したがって，**それ以降は，一定の手続きをとって果実にも抵当権の効力を及ぼすことができるようになります**。

抵当権の効力が及ぶ

一緒に競売すれば，それだけ高く売れることがあります。たとえば，車庫なしの家と車庫付きの家では，車庫付きのほうが，一般には高く売れます。さらに，車庫の形状などにもよりますが，家の価格と車庫の価格を単純に加算した額以上の値がつくこともあります。

建物の一部

付加一体物といいます。これには抵当権の効力が及びます（370条）。
なお，本文のキッチンをリフォームして「高価な設備が建物と一体化した」（例：換気扇をレンジフードに代えた，など）という場合は，その高価な設備が建物に**付合**した（242条）ということです。そして，付合物は，その時期が抵当権を設定する前か後かを問わず，原則として，抵当権の効力が及ぶところの「付加一体物」に含まれます。

従物

刀身を納める刀の鞘のように，主物の経済的効用を補っている物を**従物**といいます。

果実

ある物から生み出される**経済的収益**をいいます。

特に，抵当不動産が賃貸されている場合で，都市部のオフィスビルなどとなると，毎月の家賃が100万円とか200万円などという場合もザラですから，これを１年間ためれば数千万円という大きな金額になります。

そこで，家賃という法定果実による融資回収の手続きについて考えてみましょう。

抵当権は形を変えたものにも効力が及ぶ（物上代位）

抵当権は，担保物権の通有性として**物上代位性**を持っています。つまり，**抵当権はその形を変えたもの**（価値が変化したものという意味で**価値変形物**という言葉を使います）**にも効力を及ぼすことができます**。ここで効力が及ぶとは，そこから優先的に返済を得ることができるという意味です。

たとえば，抵当家屋が焼失して火災保険金に形が変わった場合には，その保険金から優先的に返済を受けられます。

ただ，物上代位で一番問題になっているのは，目的物が賃貸されている場合の賃料です。

まず，次の図を見てください。

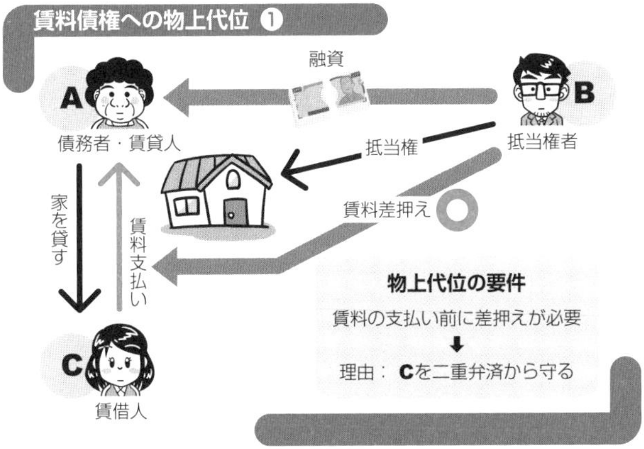

抵当権が設定された建物を，ＡがＣに賃貸して賃料を得ているとします。その状況で，ＡがＢへの返済を怠った場合，Ｂは賃料を自分に支払ってもらって（**物上代位**），それを返済に充てることができます。

問題はその方法なのですが，**判例は，賃料が賃貸人Ａに支払われる前に，抵当権者Ｂが差し押さえることが必要だとし**

物上代位性
担保物が，賃貸賃料や焼失の場合の火災保険金など，その形を変えた場合に，その物に対しても担保権の効力を及ぼすことのできる性質を**物上代位性**といいます。

賃貸人と賃借人
賃貸人（ちんたいにん）が家を貸している人で，賃借人（ちんしゃくにん）が家を借りている人です。

賃料債権
家賃を支払ってもらう権利のことです。

ています（最判平10・1・30）。

どうしてかというと，**抵当権者がいつでも自由に賃料の支払い請求ができるとすると，賃貸人Aに賃料を支払った後に抵当権者Bから請求があった場合，Cは抵当権者に賃料を支払わなければならず，結果として賃料の二重払いになって，賃借人に過重な負担を強いることになる**からです。

前述したように，賃料が数百万円などということになると，それを調達するのは並大抵のことではありません。そんなリスクを賃借人に負わせるよりも，賃料が賃貸人に渡る前にちゃんと差押えをしなさいというわけです。

では，ちょっと応用です。

賃料債権への物上代位 ❷

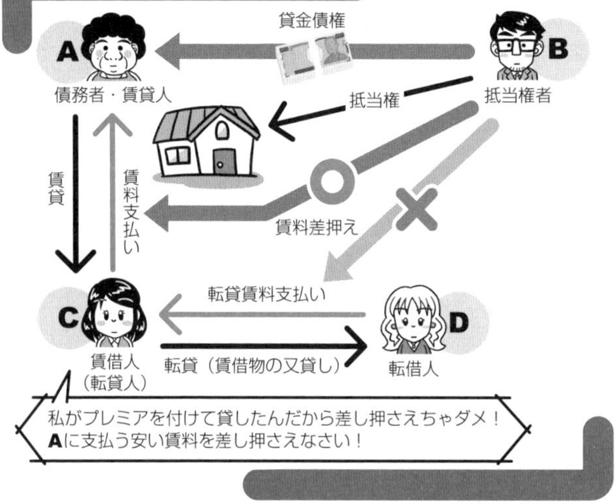

Cが家賃20万円でAから賃借している建物を，AにOKをもらって，Dに25万円で貸すことにしました（転貸（てんたい））。Dは毎月25万円をCに支払い，Cは20万円をAに支払います。

この場合，**抵当権者Bは，DがCに支払う転貸賃料を差し押さえることができるでしょうか**。

結論から言えば，これはダメです。

CがDから得ている賃料はCの収入であって，そのCは抵当権者からお金を借りている人ではありません。Aが得られる賃料をBが差し押さえできるのは，それが，抵当権者がお金を貸している相手（債務者A）の財産だからです。

判例も，この差押えはダメだといっています（最決平12・4・14）。

賃料の二重払い

賃借人が賃貸人に賃料を払って，その同じ月の賃料を抵当権者が請求してきた場合，賃借人は賃料を二重に払うことになります。その場合，賃借人は賃貸人に払った賃料を取り戻すことができますが，いったん払ったお金を取り戻すのは容易ではありません。手間も時間もかかって大きな負担になります。そんな負担をかけないように，「**二重払いのリスク**」を取り除いておくことが重要なのです。

転貸

賃借物の又貸しのことです。この又貸しの契約は転貸人（左図のAから見れば賃借人）と転借人との間の合意によって成立します。ただ，又貸しをするには，原則として**賃貸人の承諾**が必要です（612条1項）。転貸はあくまで転貸人と転借人との間で成立する契約ですから，転借人が家賃を支払う相手は転貸人であって賃貸人（左図のA）ではありません。

賃料債権の差押え

CがAに支払う賃料は，抵当権者からお金を借りている債務者の財産ですから，これは差押えが可能です。

賃料を差押えて確実に融資を回収するための方法

ところで，抵当権も物権つまり支配権ですから，同じ物権の支配を争う関係に立つ者（第三者）が別にいる場合，その人たちとの優劣は登記の先後（順番）で決まります。

ですから，抵当権が設定された不動産に，先に登記を備えた賃借人，あるいは特別の法律（借地借家法）で認められた対抗要件を備えた賃借人がいる場合には，その人たちが抵当権者に優先することになります。つまり，競売にかけて誰かが買ってくれたとしても，その人（**競落人**といいます）は，賃借人に「出て行ってくれ」とは言えないんです。

そのため，そんな不動産は，競売にかけても買い手がつかないとか，競落された価格が低すぎて，抵当権者が貸したお金を回収できないといったことが起こってきます。

そんなときに，賃料の差押えは，貸金回収の有効な手段になるのですが，一つ問題があります。

毎月の賃料が差し押さえられると，賃貸人は賃貸物件に関心がなくなり，修理もしない，空室が出ても新たな募集をしないなど，物件が荒れていく状態が起こってくるんです。

「オレんとこに賃料が入ってくるわけでもないのに，なんで修理とかに費用をかけなきゃいけないんだ！」

でも，本当は，賃料が抵当権者に支払われることによって，その分借金が減っていくわけですから，借金を背負う身としては，完済に向けて誠実に対処しなければいけないはずなんです。ただ，人の心理としては，どうしてもそうなってしまうんですね。

そうやって物件が荒れると，今度は満足に賃料が入ってこなくなってしまうので，抵当権者も困ってしまいます。

そこで，**抵当権者が裁判所に申立てて管理人を選任してもらって，その人の管理のもとで賃料を得るような制度が設けられました。**これを**担保不動産収益執行制度**といいます。

つまり，賃貸物件をきちんとメンテナンスして，きれいな状態に保っておけば，入居率も上がるでしょうし，家賃も高く取れるはずです。

この制度は，担保を持っていないフツーの債権者（ただ単にお金を貸しているだけの人）にも認められています。

なぜかというと，賃料というのは，自分がお金を貸してい

特別法の対抗要件

不動産を借りる場合でも，地上権（ただし土地に限られますが）であれば，それは物権ですから，貸主が登記に協力しない場合，**登記請求権**という権利を行使して登記することができます。ところが，賃借権は債権ですから，法が「登記したら物権と同じ効力を認めるよ」としてくれてはいるものの（605条），肝心の登記請求権がありません。そこで，貸主に「登記させてください」と求めても，費用も手間もかかり，自分にはなんの得にもならない手続きに貸主が協力してくれるはずがありません。そうなると，法が「登記すれば…」といっても，それは絵に描いた餅になってしまいます。そこで，借地借家法という特別の法律で，「建物の賃貸借は，その登記がなくても，建物の引渡しがあったときは，その後その建物について物権を取得した者に対し，その効力を生ずる」と規定しています（同法31条）。つまり，建物の**引渡し**だけで登記を済ませた場合と同じ効力（**第三者対抗力**）を認めているのです。家を借りたら，通常引渡しを受けてそこに住み始めますから，それだけで，登記と同じ効力を認めるということです。抵当権を設定する場合には，現物を見るのが常識になっていますから，借家人がいると，自分はこの人たちには優先できないということがわかります。

る人（借主・債務者）の財産ですから，その「財産」に対してはフツーの債権者も差押えができるんです。ただ，抵当権を持っている債権者（抵当債権者）は，抵当権の場合には賃料に対しても抵当権の効力が及んでいますから（物上代位性），「自分が先に回収できる」として優先権を主張できるんです。でも，担保を持っていないフツーの債権者の場合，そういった優先権は主張できません。ただ，お金を貸している者つまり借主に，別に抵当債権者がいないという場合は，このような管理制度が効果を発揮するわけです。

普通の債権者

一般債権者とか無担保債権者といった呼び方をします。

そして，このような一般債権者が先に管理を申し立てた場合，抵当権者が優先的に賃料を配分してもらえるとは限りません。**抵当権者が優先的に賃料を得るためには，さらに自分で管理の申立てをする必要があります。**

担保不動産収益執行

試験問題の素材にはなりにくい箇所なので，こんな制度があるんだという程度で覚えてもらえればけっこうです。

ただ，この制度が設けられたことで，物上代位と担保不動産収益執行が重なってしまうことも考えられますので，両者をうまく調整するような規定が民事執行法という法律に設けられています（民執法188条，93条の4）。

問題演習で知識を整理しておきましょう。

例題31

抵当権に関する次の記述のうち，妥当なものはどれか。

（国家総合職　改題）

1　抵当権設定は，債務者と債権者の間で行われるので，債務者以外の第三者の所有する不動産において，その第三者と債権者の間で行われることはない。

2　付合物は，抵当権設定前に目的物に付加された場合には，それも含めて抵当権者の担保価値評価の対象になっているので抵当権の効力が及ぶが，抵当権設定後に目的物に付加された場合には，抵当権の効力は及ばない。

3　従物が抵当権設定前に目的物に付加された場合でも，従物は独立性を有する動産であり，主物に付従した場合でも独立性を失うものではないことから，抵当権の効力は及ばないとするのが判例である。

4　抵当権の目的である不動産から生じた果実には抵当権の効力は本来及ばないが，その担保する債権につき不履行があったときは，その後に生じた果実に抵当権の効力が及ぶ。

5　借地人が所有する地上建物に設定された抵当権の実行により，建物の所有権が競落人に移転した場合には，原則として，建物の所有に必要な敷地の借地権は競落人に移転しないとするのが判例である。

本問のポイント！

1．抵当権は，必ずしも債務者の所有物だけに設定できるわけではありません。

たとえば，子どもが新たな事業のために銀行から融資を受けるに際して，親がその所有する不動産に抵当権を設定するということでも差支えありません。このような担保提供者を**物上保証人**といいます。

2．**付合物**は抵当不動産の一部になっていますから，これに対しては，当然に抵当権の効力が及ぶことになります。

【抵当権の効力が及ぶとは】

本問のテーマである「抵当権の効力が及ぶ」とは，一体どういうことなんでしょう。

抵当権というのは，貸したお金をちゃんと返してもらえるように，返済の確実性を担保する制度です。

それで，たとえば，あるシェフがレストランを開業したいとして銀行に融資を申し込んだとしましょう。銀行は，設計図などを見て，そこに備え付けられた厨房設備（大型冷蔵庫など建物に組み込まれて取り外しができないものは付合物です）や，お客さん用のいすやテーブルなど（レストラン仕様の場合，建物に対して従物になる可能性があります）を含めて担保価値を評価し，融資額を決めます。建物だけなら3,000万円の融資で十分ですが，中の設備一式に1,000万円かかるので，合計4,000万円は融資してほしいところです。そこで，銀行はそのシェフを有望だとみて4,000万円を融資したとします。

ところが，後日，シェフが体を壊して店が続けられなくなったとすると，銀行は，その物件を，「設備一式が整っているので，すぐにでもレストランを開業できる物件」として売却することを検討するでしょう（競売でも，また銀行が別のシェフを探してきて売却しても，どちらでもかまいません）。その場合に，抵当権の効力が建物だけでなく，中の厨房設備や椅子・テーブルに及んでいるからこそ，一緒に売却ができるわけです。また，そうでないと，中の設備一式についても，建物にプラスアルファして1,000万円を融資で加算した銀行に思わぬ損害を与えてしまいます。中の設備一式も含めて担保として評価した以上，それについても効力を及ぼせることが，担保価値の評価という意味です。

3．従物は主物の常用に供されるもので（87条１項），主物の経済的価値を高めるものなので，**従物にも抵当権の効力を及ぼすことが抵当権の担保価値を高める**ことになります。

そこで，判例も抵当権設定前の従物について抵当権の効

物上保証人

自己の財産を他人の債務の担保として提供した人をいいます。**物上保証人**になるには，債権者と物上保証人との間で合意（契約）することが必要です。なお，この場合，債務者は契約に関与する必要はありません。

抵当権の効力が及ぶ

抵当権の効力が及んでいると，本体である不動産と一緒に競売にかけることができます。

居抜き物件

以前入っていたお店の内装や厨房設備，鍋や釜などが一式残っている物件のことです。新しくイチから設備を整えなくて済むので，手間が省け，また開業までの期間を短縮できることからけっこう人気で，売買価格も高くなる傾向にあります。

87条

1　物の所有者が，その物の常用に供するため，自己の所有に属する他の物をこれに附属させたときは，その附属させた物を従物とする。

2　従物は，主物の処分に従う。

力が及ぶことを認めています（最判昭44・3・28)。

4．妥当な記述です。抵当権が担保する債権（被担保債権）について不履行があった場合には，債権者は，裁判所に申し立てて，それ以降，**果実を自己の管理に移す**ことが認められています（**売却して自己の債権の弁済に充てる**ことができます。いわゆる**収益執行**です。民事執行法93条１・２項)。そのため，不履行があった場合には，その後に生じた果実には，抵当権の効力が及ぶとされています（371条)。

5．従たる権利である借地権にも抵当権の効力が及ぶので，競売によって建物の所有権が競落人に移転したときは，借地権もまた競落人に移転します（最判昭40・5・4)。

本問の正答は**4**です。

正答　4

参考　抵当権は，利息については満期の到来した最後の２年分だけを担保する

375条1項本文は，「抵当権者は，利息…を請求する…ときは，その満期となった最後の二年分についてのみ，その抵当権を行使することができる」と規定して，利息はその全額が優先弁済の対象となるわけではないとしています。ここで「最後の二年分」とは，たとえば債務者が４年間支払いを怠った場合には，「３年目と４年目の利息」という意味です。

このような制限は，質権や譲渡担保権にはなく，抵当権特有のものです。

では，なぜ抵当権でこのような制限が設けられているかというと，p.287の登記簿載例を見ながら考えてみましょう。

仮に，この建物の担保価値が4,000万円で，一番抵当権者であるＢ銀行の融資額が3,000万円なので，まだ担保価値に余裕があるとして，Ｃ銀行が500万円を融資して二番抵当権を設定したとします。でも，支払いを怠った場合の損害金は4%ですから，債務者がしょっぱなから支払いを怠った場合，損害金は１年間で3,000万円×0.04＝120万円になります。そして，Ｂ銀行が競売にかけず，５年間ほったらかしていれば600万円の利息が手に入る計算になります（低金利が続くと「4%」はおいしい！)。そうなると，Ｃ銀行は１円も優先弁済を受けられません。そう，つまり，後順位抵当権者との利害の調整を図るために，２年間という制限を設けているわけです。

従たる権利

主物の「常用に供する」物が従物ならば，「常用に供する」権利は従たる権利になります。建物の借地権（例：地上権，賃借権など）は建物と運命を共にするのが自然です。したがって，建物の借地権は「従たる権利」になります。

「抵当権だけ最後の２年間」はなぜ？

質権や譲渡担保権にはこのような制限はありません。それはなぜでしょうか。
質権の場合は，質物を質権者が実際に持って支配しているので，同じものに後順位の質権を設定するというのは困難です（絶対無理というわけではなく，指図による占有移転の方法によれば可能ですが，この方法での質入れの例はほとんどありません)。つまり，**後順位者の利益**を考慮する必要がないので，抵当権のような制限を設ける必要がないんです。
譲渡担保権も同じことです。つまり，所有権をいったん債権者（融資者）に移してしまって，形としては債権者の所有物になっていますから，後順位の譲渡担保権を設定することは困難です（判例の立場〔所有権的構成〕による)。
このような事情で，後順位担保権者との**利益の調整**が必要な抵当権だけ，「最後の２年間」という制限が設けられているわけです。

「3-4　抵当権①」のまとめ

抵当権の性質

▶抵当権は約定担保物権である。したがって，抵当権は当事者の契約によってのみ成立する。

▶抵当権には随伴性がある。したがって，被担保債権が同一性を保って譲渡された場合には，抵当権もまた譲受人に移転する。

▶随伴性のほか，抵当権には，担保物権の通有性としての付従性，不可分性，物上代位性もある。

▶将来発生する債権についても，抵当権を設定することは可能である。

抵当権の設定

▶抵当権は，不動産のほかに，地上権と永小作権についても設定できる。

▶不動産の共有持分上にも抵当権を設定できる。

抵当権の効力

▶抵当権の効力は，抵当不動産に付加して一体をなした物に及ぶほか，従物や従たる権利にも及ぶ。

▶抵当不動産について差押えがなされた場合，抵当権の効力は果実にも及ぶ。抵当権は，担保目的物を利用（使用・収益）しながら担保に供することができるものであるから，差押え（返済が滞って抵当権が実行段階に入ったという意味）がある前は，抵当権の効力は果実には及ばない。

物上代位

▶抵当権は，目的物の交換価値を支配する権利であるから，目的物の交換価値が現実化した場合には，それに対しても抵当権の効力を及ぼすことができる。これを物上代位という。

▶抵当目的物が賃貸されている場合，その賃料にも物上代位することができる。

▶賃料に物上代位するには，差押えが必要である。これは，賃借人を賃料の二重弁済の危険から守るためである。

▶抵当権者は，賃料債権には物上代位ができるが，転貸賃料債権には物上代位はできない。

3-5　国総 ★★★　国般 ★★★　地上 ★★★　市役所 ★★

抵当権②

～利用権との調整をうまく図るための工夫～

抵当権という担保手段は，うまく使えば，貸し手と借り手の双方に大きなメリットがある優れものです。

前項では，抵当不動産の利用について，賃料の物上代位のケースを例に説明しましたが，今回は，法定地上権を中心に，担保権と利用権の調整のしかたについて説明しましょう。

抵当不動産を購入した者の利益を考える

まず，抵当権は，あくまで「返済を確実にするため」のものですから，不動産の有効活用は，これとバッティングしないような方法で行うことが大切です。

ただ，このような有効活用の大切さは，抵当権を設定した債務者だけでなく，「抵当権がついていてもかまわないから，その不動産が欲しい！」ということで，抵当権付きの不動産を購入した人についても考慮する必要があります。

そこで，法が，抵当権が設定された不動産を買い受けた人が，抵当権（というか抵当権によって競売されること）を気にせずにその不動産を使えるようにするために，どのように調整を図っているかを説明しましょう。

抵当権は，目的物が譲渡されても，それによって影響は受けません。つまり，抵当不動産を買っても抵当権は残ったままです。そうなると，いつ競売にかけられるかわかりません。

抵当不動産を購入した人は，その不動産を活用したいでしょうから，競売は避けたいところです。

そこで，これを防ぐ方法です。

まず，**抵当不動産の購入者**（**第三取得者**）**が債務者に代わって，債務者が返済すべきお金の全額を支払えば**（474条），**抵当権は担保する債権がなくなるのですから，消えてしまいます**（消滅に関する**付従性**（ふじゅうせい））。

抵当不動産の第三取得者は，抵当権者から競売にかけられると，せっかく買った不動産を失うことになりますから，不

抵当権②の重要度

今回扱うテーマの中でも，法定地上権は最も出題頻度が高い重要なテーマです。担保権と利用権との調整がどのように行われているのかを，しっかりと理解するようにしてください。

抵当権

登記が可能なものについてその目的となる権利を利用しながら担保として融資を受けられる仕組みです。
わかりやすくいえば，家と土地を担保に融資するけど，住宅ローンの支払いができなくなったときには，その家と土地を銀行が競売にかけますよと契約する権利です。

抵当不動産

抵当権が設定された不動産，抵当権のついている不動産を「抵当不動産」と呼んでいます。

競売

債権を回収するために，裁判所に申し立てて債務者の資産を売却してもらう手続きです。
民法では「けいばい」と読みます。

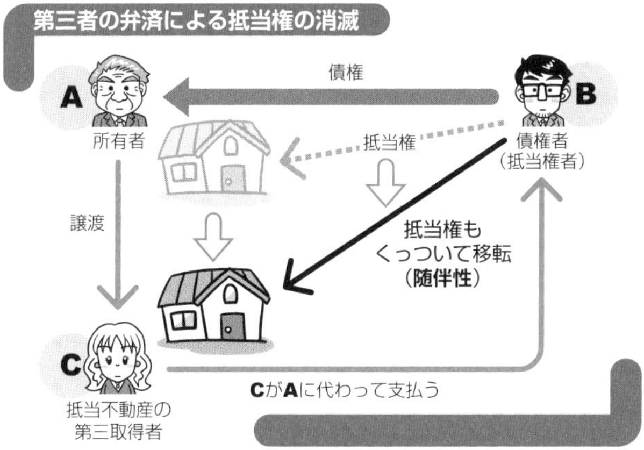

動産を確保するために，債務者に代わって返済することができます（474条１項，２項本文）。

ただ，不動産の価値が2,000万円しかしないのに，債権額が5,000万円などという場合には，この方法はあまり有効とはいえないでしょう。

そもそも抵当権には**不可分性**がありますから，抵当不動産の第三取得者が債務者に代わってお金を返す場合，債務者が抵当権者に支払うお金の全額が返済されるまでは，抵当権は消滅しません。つまり，不動産の価値が2,000万円しかないのに，抵当不動産の第三取得者は，5,000万円を返済しなければ，抵当権を消滅させることはできないんです。

上の図はそのことを表したものですが，それでは，第三取得者Cはまったく割に合いません。

ところが，状況次第，たとえば不動産の値下がりとか，不動産不況などで競売しても買い手がつかないなどといった事情が生じた場合には，抵当権者の側も，資金がまったく回収できないということが起こらないとは限りません。

そうなると，**抵当権者としても，「不可分性がある」といって全額弁済にこだわるのではなく，「どこかで妥協したほうが得かもしれない」などと，柔軟に対応することも十分にありえます**。

実は，実際の経済界では，そういったことがけっこう起こっているのです。

そこで，法は，第三取得者の利益と抵当権者の利益の双方を調整する方法として，次に説明する**代価弁済**（だいかべんさい）と**抵当権消滅請求**（ていとうけんしょうめつせいきゅう）という制度を設けました。

抵当権は残ったまま

不動産が二重譲渡された場合と，理屈は同じです。最初にBに抵当権が設定され，その後にCに所有権が譲渡された場合，両者は**対抗関係**に立ちます。その場合，いずれが先に登記を備えるかで優劣が決まります。抵当権が先に登記されている場合，Cはその抵当権を甘受しなければなりません。

付従性

担保物権の通有性の一つで，債権があってはじめて担保物権も存在し，債権が消滅すれば担保物権もまた消滅するという性質です。

不可分性

債権の**全部が返済**されるまでは抵当権を行使できるという性質です。

割に合わない

仮に，抵当不動産の価値が5,000万円で，抵当権が担保している債権額が2,000万円という場合であれば，抵当不動産の第三取得者は，抵当権者に2,000万円を支払って抵当権を消滅させ，差額の3,000万円を債務者に払うという方法で不動産を入手すればよいのですが，本文のような場合には，購入はかえって損失を被ることになります。

抵当不動産の購入者を保護する二つの制度

①代価弁済

まず，代価弁済（だいかべんさい）について説明します。

これは，抵当不動産の買主Ｃが，不動産の売買代金を，売主であるＡではなく，抵当権者であるＢに支払うことで抵当権を消滅させようというものです（378条）。

たとえば，債権額が2,000万円だとして，「たぶん競売にかけても1,000万円以上の買い値は付かないだろう。でも，ＡがＣに売った代金は1,200万円だから，それをもらったほうが得だな」などという場合に，**抵当権者Ｂが，不動産の買主Ｃに売買代金（代価）を自分に払うように請求し，Ｃがこれに応じれば，それで抵当権を消滅させるというものです。**

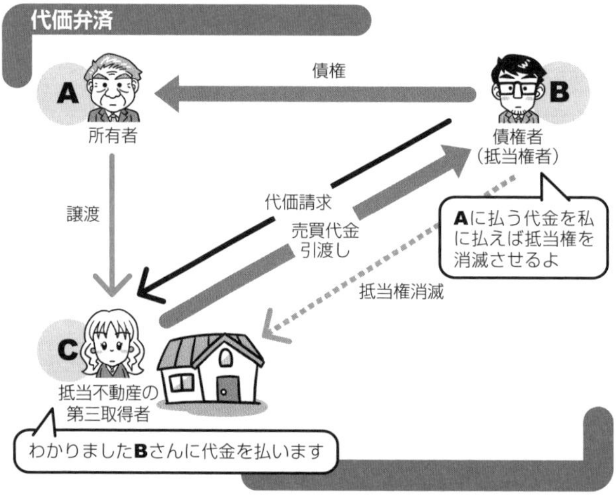

ただ，この方法は，**抵当権者の側の主導で行われるもので，抵当不動産の第三取得者の側から要求できるものではありません。**

抵当不動産の第三取得者が抵当権を消滅させたければ，あくまで全額弁済するのが筋ですから，これを要求できないのはしかたがありません。それでも，**代価弁済が行われれば，抵当不動産の第三取得者は，債務者Ａが返済するお金の全額を返さなくても，競売にかけられるおそれをなくすことができる**のですから，メリットがある制度といえます。

378条

抵当不動産について所有権又は地上権を買い受けた第三者が，抵当権者の請求に応じてその抵当権者にその代価を弁済したときは，抵当権は，その第三者のために消滅する。

「その第三者のために消滅」とは？

上記の条文（378条）の，「**第三者のために消滅**」とは，主に第三者が**地上権**を設定した場合に意味のある規定です。
地上権は，存続期間分の地代を最初に一括で支払うのが一般的とされています。たとえば，本文と同じような例で（ただし，不動産が土地の場合），一括の地代額が1,200万円だとすると，代価弁済により，抵当権は地上権者のために消滅します。この場合，残りの800万円を被担保債権とする抵当権は消滅せず，Ｂは不動産を競売にかけてその額を回収できます。なお，土地の買受人（競落人といいます）は，自分より地上権が優先するので，地上権を認めなければなりません。一方，所有権の譲渡の場合には，代価弁済があると抵当権は完全に消滅します。

代価弁済を要求する場合とは

抵当権者が自分で抵当権を実行した場合に得られるであろう金額（優先弁済額）よりも，抵当不動産の**売買代価のほうが高い**と考えられるときに，代価弁済を行うメリットがあります。

② 抵当権消滅請求

次に，**抵当権消滅請求**について説明します。

これは，**抵当不動産の第三取得者（図のC）の側が，時価相当額だと思われるような額を抵当権者に提示して，「これを支払いますから抵当権を消滅させてください」と申し出る制度**です（379条）。

これも代価弁済と同じで，提示された金額が抵当不動産の価値を正確に反映しているものであれば，抵当権者としても，「抵当権に基づいて競売を申し立てても，結局は同じような金額しかつかないだろう。だったら，競売という面倒な手続きをしなくていい分だけ得だ」
ということになるので，抵当権者にも第三取得者にもメリットがあります。

なお，申し出を行う前に，それを知らないBがさっさと抵当権に基づいて競売手続きを始めてしまうこともありえます。

つまり，「え？Cさんは申し出を行うつもりだったの？」「早く伝えておいてくれればよかったのに。急いで資金を回収したいから，もう競売を申し立てたよ！」などという場合です。そして，その場合は，競売手続きによって決着が図られてしまうので，Cとしては，**手続きが始まる前（正確には，競売による差押えの効力が発生する前）に申し出ることが必要**です。

申し出を受けた抵当権者Bが，その額が抵当不動産の価値を正確に反映していない（つまりその金額に納得できない）と考えた場合は，Bは競売を申し立てることができます。競売で決着を図ったほうが，より多くのお金を回収できると判断した場合には，それを拒む理由はありません。

そして，たとえ競売で買い手がつかなくても，Cからの申し出に応じる必要はありません。そういう意味では，抵当権をなくす手段としての効果は薄いのですが，不動産が抵当権つきのままでずっとほったらかしにされるよりも，**少なくとも競売を促すことで抵当権者Bに行動を起こさせるきっかけにはなります**。

試験にはあまり登場しませんが，代価弁済や抵当権消滅請求という言葉が出てきたときに戸惑わないように，こういった制度があるんだということを知っておいてもらえればけっこうです。

抵当権消滅請求の時期

抵当権の実行としての競売による差押えの効力が発生する前にしなければならない（382条）。

差押え

債務者が滞納している借金や税金などを回収するために，財産の処分を禁じたり，財産を強制的に押収したりすることをいいます。

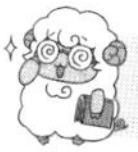

ほったらかし

第三取得者Cとしては，いつ抵当権者Bが抵当権を実行してくるか，ヒヤヒヤしているよりも，抵当不動産の時価を正当に評価した金額を提示すれば，抵当権者が**消滅請求**に応じる可能性があります。そうすれば，せっかく買った不動産を失わなくて済みます。

第3章 担保物権

抵当不動産を安心して借りられるようにする制度

たとえば，人に家を貸している場合に，**賃借権が抵当権に効力的に優先していれば**，借主は競売を気にする必要はありません。

抵当権よりも賃借権のほうが効力的に優先するので，**競売にかけられても，前と同じようにそのまま住み続けられる**からです。

これとは逆に，抵当権の登記が先という場合には，せっかくそこに引っ越しても，その直後に競売があると，新所有者になった人から追い立てを食らう可能性があります。

となると，そんな危なっかしい家には引っ越さないというか，そもそも借り手がつかないですよね。

ということは，家賃が入らないので，抵当権者は家賃から優先的に返済を受けられなくなって困ってしまいます。それは，**不動産の有効活用という点でも，また抵当権者が家賃から少しずつでも弁済を得られる利点を奪うという点でも，好ましくない事態**です。

そこで，法は，たとえ賃借権が抵当権に効力的に劣後していても，一定期間は安心して住み続けられる制度を整えました。それが，**明渡し猶予期間**の制度と**抵当権登記後の賃借権についての抵当権者の同意**の制度です。

①明渡し猶予期間の制度

これは，**競売手続きの開始前から使用・収益を行っている賃借人は，競売で買い手が見つかっても，６か月は建物を明け渡さなくていい**，つまり６か月の間に，ゆっくり引っ越し先を探せばいいという制度です（395条１項）。

趣旨がそのようなものですから，**この制度は建物の賃借人だけに認められているもので，土地の賃借人は対象ではありません。**

比較的余裕のある６か月という期間が与えられれば，賃借人は慌てることなく次の住居を探すことができますから，借りる際のハードルは低くなります。

また，６か月という期間のカウントが始まるのは競売で買い手が見つかったときからですから，競売があるまでは，そのまま住み続けていて何も問題がありません。そうやって，

賃借権が優先する

二つの場合があります。一つは，賃借権の登記が先になされている場合，もう一つは，抵当権の登記より先に建物が引き渡されている場合です。賃借権については**登記**が認められていますから(605条)，抵当権よりも先に登記しておけば，抵当権に優先する効力が認められます。ただ，賃借権の登記は現実的には難しいので，それに代わる手段として，特別の法律で「**家屋の引渡し**」によって，登記と同じ効力が認められています(借地借家法31条)。

劣後

「優先」の対義語です。つまり，優先度が下がること，後回しになることです。

明渡し猶予期間の利点

抵当権者にとっても「実行から６か月後には確実に賃借権の負担のない建物になる」ことがわかるので**担保価値の評価**を下げずに済みます。

395条１項

抵当権者に対抗することができない賃貸借により抵当権の目的である建物の使用又は収益をする者であって次に掲げるもの(次項において「抵当建物使用者」という。)は，その建物の競売における買受人の買受けの時から６か月を経過するまでは，その建物を買受人に引き渡すことを要しない。

一　競売手続の開始前から使用又は収益をする者。

借主の保護を図っているわけです。

②抵当権登記後の賃借権についての抵当権者の同意

これは，次のような場合に役に立つ制度です。

> **例**
>
> 抵当権の登記後に，抵当不動産に借り手が現れました。
>
> そこで抵当権を持っている抵当権者がこんなことを考えました……。
>
> 「賃借権より抵当権のほうが優先するから，競売にかけて買い手がつけば，購入者は借り手に立退きを要求して物件を自由にできるわけだけど，借り手はかなり信用のある会社だし，家賃も月額200万円と高額で，家賃だけで年間2,400万円になるというのは，かなりオイシイ……」
>
> 「こんな現状だったら，たとえ債務の返済が滞って競売にかけるとしても，十分な家賃収入が期待できる優良物件として，賃借権の存続を認めたままで競売にかけたほうがいいに決まってる！　そのほうが，高い値段がつくだろうし，債権回収にも有利だし！」
>
> 「……でも，それって認められるの？」

これが認められれば，抵当権者にとっても，賃借人にとってもメリットがありますよね。

そこで，法は，これを承認しました。**抵当権登記後の賃借権についての抵当権者の同意の制度**がそれです（387条）。

ただ，**賃借人に退居してもらって自分で使いたいという人が競落人（けいらくにん）になったら，この制度は成り立ちません**。そのため，次のような要件が必要とされています。

【抵当権登記後の賃借権についての抵当権者の同意による存続の要件】

①賃借権の登記があること

→借地借家法上の対抗要件（土地の場合は建物の登記，建物の場合は引渡し）での代替はできない。必ず賃借権の登記が必要。

②賃借権登記前に登記した抵当権を有するすべての者が同意すること

③抵当権者の同意について登記がなされること

→効力要件である（単なる対抗要件ではない）

387条1項

登記をした賃貸借は，その登記前に登記をした抵当権を有するすべての者が同意をし，かつ，その同意の登記があるときは，その同意をした抵当権者に対抗することができる。

競落人

競売で抵当物件を購入した人です。

抵当権者全員の同意

後順位抵当権者がある場合には，その人たちの同意も必要だという意味です。

賃借権の登記

これは民法605条（条文は「不動産の賃貸借は，これを登記したときは，その不動産について物権を取得した者その他の第三者に対抗することができる」）による登記です。
必ずこれによらなければならず，借地借家法が認める代替手段（同法10条1項，31条）によることはできません。

法定地上権…建物には価値があるからできるだけ残そう

さて，ここからは，いよいよ抵当権の中で物上代位と並ぶ2大論点の一つである法定地上権の説明に移ります。

法定地上権とは，競売によって土地と建物の所有者が異なる結果となったときに，土地所有者から土地利用権の未設定を理由に建物の収去（取壊し）を求められるような事態が生じることを避けるため，一定の要件の下に，**法が土地利用権の自動設定を認めて建物の保護を図ろうとするもの**です。

そこで，まず一つの例を参考に考えましょう。Aが，親から土地を相続したのをきっかけに，その土地の上にB銀行から住宅ローンの融資を受けてマイホームを建てたとします。

下の図を見てください。

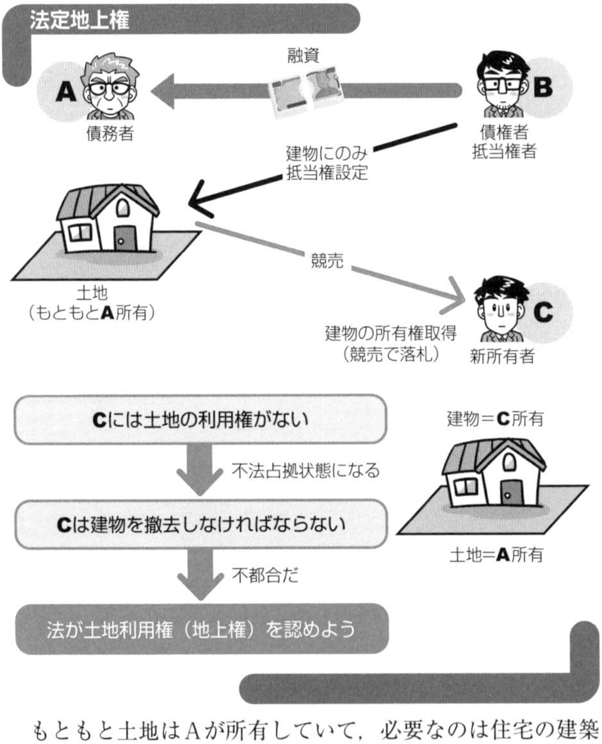

もともと土地はAが所有していて，必要なのは住宅の建築資金だけですから，B銀行は建物にしか抵当権を設定していません。

ところが，Aが数年後に住宅ローンの支払いを滞らせるよ

建物撤去は社会的損失

まだ十分に使える建物を，利用権がないという理由で撤去するのは**社会的な損失**です。撤去は解体しなければできませんから，解体費用もかかります。新築の建物のような場合には，その損失の大きさは計り知れません。**法定地上権**は，そんな無駄な損失を避けようとすることに大きな目的があります。

土地利用権がない建物

これは，土地の**不法占拠**になります。もともと適法に建っていた建物について，後の事情で利用権がなくなった場合に「不法占拠」というのは，感覚的に納得できないかもしれません。でも，土地の利用権がなければ，違法に土地を占拠しているわけですから，やはり不法占拠になってしまいます。

うになったことから，B銀行が建物を競売にかけてCがこれを買い取りました。

Cが買い取ったまではよいのですが，土地はAのものですから，Aとの間で地上権や賃借権など，なんらかの土地の利用権を設定しなければなりません。そうでないと，土地を使う（建物が建っている以上，土地を使っていることになります）権利がないのに，Cはその土地を使っていることになるんです。

その場合，Aが自分の土地を勝手に使わないでほしいと言ってきたら，Cとしては建物を撤去せざるをえないんです。

でも，これって不都合ですよね。撤去するとなると，建物を解体しなければなりません。でも，建物というのはとても大きな財産で，そんな価値があるものを簡単に壊してしまうというのは，社会的に見ても大きな損失なんです。

それに，こんなことを認めていたら，競売を申し立てても誰も買う人が出てこなくなり，Bは融資の回収ができなくなってしまいます。

そこで，こんな不都合を解消するために，民法は土地の利用権を自動的に成立させることにしました。これを**法定地上権**といいます（388条）。

法定地上権は，「自分の土地に自分の建物を建てる場合，自分と自分の間で土地の利用権（**自己借地権**）を設定できない」という法の隙間を埋めるためのものです。

たとえば，土地を買ってその上にマイホームを建てるという場合，土地と建物の所有者は，両方とも自分自身です。その場合，「建物を建てるから土地を使わせてほしい」といって，土地所有者の自分と建物を建てたい自分との間で，土地の使用契約（例：地上権設定契約，土地の賃貸借契約）を結ぶことはありません。この，自分の土地を自分で使うための契約のことを**自己借地権契約**といい，わが国の民法は，こんなものは不要だとして認めていません。

これが，上記の「法の隙間」というわけです。

では，なぜ隙間になるかというと，競売で建物だけを買った人は，土地利用権がないので，その建物は土地を不法占拠（なんの利用権もないのに使っている状態は不法）していることになるわけです。仮に，わが国の民法で自己借地権が認められていたならば，借地権は建物の従たる権利で，従物の場合と同じように建物にくっついていきますから，競売で建

法定地上権

もともと一人の人物が所有していた土地と建物の一方に抵当権が設定された後，競売にかけられて土地と建物の所有者が異なるようになった場合などに起こる不都合（土地の利用権がないので建物を撤去しなくてはいけなくなること）を解消するために，民法が自動的に与えている土地の利用権（**地上権**）です。

388条

土地及びその上に存する建物が同一の所有者に属する場合において，その土地又は建物につき抵当権が設定され，その実行により所有者を異にするに至ったときは，その建物について，地上権が設定されたものとみなす。この場合において，地代は，当事者の請求により，裁判所が定める。

自分ための土地利用権

自己借地権といいます。法はこのような借地権を認めていません。

物だけを買った場合でも，最初から土地利用権があるので「不法占拠→建物の撤去」という事態にはならないわけです。

ですから，**その隙間に対して法は手当をしていて，それが土地利用権の自動成立という法定地上権の制度**なのです。

そのため，**法定地上権が成立するのは，この法の隙間の部分，つまり自己借地権を設定できない場合に限られます**。それ以外の場合には，最初からなんらかの土地利用権が設定されているはずですから，それを使えばいいのです。

そこで，**法定地上権が認められるための要件**を列挙しておきます。

【法定地上権の成立要件】

①抵当権設定当時に建物が存在していた
→更地には成立しない

②土地と建物を同じ者が所有していた
→だから土地の利用権が設定されていなかった

③土地と建物の一方または双方に抵当権が設定された

④競売の結果，土地と建物の所有者が別々の者になった

法定地上権については，判例もたくさん出ていて，それだけ法定地上権を認めるかどうかで，多くの紛争が起こっていることを意味します。

ただ，あくまで上記の要件が判断の基本です。それともう一つ大切なことがあります。それは，**抵当権者が融資の際に行った不動産の価値の評価（担保価値の評価）をおろそかにしない**ということです。

抵当権者が行った担保価値の評価を軽視すると，結果として「しっかりと価値を評価して安全な範囲で融資したのに，それがないがしろになったら，銀行は危なっかしくて融資などできない」ということになりかねません。

法定地上権が成立すると，建物の所有者は，基本的に30年という長い期間でその土地を使えるようになります（借地借家法3条）。そのため，建物の価値は上がる一方，土地の価値はぐっと下がります（自分の好きな間取りの住宅を建てたいとか，商業ビルを建てたいなど，土地を自由に使いたい人にとっては，地代収入などはまったく魅力になりません）。つまり，競売にかけた場合，建物は高い値段で売れるのに，土地は30年という長期にわたって自由に使えなくなる

なぜ賃借権でなく地上権？

賃借権の場合も登記が認められていますから賃借権でもよいように思いがちですが，賃借権は債権ですから，物権である地上権と違って登記請求権がありません。確かに，現在では特別の法律で「建物の引渡し」で登記に代わる効力が認められていますが，それは民法制定のずっと後で手当てされたものです。一方，地上権ならば，**登記請求権**がありますから，速やかに登記を済ませておけば，その後に建物の建っている土地が譲渡されても，土地の新所有者に土地の利用権を主張（対抗）できます。つまり，建物を撤去する必要はありません。こういった事情から，法が認める自動成立の権利は，賃借権ではなく地上権になったのです。

担保価値の評価

ここでいう「担保価値の評価」は法定地上権が成立するかどうかという意味です。地上権が設定されている土地は，長期にわたって所有者が自由に使えないことから，たとえ売却しても土地の価格の２割～４割程度でしか売れません。土地を自由に使える**更地の評価**とは大違いです。そのため，更地として1,000万円の評価をして800万円を融資したのに，突然法定地上権が認められて，競売にかけても200万円でしか売れないということになると，抵当権者の担保価値の評価を大きく害することになります。

ので，利用を望んでいる人には魅力がなく，低い値段しかつきません（もしくは売れません）。

ですから，抵当権者が最初に土地を評価するときに，何もないので自由に使える土地（**更地**）だと思って，価値を高く評価していたのに，突然建物が建って法定地上権が成立するといわれたら，予想外の損害を被ってしまいます。もちろん，この場合は，そもそも法定地上権の要件に当てはまりませんから地上権は成立しませんが，多くの判例が出されているということは，複雑で判断が難しい事例が多いということの表れでもあります。

そんなときは，事例の複雑さに惑わされずに，**「法の要件を満たしているか」「抵当権者の担保価値の評価をないがしろにしていないか」，の二点から判断する**ようにしてください。

問題演習で知識を整理しておきましょう。

更地

建物などが建っておらず，なんの用途にも充てられていない自由に使える土地のことです。

賃料でカバーできる？

突然法定地上権が成立しても，土地の賃料でカバーすればいいじゃないかと思われるかもしれませんが，それはあくまで，土地を自由に使わなくていいという場合の話です。マイホームを建てるための分譲地として売る場合など，土地の**自由利用**の価値は，賃料の利益よりもはるかに大きいのが一般的です。

例題32

抵当権に関する次の記述のうち，妥当なものはどれか。

（国税専門官　改題）

1　抵当不動産を，第三者が購入した場合，その第三者は，抵当権者に対して購入代金を支払う旨を伝え，その支払いを実際に行うことによって抵当権を消滅させることができる。

2　抵当権の登記の後に土地の賃借権を取得して，これを登記した者については，抵当権が実行された場合でも，6か月間はその土地の明け渡しを猶予される。

3　借地人が所有する地上建物に設定された抵当権の実行により，建物の所有権が競落人に移転した場合には，原則として，建物の所有に必要な敷地の借地権は競落人に移転しないとするのが判例である。

4　土地の所有者が，その土地上に建物を所有している場合において，抵当権設定当時存在していた建物が滅失した場合には，後に建物が再築されたときであっても法定地上権は認められない。

5　抵当権設定当時土地と建物の所有者が異なっていた場合には，その後当該土地および建物の所有権が同一人に属するようになっていたとしても法定地上権は認められない。

本問のポイント！

1．抵当不動産の第三取得者が，抵当権者の請求に応じてその抵当権者にその**代価を弁済**したときは，抵当権はその第三者のために消滅します（378条）。

これはあくまで抵当権者側からの求めによることが必要で，たとえ第三取得者側から求めても，抵当権者がこれに応じなければ，抵当権を消滅させることはできません。

2．本肢のような**明渡し猶予期間**が認められているのは建物だけです（395条１項）。土地には認められていません。

3．建物の所有に必要な敷地の借地権は，主物である建物の経済的効用を助けるものですから，建物の**従たる権利**とされています。そして，**従たる権利には，従物の場合と同じように，抵当権の効力が及びます**。そのため，抵当権の実行によって建物の所有権が競落人に移転したときは借地権もまた競落人に移転します（最判昭40・5・4）。

つまり，競売で抵当不動産を落札した競落人は，敷地の借地権（使用権）の付いた建物を購入することになります。

なお，敷地の借地権は，借地人が契約していたものを引き継ぐことになりますが，借地権として考えられるのは地上権か賃借権のどちらかです。両者は，登記請求権の有無など，若干の違いはありますが，賃借権は特別の法律（借地借家法）でその効力が強化されていますので，現在では地上権とそれほど大きな違いはありません。

4．抵当権設定当時に，土地の所有者がその土地上に有している建物が存在している場合，**抵当権者は法定地上権が成立することを考慮に入れて担保価値を評価しています**。

具体的には，競売の結果，土地と建物の所有者が別々になったとしても，建物について**法定地上権**が成立するので土地は自由に使えないとして，土地の担保評価をしているはずです。たとえば，「更地ならば1,000万円の価値があるが，法定地上権が成立するので，担保価値としては200万円で評価せざるをえない。だから，融資額は，土地の値下がりのリスクを差し引いた８割の160万円が限度だ」などとするわけです。

ですから，**建物が再築された場合に，その建物のために法定地上権の成立を認めても，抵当権者の担保評価を損なうことはありません**。法定地上権つきの土地であっても，

抵当権の実行

返済がない場合に，抵当権によって返済を確保すること，つまり競売の申立てをすることを**抵当権の実行**と呼んでいます。

敷地の借地権

地上権と賃借権以外では，無償で土地を貸す使用借権というものもあります（593条）。これは，たとえば親が，自分が所有する土地の敷地内に子どもに家を建てさせるような場合に，財産分与や敷地の名義変更などをせずに，そのまま無償で土地を使わせるなどという場合です。家を建てる場合，通常は，**地上権**と**賃借権**のどちらかを設定していますから，使用借権については，あまり考慮する必要はありません。

179条１項

同一物について所有権及び他の物権が同一人に帰属したときは，当該他の物権は，消滅する。ただし，その物又は当該他の物権が第三者の権利の目的であるときは，この限りでない。

それを競売にかければ，160万円くらいでは売れるでしょう。すなわち，法定地上権の成立は認められます。

5．妥当な記述です。**法定地上権は，土地利用権の設定が可能な場合には成立は認められません**。本肢の場合，建物所有者は土地所有者との間で，なんらかの敷地利用権を設定していたはずです。そして，その敷地利用権は，土地･建物が同一人に帰しても消滅しません。抵当権が実行された場合に，敷地が利用できないのは困るからです（地上権では179条１項ただし書き，賃借権では520条ただし書き）。

そうなると，敷地の利用関係はそれによって律すれば足りるので法定地上権は成立しません（最判昭44・2・14）。

本問の正答は**5**になります。　**正答　5**

520条

債権及び債務が同一人に帰属したときは，その債権は，消滅する。ただし，その債権が第三者の権利の目的であるときは，この限りでない。

「3-5　抵当権②」のまとめ

抵当権と用益権

▶抵当権設定登記後に対抗力を備えた賃貸借は，期間の長短にかかわらず抵当権に対抗できない。

▶抵当権に対抗できない建物の賃借権も，抵当権が実行され，競売がなされて買受人が買い受けた時から６か月間は，移転準備等の期間として引渡しが猶予される。この猶予が認められるのは，建物に限られる。

▶土地賃借人には，抵当不動産の賃借人の明渡猶予期間の制度は認められていない。

▶抵当権登記後の賃借権についての抵当権者の同意による存続の要件は，①賃借権の登記があること，②賃借権登記前に登記した抵当権を有するすべての者が同意すること，③抵当権者の同意について登記がなされることの三つである。

法定地上権

▶現行法は，自己所有地上の自己所有の建物について土地利用権の設定（自己借地権）を認めていない。

▶法定地上権の成否は，法の要件を満たしていることと，抵当権者の担保価値の評価を侵害しないことの二つの要素で判断する。

▶抵当権設定当時に土地と建物の所有者が異なれば，法定地上権は成立しない。

▶抵当権者が更地と評価したことが明らかであれば，法定地上権は成立しない。

3-6　国総 ★★★　国般 ★★★　地上 ★★★　市役所 ★★

抵当権③

～抵当権の侵害と根抵当権について学ぶ～

前項までで，抵当権の主要なポイントは説明しました。本項では，残ったいくつかの問題について説明します。

抵当権の侵害には妨害排除請求ができる

これまで何度か説明したように，抵当権とは，担保物を自分で使いながら融資を得られるというものです。

これを抵当権者の側から見ると，「相手に使わせながら担保にする」ということになります。つまり，**抵当権は，担保権を有している人（担保権者）が，その担保物を所持しない点に特徴があります。**このような担保の性質を**非占有担保**（ひせんゆうたんぽ）といいます。

そこで，問題です。図で考えてみましょう。

今，建物に抵当権を設定してＢ銀行から融資を受けたＡが，その融資を返済できなくなっています。そして，とうとう競売にかけられるという段階になったとき，立退料をせしめる目的でＣが勝手に物件に入り込んできて，そこに住み始めました。

では，Ｃを立ち退かせる方法はあるんでしょうか。

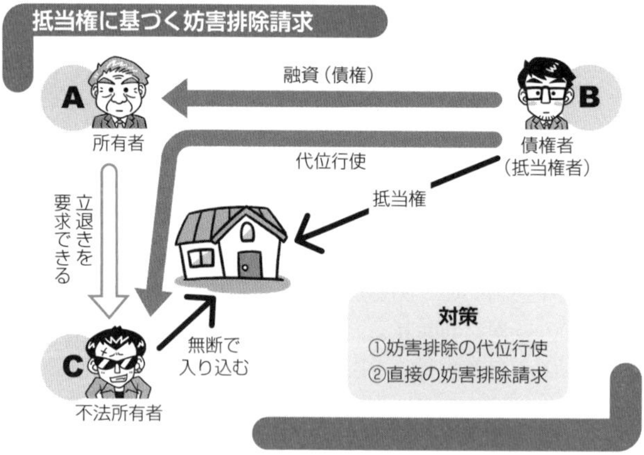

抵当権③の重要度

抵当権の妨害排除請求の判例は画期的なもので，頻繁に出題されます（ただし肢問の一つとして）。一方，根抵当権は，市役所等でよく出題されますが，それ以外では出題は少ないようです。ただ，制度として興味深い分野なので，ひととおり目を通しておいてください。

非占有担保

占有しないで担保権を設定するという意味です。抵当権は占有を要素としないので**非占有担保**ですが，質権は物を所持して支配することで担保としての機能を果たさせるものですから，非占有担保ではなく「占有担保」です。

まず考えられるのは，所有者Aが所有権が侵害されているとして，**妨害排除請求**をすることです。そして，Aがこれを実行してくれれば事は簡単で，特に問題は起きません。

ところが，所有者がこの請求をしないんです……。

なぜかというと，**競売にかけられる物件は，もう自分のものではなくなるわけで，「そんな物件に関心はない」「わざわざ裁判所に妨害排除や強制執行の申立てなどという面倒なことをしたくない」ということで，ほったらかしにしておくわ**けです。

一方，タチの悪い人たちが物件に居座っていると，トラブルに巻き込まれたくないということで，何度競売をやっても買い手がつきません。

「じゃあ，抵当権者のほうで何か手段は取れないの」と思うでしょう？　ところが，以前は，抵当権の非占有担保という性質が壁になっていて，有効な手段がなかったんです。

どういうことかというと，「担保物を支配できないのが抵当権だ。ということは，占有に関しては，抵当権者には一切口出しをする権限はない。だから，不法占有者がいても，抵当権者には打つ手はない」というわけです。要するにお手上げ状態ですね……。

理論を優先すれば，やはりこうなるわけです。でも，それでは問題の解決は図れません。

このままだと，何度競売しても買い手がつきませんし，そこに付け込んで立退料をせしめる目的で不法占有者が横行することにもなってしまいます。実際，一時は社会問題化して，これでは抵当権という制度そのものが機能しなくなってしまうといわれたほどです。

そこで，最高裁判所が動きました。新判例が出たんです(最大判平11・11・24，最判平17・3・10)。それは次のような内容でした。

抵当権って，そもそも物権ですよね。物権というのは，誰に対しても主張できる権利じゃないですか。それなら，「占有していないから占有の訴え（妨害排除請求）が使えない」などと杓子定規なことを言わないで，**抵当権という物権が侵害されていることを理由に，抵当権そのものに妨害排除請求を認めましょう！**

平成11年の判決の段階では，Aの権限である所有権に基づく妨害排除請求権をBが代わって行使する（**代位行使**）とい

妨害排除請求

所有権の「物を**自由に支配**する」という権限を侵害されているとして，その妨害の排除を求める権利です。所有権の物権としての性質から導かれるものです。

強制執行

国の公務員である執行官が，不法占有者を強制的に立ち退かせてくれる手続きです。

理論先行の不都合

理屈からいうと「抵当権は占有を伴わない担保物権だから占有に口出しはできない」ということになります。結局，長いこと，この理屈にしがみついて，本文のような弊害を助長させることになりました。
最高裁が動いたのは，「理論よりも現実を見る」という視点からです。この視点，民法を学ぶうえで，とても大切なものです。

抵当権に基づく妨害排除

判例は，第三者が抵当不動産を不法占有することにより抵当不動産の交換価値の実現が妨げられ抵当権者の優先弁済請求権の行使が困難となるような状態があるときは，**抵当権に基づく妨害排除請求**として，抵当権者がこの状態の排除を求めることも許されるとしています(最大判平11・11・24)。

う方法が認められました。それに続けて，平成17年の判決では，抵当権者に直接に抵当権に基づく妨害排除請求が認められました。

画期的な判決ですから，下に要旨を挙げておきます。

【抵当権に基づく妨害排除請求を認めた判決】

抵当権設定登記後に抵当不動産の所有者から占有権原の設定を受けてこれを占有する者についても，その占有権原の設定に抵当権の実行としての競売手続を妨害する目的が認められ，その占有により抵当不動産の交換価値の実現が妨げられて抵当権者の優先弁済請求権の行使が困難となるような状態があるときは，抵当権者は，当該占有者に対し，抵当権に基づく妨害排除請求として，上記状態の排除を求めることができる」（最判平17・3・10）。

さらに，この判決は，**抵当権者が不法占有者に対して，自分に引き渡すよう請求できることを認めています**（右欄）。抵当権の非占有担保という性質を重視するよりも，実際の問題解決を優先した結果です。

これは「理論よりも，実際の妥当性を重視する」という判例の考え方を知るうえで，とても参考になる判決といえます。

これらの判決が出てから，**抵当権者は不法に居座っている人たちの追い出しを自分でできるようになりました**。抵当権者としては，競売がうまくいけば融資を回収できますから，追い出しも熱心に行うことになります。

結果として，この判例が出てからは，不法占有が社会問題化するような事態は解消されました。

根抵当権の「根」って何？

抵当権の最後の項目です。

抵当権には，「根」という名前の付いたものがあります。いわゆる**根抵当権**です（398条の２以下）。

この，「根」っていうのはなんでしょう？

それを説明します。

まず，「根」というのは，抵当権だけのものではありません。質権にも**根質**があり，譲渡担保にも**根譲渡担保**があり，

代位行使

一定の要件を満たせば，債権者が債務者の権利を**肩代わりして行使**できるというものです（423条１項本文）。

抵当権者への引渡し

平成17年判決は，次のように述べて，抵当権者への直接の引渡し請求も認めています。すなわち「抵当権に基づく妨害排除請求権の行使に当たり，抵当不動産の所有者において抵当権に対する侵害が生じないように抵当不動産を適切に維持管理することが期待できない場合には，抵当権者は，占有者に対し，直接自己への**抵当不動産の明渡し**を求めることができる。」

普通抵当

根抵当権に対して，これまで説明してきた一般の抵当権を**普通抵当**と呼んで区別しています。

さらに保証にも**根保証**があります。**これらを総称して根担保と呼んでいます**。根抵当権もその一種です。

それで，「根」の性質ですが，下の図を見てください。

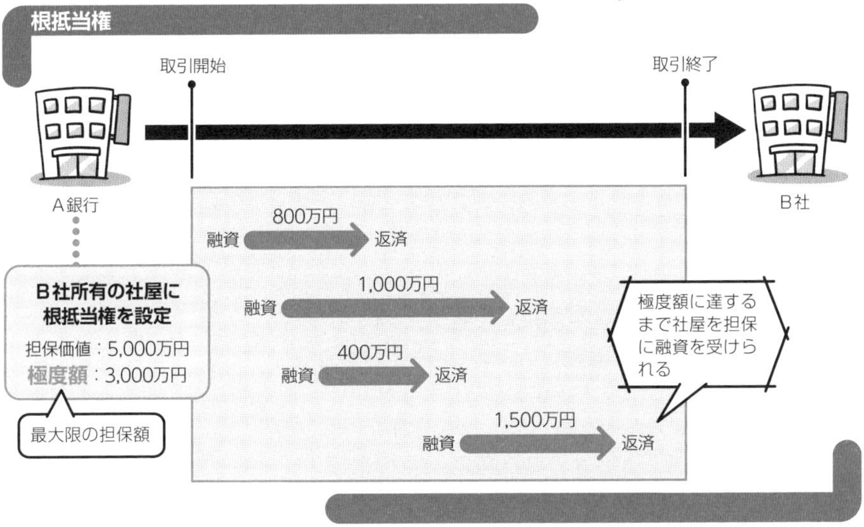

会社BがA銀行に，商品の仕入れ資金を，必要になった都度融資してほしいと申し入れたとします。そこで，A銀行は，「融資のたびにいちいち抵当権を設定していたのでは手間がかかって煩わしい。**融資の必要がなくなるまでの間，B社の社屋に継続的に抵当権を設定させてほしい**」と申し入れ，B社もこれを承諾しました。

この場合の抵当権が**根抵当権**です。

この根抵当権は，B社が融資してもらうたびに，その返済を担保するものです。いつ，どのくらいの融資が必要になるかわかりませんから，**最大限の融資額がいくらくらいになるか（最大いくらまで担保するか）を事前に決めておきます**。これを**極度額**（きょくどがく）といいます。

これは，あくまでも**担保する限度枠**ですから，その枠の中に債権がないという場合もあり得ます。前回の融資の返済がすべて済んで，新しい融資があるまでの間は，抵当権が担保する債権はありません。

それで，なんでこんな方法をとるかというと，たとえば1回の融資がおよそ1,000万円程度だとして，その都度担保として抵当権を設定して登記をし，返済が済んだら抵当権登記の

カードローンと同じ

銀行がよく勧誘しているカードローンも，仕組みは同じです。たとえば，「10万円まで自由に借りられます」という契約を結んで（この場合の10万円が極度額），急にお金が必要になったときにたとえば8万円（つまり10万円以内の任意の額）を借り，3日後にお金の都合がついたらそれを返済する。今度は別の機会に5万円を借り，10日後に返済するなどです。
根抵当と違うところは，カードローンでは通常は担保をとらない（無担保）という点です。

抹消手続きをして……というのはめんどくさいからなんです。

そこで，**取引が続くと見込まれる間はずっと担保を設定したままにするというのが根抵当権**です。

ただ，この根抵当権は，継続的というのと極度額が決まっているという点が主な特徴で，担保物を独り占めにしようというものではありません。

前ページの図の例ですと，まだ2,000万円は担保価値に余裕がありますから，それを利用して，一般の抵当権（普通抵当権）を二番抵当として設定して，別の銀行から融資を得ることも可能です。

根抵当権の極度額って変えられる？

ところで，極度額って変えられるんでしょうか。

なぜこれが問題になるかというと，たとえば前ページの図の例では，根抵当権が担保する極度額は3,000万円でした。ただ，Ｂ会社の事業の拡大に伴って，Ａ銀行の融資総額が3,000万円を超えそうな情勢になってきました。

そんなときに，極度額をたとえば4,000万円まで引き上げることはできるんでしょうか。

極度額というのは，**あらかじめ登記しておく必要があります**が，根抵当権に劣後する権利，たとえば後順位抵当権者などにとっては，**極度額は，「その額まではあきらめてくださいね。私（根抵当権者）が優先権を持っていますから」という金額**なんです。

ということは，ＡがＣ銀行と後順位抵当権を設定する場合，Ｃ銀行は，登記簿の極度額を見て，「3,000万円まではあきらめる。でも，まだＢの社屋には2,000万円の価値が残っているから，1,500万円なら融資しても大丈夫だろう。よし，抵当権を設定して融資しよう」ということができるわけです。

ところが，それを**勝手に「極度額を4,000万円まで引き上げました」とされてしまうと**，たとえ競売でＢ社屋が5,000万円で売れたとしても，Ｃ銀行の1,500万円のうち500万円は競売代金から支払われないことになります。つまり，**無担保債権と同じことになる**わけです。

民法の共通認識として，他人（Ｃ銀行）の権利を無断で損なうようなことが許されるはずがありません。

根抵当権と付従性

債権がなければ，担保物権もないという性質を付従性といいますが，根抵当権では**付従性が緩和**されています。本文の図の例でいえば，A銀行との取引が続いている間は，返済によって一時的に融資額がゼロになっても，その後に融資を受ける可能性がある限り，根抵当権は存続します。つまり，融資額ゼロの状態のときは，担保する債権がないので，普通抵当では消滅するはずの担保権が，根抵当権では消滅しないわけです。それで，付従性が緩和されているといわれるのです。付従性が緩和されているのは，あくまで実際の便宜のため，つまり，付従性があると「返済でいったん担保の登記を抹消して，また融資を受けるときは再度登記手続き……」というのを繰り返す必要があります。その手間が面倒だから付従性を緩和しているのです。

後順位抵当権

根抵当権が先に設定されていて，そのあとで普通抵当権が設定された場合，後に設定された抵当権は後順位（普通）抵当権となります。このことは逆の場合も同様で，普通抵当権が先に設定されていて，その後に根抵当権が設定された場合には，その根抵当権は**後順位根抵当権**となります。つまり，「根」が付くかどうかで先順位・後順位についての扱いに特段の差異はないということです。

つまり，極度額の変更には，利害関係人の承諾が必要で，それがなければ変更はできません（398条の５）。

では，それ以外の変更，たとえばＢ社が合併によってＤ社になったとか（**債務者の変更**），融資がＢ社の事業資金から新たな事業の立ち上げの資金に変更になったなどといった場合には（**被担保債権の範囲の変更**），後順位抵当権者などの承諾は必要ありません。

図の例でいえば，後順位の人たちは，最初から3,000万円の分についてはＡ銀行に優先されることを承知しているわけですから，その3,000万円の中でどんな債権が担保されるのか（被担保債権の範囲）とか，誰が債務者になるかなどは感心がない，つまりどうでもいいことだからです。

利害関係人

後順位抵当権者などの後順位担保権者や，差押え債権者など，**極度額の増減**で不利益を被る人のことです。

398条の5

根抵当権の極度額の変更は，利害関係を有する者の承諾を得なければ，することができない。

元本が確定したら普通の抵当権と同じになる

根抵当権の特徴は被担保債権の発生消滅の繰返しにありますが，では，それがなくなったとしたらどうなるでしょう。

たとえば，取引も減ってきているので，「ここらで担保を外して社屋が競売にかけられるリスクをなくしたい」などという場合がその例です。

このような場合に利用する手段として**元本（がんぽん）の確定（かくてい）**という方法があります。

なぜ確定するかというと，「あまり長期間担保に入れておくのは嫌だから，最初に期限を決めておこう」として，その期限が到来したとか，根抵当権者から，「もうここらでいったん決済したい」として確定請求があったとか，事由はいろいろです（398条の19，398条の20など）。

それで，元本が確定した場合の効果ですが，その時点で返済されずに残っている融資分だけを担保することになります。

これって，結局，普通抵当と同じことです。

たとえば，確定期日前に，いずれも半年間の貸し付け期限で，①６か月前に融資した500万円と，②２か月前に融資した1,000万円の二つが残っているなら，その二つを確定した根抵当権が担保することになります。

元本

利益・収入を生じるもととなる財産または権利のことです。

根抵当権の「**元本確定**」というのは，要するにいろいろ精算して，債務がいくら残っているか確定してそれで終わりにしよう！ということです。

以上が抵当権の概要です。

問題演習で知識を整理しておきましょう。

例題33

根抵当権に関する次の記述のうち，妥当なものはどれか。

（市役所　改題）

1　根抵当権の極度額を変更するには，利害関係人の承諾を得ることを要しない。

2　元本確定前において，根抵当権の担保すべき債権の範囲を変更するには，後順位抵当権者その他の第三者の承諾を得ることを要しない。

3　元本確定前において，根抵当権の担保すべき元本についてその確定期日を変更するには，後順位抵当権者その他の第三者の承諾を要する。

4　根抵当権が確定しても，当該根抵当権は，確定後一定期間内に新たに発生する債権を担保する。

5　根抵当権が設定された場合，その後に後順位として設定される抵当権は，根抵当権でなければならない。

本問のポイント！

1．根抵当権の極度額を変更するには，利害関係人の承諾が必要です（398条の５）。

極度額とは，担保物について競売が行われた場合に，その代価から，**根抵当権者が「他の債権者に優先して支払いを受けられる最高限度額」のこと**です。ということは，たとえば極度額が増額されると，後順位抵当権者は極度額が増額された分，自分が支払いを受けられる額が減ることになります。そこで，**利害関係人の受ける不利益を考慮して，極度額の変更には利害関係人の承諾が必要**とされています。

2．妥当な記述です（398条の４第２項）。極度額以外の変更には利害関係人の承諾は必要ではありません。

後順位抵当権者等の利害の中心は，どれだけの額の優先弁済を受けられるかという点です。そのため，担保すべき債権の範囲など極度額に影響を及ぼさない事項については，変更されても影響はありません。したがって，その承諾は必要とされていません。

3．**確定期日の変更**は極度額の変更ではありませんから，後順位抵当権者その他の第三者の承諾は必要ではありません（398条の６第１項，２項，398条の４第２項）。

4．根抵当権が確定すれば，その時点で返済されずに残っている債権を担保するだけで，その後に新たに発生する債権

根抵当権の随伴性

根抵当権には，通有性の一つである**随伴性**はありません。随伴性とは，被担保債権が移転すれば，担保物権もそれに伴って移転する（担保物権も債権にくっついていく）という性質ですが，根抵当権にはこの性質がありません。根抵当権は，あくまでその中に入った債権だけを担保するもので，そこから出て行った債権は担保しません。「随伴性を認めると，法律関係が複雑になりすぎる」ことが理由とされています。
付従性の緩和とともに，ちょっと変わった根抵当権の性質ですので，頭の片隅にとどめておいてください。

は担保しません。

5．このような制約はありません。**普通抵当権**を設定することも可能です。

本問の正答は**2**になります。

正答　2

「3-6　抵当権③」のまとめ

抵当権の侵害

- ▶抵当権者は，抵当不動産の所有者が不法占有者に対して有する妨害排除請求権の代位行使ができる。
- ▶抵当権者の優先弁済請求権の行使が困難となるような状態があるときは，抵当権者は，当該占有者に対し，抵当権に基づく妨害排除請求として，その状態の排除を求めることができる。
- ▶抵当不動産の所有者が抵当不動産を適切に維持管理することが期待できない場合には，抵当権者は，占有者に対し，直接自己への抵当不動産の明渡しを求めることができる。

根抵当権

- ▶設定行為で定めて，一定の範囲に属する不特定の債権を極度額の限度において担保する抵当権を根抵当権という。
- ▶根抵当権には随伴性はない。
- ▶根抵当権は，それが確定した時点に存在する被担保債権を担保し，それまでは被担保債権が増減変更し，どの債権が終局的に担保されるか特定しない。
- ▶根抵当権の極度額を変更するには，利害関係人の承諾が必要である。
- ▶担保する債権の範囲や債務者を変更するのに，後順位者の同意は必要でない。
- ▶根抵当権が確定を生じると，その時点で根抵当権によって担保されている債権のみを担保することになる。確定後に新たに債権が発生しても，その債権は根抵当権によっては担保されない。

3-7　国総 ★★★　国般 ★★　地上 —　市役所 ★

譲渡担保

～法の面倒な手続きをスルーするための担保～

今まで質権と抵当権を見てきましたが，ここで質問です。

たとえば，不動産を所有していない会社が，数億円する高額な最新工作機械を導入したいと思ったとき，担保はどうすればいいでしょう。融資を受けたいと思っても，それに見合った担保がないと，銀行もなかなかOKしてはくれません。

では，導入するその工作機械そのものを担保にして融資を受けるというのはどうでしょう？

「でも，質権なら機械を使えないし，機械じゃ登記ができないから抵当権も無理……ということは，担保にする方法はないんじゃ……」

いや，あるんです！

民法が用意した担保物権ではないんですが，民法上の仕組みをうまく組み合わせて，民間の知恵で作り出した担保方法，それが譲渡担保です。

本項では，この担保方法について説明します。

譲渡担保の重要度

出題数はそれほど多くありません。出題ポイントも決まっていますから，制度の概要とそのポイントの部分を把握しておけば十分です。

非典型担保

質権や抵当権のように民法が規定している担保物権を「**典型担保**」，そうでない担保物権を「**非典型担保**」といいます。

よって譲渡担保は，非典型担保ということになります。

譲渡担保の仕組みを理解しよう！

譲渡担保は，担保にする物の所有権を，いったん債権者（お金を貸す側）に移す形をとります。

譲渡担保の方法

どうやって担保にする？

↓ 方法は簡単

融資してもらう代わりに，担保物の所有権を相手に渡す

↓ 担保物を使わせてもらいその利益で…

期限に返済したら所有権を戻してもらう

所有権の移転

所有権の移転は意思表示だけでできます（176条）。問題は，所有権が移転したことをどうやって表示するかですが，機械に**プレート**を貼って，「譲渡担保権が設定されている物件で，担保権者は○○です」などとして権利内容を公示しておくことが行われています。機械の場合，こういった方法でしか**権利の公示**をするのは難しいようです。

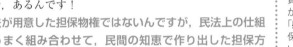

ただ，担保物は債務者（お金を借りる側）がそのまま使ってよいので，そこで収益を上げ，その収益などを原資にして，期限に借りたお金を返済します。そして，**返済が済めば，所有権を債務者の側に戻してもらうという仕組み**です。

お金を貸す側（債権者）が所有者となっていれば，**期限に返済がない場合，債権者は担保物を売って，その代金の中から貸したお金を回収できます。**

そうやって，安心してお金を貸せるわけです。

譲渡担保（借入金を返済できた場合）

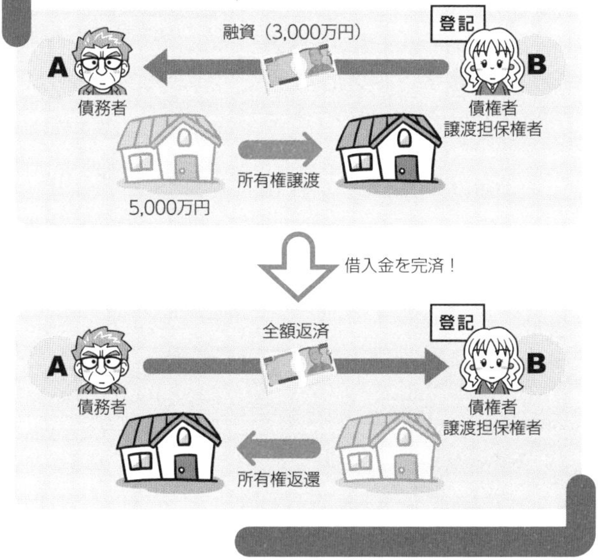

この方法，実は，お金を貸す側と借りる側双方にメリットがあるんです。

【譲渡担保のメリット】

①借りる側のメリット
→担保となる物はなんでもよくて，
　また，その物を自分で使いながら担保にできる。

②貸す側のメリット
→競売という面倒な手続きをパスできる。

まず，①は，最新の工作機械や分析器などのように，数千万円から数億円などという高額な動産を「利用しながら担保にできる」という点は大きなメリットになります。

担保物の売却

期限に返済がない場合に担保物を売却して，代金から融資金を回収する方法だけでなく，それを確定的に自分のものにしてしまうという方法も取れます。前者を**処分清算型**，後者を**帰属清算型**と呼んでいます。

譲渡担保の有効性

譲渡担保という担保方法が編み出された当初，これは脱法行為ではないかという議論が出ました。しかし，民法の既存の制度を組み合わせたものですから，この議論はやがて収束し，現在では譲渡担保の**有効性**については特に異論はありません。

②は，質権や抵当権のように民法に規定のある担保物権（典型担保）の場合は，手続きの公正を図るために，裁判所に申し立てて競売にかけなければなりません。

この**競売手続きというのが，書類を作る手間など，何かと面倒なんです。譲渡担保だと，この手続きがいりません**。ではどうするかというと，不動産の場合ならば，不動産屋さんに頼んで売ってもらえばいいんです。所有者は自分なんですから，自分のものを売るのに競売なんてしなくていいのは当然ですよね。

ただ，ここで一つ問題が出てきました。

民法が定める競売手続きでは，清算が行われますが，譲渡担保の場合だと，債権者は清算しないんです。下の図でいえば，不動産を5,000万円で売って，それを全額自分のフトコロに入れるんです。

ということは，貸したお金との差額の2,000万円は債権者の丸儲けということになります。

そこで，**判例**は，これは不当だというので，**必ず清算しなさい**，差額の2,000万円は債務者Aに返しなさいという判決を出しました（最判昭46・3・25）。

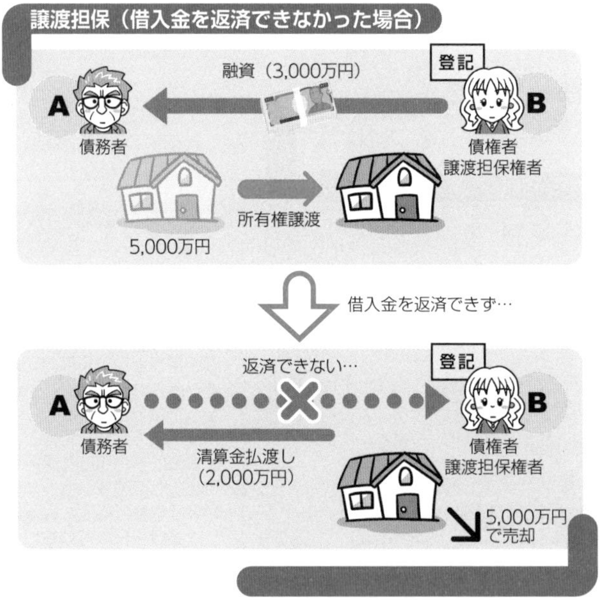

もう少し詳しくいうと，譲渡担保というのは，債務者Aが担保物を使いながらお金を貸してもらうという担保方法で

競売手続き

裁判所に申し立てて行うのですから，かなり厳格な手続きになります。また，手続き**費用**もかなりかかりますし，それなりの**期間**も必要です。これらは，競売を申し立てる側にとっても大きな負担になります。

譲渡担保のリスク

譲渡担保には，執行の手軽さなどのメリットがある半面，一定のリスクを伴います。譲渡担保では目的物の**所有権**を債権者に移転するわけですから，債権者が，「期限に弁済したら所有権を返す」という約束を守らずに，期限前に売ってしまうなどのリスクです。住宅ローンのように，信頼度が強く要求される金銭貸借に譲渡担保が使われないのは，このようなリスクを危惧したためです。

す。したがって，担保物はAが持っています。そこで，**Bから A への清算金の支払いと，AからBへ担保物の引渡しは同時行われるものだ，つまり「Bが清算金を提供したら引き渡せばよい」としました。**

この判決が出てからは，しっかりと清算が行われるようになりました。

知識の整理のために，ここで，簡単に質権や抵当権との比較をしておきましょう。

質権と抵当権と譲渡担保の比較

	質　権	抵当権	譲渡担保
目的物	譲渡可能ならなんでも	不動産・地上権・永小作権	譲渡可能ならなんでも
債務者の利用の可否	利用できない	利用できる	
実行方法	厳　格（裁判所に申し立てて行う）		簡　単（自分でできる）

受戻権…債務者はいつまでなら担保物を取り戻せる？

さて，債務者Aは，いつまでならば借りたお金とその利息を債権者Bに提供して，担保物の所有権を取り戻せるのでしょうか（**受戻し**（うけもど）といいます）。

質権も抵当権も，競売手続きが始まる前であれば，借りたお金と利息を提供すれば，担保権を消滅させることができますが，譲渡担保の場合は，その時期はどの時点でしょうか。

これ，時期が二つあるんです。

【譲渡担保の受戻権】

①帰属清算型（自分のものにする場合）

債権者Bは担保物の価値を適正に評価しなければならない

・評価額＞債務額……清算金の支払いまたはその提供をするまで

・評価額＜債務額……このことを通知するまで

②処分清算型（ほかに売却する場合）

処分（売却）の時まで

清算金支払いと引渡し

判例（最判昭46・3・25）は次のように判示しています。「貸金債権担保のため債務者所有の不動産につき譲渡担保形式の契約を締結し，債務者が弁済期に債務を弁済すれば不動産は債務者に返還するが，弁済をしないときは当該不動産を債務の弁済の代わりに確定的に自己の所有に帰属させるとの合意のもとに，自己のため所有権移転登記を経由した債権者は，債務者が弁済期に債務の弁済をしない場合においては，目的不動産を**換価処分**し，またはこれを適正に評価することによって具体化する物件の価額から，自己の債権額を差し引き，なお残額があるときは，これに相当する金銭を**清算金**として債務者に支払うことを要する。

そして，この担保目的実現の手段としての，債権者の債務者に対する（譲渡担保）不動産の引渡し，ないし明渡し請求は，特段の事情のある場合を除き，債務者への**清算金の支払と引換え**にのみ認容される」

なぜかというと，①**譲渡担保権者Bが「自分で使いたい，完全に自分のものにする」という場合**と，②**売って得たお金から貸金を回収するという場合**では，ちょっと時期が違うんですね。前者を**帰属清算型**，（きぞくせいさんがた），後者を**処分清算型**（しょぶんせいさんがた）といいます。

それぞれの時期を表で示しておきます。

この，**担保物の所有権を債務者Aが取り戻す権利**を**受戻権**といいます。この言葉も覚えておいてください。

譲渡担保は，結局は譲渡なのか担保なのか（法的性質論）

譲渡担保は，お金を貸す側に所有権を移すという担保方法です。

つまり，形としての所有権はお金を貸す側Bにあるということです。でも，その実質は担保ですから，Bは完全な所有権を持っているわけではありません。

なんかわかりにくいですね？

そこで，**形式を重視するのか，実質を重視するのかで，譲渡担保の法的構成をどう考えるのかという議論が交わされています**。いわゆる，**譲渡担保の法的性質論**（じょうとたんぽ　ほうてきせいしつろん）です。

判例は，形式を重視して，譲渡担保は所有権の移転だとしていますが（大連判大13・12・24），**学説は，実質を重視して譲渡担保は担保だとする見解が有力**です。

どちらをとるかで，結論が変わってくる場面があります。

ただ，複雑なので，あまり出題の素材とされることはありません。とりあえず，こんな議論があるということだけを覚えておいてください。

譲渡担保と先取特権はどちらが優先する？

「何か難しい用語が出てきたな…」

いえ，そんなややこしい議論をしようというのではなく，判例が，とても現実的な判断を下しているということを知ってもらうために，素材として取り上げました。

ですから，詳しい議論には深入りしません。

それで，何が問題かというと，まず，簡単に事例をおさらいをしておきます。

受戻権

簡単にいえば，所有権の**取戻し権**のことです。

譲渡担保の法的性質論

法的構成を所有権の移転だとする考え方を**所有権的構成**，担保だとする考え方を**担保的構成**といいます。両者では，たとえば返済期限前に債権者（譲渡担保権者）が勝手に他に売ってしまったような場合，前者では有効な譲渡，後者では「担保物の無断処分」などという違いが出てきます。

倉庫の中の物を担保にとる

集合動産譲渡担保といいます。

事案

Aは，Cの倉庫の中の金属製品全部を担保として，最高限度20億円までの取引を始めました（極度額は20億円です）。その後，Cは，今度はBから同種の金属製品を585万円で仕入れて，これをAの譲渡担保権が及んでいる倉庫内に運び入れました。ところが，Cの資金繰りが悪化してBに代金を支払わなかったので，Bは，Cが運び込んだ金属製品の競売を申し立てました。これに対して，Aは，倉庫内の物には自分の担保権（優先権）が及んでいるから競売は許されないと申し立てたので，ABのどちらの権利が優先するかが問題になりました。

裁判所も困ったと思います。なぜなら，譲渡担保も先取特権も，どちらも担保物権ですが，譲渡担保は民法に規定のない非典型担保ですから，どっちが優先するかなんて民法には書いてないからです。

それで，どうしたかというと，**どちらが担保として社会的に重要な役割を果たしているかという観点から判断して，重要なほうを優先させることにしました。**

動産売買の先取特権というのは，売った商品には，売主に担保権を自動的に成立させるというものです（法定担保物権）。一方，**集合動産譲渡担保**というのは，それをうまく使えば大きな資金を調達することができるというもので（約定担保物権），社会的な有用性としては後者のほうが勝っていると判断されました。

結果として，判例は，譲渡担保のほうが優先するとしています（最判昭62・11・10）。

民法を考える際に，とても参考になる判例ですので，頭の片隅にとどめておいてください。

問題でこれまでの知識を確認しておきましょう。

なお，この問題はちょっと難しいので，最初は解けなくてもかまいません。物権の総決算の問題と思って考えてみてください。

動産売買先取特権

動産の売主は，代金を優先的に確保するために，その動産上に先取特権（優先権）を持っています。これを**動産売買先取特権**といいます。321条が「動産の売買の先取特権は，動産の代価及びその利息に関し，その動産について存在する」としてこれを規定しています。

集合動産譲渡担保

「この倉庫の中の物全部」という場合，それを集合物といいます。そして，倉庫の中に入るものといえば，一般的には動産ですから，これを**集合動産**と呼んでいます。そして，それらを譲渡担保の目的物にしたものが**集合動産譲渡担保**です。ただ，「倉庫の中の物」といっても，出し入れがあるでしょうから，出てしまえば担保から抜け出し，新たに入れば担保の効力が及ぶことになります。「そんないい加減な」と思うかもしれませんが，事前調査で倉庫の中にどのくらいの価値の動産が「常に」あるかは調べていますから，それほどいい加減な担保というわけではありません。

例題34

譲渡担保に関する次の記述のうち，妥当なものはどれか。

（国家一般職）

1　債権者と債務者の間で既存債権を被担保債権とする譲渡担保が設定された場合と抵当権が設定された場合とを比較すると，両者はともに担保物件の所有権が債権者に移転する点で共通している。

2　債権者Ａと債務者Ｂの間の既存債権を被担保債権とする譲渡担保の設定は認められるが，増減する可能性のある将来の債権の担保のためにＡＢ間で譲渡担保を設定することは認められない。

3　債権者Ａと債務者Ｂの間で動産について譲渡担保権設定契約が締結され，Ｂが引き続き担保物件を占有している場合，ＡはＢに対して当該物件の所有権を主張することができるが，その所有権の取得を第三者に対抗することはできないとするのが判例である。

4　不動産を譲渡担保の目的とした債務者Ａが債務を弁済したため譲渡担保権が消滅した後に，目的不動産が譲渡担保権者Ｂから第三者Ｃに譲渡された場合は，Ｃが背信的悪意者でない限り，Ａは登記なくして不動産の所有権をＣに対抗することはできないとするのが判例である。

5　構成部分の変動する集合動産については，その種類，所在場所等によって目的物の範囲を特定することは困難であるから，およそ一個の集合物として譲渡担保の目的とすることはできないとするのが判例である。

本問のポイント！

1．**譲渡担保**では，担保目的物の所有権は形式上債権者に移転されます。しかし，抵当権の場合は，目的物の所有権は移転されません。

2．ここで増減する可能性のある将来の債権というのは，将来発生する不特定の債権の意味です。そして，これらを担保するために，譲渡担保権を設定することもできます。

抵当権の項で説明しましたよね。覚えていますか。これを**根譲渡担保**（ねじょうとたんぽ）といいます。

3．動産ですから，引渡しが対抗要件になります（178条）。その引渡しには，本肢のような**占有改定**の方法（183条）も含まれます。ですから，**これによって譲渡担保権を第三者に対抗することができます**（最判昭30・6・2）。

4．妥当な記述です。これは応用問題です。「不動産を譲渡担保の目的とした債務者Ａが債務を弁済したため譲渡担保権が消滅した」場合には，債務者Ａは，**いつでも登記を取**

占有改定
即時取得のテーマで出てきた動産物権変動の形です。譲渡したものを相手に引き渡さずに自分が使い続けるというものです。
⇒p.196

背信的悪意者
信義に反するような第三者をいいます。背信的悪意者に対しては，登記がなくても自己の権利を主張することができます。

り戻せる状態になっています。ですから，速やかにそれを行っておかなければなりません。それを怠っているうちに，債権者が担保不動産を第三者に譲渡した場合には，第三者が背信的悪意者でない限り，どちらが先に登記を済ませたかで優劣が決まります（最判昭62・11・12）。

なお，債務者が弁済期に債務の弁済をしないので，債権者が目的不動産を第三者に譲渡したけれど，その相手が背信的悪意者だったという場合があります。でも，期限にちゃんと返済していれば避けられた話ですから，たとえその第三者が背信的悪意者であっても，債務者は不動産を取り戻す（受け戻す）ことはできません（最判平6・2・22）。

5．これも応用問題です。「この倉庫の中のもの全部」などを担保にすることができます。**集合物**ですね。そして，譲渡担保は，どんなものも担保にできる点が特長です。したがって，本肢のような場合も，一個の集合物として譲渡担保の目的とすることができます（最判昭54・2・15）。これを**集合動産譲渡担保**と呼んでいます。

本問の正答は**4**です。　**正答　4**

返済期後の背信的悪意者への譲渡

この場合，債権者（譲渡担保権者）としては「期限までにお金を返してもらえると思っていたのに，返してもらえない。私もお金が必要だ。ならば，早急に売却して融資を回収したい」と思うでしょう。その場合，いちいち「相手が背信的悪意者かどうかを調査して，背信的悪意者でない人を探し出して譲渡する」などという手間をかける必要はありません。平成6年判決の理由もここにあります。

「3-7　譲渡担保」のまとめ

- 譲渡担保とは，目的物の所有権をいったん債権者に移転する形をとったうえで，期限に債務者が弁済すれば物の所有権を取り戻すことができるという債権担保の方法である。
- 譲渡担保は，目的物の所有権が債権者に移転するが，目的物は引き続き債務者が所持してこれを使用する。そのため，引渡しは占有改定の方法で行われる。
- 譲渡担保は所有権移転の形式を取るが，債権者は目的物について担保目的以上に権利行使しない義務を負う。
- 処分清算方式の譲渡担保において，弁済期後に債権者が第三者に目的物を譲渡した場合には受戻権は消滅する。
- 構成部分の変動する集合動産であっても，その種類，所在場所等によって目的物の範囲を特定することは可能である。そして，特定ができれば一個の集合物として譲渡担保の目的とすることができる。
- 集合動産譲渡担保権と動産先取特権が競合した場合には，集合動産譲渡担保権が優先する。

さくいん

【さ】

【し】

【す】

【せ】

【ふ】

【へ】

【ほ】

■ **鶴田 秀樹**（つるた ひでき）

旧労働省を退職後，法律をわかりやすく解説した書籍を多数執筆するかたわら，大学での公務員講座の講師や，模擬試験問題の制作，自治体の採用試験における論文採点などにも携わる。執筆を担当した公務員試験対策の問題集としては「集中講義！」シリーズの『憲法』『民法Ⅰ』『民法Ⅱ』，「新スーパー過去問ゼミ」シリーズの『民法Ⅰ』『民法Ⅱ』『刑法』『労働法』，「20日間で学ぶ」シリーズの『労働法』などがあり，学習のツボを押さえたわかりやすい解説には定評がある。

問題集以外にも，公務員試験の短期攻略法を語った『公務員試験 独学で合格する人の勉強法』（実務教育出版）などの著書がある。

■ デザイン・組版

カバーデザイン	斉藤よしのぶ
イラスト	タイシユウキ
本文デザイン	パラゴン
DTP組版	森の印刷屋

●本書の内容に関するお問合せについて

本書の内容に誤りと思われるところがありましたら，まずは小社ブックスサイト（books.jitsumu.co.jp）中の本書ページ内にある正誤表・訂正表をご確認ください。正誤表・訂正表がない場合や，正誤表・訂正表に該当箇所が掲載されていない場合は，書名，発行年月日，お客様のお名前・連絡先，該当箇所のページ番号と具体的な誤りの内容・理由等をご記入のうえ，郵便，FAX，メールにてお問合せください。

〒163-8671 東京都新宿区新宿 1-1-12 実務教育出版 第二編集部問合せ窓口

FAX：03-5369-2237 E-mail：jitsumu_2hen@jitsumu.co.jp

【ご注意】

※電話でのお問合せは，一切受け付けておりません。

※内容の正誤以外のお問合せ（詳しい解説・受験指導のご要望等）には対応できません。

公務員試験
最初でつまずかない民法Ⅰ［改訂版］

2019年3月5日 初版第1刷発行 〈検印省略〉
2024年4月15日 改訂初版第1刷発行

著 者――鶴田秀樹
発行者――淺井 亨

発行所――株式会社 実務教育出版
〒163-8671 東京都新宿区新宿 1-1-12
☎編集 03-3355-1812 販売 03-3355-1951
振替 00160-0-78270

印 刷――壮光舎印刷
製 本――東京美術紙工

ISBN978-4-7889-4533-3 C0030 Printed in Japan
落丁・乱丁本は本社にておとりかえいたします。